全球贸易

HISTORY OF GLOBAL TRADE PROTECTION

保护史

|上卷|

王孝松 等 著

中国人民大学出版社
·北京·

图书在版编目（CIP）数据

全球贸易保护史 / 王孝松等著. －－北京：中国人
民大学出版社，2023.3
ISBN 978-7-300-30490-8

Ⅰ.①全…　Ⅱ.①王…　Ⅲ.①贸易保护－研究－世界
Ⅳ.① F741.2

中国版本图书馆 CIP 数据核字（2022）第 054973 号

全球贸易保护史

王孝松　等　著

Quanqiu Maoyi Baohushi

出版发行	中国人民大学出版社	
社　　址	北京中关村大街 31 号	**邮政编码**　100080
电　　话	010－62511242（总编室）	010－62511770（质管部）
	010－82501766（邮购部）	010－62514148（门市部）
	010－62515195（发行公司）	010－62515275（盗版举报）
网　　址	http://www.crup.com.cn	
经　　销	新华书店	
印　　刷	北京联兴盛业印刷股份有限公司	
规　　格	147 mm×210 mm　32 开本	**版　　次**　2023 年 3 月第 1 版
印　　张	19.125 插页 4	**印　　次**　2023 年 3 月第 1 次印刷
字　　数	465 000	**定　　价**　168.00 元（上、下卷）

序

言

　　经过一代代学者的不懈努力，国际贸易研究取得了长足的发展，但研究范式趋同的特征过于明显。尽管研究主题不同、方法各异，但大多数研究都没有逃出崇尚自由主义的新古典范式；贸易政策的政治经济学试图从政策决策的视角解释贸易保护的原因，但其理论分析高度依赖于对政治制度的假设，实证分析只能针对特定国家和特定时期展开，无法实现其全面揭示贸易保护成因的目标。

　　在浩如烟海的国际贸易文献中，本书无疑是一股清流，另辟蹊径地探究了贸易保护的成因、特点和规律，并为应对贸易保护提供了真知灼见。第一，本书的研究范式独树一帜，将国际贸易学、经济史和国际关系研究结合起来，以贸易保护的历史发展为主线，又超越史实分析，清楚地揭示出贸易保护的特征和演进规律。第二，本书内容丰富，系统而全面地描述了世界主要经济体的贸易保护政策与实践，绘制了全球贸易保护的全景图，弥补了已有研究"只见树木，不见森林"的缺陷。第三，本书力求使所有关注贸易保护的读者都能从阅读中受益，因而采用了娓娓道来的方式，通过简明易懂又不失严谨的讨论，表达了对贸易保护的立场和观点。

　　坚持对外开放、深度参与国际分工是中国经济取得伟大成就的重要原因。党的二十大报告明确指出，未来将"以国内大循环吸引全球资源要素，增强国内国际两个市场两种资源联动效应，提升贸易投资合作质量和水平"。在当今逆全球化盛行的背景下，系统研究贸易保护并探寻应对措施，便具有更为重要的现实意义。本书带我们深入了解贸易保护，以史为鉴、总结规律、助力贸易发展，为实现"双循环"新发展格局、推动高水平对外开放提供理论支撑和现实依据，是兼具理论创新和应用价值的上乘之作。

　　本书的作者王孝松同志具有深厚的国际贸易研究功底，也对现实世界进行了较为深入的观察，并为政策制定者建言献策，取得了极佳的学术成果和社会反响。本书是孝松同志多年积累而产出的重要成果，对学术界、政策界、商界和公众都具有启示和借鉴意义。需要指出的是，本书为实现通俗易懂，舍弃了严谨的定量分析，使一些对"成因"和"效应"的研究略显深度不够；限于篇幅，本书对一些重要经济体的贸易保护政策与实践探讨不足，也没有对中国的相关政策予以展开讨论。希望孝松同志在未来的研究中能踔厉奋发、精益求精，在贸易保护领域产出更为卓越的成果。

刘元春

前

言

  国际贸易是世界上最受关注的经济活动之一。贸易不仅是经济增长的发动机，推动着世界经济健康发展，而且直接决定着民众的收入水平和消费范围，能切实增进人民福祉。经济学理论告诉我们，自由贸易能使参与者实现福利最大化，现实中WTO等国际组织也致力于推动贸易自由化发展。然而，古往今来，各国都在实施贸易保护措施，"奖出限入"的重商主义思想始终在实践中占主导地位，即便在第二次世界大战之后全球化发展势头最猛的几十年间，世界范围内也充斥着形形色色的贸易保护。

  经济学家对贸易保护展开了深入的研究，从效率、市场结构、政治经济互动等多个维度探究了贸易保护的成因；历史学家也从史实出发，探寻贸易保护的发展特征和演进规律。然而，据我们所知，对贸易保护的考察都是嵌套在对贸易发展的研究之中，目前尚未有系统地探究贸易保护的专著，更没有全面分析世界主要经济体实施贸易保护政策的论著。

  如果我们相信"存在即合理"，就会相信贸易保护有其深厚的生存土壤，运用经济学理论和基于史实进行分析，可以得出结论：对特定时期的特定经济体而言，实施贸易保护是"次优选择"甚至是"最优选择"。

  但实施贸易保护终将会付出代价，以邻为壑的政策可能会招致贸易伙伴的报复，进口关税有损消费者和其他行业的利益，出口补贴会占用公共基金，机会成本往往高得惊人。因此，贸易保护只是特定历史阶段的产物，最终将退出历史舞台。本书旨在将贸易保护主义在历史舞台上的兴衰历程全面地呈现在读者面前。

　　为此，本书综合国际贸易学、经济史、国际关系等相关学科，基于全球视角，全面、系统地梳理贸易保护主义的发展历史，描述其特征、把握其规律，从更广阔的图景中揭示出中国当前所处的贸易环境，为中国各界提供切实可行的应对方案和未来发展路径。

　　本书的研究内容兼具新颖性、系统性和科学性，将填补重要的理论空白，跨学科的研究方法也具有重要的理论意义，不仅能更深入地揭示出贸易保护的动因与效应，以及贸易保护对国际经贸规则重构的影响，而且能引领国际贸易研究的发展潮流，形成严谨、系统、深入的研究范式。

　　本书还兼顾学术性和可读性。首先，本书以理论为根基，每一部分内容都具有坚实的理论基础，力求严谨规范，为相关学科做出学术贡献。其次，为满足社会各界对贸易保护相关知识的需求，本书还特别注重可读性，在章节编排上尽量适应公众的阅读习惯，并且避免晦涩的表述和使用过于专业的术语，使读者如同阅读故事一般理解全球贸易保护主义的发展规律，并启发读者基于各自的视角为中国各界应对贸易保护主义、化解贸易冲突贡献力量。

　　本书共有五篇，包含 12 章内容。第一篇是总论篇，以航海大发现为切入点，阐述贸易保护主义的起源、影响因素、具体表现和经济效应。第二篇是美国篇，详细介绍美国贸易保护的历史演进，以及美国同贸易伙伴发生贸易摩擦的典型事件，并讨论美国贸易保护的演进规律与应对方案。第三篇是欧洲篇，首先分国别介绍欧洲贸易保护的发展历史，其次介绍欧盟整体的贸易保护发展，以及欧洲国家同贸易伙伴发生贸易摩擦的典型事件，最后探讨欧洲国家贸易保护的演进规律与应对方案。第四篇是发展中国家篇，首先对印度、韩国、墨西哥、巴西等重要经济体的贸易保护历史进行归纳总结，其次介绍发展中国家之间以及发展中国家同发达国家之间的贸易摩擦，最后围绕进口替代战略和出口导向战略，对发展中国家的贸易保护政策进行总结性评述。第五篇是总结篇，从世界贸易体系中的利益格局变迁出发，讨论世界贸易保护的发展趋势，以及逆全球化与贸易保护的互动，并展望贸易战与贸易谈判的未来走势，提出应对贸易保护的中国方案。

本成果受到中国人民大学 2021 年度"中央高校建设世界一流大学（学科）和特色发展引导专项资金"支持，以及中国人民大学科学研究基金项目"全球贸易保护史"（项目编号：20XNLG04）的资助，在此致以谢忱。

本书包含了丰富的学术资源，在写作过程中需要对大量史料和数据进行梳理和总结，如此浩大的工程是我一个人无法胜任的，在我设定全书的框架结构之后，我和写作团队成员共同努力才得以完成本书。团队成员包括：中国人民大学经济学院博士研究生李彤、常远、田思远、张瑜、周钰丁；中国人民大学经济学院硕士研究生吕一凡、袁佳圻、郑爱婷、肖若愚、吴伟光、吴墨馨、杨航、王艳艳、邹博英。

在本书的出版过程中，中国人民大学出版社的朱含蓄老师和王晗霞老师给予了大力支持，在此一并表示感谢。

本书的撰写过程也是我们不断学习和探索的过程，我们渴望得到各界读者的反馈意见，以期未来弥补缺陷、不断完善。

王孝松

第三篇　欧洲贸易保护史

第一篇

国际贸易发展与贸易保护

　　2021 年，全球贸易额约为 28 万亿美元，这个"天文数字"的背后意味着：世界各国都离不开国际贸易；贸易会提升参与国的福利水平；贸易可以吸纳就业、维护社会稳定。毫无疑问，自由贸易不仅被理论证明有益，而且在现实中增进了世界人民的福祉。

　　然而，我们看到现实中存在着形形色色的贸易保护，各国政府都会使用一些手段来干预贸易。既然贸易发展对经济社会如此重要，为何各国还要采取贸易保护措施来限制贸易呢？

　　本篇从贸易发展与贸易保护之间的关系切入，讲述航海大发现带来的国际贸易迅猛增长，探讨贸易保护是如何兴起的，影响贸易保护的因素有哪些，以及贸易保护可能会产生哪些经济效应。

第1章

全球视角下的贸易保护史

贸易理论来源于贸易实践，贸易保护的思想起源于重商主义，反映了金本位制下各国谋求贵金属积累的发展目标。此后，贸易保护以不同的面貌出现，但都秉承了"奖出限入"的思想内涵。

在航海大发现以前，国际贸易的数量、种类和范围都十分有限，而在欧洲船队发现新大陆之后，世界逐渐成为一体，各国间的贸易有了质的飞跃。在世界贸易迅猛发展的同时，各国政府都试图在进一步开拓国际市场的同时保护本国市场，于是贸易保护政策便大行其道。经济危机如同催化剂一般催化了全球的贸易保护，各国以恢复经济和保护国内幼稚产业为由实施政府干预的贸易保护行径。

贸易保护政策是由经济因素、社会因素和政治因素共同决定的。政府可以使用很多手段来进行贸易保护，包括征收关税和采用非关税壁垒。贸易保护会直接影响进入本国市场的商品流量，同时会对产业发展、价格水平、经济增长、劳工就业、收入分配以及能源环境等产生一系列效应。

第一节　航海大发现与国际贸易发展

一、航海大发现之前的国际贸易发展

航海大发现对国际贸易发展的作用是举足轻重的。在航海大发现之前，贸易商品的数量和类别受地理范围的限制，贸易发展并不成熟。在航海大发现之后，地理范围和贸易路线逐渐扩展和明晰，真正的"世界贸易"开始飞速发展和形成。

航海大发现之前的国际贸易主要包括两个社会时期的国际贸易：奴隶社会的国际贸易和封建社会的国际贸易。早期的国际贸易以商品贸易为主，是社会生产力发展到一定水平的表现，但受到地理范围的限制，国际贸易有较大的局限性。奴隶社会期间贸易的"商品"主要是"奴隶"和奢侈品（宝石、香料、丝织物等），贸易地理范围集中在部分实力较强的奴隶制国家及其殖民地。封建社会期间贸易的商品主要是奢侈品、手工品和食物（棉织物品、瓷器和谷物等），贸易地理范围则集中于经济发展水平较高的地区。

在奴隶社会时期，自给自足的自然经济象征着较低的生产力水平，所生产的物品主要是用来支撑生活和消费，用来交换的物品在数量和种类上少之又少，这与落后的手工业和商品生产能力密切相关。在奴隶社会，奴隶主占有生产资料，贸易也服务于奴隶主。奴隶主将拥有奴隶的个数作为财富的象征，因此奴隶成为他们主要的贸易"商品"。其余贸易商品主要表现为一些纺织业、陶器业产品，这与奴隶社会手工业的发展有关。就贸易地理范围而言，自然地理条件是影响贸易地理范围的主要因素，具有便利的航运和灌溉条件的临河和近海地区具有较为活跃的贸易交往。比如位于两河流域的

四大文明古国——古埃及、古巴比伦、古印度和中国。随后出现的欧洲爱琴海地区、古罗马和古希腊等地也逐渐成为奴隶社会地区的国际贸易中心，这些国家主要在地中海东部和黑海沿岸地区从事贩运贸易，而早期我国的贸易主要集中在黄河流域沿岸各国。受制于生产技术、交通工具和道路条件，奴隶社会的商品种类和数量以及贸易范围也一同受制。

在封建社会时期，社会生产力较奴隶社会有了较大的发展，国际贸易也一同发展了起来。从奴隶社会早期到中期再到晚期，封建地租的形式也发生了变化，从劳役和实物的形式变为货币地租的形式。货币地租的出现以及城市手工业的发展更加便利了国际贸易的扩大，以货币为媒介的商品流通开始出现。在封建社会，贸易服务于封建地主，主要为君王以及较富裕地区的人民。贸易产品的种类和数量由于生产力的增加和交通的便利也大幅增加，比如贸易商品包括奢侈品宝石、绸缎、香料、建筑材料、毛纺织品、亚麻布等。就贸易地理范围而言，随着陆上"丝绸之路"和海上"香料之路"的发展，东方与西方的贸易通道也被打通并且沟通更加频繁，亚欧大陆经济联系日益密切。在欧洲，贸易地区从早期的地中海中部扩展到整个地中海、北海和波罗的海及黑海地区，贸易中心有东罗马帝国时期的君士坦丁堡、南欧意大利的威尼斯和热那亚、北欧汉萨同盟的汉堡、吕贝克等地。在亚洲，我国早在西汉时期就开辟了途经中亚通往西亚和欧洲的陆上"丝绸之路"，唐朝我国还开辟了通往波斯湾和日本以及朝鲜半岛的海上贸易路线，在宋元两朝航海技术的发展下，明朝郑和下西洋到达非洲东岸，访问了 30 多个国家并进行了大规模贸易。

尽管从奴隶社会到封建社会，国际贸易已经出现较大的进步，但不同国家之间生产力水平相差较大、沟通甚少，多数国家处于封闭状态，贸易的数量、种类和范围仍然有限。直到"航海大发现"

这一事件发生，一切才开始有了转机。

二、航海大发现以来的国际贸易发展

（一）航海大发现

在封建社会后期，资本主义因素开始萌芽，封建社会逐步过渡到资本主义社会。欧洲资本主义在航海大发现的基础上催生并成长，国际贸易也在该时期真正迅速发展。航海大发现是指 15—17 世纪欧洲的船队为了发展资本主义寻求新的贸易路线、贸易伙伴和贸易市场，从而发现新大陆，使新旧大陆不再隔绝，世界逐渐成为一个整体的过程。

航海大发现的背景和原因主要有：原有商路被穆斯林控制，贸易商品在运送过程中被层层盘剥；来中国的"寻金热"；西欧商品经济的发展和资本主义的萌芽；欧洲对新殖民地和财富的渴望；西方欲将基督教传扬世界的热情；西方航海技术的发展；等等。

欧洲人在航海的过程中探索开辟了许多通往东方的道路。1487—1488 年葡萄牙人迪亚士向东南行驶到达了非洲好望角；1497 年葡萄牙人达伽马绕过好望角沿非洲东海岸北上到达了印度；1492 年、1493 年、1498 年哥伦布奉西班牙国王之命横渡大西洋，三次西航发现中美洲；1519 年麦哲伦及其团队奉西班牙国王之命横渡大西洋进入太平洋，向西南方向航行，完成了人类历史上第一次环球航行。新航线的开辟使得新旧大陆之间的交流更加便利和频繁，欧洲人了解世界的范围也大大拓宽。

（二）贸易产品及贸易主体增加

在航海大发现后，以欧洲为中心的贸易市场形成，欧洲、亚洲、美洲和非洲等新旧大陆之间开始互通有无，国际贸易产品的数量和种类大大增加。欧洲本身手工业和金属制造业较为发达，因此欧洲向东方和美洲输送毛纺织品、麻纺织品和铁等产品，东方则输送丝绸、茶叶、棉纺织品、橡胶等产品，美洲则利用自然资源的优势向旧大陆输送马铃薯、可可、玉米、火鸡、砂糖和烟草等农副产品，旧大陆的一些独特的农副产品也在新大陆逐渐传播开来。

葡萄牙探索的东南方向的新航路使其垄断了东亚和南亚的贸易，成为海上帝国。受西班牙国王之命出海的航海家探索出来的航海路线也为世界工业、航海技术做出了巨大贡献。西班牙在商业中扩大贸易，加大了对东方财富的掠夺。

为了适应贸易规模扩大的速度，欧洲建立了专门从事贸易活动的公司，比如荷兰、英国的东印度公司，法国的西印度公司。至此，贸易成为一个谋求利益的巨大产业。

（三）贸易地理范围扩大及各地贸易联系增强

新航线的开辟使得贸易地理范围扩展为世界性的贸易地理范围，欧洲人所了解的地理范围大大扩展，贸易市场也由此扩大，贸易范围逐渐从原地中海、北海、波罗的海扩展到东南亚、大西洋沿岸、美洲等，大西洋沿岸也成为新的贸易中心。新旧大陆的联通使得新旧大陆的商贸文化和交流也日渐频繁，在商贸基础上发展的世界经济体系正在形成，而在殖民扩张基础上发展的世界殖民体系也在形成，世界在横向发展。

在航海大发现后，欧洲加快了其资本原始积累的过程，此时的贸易方式主要为殖民掠夺。葡萄牙、西班牙两国利用其航海优势开始了对新大陆的殖民掠夺。葡萄牙的殖民地主要集中在非洲、东亚和印度，葡萄牙低价收购这些地方的香料、茶叶、丝绸等，在欧洲市场上高价出售。西班牙的殖民地主要在西印度群岛、中美洲地区，当地贸易被垄断，金银被掠夺。虽然国家和国家之间存在着殖民和被殖民的关系，但国际贸易在其中充当着主要的经贸关系，联络着各国，贸易地理范围更加广阔，贸易关系联系更加密切。国际贸易的发展更加依赖航海技术的发展。荷兰凭借高超的造船技术和航海技术曾一度成为 17 世纪的海上霸主，并号称"海上马车夫"，国际贸易的范围也因此扩展到世界各地，而荷兰也成为欧亚贸易的商品集散中心。

欧洲在航海大发现时期积累了大量的资本，航线的开辟以及贸易的蓬勃发展促使参与贸易的欧洲各国开始了对世界市场的竞争，各国通过殖民进行垄断销售，瓜分领土，贸易成为强国的象征。

（四）为资本主义发展奠定贸易基础

16—18 世纪为资本主义生产方式发展的初期，工场手工业的发展提高了劳动生产效率，生产出了更多的剩余产品从而可用于国际贸易交换，而航海大发现加速了资本原始积累，世界市场在航海大发现的基础上逐渐形成，世界贸易规模和范围扩大。在该阶段，重商主义成为贸易思想的核心。金银成为衡量一国财富的唯一尺度，而国际贸易则是获得金银的重要渠道，通过奖出限入、贸易顺差就能获得财富，这种贸易思想也为欧洲积累了大量的资本。此外，贸易市场的扩张也刺激了欧洲工业的发展。航海大发现为欧洲进入下一个资本主义时期奠定了贸易基础。

18 世纪后期至 19 世纪中叶欧洲进入了资本主义自由竞争时期，在该时期，欧洲国家发生了产业革命，社会生产力伴随着资本主义机器大工业生产的发展快速提高，用于交换的产品空前增加，绝对优势理论和比较优势理论成为该时期的主流贸易思想，国际分工开始形成。绝对优势理论是指每个国家应该生产其具有绝对优势的产品用来交换，根据绝对优势进行专业化分工和交易，这样交易双方均能获益。比较优势理论则是指两国生产两种产品，一国在两种产品的生产上具有绝对优势，另一国具有绝对劣势，则优势国应该专门生产优势较大的产品，劣势国生产劣势较小的产品，通过专业化分工和国际交换，双方均能获益。在该时期，蒸汽机的发明成为该时期的标志，纺织、冶金和煤炭三大支柱产业产生，蒸汽轮船和蒸汽火车加快了交通运输工具的变革，更多国家加入了国家贸易市场。该时期的贸易发生了变化，贸易总量实现了快速增长，贸易结构中机械设备在国际贸易中的占比增加，棉纺织品以及种植园生产的蔗糖、咖啡和茶叶成为重要贸易产品，英国成为该时期的贸易中心，并且在 19 世纪中期，德国和美国也开始同英国在国际贸易中展开竞争。

19 世纪末到 20 世纪初，主要资本主义国家逐渐进入了垄断资本主义时期，第二次产业革命爆发，电气发明使重工业兴起，此次产业革命主要发生在美国和德国，多数国家在 20 世纪初均完成了第二次产业革命，实现了农业经济向资本主义工业经济的转变，并通过国际贸易将资本主义生产方式在全世界展开。该时期主要的贸易理论包括要素禀赋理论和里昂惕夫之谜。要素禀赋理论是指一国应该出口并密集使用其相对丰裕要素所生产的产品，进口并密集使用其相对稀缺要素所生产的产品，通过国际分工和贸易，双方均有利得。里昂惕夫之谜则是指美国进口的是资本密集型产品，出口的则是劳动密集型产品，与人们的认知相反。但该理论仅从生产力角度研究了国际分工和贸易，具有片面性。在该时期，贸易规模萎缩，贸易结构中矿产原料和石油的比重上升，机械产品和武器贸易占比增加，美国贸易地位上升，欧洲贸易地位下降。

后续的国际贸易的发展伴随着科技进步和国际分工，贸易发展愈发迅速，贸易结构变化巨大，新商品出现，初级产品贸易比重下降，发达国家在贸易中仍占有主导地位，但发展中国家也不断后来居上，贸易政策也随着贸易的开展不断变化，这一切的蓬勃发展均是在航海大发现所开辟的新旧大陆和世界贸易市场的基础上进行的，航海大发现对国际贸易的发展有着举足轻重的作用。

第二节　贸易保护主义是如何兴起的?

贸易保护主义主要是在对外贸易中通过限制进口来保护本国商品在国内市场上免受外国商品的竞争,并向本国商品提供各种优惠以增强本国商品的国际竞争力的政策。贸易保护主义有悠久的发展历史,由传统贸易保护主义、新贸易保护主义发展到后危机时代的贸易保护主义,贸易保护主义的发展象征着贸易理论与各国贸易实践的碰撞。

一、从重商主义到超贸易保护理论

传统贸易保护主义主要盛行在资本主义国家之间,广大发展中国家则极少参与,最主要的特点就是灵活使用关税壁垒。

（一）贸易保护主义的起源：重商主义

通过对 15—17 世纪航海大发现的梳理可知,重商主义在该时期即资本原始积累时期是主要的贸易思想,并且作为主要的经济贸易政策指导着欧洲开展贸易,重商主义强调出口重要性的核心也使该理论成为贸易保护主义起源的理论。而重商主义在该时期也随着贸易开展分为早期重商主义和晚期重商主义,但其本质都是强调国内财富的积累,限制进口。

早期重商主义（15—16 世纪中叶）主张绝对禁止贵金属外流,以"货币差额论"为中心,代表人物是威廉·斯塔福。该时期重商主义主张货币即金银是唯一的财富形式,要绝对控制商品进口,禁止货币输出,从而积累财富。晚期重商主义（16 世纪中叶—17 世纪中叶）以"贸易差额论"为中心,代表人物是托马斯·孟。该时期重商主义认为货币产生贸易,贸易增加货币,强调奖出限入,货币和商品具有同一性,货币在运动中增值成为资本,需保持贸易顺差,因此该时期主张保护关税政策,限制进口,鼓励出口。但是这一时期的重商主义在发展的同时也鼓励了欧洲战争，而重商主义的思想也随着古典经济学的发展在 18 世纪后期日渐衰弱。重商主义存在的时期正是资本主义原始积累的时期，可见资本主义的存在与贸易保护主义也有着渊源。

英国通过重商主义在该时期击败了荷兰和西班牙而崛起，由此可以看出贸易保护主义在早期大国崛起中的重要性。英国在被殖民时期一直被输入制成品而输出原材料和农产品，这种不利的国际分工地位致使英国采用了长达 300 多年的贸易保护政策。如 1485 年英国推出大力支持羊毛工业的贸易保护主义政策，1587 年则完全禁止出口；1700 年禁止销售印度棉布；1721 年英国进行重商主义改革以提升制造业水平；1815 年英国通过了新《谷物法》以保护农业。直到 1846 年《谷物法》被废除，英国才正式进入自由贸易时期，而《谷物法》的废除也成为英国从贸易保护主义走向贸易自由主义的转折点。

（二）贸易保护理论体系的形成：幼稚产业保护理论

幼稚产业保护理论主张通过政府干预、使用关税手段（税率为 20% ～ 60%）有选择地对国家处于成长阶段、尚未发展成熟但具有潜在发展优势的产业进行暂时性（30 年左右）保护。幼稚产业保护理论在国家发展中起到重要的作用，但是政府选择什么行业进行保护、保护的时间和程度也是需要被考虑的关键因素，被保护的产业是否会因为保护而丧失效率也是重要问题，而这些疑问在各国实践中也得到证实。

幼稚产业保护理论成为部分国家后来居上的重要贸易保护政策的依据。1791 年美国第一任财政部部长亚历山大·汉密尔顿提交了一份《关于制造业的报告》，第一次提出对幼稚产业用关税进行保护，并使美国的制造业在国际上具有竞争力。这份报告提出的对制造业的保护成功对美国国民经济结构走向进行了预测，同时为美国崛起成为世界超级强国奠定了基础。德国经济学家李斯特在1842 年出版的《政治经济学的国民体系》一书更为系统地阐述了幼稚产业保护理论。该著作对幼稚产业的发展时间和发展阶段进行了界定，这也标志着贸易保护理论体系的正式形成。此外，他还列出幼稚产业的特征，比如，新生性、成本递减、规模经济递增、外部经济性、潜在支柱性以及时间上的暂时性。德国运用该理论对抗了英国工业产品的入侵，并建立了自己的工业体系且超越了英国。日本在 20 世纪 50 年代到 70 年代使用了保护性关税政策和政府其他相关细化政策推进并扶持了本国的机械工业，限制了国外汽车、精密仪器、电子计算机等产品的进口，此后日本汽车产业快速发展。1980 年，日本汽车产量成功超越美国，跃居世界第一。

幼稚产业保护理论在促进各国崛起的同时，也暴露出了一些弊端，比如生产效率降低、资源浪费、幼稚产业老年化等，而贸易保护理论也在这一系列疑问中不断前进和发展完善着。

（三）具有侵略性的贸易保护：超贸易保护理论

为顺应资本主义社会的发展，进入 19 世纪末，原有的资本主义自由竞争的时期转变为垄断资本主义时期，在该时期于 1929 年爆发了世界性的经济危机，成功催化了新一轮的贸易保护。在危机后的几年，西方各国纷纷放弃自由贸易并筑起关税贸易壁垒，国家干预对经济显得异常重要和必要，于是凯恩斯赞同了超贸易保护主义并对其提出了理论依据。

超贸易保护主义对进出口贸易实行外汇管制及许可证制度，对进出口商品规定进口限额，征收高额关税或禁止进口，对出口商品予以补贴或关税减免。超贸易保护理论鼓吹贸易顺差并扩大有效需求，国家干预是扩大有效需求的重要一步，目的是根治失业问题。同时它强调通过保护垄断国内市场，需主动进攻他国市场。此外，货币政策和财政政策等宏观经济手段也被灵活运用于对外贸易中，对本国贸易进行有效保护。顺差有益，增加收入、扩大就业；逆差有害，减少收入、加大失业。这是超贸易保护理论的核心。

1930 年的美国为了应对经济危机颁发了《斯穆特－霍利关税法》，提高了 2 万多种商品的进口关税。这种方式也引起他国的贸易保护报复行为，全球贸易额大减，1929—1932 年间全球贸易额从 360 亿美元缩水 240 亿美元至 120 亿美元。此次危机不仅对美国造成了很大程度的打击，而且还波及欧洲，尤其是英国。

超贸易保护主义的实行导致在该时期关税壁垒和贸易摩擦增多，同时也在一定程度上阻碍了国际贸易的前进道路。

二、贸易保护主义的"创新"

新贸易保护主义出现于 20 世纪 70 年代并于 20 世纪 80 年代在全球兴起，各国的贸易政策从自由主义转为以管理为手段的贸易保护主义。其产生原因如下：首先，世界各国经济发展不平衡，美日欧国家崛起后需要新的贸易保护措施来维持本国在国际贸易中的地位和竞争力，同时需要通过这些手段抑制中国、印度等新崛起的发展中国家。其次，自由贸易协定（FTA）和各种区域贸易协定（RTA）等区域和双边的合作不断出现，国家性的贸易保护变成区域性的，成员方在区域内享受低关税甚至是自由贸易或者要素自由流动的优惠，但对非成员方却实行贸易保护。最后，由于 WTO 对关税壁垒运用的约束，各方需要创新贸易保护方式来保护自己的企业和产品的竞争力。

（一）结构主义的贸易保护："中心－外围"论

"中心－外围"论是由普雷维什提出的，他将国际经济体系分为以发达工业国家为中心和以发展中国家为外围的两部分。外围发展中国家不断向中心发达国家出口初级产品，进口工业制成品，虽然会有技术进步和收入增加，但是初级产品的价格相对于工业制成品有不断下降的趋势，导致发展中国家贸易条件长期恶化。因此，发展中国家需要实施工业化，可以通过进口关税、进口限制等贸易保护方式来保护本国工业发展，减少对中心发达国家的依赖，提高自身国际竞争力。该理论成功将广大发展中国家加入了贸易保护中。

在"中心-外围"论形成初期，中心国家为英国，英国在中心时为使得外围国家能拥有发展的可能性，英国也一直保持着较高的进口，将近30%～35%，它通过进口外围国家的初级产品使得外围国家获益。当中心转移至美国时，美国对外围国家的进口量减少，外围国家的初级产品发展遇阻，贸易条件恶化。而此时的拉美国家工业十分薄弱，大多数国家只有轻纺织业以及食品加工业等以初级产品为主的工业，在与中心国贸易时十分被动。

在该贸易保护理论的指导下，拉美国家从20世纪60年代开始大力发展冶金业以及石油和机械工业，80年代，拉美国家已经初步建立了比较完整的工业体系，这一从无到有的跨越对其国民经济的发展具有重大意义。比如，1979年拉美地区钢产量达到2 700多万吨，制造业占国内生产总值的比重从20世纪60年代的22.1%上升到25.6%，制造业增加值年均增长率达到7%。同时拉美国家由于自身经济实力增强，被动局面逐渐扭转，殖民地经济结构也逐渐被改造成有利于国民经济发展的结构。此外，拉美国家也增加了同欧洲和日本的国际贸易，反对跨国公司的垄断和控制。然而，拉美国家也出现了一些问题，比如地区发展不平衡以及贫富差距扩大等。

"中心-外围"论对不同发展进程的国家进行结构性划分，更清晰地分析了发达国家和发展中国家的优劣势，并且认为外围的发展中国家应该适当使用贸易保护措施建立民族工业支持国民经济的发展，具有积极的指导意义。

（二）政府干预的贸易保护：战略性贸易政策

有关战略性贸易政策的理论一改传统贸易理论自由竞争、市场决定价格以及规模收益不变的研究假设，将研究条件改为不完全竞争和规模经济。该理论是指在寡头垄断的市场结构下，政府采用战略性贸易政策，通过出口补贴等非关税措施，降低本国产业的成本使其具有优势，提高本国企业在国际市场上的占有率和竞争力。在寡头垄断的市场结构下，产业产品的初始价格往往高于边际成本，通过政府对该产业进行干预，可使得产业获得规模经济，降低边际成本，即扩大生产规模可以降低平均成本来提高利润，从而更有利于提高产品的国际竞争力。

在美国克林顿总统执政时期，美国就灵活采用了战略性贸易政策，比如针对国内优势产业出口而放松对计算机、电信和化学等产品的出口管制，大力推广美国技术标准。同时，成立专门的融资机构，为国内垄断企业提供融资，帮助其扩大出口，提供经济政策上如财政和税收的优惠。此外，美国大力扶持国内战略性产业的发展，成立工作小组制定出口战略；保护信息产业知识产权，建立标准；灵活运用贸易协定如《北美自由贸易协定》来消除标准分歧；等等。与此同时，美国强调贸易政策的规范与法制化，如《1988年综合贸易与竞争法》301条款，迫使他国开放市场，同时对国外对手进行报复和制裁，广泛使用各种贸易救济手段，加强对本国企业的保护。在小布什总统执政时期，美国也采用了一系列战略性贸易政策，如"竞争性自由化"战略，积极参与全球事务，促进双边贸易协定和区域合作，建立公平竞争的法规，推行美国标准等。美国还制定了贸易管理政策，加强对关键产业比如半导体、电脑、环保、高科技产业的保护。美国在保护国内产业的同时采取单边保护政策，对别国进行单边制裁。比如，世界钢铁贸易保护主义的兴起就与美国实施的战略性贸易政策有密切关系，美国认为进口钢铁产品对国内相关产业造成威胁，并根据《1974年贸易改革法》201条款对33种钢铁产品实施制裁，引起了世界范围内的钢铁贸易保护主义。美国采用战略性贸易政策的实践的基本特点就是在保护本国产业的同时不忘对他国进行制裁。

欧盟因为其高新技术产业落后于美国和日本，所以实施的战略性贸易政策主要是对国际科技企业给予大量的财政补贴，比如我们所熟悉的空客与美国波音竞争的经典案例。在农业方面，欧盟的共同农业政策规定对欧盟进口农产品设立门槛价格，低于门槛价格需要对差价缴税，同时，欧盟对区内生产者制定干预价格，如果市场价格低于干预价格，出售农产品后生产者可以领取差价补贴。欧盟的这些政策在一定程度上保护了高新技术产业和农业的区内市场，也提高了其国际竞争力。

综上，在新贸易保护主义时期非关税壁垒成为主流，如绿色贸易壁垒、技术贸易壁垒、出口补贴等，该时期的贸易保护更加隐蔽，方式也更为灵活。但也可以看出，发达国家在新贸易保护政策的实施中属于主动的一方，它们主动制定规则，而发展中国家则处于较为被动的一方。

三、后危机时代贸易保护主义的发展与实践

2008 年美国金融危机使得贸易保护主义在全球再次盛行，金融危机从美国开始传导到其余发达国家，发达国家又将危机传导至发展中国家。就领域方面，金融危机的影响从金融领域传导至其余实体经济领域。受危害的主体不仅有国家，而且有各种利益集团。根据历史经验，贸易保护往往是金融危机后各国缓解社会问题的首要选择，因此这场金融危机也决定着贸易保护不再是国家与国家之间相互实施的政策，其参与主体注定是广泛的，实施的贸易保护政策注定是深刻且复杂的。

金融危机如同催化剂一般催化了全球的贸易保护，各国以恢复经济和保护国内幼稚产业为由实施政府干预的贸易保护行径。

据 WTO 统计，2008 年到 2016 年 5 月，G20 共实施了 1 583 项贸易限制措施，而美国一国实施的数量占比高达 40%。2008 年 9 月到 2009 年 3 月，有 23 个国家和地区实施了 85 项贸易保护措施，2009 年 3—6 月期间，有 89 个国家实施了 245 项贸易保护措施。直到 2016 年，贸易保护主义仍然继续升温。如图 1.1 所示，全球商品出口量和进口量较上年增速在 2008 年后有明显下降趋势，至 2016 年将近为零；全球商品贸易额较上年增速与上述趋势较为相似，也在 2008 年后有显著下降趋势，在 2016 年甚至为负增长。如此多贸易保护政策的出台对全球贸易造成了巨大的负面影响。

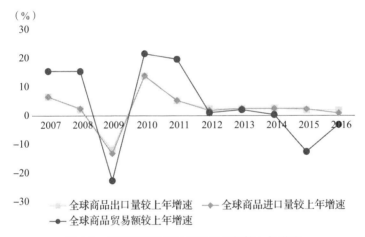

图 1.1　全球商品进出口量及贸易额较上年增速

资料来源：WTO 官网。

该时期的贸易保护与金融危机前的贸易保护有较大的不同，甚至可以用"变异"二字形容。第一，此次全球性的贸易保护具有更深层次的历史渊源。美国金融监管部门的失职、对新自由主义的盲目崇拜、经济失衡等都是值得探讨的历史问题。第二，这次贸易保护是真正意义上的"全球性"的，范围广泛。由于经济全球化，金融体系、产业链以及国际分工体系等渠道和机制将各国紧密联系在一起，位于传导链上游的美国一出现经济问题必然波及下游国家，由此产生的各国贸易保护也如同危机一般传导。第三，贸易保护的主体和手段均增加。贸易保护从货物领域转向了服务以及投资和知识产权领域，贸易保护主体从国家拓展到了经济贸易集团，贸易保护手段从关税壁垒扩展到了技术、环保等贸易壁垒和社会责任。第四，此次贸易保护更加复杂，例如：各国实施贸易保护的理由是否真实、是否具有社会责任性难以鉴别；发达国家对高新技术产业的再次保护使发展中国家在修复危机的同时更为被动；贸易保护措施的形式多样化超出了 WTO 相关约束协定的范围，更加难以管理和约束；等等。

从上述分析可知，贸易保护的实施和时代背景以及各国发展情况等密切相关，各种贸易保护措施也会产生不同的影响结果，因此，归纳和总结贸易保护的影响因素就显得十分必要。

第三节　什么因素影响贸易保护？

贸易保护政策的形成过程会受到一系列因素的影响，其中不仅包括社会经济因素，而且包括政治因素。社会经济因素具体包含贸易保护措施的发起国即申诉国的宏微观经济特征。而政治因素则与政策的供给者和政策的需求者密切相关，比如利益集团，申诉者所在行业的规模和集中度等等。由此可见，一项贸易保护政策的制定和出台是一个较为复杂的过程。

一、社会经济因素

（一）宏观因素

1. 申诉国的种种状况：宏观背景因素

贸易保护申诉国本身的状况是影响贸易保护政策的背景因素，

通常情况下，一个国家若在贸易中获利，由此产生的积极效应是具
有传播性的，比如有利于国内经济增长，有利于产业升级发展，有
利于提高国内创新能力，有利于提高国内就业率等。但是，一国若
在贸易中受挫或者自认为在贸易中受挫，其产生的负面效应也是一
系列的。不少国家就以自身的种种情况作为制定贸易保护政策的影
响因素。

　　首先，申诉国经济是否位于衰退期是一个重要因素。我们都
知道经济周期分为四个阶段，分别为繁荣期、衰退期、萧条期和
复苏期，如图 1.2 所示。而衰退期的典型特点就是经济增长停滞、
企业生产能力下降、产生大量失业等。众多贸易保护都发生在经
济危机后，也就是经历了"经济危机—经济衰退—贸易保护"这
个阶段。如果一国经济增长迅速，则该国一般倾向于实施自由贸
易政策，但是如果一国陷入了经济衰退，经济增长缓慢，产品逐
渐丧失竞争力，则该国就会通过倾销与实施贸易保护措施来保护
国内产业。经济危机后的国家，有效需求骤降，产能过剩，这些
国家希望将过剩产能出售到国际市场上，同时减少进口，因此会
采用贸易保护政策。比如在 1873—1886 年大萧条期间，英国放弃
了自由贸易政策，出
现了"公平贸易"联
盟；1890 年，美国
将平均关税提高到
48.8%；1930 年，美国
发布《斯穆特 – 霍利关
税法》；等等。这些都
证明了经济是否处于衰
退期是一个关键的宏观
因素。

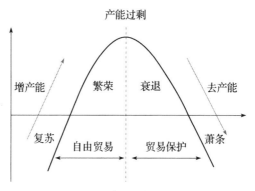

图 1.2　经济周期与贸易保护

其次，失业率也是导致申诉国实施贸易保护措施的重要因素。20 世纪 90 年代初，经济全球化快速发展，促进了资本、劳动力等生产要素全球流动，国家之间进行分工合作，发达国家的低端制造业不断向发展中国家转移。但长此以往出现不少发达国家产业结构失衡、社会贫富差距扩大、失业率上升的问题。它们将失业率上升的问题归咎于自由贸易和全球化，它们认为自由贸易并没有使它们获得利益，它们想通过贸易保护措施保护国内产业，提高国内就业率。因此，就业等社会问题也属于制定贸易保护政策的关键影响因素。

再次，贸易保护措施与申诉国是否属于传统使用者有关。一方面，如果该国属于贸易保护措施的传统使用者，该国一般已经制定了有关贸易保护措施的成体系的规定和文件，那么该国实施贸易保护的成本较低，因此会频繁使用贸易保护措施。另一方面，作为非传统使用者，很多发展中国家具有比较优势的产品大部分重叠，因此竞争较激烈，这导致非传统使用者也会使用较为严厉的贸易保护措施。比如 1992 年印度才开始有反倾销申诉记录，但此后十年，印度成为发起反倾销调查最多的国家。

最后，申诉国的其他特征可能也会引起贸易保护，比如该国近年来面临较多的国际竞争，或者该国修订了相关贸易保护文件，使得实施贸易保护措施成功的概率增加，等等，这些都是可能引起贸易保护的原因。

2. 两国贸易情况：直接因素

贸易保护政策的制定一定与两国之间的贸易情况直接相关，认为自己在贸易中吃亏的国家会更倾向于使用贸易保护措施，比如一国存在贸易逆差和进口激增的情况时更倾向于实施贸易保护。

贸易逆差（贸易赤字）是目前多数国家发起贸易保护的借口。比如美国以贸易逆差为借口对中国发动贸易战，对中国高新技术领域征收高额关税。然而美国产生贸易逆差的原因并不是中国在贸易中占据优势。美国自身工业发展空洞化，大量制造业转向新兴发展中国家，导致美国本土制造业萎缩，同时美国长期存在财政赤字，这才是导致美国贸易逆差的真实原因。但是这些发达国家仍然以贸易逆差作为借口实施贸易保护措施。

申诉国进口激增也是引起多数国家发起贸易保护的重要因素。若一国以低于正常市场价格的价格将物品倾销至另一个国家，则会导致进口国进口激增。若该情况对进口国的国内厂商和产业造成了严重伤害或者实质性损害和威胁，进口国就会申诉，提出贸易救济的保护措施。

3. 汇率因素

汇率是影响进出口的直接因素，因此也是一个影响贸易保护的因素。一方面，出口国利用本币贬值提高自身产品的出口竞争力，此时部分进口国就会根据汇率折算后的价格裁定出口国是否存在"倾销行为"，即出口国是否存在外汇倾销。另一方面，若进口国的货币贬值，导致进口国减少进口，则此时不会轻易判定该类产品的进口会对进口国国内产业造成实质性伤害，不容易实施贸易保护措施。

4. 报复效应

国家和国家之间针对贸易保护的报复效应也是导致贸易保护产生的因素之一。但该因素对贸易保护有两种说辞：第一种即一国对另一国实施贸易保护措施可能会招致后者的报复，这就会使申诉国需要考虑另一国的反应来判断是否实施贸易保护措施，即报复效应对贸易保护有一定的约束作用。第二种即当一国实施贸易保护措施时，另一国会积极使用贸易保护措施进行报复，反而促进了贸易保护措施的实施。虽然报复效应是否会增加贸易保护措施的实施是不确定的，但是不可否认的是，国与国之间的报复效应一定会影响贸易保护措施的实施。

5. WTO 运行的相关因素

WTO 成立的核心是建立多边贸易规则，逐步推行贸易自由化。然而 WTO 在约束贸易保护的时候存在一些漏洞，这些漏洞反而刺激了贸易保护措施的使用。首先，约束关税高于某些国家的实际关税水平，这就使得这些国家可以将实际关税抬高至约束关税水平。其次，一些因 WTO 协议中概念模糊、界定不清晰的原因出现的灰色区域使得各国使用了相关的贸易保护措施，比如技术性贸易壁垒、绿色贸易壁垒等。再次，在乌拉圭回合谈判达成的关税减免协议中，不同国家减免幅度不同，减免幅度大的国家更倾向于多使用非关税壁垒作为关税的替代。最后，各国在 WTO 规则允许的条件下加入各种自由贸易协定，协定内的成员方和协定外的非成员方之间存在歧视。协定使成员方之间可以自由贸易，不存在关税等贸易壁垒，而对非成员方却制定统一的关税壁垒或者使用贸易保护措施来制约其贸易。

(二) 微观因素

所属行业的各种经济特征是影响贸易保护措施实施的微观因素。行业是国际贸易中的微观主体，也是主要进行生产和进出口的单位，行业的一些条件变化会直接影响贸易的正常进行，主要包括进口渗透率、进口替代弹性、行业经济效率和社会影响以及行业雇佣人数等。

1. 进口渗透率

进口渗透率即某行业进口产品的数量与国内产品数量的比率，该指标主要被用来衡量一国面临的进口竞争情况。若进口渗透率较高，则说明该行业依靠大量进口，这么多进口可能会对国内产业产生威胁或者伤害。因此，进口渗透率经常作为国家裁定是否应该对出口国实施贸易保护措施的影响因素之一。

2. 进口替代弹性

以征收反倾销税为例，一个行业的进口替代弹性越大，则政府对其实施贸易保护措施产生的无谓损失（市场偏离最优运行状态时所损失的消费者剩余和生产者剩余）越大，这会使整个国家的福利降低，因此国家更偏向于不对进口替代弹性大的行业实施贸易保护措施。

3. 行业经济效率和社会影响

如果一个行业经济效率高，属于集约型行业，或者属于高新技术产业，其产出对整个社会有重要的发展作用，则政府更愿意制定政策对其进行保护，因为保护它可以使更多群体受益，具有社会经济价值。从社会影响考虑，政府通常会对低收入者尤其是生产性工作的工人占比较高的行业给予贸易保护，目的是稳定社会，这类保护具有更加积极的社会影响。

4. 行业雇佣人数

行业雇佣人数越多，政府越容易实施贸易保护措施。从全球范围看，贸易保护的对象大都集中在劳动密集型行业和资本密集型行业。比如中国由于前期具有劳动力成本优势，在加工制造产品方面具有出口优势，但是这类产品也正是发达国家实施贸易保护措施的对象。保护雇佣人数较多的行业，一方面是保护国内就业，例如欧美各国近年来失业率居高不下，这是它们实施贸易保护措施、力求制造业回归的重要原因；另一方面是这些行业工人的工作稳定有利于社会稳定，接纳这些工人的行业是推动社会发展的重要力量，比如我国发展劳动密集型行业就是加快推进城市化的必然需求，有利于解决农村剩余劳动力的就业问题。

二、政治因素

（一）国家利益

从国家角度考虑，贸易政策主要是为了国家利益，是为国家发展和社会公平服务的。企业是国家发展和社会公平的重要部分，同时也是进出口直接涉及的对象。企业的发展在一定程度上影响国家的发展。一般实施贸易保护措施都是为了增强国内企业的国际竞争力。因此国家对于所保护的企业有一定的针对性，首先就是出口较多的企业，国家会给予其一定的保护。其次就是行业资本构成比重较高的企业，此类企业更有利于促进民族工业的发展，因此政府会给予其贸易保护，甚至行业资本构成比重越高，保护程度越高。最后就是缴纳所得税较多的企业。一个企业缴纳的所得税最终会成为国家的税收收入，这笔收入是用来维持国家社会运行的重要部分，因此对于缴纳所得税较多的企业，国家会给予更多的保护。

国家利益就是扶植具有高经济社会效率的企业和维护公平。经济社会效率高的企业，比如航天航空、电子信息、生物制药、新材料、新能源等行业的企业，其带动的产业链能够提供诸多就业，对社会产生的正面效益是难以估量的。国家对于该类企业进行贸易保护，比如实施出口退税等措施，帮助该类企业提高国际竞争力，其产生的收益最终也会以税收的形式回馈于国家和社会。

因此，国家利益是国家实施贸易保护措施考虑的关键因素。

（二）政治压力

1. 利益集团

利益集团与政客之间存在着买方和卖方的关系，利益集团通过游说对政客施加压力以谋求对本利益集团有益的政策，主要手段是决定是否捐资，而政客则为了获得利益集团的捐资而提供政治支持，双方形成了以公共政策为商品的买卖市场。

但是利益集团游说的对象一般是国会议员，它们并不能直接对做出贸易保护裁决的机构人员进行游说，那么利益集团如何对做出贸易保护裁决的机构人员施加影响呢？其实主要是利益集团对国会重要议员进行施压，议员通过说服，甚至用政策预算对贸易保护裁决人员进行施压，议员在其中充当了连接利益集团和裁决机构的桥梁。

2. 申诉者所在行业的规模和集中度

申诉者所在行业的规模和集中度也是一种对政治议员的压力，但行业的规模和集中度对贸易保护政策的影响分为正反两方面。一方面，若行业规模小，则该行业可以避免和克服"搭便车"行为，从而更加高效地组织工作，对国会议员进行游说和政治施压，更有利于制定对自身有益的贸易保护政策；另一方面，行业规模小意味着非规模经济，规模较大的行业具有更强的经济实力和社会影响力，能够提供给政府更多的资金和支持，从而施加更多的政治压力。

综上可知，贸易保护的影响因素包括经济、政治、社会的方方面面，它们均能从不同的利益角度影响贸易保护政策的制定和实施，这说明政策制定是一个极其复杂的过程，不同的政策会有不同的效果，因此只有对不同的贸易保护措施进行了解以及对其产生的效应进行分析，才能理解国家制定不同贸易保护政策的原因和目的。

第四节　贸易保护依靠哪些措施?

一、关税壁垒

关税壁垒即我们所熟知的关税，关税是贸易保护措施中最为常见也最为重要的一类贸易壁垒。关税是对通过一国关境的贸易商品征收的税收。关税根据其征收目的、征收对象和征收方法的不同可以分为多个种类。

根据关税征收目的可将关税分为财政关税和保护关税。财政关税是指被作为政府财政收入的重要来源的关税；保护关税是为了保护本国同类商品而对进口商品征收的关税。

根据关税征收对象我们可将关税分为出口税、进口税和过境税。出口税即对出口商品课征的税收；进口税即对进口商品课征的税收；过境税即一国对途经本国关境，运往他国的外国商品所征收的税收。在贸易保护中，常用的关税种类一般为进口税，主要目的是限制他国商品进入本国市场，通过征收进口税来提高产品价格，降低外国商品在本国市场的竞争力，从而起到保护本国商品的作用。而出口税则大部分由发展中国家征收，目的是增加财政收入、保护国内供应和本国资源等。比如我国，根据《国务院关税税则委员会关于 2019 年进出口暂定税率等调整方案的通知》，自 2019 年 1 月 1 日起继续对铬铁等 108 项出口商品征收出口关税或实行出口暂定税率，税率维持不变，取消 94 项出口暂定税率。但是随着国际竞争的激烈，出口关税已经很少被使用。

根据关税征收方法可将关税分为从量税、从价税、混合税和选择税。从量税即按照商品的实物计量单位如重量、数量、容量等计征关税；从价税即按照商品的价格计征关税，表示为进出口商品价格的一个固定百分比；混合税即同时按照从价、从量两种方法计征关税；选择税即对一种商品同时制定从价、从量两种税率，选择其中税额较高的一种进行征收。

就关税产生的背景而言，关税早在 16—17 世纪欧洲重商主义时期就产生了，欧洲运用关税壁垒阻止国外制成品进口，以保护各国制成品在本国的垄断地位，防止行业集中度被分散，达到降低行业风险的目的。19 世纪后期的欧洲资本主义国家运用关税壁垒对抗英国工业品的输入，从而对本国工业进行保护，促进了产业革命的实现。20 世纪后，在超贸易保护理论盛行的时期，发达的资本主义国家大力推行关税壁垒，保证国内垄断资本获得超额利润，并迫使其他国家就关税问题做出让步。一些发展中国家也会适当使用关税壁垒抵制他国商品低价倾销。

二、主要非关税壁垒

(一) 进口配额

进口配额是一种最重要的非关税壁垒，即指一国政府在一定时期内对某种进口商品的数量或金额实行直接限制。在规定的商品数量或金额范围内可以进口，超过该范围则不许进口，或实行许可证制。

进口配额根据其分配方法和实施方法的不同可以分为不同种类。按照分配方法可分为全球配额和国别配额。全球配额适用于来自任何国家的进口商品；国别配额即对不同国家的进口商品规定不同数量的配额。按实施方法可分为绝对配额和关税配额。绝对配额即在一定时期内对某种商品的进口量或金额规定一个最高数额，达到这个数额后便不准许进口；关税配额即对一定时期内所规定的配额以内的进口商品予以关税优惠，而对超过配额的进口商品提高关税。

WTO 官网对关税配额这种配额进行了统计，2020 年 12 月 31 日，有 1 274 项关税配额在全球范围内生效，其中挪威、欧盟、冰岛、保加利亚和匈牙利等十个经济体（如表 1.1 所示）实施数量位于全球前十，共占全球实施数量的 64.44%。由此可见关税配额的使用经济体之多，范围之广。

表 1.1　2020 年 12 月 31 日生效的关税配额数量及百分比前十的经济体

实施经济体	挪威	欧盟	冰岛	保加利亚	匈牙利	韩国	委内瑞拉	哥伦比亚	南非	美国
数量（项）	214	87	86	72	70	67	62	58	53	52
占全球百分比（%）	16.80	6.83	6.75	5.65	5.49	5.26	4.87	4.55	4.16	4.08

资料来源：WTO 非关税壁垒数据库。

（二）自愿出口限制

自愿出口限制是指出口国家或地区在进口国的要求或者压力下，自动规定在某一时期内（一般 3 ～ 5 年）限制某些本国商品对该国出口的数量或金额，在限定的配额内自行控制出口，超过配额则禁止出口。

自愿出口限制可分为有协定和无协定两种形式。有协定的自愿出口限制是指进出口国家通过谈判后达成协定，由出口国自动限制对进口国出口的数量或金额。无协定的自愿出口限制是指进出口国家并没有成文的协定，由出口国自动控制出口。这种无协定的自愿出口限制实际上是基于双方在实力上的较量。如果出口国不愿意自动限制出口的数量和金额，进口国就会将严重威胁本国产业作为提高这些商品的进口关税或采取其他限制进口措施的理由。同时，进口国也会担心过分的限制会导致出口国的报复。

就自愿出口限制的产生背景而言，自愿出口限制于 20 世纪 50 年代产生，是当时美国、欧共体以及一些其余的发达国家为了限制从日本、韩国等其他国家进口纺织品、钢铁、电子产品和汽车等产品所设定的，目的也是保护这些就业在 30 年内快速下降的产业。美国和日本达成有关日本汽车出口的自愿出口限制协定就是典型的例子。由于 1979 年全球石油价格上涨，美国市场对大型汽车的需求转为小型车，日本因为汽车产业的技术成熟、市场广大以及成本低的优势成为美国的最大竞争者。美国政府为了保护美国的汽车工业欲与日本沟通签订自愿出口限制协定。日本担忧若不签订该协定会遭遇美国单方面的保护措施，因此，双方在 1981 年达成了第一份自愿出口限制协定，协定规定日本每年向美国出口的汽车数量为 168 万辆，执行 3 年后该数字又被修改为 185 万辆，1985 年美国允许日本不再履行该协定。

（三）出口补贴

出口补贴即一国政府为了促进出口，给予出口企业现金补贴或者财政上的优惠，从而降低出口商品的价格，提高出口商品的国际竞争力。

出口补贴在形式上可分为间接补贴和直接补贴。间接补贴是政府对某些商品出口给予财政上的优惠，如退还出口商所交纳的各种税收（销售税、增值税、消费税等国内税），目的仍然是降低产品成本并提高国际竞争力。直接补贴是指本国产品在出口时，政府直接给予出口商现金补贴。在 20 世纪 90 年代末，众多发达国家对农业进行了出口补贴。如图 1.3 所示，就 1998 年而言，欧盟在所有发达经济体中花费的农业补贴最多，高达 1 161 亿美元，将近占所有工业国农业补贴的 50%；其次是日本和美国，分别花费 491 亿美元和 470 亿美元。就 2001 年而言，农业补贴数量前三名是欧盟、美国和日本，分别为 1 056 亿美元、953 亿美元和 591 亿美元。但就生产者津贴占农产品产出的比重而言，大部分经济体 2001 年相比 1998 年稍有下降，只有加拿大一个国家有略微上升。

WTO 的《补贴和反补贴协议》将出口补贴分为禁止性补贴、可申诉补贴和不可申诉补贴三种。禁止性补贴（红灯补贴）是指不允许成员方政府实施的补贴。一旦实施，任何受其影响的其他成员方均可以直接采取反补贴措施，包括出口补贴（在法律或事实上以出口业绩或预期出口业绩作为唯一条件或条件之一提供补贴）和进口替代补贴（对使用国产产品进行补贴，而对使用进口产品不给予补贴）。可申诉补贴（黄灯补贴）是指成员方根据自己政治、经济发展的需要，允许在一定范围内对生产者或销售者进行补贴，但如果这种补贴造成对其他成员方的国内行业损害，其他成员方可以采取反补贴措施。不可申诉补贴（绿灯补贴）是指允许提供的补贴，对这类补贴不得采取反补贴措施，除非证明其实质上不具有或失去了不可申诉补贴的法律性质。

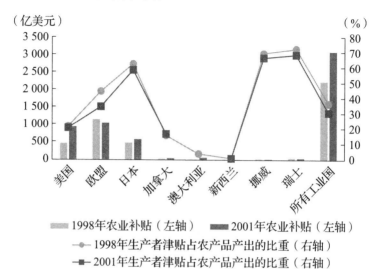

图 1.3　1998 年和 2001 年发达大国与欧盟的农业补贴和生产者津贴占农产品产出的比重

资料来源：Dominick Salvatore. 国际经济学 . 8 版 . 北京：清华大学出版社，2004.

出口补贴早在 1995 年就开始被使用，欧盟在 1995—1998 年年均出口补贴约 60 亿美元，占全球 90%。同时，各国在 1995—2020 年间也出台了多项出口补贴措施，共 429 项。发展中国家出台的措施数量不断增加，可见发展中国家对本国商品的保护程度和对提高本国商品的国际竞争力的扶持力度在不断增加。表 1.2 展示了 1995—2020 年生效的出口补贴数量及占全球百分比前十的经济体。

表 1.2　1995—2020 年生效的出口补贴数量及占全球百分比前十的经济体

实施经济体	委内瑞拉	南非	保加利亚	土耳其	欧盟	哥伦比亚	波兰	斯洛伐克	巴西	捷克
数量（项）	72	62	44	44	20	18	17	17	16	16
占全球百分比（%）	16.78	14.45	10.26	10.26	4.66	4.20	3.96	3.96	3.73	3.73

资料来源：WTO 非关税壁垒数据库。

（四）反倾销、反补贴和保障措施

反倾销是针对倾销而言的，是指对外国商品在本国市场上的倾销所采取的抵制措施，主要是通过对外国商品除了征收一般进口税外再增加附加税，从而提高进口商品的价格。倾销是指产品以低于其正常价值的价格出口到另一个国家（地区）的行为。倾销可分为偶然性倾销、掠夺性倾销和持续性倾销。偶然性倾销是指因为销售旺季已过或因公司改变运营业务，将国内市场不能出售的剩余产品以低价销往国外市场；掠夺性倾销是指先通过恶意倾销挤占对手市场，占据市场后再凭借垄断地位提高价格，获取高额利润；持续性倾销是指无限期、持续地以低于市场价格的价格在国外市场上销售产品。WTO 的《反倾销协议》规定，成员方要实施反倾销措施必须遵守三个条件：（1）确定存在倾销的事实；（2）确定对国内产业造成了实质性的损害或威胁，或对相关产业造成了实质性的阻碍；（3）确定倾销和损害之间存在因果关系。

反补贴是针对补贴而言的，是指进口国反击出口补贴国家的行为，主要通过征收反补贴税或价格承诺抵消进口产品享受的补贴，其目的也是保护本国产品和产业。典型的例子有 2006 年 11 月 20 日，美国商务部对自中国进口的铜版纸开展了反补贴调查，这也是美国对中国采取反补贴措施的第一个案件。

保障措施是指当不可预见的发展导致某种产品的进口数量增加从而对国内生产同类产品或直接竞争产品的生产商造成严重损害或威胁时，进口成员方可以在非歧视原则的基础上对该产品的进口实施限制。

反倾销、反补贴和保障措施简称"两反一保"，均属于贸易救济措施。

保障措施和反补贴、反倾销的区别如下：（1）保障措施所针对的不是不公平的贸易做法，而是公平但却对国内产业造成严重损害的进口。（2）保障措施的实施条件比反倾销或反补贴措施的实施条件严格。进口成员方对其采取保障措施给产品出口成员方造成的损害应予以补偿。（3）保障措施所指的国内产业比反倾销、反补贴措施所指的国内产业范围广，既包括同类产品的生产商，也包括直接竞争产品的生产商。

1995—2020 年，全球共生效了 3 759 项反倾销措施，306 项反补贴措施，221 项保障措施。就反倾销数量而言，印度、美国和欧盟占比较高，巴西、土耳其、中国和阿根廷所生效的反倾销措施占比较为接近（见表 1.3）。就反补贴数量而言，美国、欧盟和加拿大等发达经济体占比较高，三者之和占全球的 76.47%，而发展中国家占比较低，原因可能是发展中国家主要是实施出口补贴的国家。就保障措施数量而言，以印度尼西亚、印度、土耳其和约旦等发展中国家为主，发达国家则极少。从三种措施的对比可知，发达国家更加热衷于使用反倾销和反补贴两种措施针对他国，发展中国家更热衷于使用保障措施。可能原因在于发达国家劳动力成本较高，导致劳动密集型产品成本高，以至于产品价格较高，而发展中国家具有劳动力成本优势，且一些发展中国家的政府为了提高本国产品竞争力会给予一定的出口补贴，导致其产品价格低于发达国家市场内部产品价格，因此招致发达国家的贸易保护措施。而发达国家的产品更具有创新性和竞争力，进入发展中国家的市场后有很大可能性会对其本地产业造成严重损害，因此发展中国家更倾向于使用保障措施。

表 1.3   1995—2020 年生效的"两反一保"数量及占全球百分比前十的经济体

反倾销									
	印度	美国	欧盟	巴西	土耳其	中国	阿根廷	澳大利亚	加拿大	墨西哥
数量（项）	657	460	338	256	236	230	220	165	157	137
占全球百分比（%）	17.48	12.24	8.99	6.81	6.28	6.12	5.85	4.39	4.18	3.64

续表

反补贴									
	美国	欧盟	加拿大	澳大利亚	墨西哥	中国	印度	巴西	秘鲁	中国台湾
数量（项）	153	47	34	19	9	8	7	5	5	5
占全球百分比（%）	50.00	15.36	11.11	6.21	2.94	2.61	2.29	1.63	1.63	1.63
保障措施									
	印度尼西亚	印度	土耳其	约旦	智利	菲律宾	埃及	摩洛哥	美国	吉尔吉斯斯坦
数量（项）	25	23	17	10	9	9	8	8	8	7
占全球百分比（%）	11.31	10.41	7.69	4.52	4.07	4.07	3.62	3.62	3.62	3.17

资料来源：WTO 非关税壁垒数据库。

（五）技术性贸易壁垒

技术性贸易壁垒是指针对进口商品进行进口管制，通过颁布法律、法令、条例和规定，建立技术标准、认证制度、检验制度等，对外国进口商品制定过分严格的技术标准、卫生检疫标准、商品包装和标签标准，从而提高进口商品的技术要求和难度，最终限制进口。技术性贸易壁垒有别于技术壁垒，可以说技术性贸易壁垒包括了技术壁垒和以技术为名的贸易壁垒，因此技术性贸易壁垒范围更广。技术性贸易壁垒由于跟技术相关条件有关，极易与合法挂钩，所以成为当前最隐蔽、形式最多变、最难对付的非关税壁垒。

卫生与植物检疫措施是指为了保护人类健康和控制动植物病虫害而制定的技术性贸易壁垒。该措施在乌拉圭回合谈判之前一直未形成系统的多边法律制度，但在乌拉圭回合谈判后以单独的法律文件——《实施卫生与植物检疫措施协定》成为多边货物贸易协定的一部分。较为典型的案例就是日本水果品种测试案。1950 年日本为了防止苹果蚕蛾进入，制定了《1950 年植物保护法》和《植物保护法实施条例》，要求对外国不同品种的水果采取不同的检验处理方法。1987 年，日本的两部试行准则《取消进口禁令准则——熏蒸》和《昆虫死亡率比较测试准则——熏蒸》再次使得各国新品种水果短期无法出口至日本，美国水果甚至因为这些准则退出日本市场。

2001—2020 年，在世界范围内共生效技术性贸易壁垒措施3 119 项，卫生与植物检疫措施 3 665 项。就技术性贸易壁垒而言，在实施数量前五的经济体中，发达经济体就占了 3 位，分别为美国、加拿大和欧盟，共占 27.83%，尤其是美国实施的数量最多，远超其他经济体（见表 1.4）。可见技术性贸易壁垒主要是由发达经济体实施并制定相关规则。卫生与植物检疫措施可以针对所有伙伴实施，也可以只针对某一特定伙伴实施。由表 1.4 可见，美国实施的数量远超其他经济体。此外，发展中经济体也较为频繁地实施该项措施。

表 1.4　2001—2020 年生效的技术性贸易壁垒和卫生与植物检疫措施数量及占全球百分比前十的经济体

技术性贸易壁垒									
	美国	加拿大	厄瓜多尔	欧盟	中国台湾	巴西	韩国	中国	埃及	日本
数量（项）	528	189	170	151	143	137	134	117	114	86
占全球百分比（%）	16.93	6.06	5.45	4.84	4.58	4.39	4.30	3.75	3.66	2.76

卫生与植物检疫									
	美国	巴西	秘鲁	菲律宾	秘鲁（双边）	欧盟	阿尔巴尼亚	中国	新西兰	菲律宾（双边）
数量（项）	660	309	229	174	148	140	129	117	110	92
占全球百分比（%）	18.01	8.43	6.25	4.75	4.04	3.82	3.52	3.19	3.00	2.51

资料来源：WTO 非关税壁垒数据库。

绿色贸易壁垒也属于技术性贸易壁垒的一种，是为了保护生态环境直接或者间接地对贸易采取限制或禁止的措施。该措施产生于 20 世纪 80 年代，后在各国兴起。如美国因为委内瑞拉的汽油含铅拒绝其汽油进入美国，欧盟则因为加拿大人狩猎大量野生动物拒绝其皮制品进口。欧盟于 2019 年 12 月发布《欧洲绿色协定》（简称"绿色新政"），这发出了强烈的绿色信号。因为对绿色的重视，欧盟在贸易方面也有可能增加绿色贸易壁垒措施来限制他国产品进口。

第五节　贸易保护会产生哪些经济效应？

贸易保护的经济效应可从两方面进行分析和探讨。第一个即贸易保护的直接效应，就是贸易保护政策直接对国际贸易的影响，包括贸易保护措施对国家的进出口数量和价格的影响；第二个即贸易保护的间接效应，就是贸易保护政策对市场供求、企业生产率、竞争策略等微观经济活动以及对进出口国的产业结构、投资区位、就业、福利等宏观经济活动的影响。此外，不同的贸易保护措施产生的经济效应也各不相同。

一、直接效应和间接效应

（一）贸易保护的直接效应

贸易保护措施的实施对实施国和被实施国有不同的贸易影响，可以分别从贸易量、贸易产品价格以及贸易产品结构等方面去分别探讨。

就实施贸易保护措施的国家或地区（进口国或地区）而言：（1）贸易保护会使该国或地区的进口量下降，但是可能会增加集团内部的贸易量。贸易保护的措施非常多，包括关税和非关税类的贸易壁垒，但多种贸易保护措施的目的均是保护本国的产品市场，保护本国产品，提高本国产品的国际竞争力。因此，贸易保护措施的实施使关税提高以及对产品的各种技术标准要求更加严格，这些都使他国产品进口难度增加，能够在一定程度上减少该国的进口量。然而，关税同盟的成立虽然会影响整个同盟和非成员方之间的贸易，但是对于盟内成员方而言，由于盟内关税的取消，成员方之间的贸易量更容易增加。还有一部分国家通过提高进口关税等限制措施来缩小贸易逆差和改善国际收支。由此可以看出贸易保护对贸易量的影响。（2）贸易保护会使该国进口产品的国内价格上升。进口国对出口国产品征税，则进口产品大多数情况下会在原价格的基础上加上所征关税，导致价格升高。进口国实施非关税壁垒会使进入本国的产品量减少，根据供求定理，进口产品的价格自然会上涨。（3）贸易保护会改变进口结构。进口国实施的贸易保护措施一般是针对某些种类的产品的，有较强的针对性，比如中美贸易摩擦中美国对中国征税的行业主要包括航空航天、信息和通信技术以及机器人等行业，这种有针对性的贸易保护自然会使进口国减少此类产品的进口，在一定程度上改变进口结构。

就被实施贸易保护措施的国家或地区（出口国或地区）而言：（1）贸易保护的实施会导致该国或地区的出口受阻，出口量下降。如 2008 年国际金融危机爆发，众多国家受金融危机影响实施了贸易保护措施，贸易保护在全球范围内扩散开来。2009—2011年，我国贸易顺差分别占外贸出口总和的 8.9%、6.2% 和 4.3%，较2008 年以前占比两位数而言明显降低。2009 年美国对我国轮胎征收 35% 的进口附加税，直接影响了我国轮胎的出口，同时还影响了与轮胎密切相关行业的出口。（2）贸易保护措施的实施会导致出口国或地区产品价格上升。关税的实施在一定程度上增加了出口产品的价格，诸多非关税壁垒要求将环境、技术和生态等因素考虑进入产品的生产、加工、运输等各个环节，这必然会增加出口成本，从而提高了出口产品的价格。（3）贸易保护措施的实施会改变出口国或地区的出口结构。近年来发达国家密集使用技术性贸易壁垒和绿色贸易壁垒对我国产业进行制裁，为应对该挑战，我国鼓励一般贸易的发展，低附加值的加工贸易转移到了别的国家和地区，降低了加工贸易产品在我国出口产品中的比重。

（二）贸易保护的间接效应

贸易保护的间接效应则涉及经济社会的方方面面，即贸易保护直接影响国际贸易后间接影响到微观经济和宏观经济方面，比如就业、工资、生产率水平、厂商区位选择和经济增长等方面。然而，贸易保护的间接效应也需要从长短期来分析，贸易保护既具有其合理性，也具有其危害性。

就短期而言，贸易保护具有一定的合理性，原因如下：（1）促进被保护产业快速发展，推动产业结构转变，发展国民经济，符合国家战略需要。通过幼稚产业保护理论可知，发展中国家对其具有成长潜质的幼稚产业进行保护，避免其因遭受自由贸易的冲击而丧失竞争力和国际市场，从而逐渐拥有竞争力。这类产业都是国家较为重视的产业，比如民族工业，若不进行保护将会影响到整个国家的发展。（2）短期内保护并维持国内就业。发达国家的企业通过长时间的发展，大多具有规模经济，当这些产品出口到发展中国家时具有绝对的成本和质量优势，从而导致进口国本国的产品丧失竞争力，由此引起的国内企业破产问题和大批工人失业问题将会对社会造成难以想象的危害。因此对于这种情况，WTO 允许进口国在受到实质性的和严重的损害以及骤增的进口冲击时使用临时性进口限制措施和提高关税水平。（3）有利于在经济萧条后改善资源配置。资本主义国家经济危机的产生大多伴随着资源利用率低、剩余劳动力、生产过剩等等，适当使用贸易保护措施可以减少进口，调节国内供求，减少逆差。同时，使用贸易保护措施会使一些国外厂商选择越过贸易壁垒对该国进行投资，有利于该国摆脱萧条。因此，适当的贸易保护可以优化资源配置。（4）弥补市场扭曲问题。在自由贸易的情况下，市场机制完善的情况较少，也就是存在"市场失灵"问题，比如发达国家对高端制造业、芯片等高新技术产业的垄断造成市场竞争不充分、市场扭曲、信息不对称等严重问题，需要通过政府介入，实施一定的贸易保护政策来平衡这种扭曲。（5）改善发展中国家的被动地位。通过普雷维什的"中心－外围"论可知，外围的发展中国家在跟中心的发达国家贸易的过程中，贸易条件将会恶化，需要通过贸易保护建立自己的民族工业，不再被动。（6）改变不同群体的福利，具有收入分配效应。贸易保护可以在一定程度上弥补在自由贸易中受损的群体，推动社会福利的增加。

就长期而言，贸易保护具有一定的危害性，原因如下：（1）贸易保护会扰乱国际专业化分工，从而不利于生产率的提高。贸易保护限制了资本、劳动、服务和技术等生产要素的自由流动，导致生产成本具有不稳定性，对生产率产生较大的负面影响。1980—1996年，对加拿大加入《美加自由贸易协定》（1989年1月1日签订）的前后对比发现，关税削减使得受影响最大的相关行业劳动生产率提高了2.1%，整个制造业的劳动生产率提高了0.6%，关税削减还使受影响最大的行业的全要素生产率提高了1.0%，整个制造业的全要素生产率提高了0.2%。自贸协定带来的主要好处是低端制造业生产率大幅提高和高端制造业资源重新配置。由此可见，贸易保护对行业生产是不利的。（2）贸易保护在一定程度上影响就业、工资和经济增长等社会问题。从1980—1996年加拿大的情况可知，关税削减在短期内可能会使加拿大原本受到贸易保护的厂商减少雇员，降低产量乃至生产率，受影响最大的行业就业减少了15%，产量减少了11%，工厂数量减少了8%。对于整个制造业来说，这些数字分别是5%、3%和4%。但长期来看，制造业的产出自 1996 年以来大幅反弹，且关税削减略微提高了年收入，这主要是通过提高利润实现的。1976—1987 年，在自由贸易下，美国制造业出口企业支付的工资比非出口企业高出 14% 以上，出口商的收益比非出口商高出三分之一。出口商的就业也比非出口商大得多，平均而言，出口商的就业是非出口商的 4 倍多。1977 年，在拥有 500 名及以上雇员的厂商中，出口商的就业率和出货量都较大，分别为 43% 和 67%。1987 年美国的人口普查截面数据也显示出口商比非出口商更好的情况。此外，相关学术文献研究表明，没有明显证据表明贸易壁垒对经济增长有促进作用，贸易壁垒不利于经济增长。因此，若实施与自由贸易相对的贸易保护措施，将在一定程度上对这些自由贸易产生正效应的厂商造成负面影响。（3）贸易保护易导致市场信号失真。贸易保护通过直接效应提高了进口商品的价格，使得价格不能反映市场规律，造成资源错配，这样并不利于整个市场的发展。（4）贸易保护不利于民族产业长期发展。短期内的贸易保护有利于民族产业在安全的环境中快速发展，但是长期来看，民族产业需要在国际竞争的压力中才能有创新的动力，提高产品质量和技术含量，若过度保护反而不利于产业竞争力的提升。

二、反倾销如此重要吗？

反倾销已成为全球使用最多的贸易政策措施，是新贸易保护主义的贸易保护工具。虽然反倾销是针对倾销这种扰乱市场环境、占领国际市场行为的手段，但是大部分反倾销实际上只是阻碍他国产品进口的"正当措施"，因此，对其产生的经济效应进行分析就显得尤为必要。

（一）反倾销的直接效应

就反倾销的直接效应而言，反倾销根据参与反倾销对象的不同具有不同的效应。通常情况下，参与反倾销的对象可分为指控方（进口国）、指控对象（出口国）。反倾销所具有的效应包括贸易限制效应、调查效应、贸易转移效应以及预期效应等。贸易限制效应即反倾销限制了进口指控对象产品的数量和价格；调查效应即一国在立案调查但并未做出反倾销裁决期间仍然对指控对象进口产品的数量和价格起到限制的作用；贸易转移效应即由于指控对象受到调查或反倾销，非指控对象受益于此，并增加其在进口国的市场份额；预期效应即进口国预期到会对某些产品实施反倾销措施而提前增加对该类产品的进口。

就指控对象而言，贸易限制效应主要包括对指控对象的出口量和出口价格的影响。反倾销对指控对象的出口有限制作用，但这种限制作用与本国的相关产品的替代性强弱有关。若本国产品对倾销产品的替代性较强，即对指控对象实施反倾销措施后，原本从国外进口的产品可以用国内产品进行替代，则可达到一个很好的保护效果，如1980—1985年美国征收反倾销税使相关行业的进口额平均降低了17%，国内产量平均提高了2.3%。但若本国产品对倾销产品的替代性较弱，那么实施反倾销措施反而会使得国内的需求无法得到满足，在这种情况下国内的进口就会出现两种情况：一种是维持原进口量，但是进口成本会增加；另一种就是提前进口，但是提前进口的货物并不能维持较长时间，只能在短时间内满足国内需求。从微观角度而言，这种限制对指控对象的新企业影响较大，但对在位企业影响较小。原因可能为新企业进入市场时可能要面临更高的成本，在此时受到反倾销的制裁只会减少新企业的市场份额。此外，反倾销关税对指控对象的出口也有不同的影响。指控税率越高，对进口量的抑制越明显；反倾销关税虽然提高了相关企业的出口成本，但是若单独倾销关税税率低于统一反倾销关税税率，则会给这些企业带来额外的成本优势，因此影响较小。就调查效应而言，无论是否针对指控对象实施倾销，在调查期间国内厂商均会察觉到进口指控对象产品的价格具有不确定性，因此在调查期间国内的厂商可能会减少对指控对象产品的进口。

就指控方而言，预期效应可能会使进口国在对指控对象实施反倾销措施前大量进口相关产品，但前提是指控方的厂商进口原材料的交易费用较小，且国内产品较指控对象产品替代性较小。

（二）反倾销的间接效应

就反倾销的间接效应而言，其对社会经济的影响较为广泛，不仅与贸易相关，而且包括对厂商、个体、外商直接投资等方方面面的影响。

对一国实施反倾销措施会抑制并转移该国的出口，形成贸易转移效应和对第三方市场的扭曲效应，甚至使厂商退出该市场。首先，就非指控对象（第三方国家）而言，贸易转移效应对实施反倾销的案例和未实施反倾销的案例均有作用。若非指控对象的产品是指控对象产品的良好替代品，那么在反倾销调查期间，国内厂商为了规避指控对象可能被实施反倾销措施的不确定性，就会转向非指控对象进口相关替代品，从而非指控对象在进口国的市场份额可能会大幅增加。但是如果其产品替代性不强，那么贸易转移就不太容易发生。其次，指控方对第三方国家实施反倾销措施同样会减少指控对象对第三方国家的出口，即具有对第三方市场的扭曲效应。最后，反倾销实施可能会使指控对象的供应商完全退出市场，导致出口商无法收回为目的地市场提供服务所需的沉没成本。这种效果在反倾销调查早期较为明显，在最后阶段反而不太明显。撤出的供应商可能短期内不会再回到指控方市场，原因可能是担心遭到再次指控，具有较大的不确定性。

反倾销的实施还会影响外商直接投资。反倾销具有投资跨越效应。指控对象企业在遭遇反倾销措施时，为了突破这种贸易壁垒的限制，可在指控方国家内投资设厂来规避反倾销，代替原来的出口。指控对象企业也可到第三方市场（未遭遇指控方的反倾销措施）投资设厂，在第三方国家生产产品并将其出口到指控方市场，以躲避反倾销。

反倾销会导致指控对象国内产业上下游继发性的保护效应。产业分为上游产业和下游产业，对上游产业和下游产业分别征税会产生不同的效果。当对上游产业进行保护时，就会使上游产业产品的价格上升，进而导致下游产业产品成本上升，若对下游产业不进行保护则会削弱其市场份额。此时，若对下游产业也进行保护，则可以抵消由价格上涨带来的负面效应。另外，在上游产业受到保护后，下游产业若没有受到保护，则在国际市场上的竞争较为激烈，也会产生需要保护的需求。在上游产业受到保护后，下游产业产品价格上升，导致下游产业进口产品增加。虽然这是由上游产业受到保护所致，但是由于下游产业进口量大增符合反倾销的标准，因此国家也会增加对下游产业的反倾销保护供给。

反倾销会产生国家报复效应。多数国家在被实施反倾销措施后会随即开启对指控方的反倾销调查，以保护本国的利益，遏制对方继续实施反倾销等贸易保护措施。这种情况在 20 世纪 80 年代较为常见，大多数国家都是带着报复心理实施反倾销措施的。

反倾销的间接效应如图 1.4 所示。

（三）其他贸易保护措施的间接效应

由于贸易保护措施的直接效应均是对贸易量和贸易价格产生负面影响，具有大同小异的意思，因此本节不再分析其他贸易保护措施的直接效应，专注分析其间接效应。

就宏观层面而言，在单边贸易政策（贸易伙伴国被动接受另一国贸易政策的冲击而不会采取应对措施）前提下，单方面降低非关税壁垒对两国均有利，而单方面放开关税则降低了自由化国家的福利，提高了贸易伙伴的福利。与此同时，临界生产率的存在能够制约进口扩张引致的关税收入增加。在双边贸易政策前提下，贸易保护具有国家报复效应。一国的贸易保护政策会招致伙伴国的报复，贸易壁垒可能使双方陷入贸易战和高关税壁垒的囚徒困境。此外，贸易保护还会对出口国环境政策的战略选择、环境质量及国家福利产生影响。贸易保护对环境污染排放可能是一种束缚。在存在跨境污染时，贸易自由化会使环境税竞相降低，不利于两国的环境。为了减少跨境污染，可设置排放配额，各国就无法通过国内政策影响国外排放。

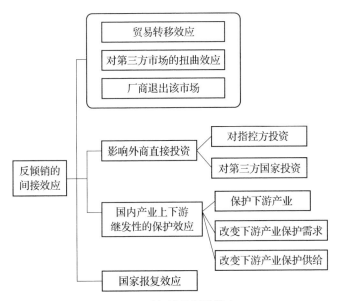

图 1.4　反倾销的间接效应

就微观层面而言，贸易保护会对企业绩效和就业产生影响。贸易保护不利于企业绩效和就业的提高。对于企业绩效，贸易保护的不确定性使企业出口竞争力削弱，更低的出口量和较高的单价对相对竞争力较弱的行业和厂商的负面影响较大，对大型厂商的影响较小，但因为出口困难均不利于企业生产率的提高。相反，贸易一体化带来的收入可以提高企业绩效。贸易一体化代表着关税削减，使市场份额转向出口商，使生产率较高的企业增加生产，产生的收入可以用来进行技术创新，最后提高企业的利润率。对于就业，首先，贸易政策不确定性的降低会给企业提供一个稳定的环境，这样更有利于企业拓展业务与雇用人员。其次，在一定条件下，实施贸易干预可以起到从国外企业转移利润、支持本国企业竞争和提高国民福利的作用。对本国企业给予补贴可以增加本国企业的销售量，减少进口，提高国家福利。再次，关税政策会对本国企业在国际市场上的份额和利润产生影响，本国降低原材料进口关税的出口刺激措施更有利于出口企业在国际市场上进行产量竞争或价格竞争。最后，贸易保护政策对企业储蓄行为会产生影响。当贸易政策不确定性降低时，企业出口增加，利润增加，规模扩大，导致规模经济效应，从而使企业工业增加值增加，最后使企业储蓄率（应对未来潜在不确定性与风险的资金比率）下降。当贸易政策不确定性降低时，企业出口市场扩张预期上升，企业会增加新产品和技术的研发，这也会导致企业储蓄率下降。另外，出口的扩张导致企业利润上升，企业资金流动性扩大，融资市场扩大，可以缓解企业投资的资金约束，最终也有利于企业储蓄率下降。

第二篇

美国贸易保护史

美国是超级大国，其贸易政策具有鲜明的特征，也最受世界关注。美国建国之后便拥抱贸易保护主义，经历了"获取财政收入—促进工业发展—实现互惠—应对经济危机"等政策目标的变迁。

美国一方面标榜自己是自由贸易的捍卫者，一方面却实行严酷的贸易保护政策，并同世界各国发生了激烈的贸易摩擦。近年来，美国贸易保护政策又呈现出立法制度化、措施隐蔽多样、意识形态倾向加剧等特征。而贸易保护主义的深层次逻辑在于，美国的贸易政策是公共利益和特殊利益集团利益的妥协，也是维护国家安全和大国地位的工具，宏观经济形势和技术进步也从多方面对贸易政策导向产生了影响。

第
2
章

美国贸易保护的历史演进

关税在历史上曾经是各国重要的财政收入来源，建国之初的美国也不例外。从建国到南北战争之前，关税收入占美国财政总收入的 85%，同关税有关的立法变动总会引起各界的激烈争斗。南北战争之后，美国延续了高关税政策，试图通过高筑贸易壁垒来保护本国工业发展。20 世纪之初，美国曾一度降低关税，但在大萧条的冲击之下，贸易保护主义又达到了顶峰。

自《1934 年互惠贸易协定法》签署以来，美国贸易政策总体上朝自由化方向发展，然而，美国政府要求贸易伙伴"互惠"，从本质上说，就是要求"对等"，为本国产品进入别国市场打开大门。因此，美国实施的是披着"互惠"外衣的贸易保护政策。在名义上倡导贸易自由化的同时，美国贸易政策呈现出更加复杂的几个特征：深受党派政治和利益集团影响；实行有选择的贸易自由化；贸易保护的隐蔽性增强；贸易政策同政治议题挂钩。

第一节　获取财政收入目标下的贸易保护

一、美国建国之初的财政收入来源

1776 年 7 月 4 日，大陆会议发表《独立宣言》，宣布独立，但在《邦联条例》下的大陆会议只是一个"友好联盟"，各邦保持其主权、自由和独立。《邦联条例》下的邦联财政有以下几个特点：

第一，邦联政府财政地位虚弱，通过《邦联条例》的具体规定可见其没有超越邦政府直接征税的权力，对各邦只能行使建议权，更像是一个"协商和咨询委员会"，各邦向邦居民征税后交给邦联政府，一旦各邦不严格执行，邦联政府就失去了可靠的财政收入来源。

第二，邦联财政高度无计划性，各项举措的出台只是应对暂时性的资金需求，没有制定长远的、目标明确的财政政策。

第三，各邦基本享有独立财政地位，在《邦联条例》中对各邦的限制仅有：（1）不得对邦联财政征税；（2）对其他邦的公民财产征收的税款不得高于对其本邦公民征收的税款；（3）不得与外国签订任何有关关税的协议；（4）不得设定与美国加入的国际条约有冲突的关税。

独立战争期间为战争筹资是美国全国性财政活动的开端，表 2.1 显示了 1775—1789 年大陆会议和邦联时期的财政收入。表 2.1 显示主要收入来源有纸币发行、国内借款、国外借款、税收、向各邦征用、杂项收入。

表 2.1　1775—1789 年大陆会议和邦联时期的财政收入　单位：美元

项目	纸币发行	国内借款	国外借款	税收	向各邦征用	杂项收入	收入总计
金额	37 800 000	11 585 506	10 126 517	5 795 000	1 945 325	3 191 370	70 443 718

资料来源：Dewey, Davis Rich. *Financial History of the United States.* New York: Longmans, Green and Co., 1934: 57.

注：本表中的金额均已被换算为按照铸币价值计算的金额。

　　1789 年 9 月 11 日，华盛顿总统任命亚历山大·汉密尔顿为美国财政部部长，他为联邦政府设立了一套以关税为主、国内税为辅的税收体系，联邦税收新时代由此开启。其中关税是最主要的联邦财政收入来源，它长期稳定且日益增长；以信用赊购方式出售土地获取销售收入是一种稳定但占比较小的收入来源；从金融市场获取股利收入等也是联邦财政收入来源。

　　1. 关税

　　关税是南北战争前美国联邦政府最主要的财政收入来源，1789—1860 年，关税收入为 153 542.6 万美元，占财政总收入的 85.02%。与关税有关的立法变动总是引起国会内部各党派和各地方利益集团之间的激烈争斗。

　　表 2.2 列示了 1789—1861 年间美国实施的关税法案，其中 1806—1815 年间未列示，此时是民主共和党执政时期，杰斐逊多次实施贸易禁运，关税收入骤减。表 2.3 和图 2.1 显示了进口商品的平均关税税率的变化。从整体上讲，这一时期征收关税的主要目的是满足财政收入需要，关税是财政收入最主要的来源。

表 2.2　1789—1861 年关税法案主要内容

年份	法案	具体内容
1789 年	《1789 年关税法》	第一部关税法案，税率相对较低
1816 年	《1816 年关税法》	首批贸易保护主义关税，税率 7.5% 至 30% 不等，引入最小价值原则
1824 年	《1824 年关税法》	大幅提高钢铁、铅、羊毛、大麻等的关税税率，又称克莱"美式体制"
1828 年	《1828 年关税法》	内战前关税税率最高的法案，平均关税税率为 51.9%，又称"可憎关税"
1832 年	《1832 年关税法》	平均关税税率得以降低，但对棉纺织品、毛纺织品和铁制品的保护税率依然维持
1833 年	《1833 年关税法》	妥协法案，棉纺织品、毛纺织品和铁制品等的关税税率下降，分九年下降到 20%

续表

年份	法案	具体内容
1842 年	《1842 年关税法》	对不同进口商品适用差别税率，并使保护性关税税率翻番
1846 年	《1846 年关税法》	即《沃克关税法》，受贸易自由化影响，关税税率下降，平均为 23%
1857 年	《1857 年关税法》	全面降低进口关税税率，内战前关税税率最低，许多药材、工业原料列入免税商品目录
1861 年	《莫里尔关税法》	应税进口商品的平均关税税率从 19% 提高到 27%

资料来源：Irwin, D.A. *Clashing over Commerce*. Chicago: University of Chicago Press, 2017.

表 2.3　1791—1801 年美国进口商品平均关税税率（%）

年度	1791	1792	1793	1794	1795	1796	1797	1798	1799	1800	1801
平均关税税率	8.5	11.0	13.5	14.0	9.0	8.5	10.0	10.5	8.5	8.3	9.0

资料来源：Dewey, Davis Rich. *Financial History of the United States*. New York: Longmans, Green and Co, 1934: 83.

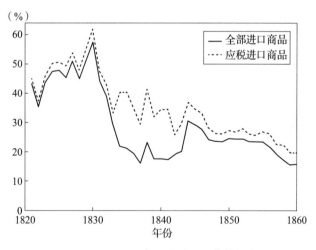

图 2.1　1821—1860 年平均关税税率的折线图

资料来源：U.S. Bureau of the Census. *Historical Statistics of the United States, Colonial Times to 1970*. Washington: U.S. Dept. of Commerce, Bureau of the Census, U.S. Government Printing Office, 1975.

2. 国内税

在《1787 年宪法》实施初期，美国曾征收过消费税和直接税等国内税。1790 年 12 月 13 日，汉密尔顿向国会提交了《关于公共信用的第二份报告》，建议对国内产品征收消费税，最终被国会采纳，对烟草、酒精以及马车等商品征税。消费税招致宾夕法尼亚边疆居民的反对，甚至激起了"威士忌起义"，叛乱者后被联邦军队镇压。18 世纪 90 年代后期，国会开始对房产、土地和黑人奴隶征收直接税，仍引起不少反对意见。

1800 年共和党人杰斐逊当选总统，承诺废除一切国内税，汉密尔顿建立起来的联邦国内财政收入体系被破坏。在 1812 年战争期间，为解决庞大的军事开支问题，美国开征直接税，使得关税在财政收入中的比例有所下降。战争结束后，国内税逐渐被废除。

3. 土地出售收入

联邦党人认为土地出售收入是财政收入来源，用于偿还外债；而共和党人认为土地应以极低价格被出售，满足开发利用土地资源、发展农业的需求。土地出售收入是联邦财政的一种稳定的收入来源，同时充足的土地供应降低了土地要素的价格，对美国经济的快速发展有推动作用。

4. 联邦公债

1789 年联邦政府成立时积累了大量的国内外债务，重建公共信用是最紧迫的财政任务。汉密尔顿提交《关于公共信用的第一份报告》，承诺以偿还旧国债为基础，发行新国债来维持联邦政府的运转，重建公共信用。1791—1794 年为偿付债务进行的再融资计划成功实施；1790 年 8 月专项法案的通过使联邦政府得以自由、迅速偿还债务，公开市场操作成为可能；1792 年美国历史上第一只偿债基金得以建立，收益被用于偿还债务产生的利息。汉密尔顿重建联邦政府信用对美国经济发展的作用不可估量。

在为南北战争筹集军费时，联邦财政主要面对以下问题：（1）没有稳固的税收体系，战时外贸萎缩，关税骤减，国内税受排斥；（2）没有中央银行，没有全国性通货，公债发行受限；（3）国外资本大批抽逃，主权信用受损。但北部地区在雄厚的工业基础下积累了大量财富，相比南部邦联政府稍具优势。新任财政部部长蔡斯决定采取借债筹集军费，新增税收仅用于偿还债务利息的战费筹集方案，南北战争时期美国联邦政府的主要筹资途径见表2.4。

表2.4　南北战争时期美国联邦政府的主要筹资途径

财政年度	税收筹资（包括国库券，千美元）	债务筹资（包括国库券，千美元）	合计（千美元）	税收筹资占筹资总额的比重（%）
1861	50 852	433 664	533 572	9.53
1862	108 186	596 203	811 089	13.34
1863	212 533	719 476	1 144 066	18.58
1864	295 593	872 575	1 462 561	20.21
总计	667 163	2 621 917	3 951 287	16.88

资料来源：Dewey, Davis Rich. *Financial History of the United States*. New York: Longmans, Green and Co., 1934: 299.

注：由于分别进行四舍五入，各年度分项数据与加总数据之间存在着不一致的情况。

二、1789—1861年间的美国贸易保护政策

1.《1789年关税法》——第一部关税法案

独立战争的破坏和国际贸易的中断使美国经济损失惨重，战后美国期待重启贸易，国会以扩大出口为核心目标制订了一份计划，期待与其他国家签署贸易协定，但《邦联条例》规定国会不得征收进口关税，没有制定贸易政策的权力，贸易协定的签署都无功而返。谢菲尔德1783年出版的《对美国与欧洲及西印度群岛的贸易的观察》直指这一痛点："新生的国会不能对各州的贸易进行管制，也无力进行报复。"

此时的邦联政府身处愈演愈烈的财政危机，各州实施满足自身利益的关税法，损害邦联整体利益，邦联内部动乱、外交软弱，急需新宪法来建立更强大的政府以解决危机。1787 年美国通过新宪法授予国会管理对外贸易的普遍权力（包括制定关税法），1789 年华盛顿就任总统，着手制定关税法，激烈的辩论在国会展开。

詹姆斯·麦迪逊提议征收关税的目的只能是增加财政收入，走自由贸易之路，对在美国市场上没有竞争的进口产品，如茶叶、咖啡等征收特别关税，对其他产品征收低关税；而战前就征收保护关税的马萨诸塞州和宾夕法尼亚州等北部州希望维持对制造业的保护。南北议员针锋相对，激烈争辩后最终达成"征收关税是帮助政府偿还国债和鼓励、发展与保护制造业"的统一目的。由于平均关税税率不到 8.5%，对制造业的保护极为有限。《1789 年关税法》主要包括三个部分：对部分产品的从量关税，对大多数其他产品的从价关税，以及对少数产品的免税待遇。

《1789 年关税法》的制定过程初显地区利益差异和地区利益之争。法案确实增加了政府财政收入，但由于税率较低，并未真正发挥保护制造业的作用。它是美国历史上第一部关税法案，同时意味着各州的征税权被国会所取代，一定程度上加强了中央集权，对美国以后的关税立法有一定的借鉴作用，如复合关税的延续。

2.《1816 年关税法》——首批贸易保护主义关税

1816 年关税议题的争论首次聚焦于保护国内产业免受国外竞争，而非增加财政收入。有两个对立的利益群体：要求提高关税的制造商和催促降低关税的商业团体。中大西洋地区各州强烈支持高关税，新英格兰地区大多投支持票（后随着棉纺织业的发展成为保护性关税的强烈支持者），南方地区议员倾向于反对，但因反英情绪，部分议员投支持票。

最后，众议院于 1816 年 4 月以 88 票对 54 票通过了关税法案，参议院也很快通过了法案，当月麦迪逊总统签字生效。值得注意的是，洛威尔为《1816 年关税法》设计了对进口纺织品适用的最低估值条款：标价低于每平方码 25 美分的产品按照每平方码 6.25 美分的标准缴纳关税。这一规定使廉价的进口布匹税负较重，而昂贵的进口布匹税负较轻，平衡了南方棉花出口商与新英格兰纺织品制造商的利益。

3.《1824 年关税法》——克莱 "美式体制"

1818—1819 年发生了金融恐慌，金融部门导致了经济衰退，制造商却将责任归咎到外国竞争导致经济走弱，提高关税的呼声再次响起，恐慌恢复后，政府财政状况得以改善，克莱却继续建议国会提高进口关税，提出增加关税会带来一个自给自足的平衡经济，所有类型的厂商都有强烈需求的观点。

西部和北部各州支持贸易保护；南方地区强烈反对，认为高关税会打击出口、抬高制造品价格，侵害消费者利益。南方地区的部分代表联合新英格兰地区的部分代表抵制法案。经过激烈的辩论，众议院以 107 票对 102 票的微弱优势通过了上述法案，各议员投票情况见表 2.5。该结果产生的原因有两个：（1）众议院新增的 23 个席位主要位于北方制造业；（2）贸易保护者建立了制造业保护协会，有利于提出诉求。

表 2.5　美国各地区议员在国会众议院的投票情况

地区	支持保护性关税（票）	反对保护性关税（票）
西部	29	0
南部	6	70
北部	57	9
新英格兰	15	23
总计	107	102

资料来源：韩龙河. 宪政视域下的美国联邦早期关税问题研究. 上海：华东政法大学，2018.

《1824 年关税法》的具体内容是提高羊毛、小麦、土豆等一些商品的关税税率，其中羊毛的税率为 30%，大麻的税率为 25%；棉纺织品和毛纺织品的税率仍保持 25%；最小价值原则的适用范围从棉纺织品扩大到毛纺织品。另外，棉纺织品的最小价值原则有所提升，从原来的 25 美分提升到 30 美分。

《1824 年关税法》充分体现了地方主义情结，正是从这部法案开始，南北走向对立，关税法案变得更加复杂，也为后面的废止权危机以及南北战争埋下了伏笔。

4.《1833 年关税法》——妥协法案

随着棉花品种的改进和轧棉机的广泛使用，棉花产业成为南部最重要的出口产业，不断升级的关税保护立法威胁了南方经济的繁荣。1828 年的"可憎关税"加重了南方的不满情绪，而《1832 年关税法》更是让南方失去耐心，贸易政策争执演变成前所未有的宪政危机，1832 年 11 月，南卡罗来纳州议会发表《联邦法律废止权条例》，宣布该关税法案违宪，以拒绝执行相威胁。

1833 年 1 月，国会颁布《强制法案》，授权总统在必要时可动用武力维护联邦法令的执行。同时，国会也急于避免同南卡罗来纳州发生军事对抗，克莱为了维护联邦和平和保护其创立的克莱"美式体制"，决定调整关税，通过了一项妥协性的关税法案《1833 年关税法》。两法案相辅相成，形成"橄榄枝与剑"的效果。《1833 年关税法》是一个有九年过渡期的妥协法案，具体内容见表 2.6。

表 2.6　《1833 年关税法》

指标	具体内容
征税目的	为政府的节俭运转提供必需的财政收入（同意放弃保护性关税）
目标关税税率	到过渡期结束时，对所有应税进口产品实行统一的 20% 关税税率

续表

指标	具体内容
具体实施方案	高于 20% 的全部关税从 1834 年 1 月起将把 20% 以上的部分削减 1/10，到 1836 年 1 月再削减 1/10，到 1838 年 1 月和 1840 年 1 月再分别削减 1/10，总计将把 20% 以上的部分削减 40%。到 1842 年，20% 以上的剩余 60% 将被全部削减，1842 年 1 月减去 3/10，7 月再减去 3/10

资料来源：Irwin, D.A. *Clashing over Commerce*. Chicago: University of Chicago Press, 2017.

《1833 年关税法》鼓励了南方农业的发展，过渡期的设计有利于制造业的调整，成功让关税政策从国家政治焦点中消失了近 10年。民主党人 1833—1841 年的每一年都掌握着政府的统一控制权，对妥协法案的支持足以保证政策的连续与稳定。

5.《1846 年关税法》——贸易自由化浪潮

1842 年后经济形势逐渐好转，贸易自由化浪潮兴起，英国从重商主义向自由贸易转变，1846 年废除限制小麦进口的《谷物法》，同时取消 605 种产品的进口税；法国也选择加入自由贸易的行列，降低大部分商品的关税，与其他国家签订自由通商条约。美国准备加入自由贸易的浪潮。1844 年民主党候选人波尔克在总统大选中胜出，此时无论是政治形势还是经济形势都支持关税税率的下降。

1845 年沃克作为财政部部长起草新的关税法案，他极力反对保护性关税，认为保护性关税的差别化设计对制造商有利，却不利于农民、技工、商人和造船业，同时他反驳了保护性关税有利于降低产品价格、美国应该对其他国家的贸易壁垒予以报复的主张。

法案被提交到国会后引起激烈讨论，贸易保护主义者认为这是制造业的灾难，民主党人给予有力反击，占据优势，最后众议院以 114 票对 95 票通过了法案。参议院以 28 票对 27 票的微弱优势通过了该法案。1846 年 7 月，波尔克签署生效《1846 年关税法》，即《沃克关税法》。法案的具体内容见表 2.7。

表 2.7　《1846 年关税法》

进口产品类别	关税税率
A 类	包含酒精类饮料，如白兰地和其他烈酒等，税率为 100%
B 类	包含各类香料和进口食品（水果和肉类）、烟草制品以及葡萄酒，税率为 40%
C 类	包含很多类型，例如成衣、陶器、金属、丝绸、羊毛和玻璃制品，以及食糖和烟草等原材料，税率为 30%
D 类	主要是棉纺织品，税率为 25%
E 类	含化学制品、钉子、大麻和亚麻制品等，税率为 20%
F 类（15%）、G 类（10%）、H 类（5%）和 I 类（免税：茶叶、咖啡和铜矿石等）	

资料来源：Irwin, D.A. *Clashing over Commerce*. Chicago: University of Chicago Press, 2017；褚浩 . 19 世纪后期美国贸易保护政策研究 . 上海：复旦大学，2009.

《沃克关税法》带来了到那时为止最彻底的进口关税削减，应税产品的平均关税税率大幅下调，从 1845 年的 34% 降至 1848 年的 26%，甚至还有许多产品被纳入免税名单，促进农产品市场的繁荣，也使得南部种植园主与西部自由农业主的联盟更加牢固，为关税的进一步下跌埋下了伏笔。

6.《莫里尔关税法》

1859 年，克莱总统指示共和党人莫里尔向国会提交新的关税法案，莫里尔希望用特别税（通过税收调节收入差距）代替《1857 年关税法》中的从价税，并希望大幅提高普通制造品的税率，如钢铁工业、纺织业和其他制造业的制成品。但是该法案两次都没有被众议院通过。

1860 年美国总统大选，共和党人林肯胜选，南方的 7 个州退出联邦，参议院落到共和党与北方民主党人手中，给《莫里尔关税法》的通过扫除了障碍，该法案在参议院以 25 票对 14 票通过。

《莫里尔关税法》主要有几点变化：（1）应税进口商品平均关税税率从《1857 年关税法》的 19% 提高到 27%；用特别税代替从价税，而特别税的税率在很多项目上都高于 1846 年的从价税；大幅度提高铁和羊毛的关税税率。

三、贸易保护对财政收入的贡献

1. 新生国家的收入来源

《1787 年宪法》赋予国会征税权，汉密尔顿为美国联邦政府设计了以关税为主体，以国内税为补充的联邦税收体系。1789 年，第一部关税法案《1789 年关税法》出台，主要目的是解决联邦政府自身愈演愈烈的财政危机，如图 2.2 所示，1791—1796 年间关税占比 90% 左右，但由于平均关税税率不到 8.5%，1791—1796 年间仍有小幅财政赤字，法案带来的关税收入并没有从根本上解决联邦政府面临的财政困难，平均关税税率有待进一步提高。

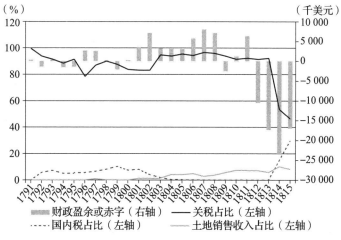

图 2.2　1791—1815 年关税与其他收入在财政收入中的占比情况与财政收支表现

英法战争使美国在 1801—1807 年间对外贸易空前繁荣，同时购买路易斯安那州给美国提供了新奥尔良这一良港，1805—1807 年间平均出口额为 1.018 亿美元，平均进口额为 1.295 亿美元，年进出口额相比建国初几乎翻了 3 倍，关税收入猛增，翻 3 倍有余，扭转了联邦财政赤字局面，带来了大幅盈余。

　　1807 年 12 月杰斐逊决定以贸易禁运应对英国海军的挑衅，导致美国 1808 年出口额从 1.083 亿美元下降到 0.224 亿美元，进口额从 1.385 亿美元下降到 0.570 亿美元，关税收入急剧下降，导致 1809 年财政收入下降 930 万美元，出现了财政赤字。1810 年《第二号梅肯法案》宣布美国在英法战争中保持中立，贸易暂时恢复。1812 年 6 月 19 日，美国正式对英国宣战，接连实施四部贸易限制法案，对外贸易持续低迷，关税收入骤减。为应付战争开支，美国不得不征收国内税，1812—1815 年间持续出现高额财政赤字。杰斐逊实施贸易禁运，将贸易保护政策作为一种政治工具，严重损害了财政收入的稳定性。

　　2. 保护性关税的财政收入贡献

　　1816—1832 年关税与其他收入在财政收入中的占比情况与财政收支表现见图 2.3。战争结束后，经济逐渐恢复，开启正常贸易，1816 年关税收入相比 1815 年增加 2 900 万美元，财政收入增加 3 200 万美元，出现 1 700 万美元财政盈余。1820—1821 年间，因经济危机关税收入小幅下降，出现轻微财政赤字。

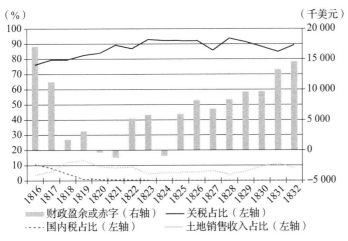

图 2.3　1816—1832 年关税与其他收入在财政收入中的占比情况与财政收支表现

1812—1815 年战争期间，美国财政首次出现高额赤字，赤字被战后大量的财政盈余冲销，证明了 19 世纪的美国联邦财政实行的是一种周期平衡的预算政策。发生战争或经济危机时出现短时的财政赤字，经济恢复常态时则积累大量的财政盈余。

1823—1832 年，美国迎来了经济繁荣，联邦政府除了 1824 年向西班牙支付一笔款项造成财政赤字外，各个财政年度均实现了财政盈余。从《1816 年关税法》到《1828 年关税法》，平均关税税率不断提高，关税收入保持平稳，有小幅上升，平均关税收入为2 200 万美元左右，平均财政收入为 2 450 万美元，关税收入平均占比为 90% 左右，在这期间积累了大量财政盈余。

3. 和平年代的财政收入贡献

观察图 2.4 中 1833—1860 年间的财政收支表现，可发现其具有明显的顺经济周期性。19 世纪初期，美国的经济结构对欧洲各国依存程度很高，作为关税晴雨表的对外贸易总额受到欧洲各国经济周期的直接影响。由于美国联邦财政收入结构对关税收入情况的

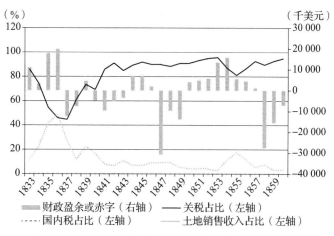

图 2.4　1833—1860 年关税与其他收入在财政收入中的
占比情况与财政收支表现

强烈依赖，美国联邦财政收入变化具有极强的顺经济周期性。1837
年、1847 年、1857 年均有经济危机发生，关税收入的减少导致财
政收入减少，出现财政赤字。因实行周期平衡的预算政策，经济危
机后出现财政盈余。

其中，在 1833 年后几年时间土地销售收入占比增加，关税收
入占比减少，因为 1830 年出台了《优先购买权法》，大家争相购买
相对肥沃的土地，导致土地销售收入增加。随着土地购买热潮的消
退，关税收入仍占据统治地位，平均关税收入占比仍为 90% 左右。

4. 对联邦政府的财政收入贡献

南北战争时期的美国联邦政府财政收入构成见表 2.8，战争期
间关税与其他收入在财政收入中的占比情况与财政收支表现见图
2.5。战争初期关税收入占比 95% 左右，但随着战争的进行，联邦
财政收入不足以应付巨额战争开支，严峻的财政形势迫使联邦政府
在战争中后期开征了包括所得税和消费税在内的多种国内税，关税
收入占比显著下降，到 1865 年已下降至 25%。但无论如何，在整
个战争期间，共和党人控制参、众两院，推动关税税率不断上升，
关税收入稳中有升，关税在联邦财政中仍居于举足轻重的地位。

表 2.8　南北战争时期的美国联邦政府财政收入构成 单位：百万美元

		1861	1862	1863	1864	1865
关税		39.6	49.1	69.1	102.3	84.9
所得税				2.7	20.3	61
直接税			1.8	1.5	0.5	1.2
消费税	酒类税			6.8	32.6	22.5
	烟草税			3.1	8.6	11.4
	制造业税			16.5	36.2	73.3
	印花税			4.1	5.9	11.2
	执照税			4.8	5.2	9.8
	销售税			1.7	3.4	9.9
	其他			1.3	4.9	12.0
	合计			34.9	89.4	148.5

续表

	1861	1862	1863	1864	1865
土地出售收入	0.9	0.2	0.2	0.6	1.0
杂项收入	1	0.9	3.7	30.3	25.4
黄金出售溢价		0.1	0.6	21.2	11.7
总计	41.5	52.1	112.7	264.6	333.7
公债总额	90.6	524.2	1 119.8	1 815.8	2 680.6
人均公债总额（美元）	2.8	15.79	32.91	52.08	75.01
附息公债	90.4	365.4	707.8	1 360	2 217.7

资料来源：Annual Reports of the Secretary of the Treasury, 1893; Annual Reports of the Commissioner of the Internal Revenue, 1876.

注：由于资料来源不同，具体税种收入的加总值与总收入数据之间存在差异。

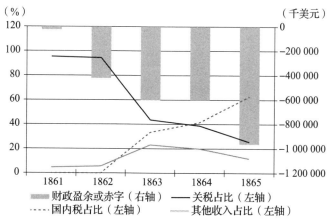

图 2.5   1861—1865 年关税与其他收入在财政收入中的
占比情况与财政收支表现

战时迫切需要财政资金促使美国税收系统突破战前的体制框架，同时，国内税收系统在筹集财政收入方面所显示的巨大潜力也让美国财政政策制定者意识到，要想摆脱旧体制对关税的过度依赖，必须加强联邦财政在促进国家统一和市场整合中的作用。

5. 对南部邦联政府的财政收入贡献

表 2.9 展示了南部邦联政府的财政收入构成。整个南北战争期

间，邦联关税收入只有 350 万南部美元，相比 21 亿美元战争支出微不足道，国内税的征收也以失败告终，南部只能通过其他途径获取财政收入，如没收联邦政府财产、强制债务人归还债务以及发行通货等一系列手段。战争期间，通货膨胀严重，南部邦联政府财政状况不断恶化，最终导致了其在政治和军事上的彻底失败。

表 2.9　南部邦联政府财政收入主要项目　　单位：百万南部美元

收入项目	金额
内部税	122.5
没收联邦政府财产	6.4
关税	3.5
钞票税	14.4
债务人还款	91.4
杂项收入	10.3
合计	248.5
债务收入	2 062.9
总计	2 311.4

资料来源：Emory Quinter Hawk. *Economic History of the South*. New York: Prentice-Hall, Inc., 1934.

注：南部邦联政府发行的货币也以美元作为面值单位，凡是本节中涉及南部邦联的财政数据，其单位均为南部美元，恕不一一注明。

第二节　促进工业发展目标下的贸易保护

一、南北战争之后美国工业体系的建立与发展

（一）内战对经济发展的积极影响

南北战争之前，美国工业体系已经得到初步发展，在经历了 18 世纪 60 年代的第一次工业革命后，到 19 世纪 20 年代初，美国工业体系已初步建立。此时美国的资本主义经济发展非常迅速，南北战争爆发前美国工业生产总值已经处于世界前列，总产值达 18.8

亿美元。同一时期，北方的城市人口占当地总人口的 34%，远超南方 8% 的水平。相对稳定的社会环境和城市化建设的巨大需求极大地促进了北方资本主义工业的发展，但这同时也使保留奴隶制度的南方各州更加无法赶上美国北方各州资本主义制度下的生产力发展速度，南北脱节和分离逐渐严重。此外，美国的保护性关税因偏袒北方各州利益而忽视南方各州利益，使南北对立矛盾愈发尖锐，在西部土地开发和奴隶制是否继续推广的问题上，南北争执直接导致了内战的爆发。

南北战争期间，美国经济发生了巨大的变化，战争创造的对工业制成品的需求直接促进了工业体系的发展和生产力水平的提高。生产力的提高主要体现在以下几个方面：（1）农业方面。战争导致的劳动力资源减少推动了农业现代化和机械化进一步发展，在这一时期，美国小麦和面粉对英国的出口比 1860 年之前增长了 3 倍。棉花产量在 1860 年初达到 23 亿磅，其中 75% 用于出口，羊毛产量从战前的 0.4 亿磅增长至 1.4 亿磅。（2）工业方面。旷日持久的战争刺激了各类原料和其他生活用品的需求，推动工业体系进一步健全。美国内战期间，费城新建了 180 多个工厂，克利夫兰新建了 20 多个铸造冶炼厂，全国工厂总数从 1859 年的 14 万个增长至 1869 年的 25 万个，工业产量不断提高，棉纺织品产量增长 1.5 倍，锌矿产量增长 1.6 倍，生铁产量增长 1.8 倍，采煤量增长 5.6 倍，1862 年铜矿开采量达百万吨以上。（3）投资方面。1860—1880 年工业投资由 10.1 亿美元增长到 20.9 亿美元。（4）交通方面。西部土地的开发和战线的推进刺激了铁路等交通设施的建设。受《太平洋铁路法》的影响，1860—1880 年美国新增铁路里程达到了原来的一倍，总里程超过任何一个欧洲国家。南北战争后的工业体系发展直接奠定了第二次工业革命时的经济基础。

在贸易政策方面，南北战争后美国国内对关税制度依然经历了漫长的争论。内战使联邦政府背上了沉重的债务负担，政府通过无差别高额关税来增加财政收入以偿付高额的公共债务。联邦政府公共债务规模从 1860 年的 6 500 万美元飙升至 1865 年的 27 亿美元，达到了 GDP 总量的 30%，因而，联邦政府短时期无法降低关税水平，只得维持高关税的贸易保护政策。除高额的公共债务外，维持较高的关税水平能够扶持国内工业体系发展，即存在隐性补贴，通过提高进口同质产品的售价以维持本土产品在国内的竞争力。内战后，美国的关税稳定在较高的水平，1860—1900 年应税产品的平均关税水平达 40% ~ 45%，这一时期美国虽然逐步将部分进口消费品列入免税清单，如茶叶和咖啡等，但是大部分与国内企业构成竞争关系的原材料和制成品依然维持保护性关税。这一举措能够一定程度上降低关税成本导致的效率损失，稳定物价水平，从而降低国内消费者承担的无谓损失，同时推动本土工业体系快速发展，恢复战争带来的损失并减轻政府的债务负担。也正因为较高的关税水平，尽管美国经济在取得突飞猛进的发展，但美国的进出口贸易几乎停滞不前，1880 年之前美国进出口规模并没有发生显著的增长。尽管工业生产率得到了大幅提高，但是战后的进出口复苏进程缓慢，棉花和其他农产品依然是主要的出口品，而进口品种类则更加广泛，包括各类消费品、原材料和制成品。虽然美国国会和两党之间存在许多关于降低关税的辩论，但收效甚微。1880 年美国 GDP 增长迅速，而在公共债务的压力得到了有效缓解的前提下，国会在 1890 年和 1897 年又先后通过《麦金莱关税法》和《丁利关税法》，大幅提高工业制成品的关税，降低国内税，其中最重要的是大幅降低了个人和企业的税收负担，这也在一定程度上推动了美国迅速从 4 年战争造成的破坏和冲击中恢复过来，不仅弥补了经济损失，更刺激了国内生产消费的良性内循环。

（二）工业体系建立的基础与条件

1862 年，联邦政府出台《太平洋铁路法》。1869 年太平洋铁路通车时美国的铁路网已经延伸到了中西部和南部地区。1870 年，超过 50 万英里的铁路处于运营状态（见图 2.6）。美国成为当时世界上拥有最大铁路网的国家。以铁路为代表的交通基础设施的完善为经济发展和工业建设提供了良好的基础条件。铁路作为一国经济发展的动脉，一方面能够作为工业需求带动钢铁等原材料的生产，另一方面能够促进铁路沿线的经济投资，沟通东西部和南北生产资料并节约生产成本。

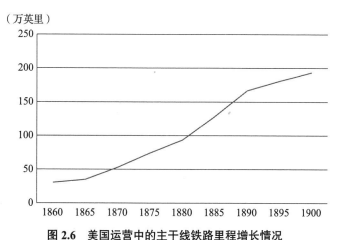

（万英里）

图 2.6　美国运营中的主干线铁路里程增长情况

资料来源：U.S. Bureau of the Census. *Historical Statistics of the United States, Colonial Times to 1970*. Washington: U.S. Dept. of Commerce, Bureau of the Census, U.S. Government Printing Office, 1975.

1862 年《宅地法》的推行促进了农业生产，在缺少化学和生物技术的条件下，虽然当时每英亩土地的产出基本不变，但犁的改进、蒸汽脱粒机、收割设备、播种设备的投入显著提高了农业的总生产率，农民单位工作时间内产量大大提高。每位工人每小时可生产的小麦产量从 1840 年的 0.43 蒲式耳增长至 1900 年的 0.93 蒲式耳，同时期玉米单位产量从 0.36 蒲式耳增长至 0.68 蒲式耳。棉花受机械程度较低的限制，单位产量增幅并不明显（见表 2.10）。

表 2.10　部分农产品每小时工人产量变化情况　　单位：蒲式耳

	小麦	玉米	棉花
1840	0.43	0.36	0.23
1860	0.46	0.37	0.24
1880	0.66	0.56	0.33
1890	0.89	0.66	0.34
1900	0.93	0.68	0.35

资料来源：U.S. Bureau of the Census. *Historical Statistics of the United States, Colonial Times to 1970*. Washington: U.S. Dept. of Commerce, Bureau of the Census, U.S. Government Printing Office, 1975.

新土地的开发和农场的扩张（见图 2.7）使农场主能够进行更大规模的生产，提高了农业的利润水平，同时也为工业发展提供了重要的原料支撑和物质保障。初步发展的机械化农业使部分人口能够从单纯的农业体力劳动中解放出来从事工业生产。此外，得益于土地的扩张和粮食产量的增加，内战结束后美国新增人口数量也大幅度增长。

（百万英亩）

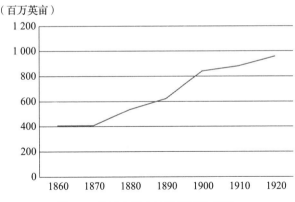

图 2.7　美国农场土地数量变动趋势

资料来源：U.S. Bureau of the Census. *Historical Statistics of the United States, Colonial Times to 1970*. Washington: U.S. Dept. of Commerce, Bureau of the Census, U.S. Government Printing Office, 1975.

二、1866—1933 年间的美国贸易保护政策

（一）战后高关税政策的延续

1865 年 4 月美国南北战争结束，内战最终以南部联盟的失败而告终，这是历史的必然结果，也是北部联邦政府以高关税筹措军费政策的胜利。南北战争作为美国历史上的第二次资产阶级革命，确立了北部制造业集团在中央政府中的主导权，为美国资本主义的发展扫清了道路，开创了美国逐步实现工业化的时代。内战也给联邦政府带来了沉重的债务负担，未偿还债务总额从 1860 年的 6 484 万美元迅速增长至 1868 年的将近 28 亿美元（见图 2.8），沉重的债务负担使政府只得继续维持高关税水平。

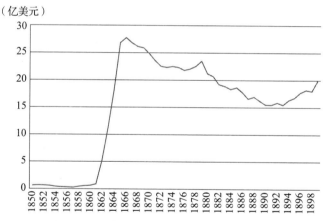

图 2.8　美国未偿还债务总额：1850—1899 年

资料来源：美国财政部。

随着战后军费开支的下降和财政收入的增加，国内民众要求降低税务负担，共和党在 1866—1872 年间通过多项法案降低产品的国内税。国内税的取消和社会生产秩序的恢复使越来越多的人质疑高关税存在的理由，民主党和自由派共和党认为应将关税作为获得财政收入的工具，这一主张受到从"战时高关税"中获益的共和党人

和国内生产者的反对。两方势力的斗争和力量均势使国会在 1865—1872 年间未能通过任何重要的关税立法，关税税率变化较小。

此后，民主党试图改革"战时关税"的行动还在继续，但均未获得成功，这说明战后贸易保护主义者具有一定的优势。考虑到南北战争后民主党的力量和影响下降，大多数共和党人受自身利益影响支持贸易保护政策，高关税在战后的延续也不足为奇了。贸易保护政策在战后的延续也有其客观原因。战后政府需要募集大量的资金进行经济重建和偿还战时贷款，关税作为政府收入的主要来源承担了增加财政收入的任务，政府只能继续实行高关税政策。此外，战后美国工业化的顺利进行和工业体系的建立需要高关税政策保护国内市场。正是由于贸易保护主义对美国工业化和经济发展的巨大利好，贸易保护主义在很长一段时间内成为美国贸易政策的主流。

（二）关税改革的失败和高关税政策

1.《1883 年关税法》

1873 年经济危机转移了人们对关税问题的争议。随着经济危机的结束和工农业的再次繁荣，人们的注意力再次集中到关税上来。民主党和共和党的力量对比也逐渐发生变化，1874 年民主党占据了国会众议院的多数席位，1876 年总统选举意味着民主党和共和党的力量差异进一步缩小。民主党候选人拿下 51% 的选票，高于共和党候选人卢瑟福·海耶斯，但以一票之差在选举人团中败北。为了使南部各州接受海耶斯担任总统，共和党决定将剩余联邦军队撤离南部，达成了"1877 年大妥协"。这一行为表明内战后共和党一家独大的局面发生了重大转折，民主党在南部和西部各州的影响力不断扩大。从贸易政策的立场来看，高关税的贸易保护主义符合北部工业家的利益，因此他们支持共和党人参与竞选和控制国会，共和党反过来也制定了高关税政策来维护其背后利益集团的核心诉求。反对贸易保护的民主党人赞同对进口产品征收一定比例的关税，但认为过高的关税会导致产品价格的提高和消费者生活质量的下降。

随着危机后经济的复苏和进口贸易的迅速发展，美国关税收入迅速增长。作为财政收入的主要来源，关税的增加带来财政盈余的增加（见图2.9），1882财年政府财政收入比财政支出高50%。大量的财政盈余引起民众对税收负担过重和政府腐败行为的关注，这种关注很快转变为对"战时高关税"政策的批评。民主党人利用这种批评敦促共和党加快关税改革的步伐。1881年12月，共和党总统切斯特·阿瑟在向国会第一次报告国情咨文时提出可以建立一个专门的委员会来调查财政收入过高的问题，承认关税体制在很多方面是不公正的，它造成了关税负担和关税收益在分配上的不公平。

（百万美元）

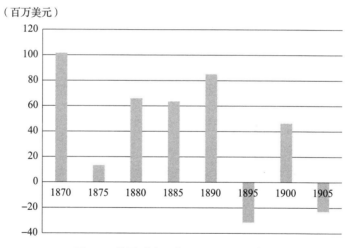

图2.9 美国财政盈余：1870—1905年

资料来源：美国财政部。

1882年5月，国会成立了关税委员会，为关税改革进行相应的准备工作并提供税法改革建议。1882年夏天，众议院通过了削减国内营业税的法案。1882年11月，民主党在国会选举中大败共和党，共和党人意识到在这种情况下坚持高关税必将受到广大民众的反对，希望通过小幅让步保全整个关税保护体制。同年 12 月，关税委员会将调研报告提交给国会，随后参议院开始重新审议夏季通过的国内税减免法案并根据关税委员会的报告增加了大量削减关税的内容，并于 1883 年 1 月通过了该法案。由于民主党控制的下一届国会将在 1883 年 3 月 4 日后上任，共和党采取了复杂的立法策略来将参议院的提案提交给协商委员会审议。① 由于协商委员会里支持贸易保护主义的势力占据优势，最终协商委员会删除了法案中大幅下调关税的内容，关税修改权最终依旧掌握在贸易保护主义者手中。

2. 1894 年《威尔逊－戈尔曼关税法》

《麦金莱关税法》在保护国内企业的同时也造成消费品价格的提高，物价上涨导致人们对共和党政府不满，人民党等第三党的崛起也瓜分了共和党在西部地区的选票。1892 年，民主党候选人克利夫兰赢得总统大选，民主党也在随后的国会选举中获得两院的多数席位。民主党意图像 1888 年的共和党一样掌握制定贸易政策的主动权，但 1893 年经济危机的爆发使民主党的关税改革之路变得更加艰难。

1890 年国会颁布了《谢尔曼购银法》，要求财政部固定以 16∶1 的比例定期购买白银以铸造银币，人们担心政府抛弃金本位而大量购买黄金，导致政府黄金储备吃紧，引发恐慌并导致经济危机。克利夫兰只得主张撤销白银回购法案，该举措引起了代表白银利益的民主党议员的不满，经济危机也使得越来越多的行业要求实施关税保护以走出低迷。尽管困难重重，以克利夫兰为代表的民主党人仍坚持进行关税改革，深受学术界自由贸易理论影响的民主党人威廉·L.威尔逊担任关税委员会主席并领导修订新的关税法案。1893 年 12 月，关税委员会提交了新的关税议案，该议案在对诸多

---

① 若参议院和众议院的议案产生分歧，国会两院需要将分歧内容提交给协商委员会以产生两院均能接受的法案。

原材料免税的基础上也不同程度地削减了制成品的关税。1894 年
2 月，该议案通过众议院审核并被提交至参议院。参议院两党围绕
原材料是否应该免税等问题进行了激烈的讨论和修改，主要修改权
由阿瑟·P. 戈尔曼负责，戈尔曼降低了新议案的减税幅度。经参议
院修改后的威尔逊议案增加了 600 多个明显具有贸易保护主义色彩
的条款，经众议院通过后，该议案成为新的关税法案，即 1894 年
《威尔逊－戈尔曼关税法》。

　　3. 1897 年《丁利关税法》

　　经济危机的持续和民主党政府应对经济的无能为力一定程度上
导致了共和党在 1896 年大选中获胜，《麦金莱关税法》的主要起草
人之一威廉·麦金莱击败民主党候选人威廉·杰宁斯·布莱恩，成
为下一任总统，共和党也重新获得参众两院的多数席位。

　　作为贸易保护主义的坚定支持者，麦金莱上台后便迅速召集国
会修改关税政策，共和党任命尼尔森·丁利担任新的关税委员会主
席起草新的关税议案。1897 年 3 月，丁利向众议院提交新的议案，
议案迅速获得通过并被呈交参议院。在经过参议院和协商委员会修
改后，同年 7 月，丁利提交的议案获得通过从而成为新的关税法案。
《丁利关税法》重新征收羊毛关税，对粗纺羊毛和精梳羊毛分别征收
每磅 11 美分和 12 美分的从量税，铁矿石、糖等原材料的关税也出
现不同程度的提高。作为美国 19 世纪贸易保护的顶峰，《丁利关税
法》不仅将关税税率恢复到《麦金莱关税法》的水平，部分产品的关
税甚至有所提高，平均税率高达 57%。该法案第三和第四部分恢复
了 1894 年税法废除的"互惠"原则，希望以此扩大美国对欧洲尤其
是法国的出口额。当时美国从法国进口大量的丝纺织品，《丁利关税
法》大幅提高了这些产品的关税，导致法国丝纺织品对美出口出现较
大下跌。1898 年 5 月，法国与美国签订互惠协议，双方做出关税减
让以相互促进出口。随后，美国与德国、葡萄牙和意大利等分别签订

了互惠贸易协议，有效降低了这些国家对美国产品征收的出口关税。

作为美国 19 世纪最后一部关税法，《丁利关税法》一方面通过贸易保护政策刺激国内经济的恢复，另一方面运用"互惠"原则为美国产品打开了欧洲市场，扩大了美国的出口。

（三）20 世纪早期的美国贸易保护政策

1. 1909 年《佩恩 – 奥尔德里奇关税法》

1901 年，麦金莱被暗杀，西奥多·罗斯福继任总统并在关税问题上持保守态度，无意进行关税改革。但《丁利关税法》遭到越来越多民众的质疑，要求关税改革的呼声也日益高涨。《丁利关税法》颁布后，美国出现工业合并的高潮，糖业等原材料行业出现托拉斯组织。关税批判者认为高关税在保护本国企业免受国外冲击的同时也带来了垄断，物价高涨也影响人们的生活水平。另外，美国的高关税政策也受到外国的抵制和报复，越来越多的国家对美国产品征收高关税以限制进口。国内和国外要求关税改革的诉求引起共和党领导层的注意，部分共和党人认为应该降低关税以换取政治上的支持和经济上的利益。

关税改革成为 1908 年总统大选的核心话题，民主党主张降低关税，共和党候选人威廉·H.塔夫脱察觉到民意的改变，也表示支持关税改革，共和党甚至将"关税改革"写进竞选纲领。塔夫脱顺利当选总统后便呼吁国会召开特别会议加快修订关税，认为新的关税应坚持"确保政府获得足够的财政收入，同时保护本国所有行业劳动者"的原则。随后，新一届关税委员会主席塞利诺·E.佩恩起草了新的议案并提交众议院审核。该议案大幅降低了原材料的关税，将煤和铁矿石列入免税清单，将生铁和木材的关税下降一半，而棉毛纺织品等制成品的关税几乎没有改变，反而提高了玻璃等的关税。该议案表明虽然共和党迫于压力进行关税改革，但并不希望从根本上调整保护性关税。虽然民主党认为该议案进行关税改革的形式大于内容，但由于民主党在国会中席位过少，最终该议案在参议院议员尼尔森·W. 奥尔德里奇进行修订后获得两院通过。1909 年 8 月，《佩恩 – 奥尔德里奇关税法》经总统签字后生效。

1909 年关税法降低了 500 多种商品的税率，占美国总进口商品种类的 20%，平均关税税率下降至 37%。该税法也废止了《丁利关税法》中以相互减免商品关税为主的"互惠"原则，实行"最高关税和最低关税原则"（the maximum-and-minimum value principle），即美国对其他国家实际征收的关税在关税上限和关税下限之间，新税法刚实施时对所有国家实行的关税为最小关税。若其他国家存在歧视美国商品或其他不公平竞争行为，美国将对该国额外征收 25% 的从价税作为报复。值得注意的是，南方农业利益集团在此次税法修改过程中首次要求提高农产品关税以保护国内农业，此后农业逐渐成为美国贸易保护的重点行业之一。

2. 1930 年《斯穆特 – 霍利关税法》

1929—1933 年的大萧条使美国乃至世界经济出现严重衰退，但大萧条前的整个 20 世纪 20 年代美国实际上处于经济高速增长的繁荣状态。第一次世界大战后，美国作为战胜国获得了巨大利益，成为欧美国家最大的债权国。但战后严重的生产过剩和超前消费并未引起政府的注意，时任总统哈定坚持自由主义政策，继续发挥市场的自发调节作用。

20 世纪 20 年代，汽车和电气等新兴制造业在促进美国经济发展的同时也改变了美国人的生活方式。美国联邦储备工业指数从 1921 年的 100（以 1921 年 1 月为基础进行标准化）增长至 1928 年 7 月的 171，次年 7 月达到 20 年代的最高值 199（见图 2.10）。随着汽车生产技术条件的不断完善和石油钢铁等产业的发展，20 世纪 20 年代汽车成为美国最大的制造业部门之一，汽车年产量从

1900 年的 4 000 辆增长至 1929 年的 535.6 万辆，产值达到 84 亿美元，占全国工业总产值的 8%。电网的普及和电器成本的下降使越来越多的美国家庭实现电气化。1929 年，美国一半的家庭有了吸尘器，超过三分之一的家庭拥有一台洗衣机。

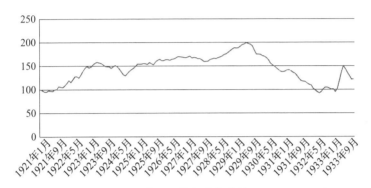

图 2.10　美国联邦储备工业指数变化趋势：1921—1933 年

资料来源：美联储。

　　实体经济的繁荣与 20 世纪 20 年代美国资本市场的繁荣也相互影响。20 世纪 20 年代，《蓝天法》对证券管制的豁免范围逐步扩大，美国证券监管体制出现放松迹象，证券市场在这十年内急剧扩张。美国国内发行的公司证券总值从 1920 年的 28 亿美元增长至 1929 年的 90 亿美元。纽约证券交易所成交量从 1923 年的 2.4 亿股增长至 1929 年的 11.3 亿股。道琼斯指数从 1919 年 1 月 2 日的 82.6 增长至 1929 年 9 月 3 日的 381.17，增长了近 4 倍，上涨幅度远远超过实体经济（见图 2.11）。

　　20 世纪 20 年代的繁荣并未给美国所有经济主体都带来红利，实体经济的不平衡程度逐渐提高，煤炭、纺织和农业均出现不同程度的下滑，农业的萧条也成为经济危机的隐患。一战期间，欧洲农业生产遭到极大破坏，美国农产品出口量迅速增长（见图 2.12），同时催生了农业技术的革新，拖拉机和改良种子的发展使农产品产

量出现相对过剩。1921 年后，受战后出口下降的影响，美国主要
谷物的价格出现大幅下跌，农业收入的增速低于物价和生产成本的
增速（见表 2.11）。

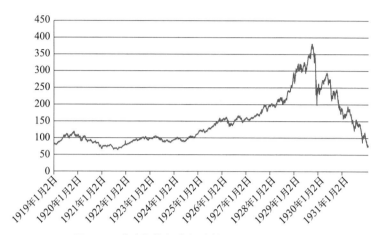

图 2.11　道琼斯指数变化趋势：1919—1931 年

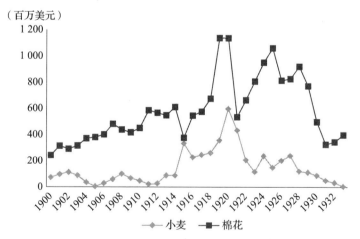

图 2.12　美国小麦和棉花出口量：1900—1933 年

资料来源：U.S. Bureau of the Census. *Historical Statistics of the United States*, *Colonial Times to 1970*. Washington: U.S. Dept. of Commerce, Bureau of the Census, U.S. Government Printing Office, 1975.

表 2.11　美国农业生产经营状况：1921—1933 年

	农产品收入价格指数	生活费用指数	生产费用指数
1921	100.00	100.00	100.00
1922	106.03	96.89	98.58
1923	115.52	99.38	100.00
1924	115.52	98.76	101.42
1925	126.72	101.86	104.26
1926	117.24	100.62	103.55
1927	112.93	98.76	102.84
1928	119.83	103.11	104.96
1929	118.97	98.14	104.26
1930	100.86	91.93	99.29
1931	68.97	78.26	86.52
1932	49.14	67.08	75.89
1933	54.31	62.11	76.60

资料来源：以 1921 年为基期的农业统计数据。

农业与工业间的不平衡使农业利益集团非常不满，农业问题也成为 1928 年总统大选的主要问题之一。共和党候选人赫伯特·胡佛承诺实施贸易保护，提高农产品关税，这些主张使他获得广大农民和农业利益集团的支持并赢得大选。1929 年胡佛上台后迅速召开国会特别会议讨论如何通过关税帮助美国农民和其他不景气的工业。5 月 7 日，众议院议员威利斯·霍利围绕如何提高农产品和工业品的关税以刺激经济发展提出议案，该议案很快获得共和党占多数的众议院同意并被呈交参议院。

参议院对霍利的议案进行了长达 8 个月的讨论和修改。在讨论过程中，1929 年 10 月突如其来的大萧条使美国陷入经济危机，各行各业的利益集团纷纷游说政府希望获得高关税保护。1930 年，在参议员利德·斯穆特的带领下，参议院对霍利的议案进行了 1 000 多处修改。由于两院的议案不一致，1930 年 6 月协商委员会以 44 票赞成、42 票反对通过了以参议院版本为基础的新议案。

从 1929 年 1 月众议院召开听证会到 1930 年 6 月国会将议案递交总统签署,《斯穆特－霍利关税法》的立法过程长达 18 个月。两院议员花费大量的时间对绳索、礼帽等商品应该征收什么水平的关税进行辩论和投票,而忽视了确实值得保护的产业。国会最终确定的关税法案也遭到公众的反对,公众认为该税法仅仅关注了极个别利益集团的利益。虽然此次关税议案的出发点之一是帮助农业摆脱萧条,但实际上美国此时已经成为农产品的净出口国,实施高关税限制进口无法使农民获益。以欧文·费雪为代表的 1 000 多位经济学家甚至联名签署请愿书请求胡佛否决该法案,但 1930 年 6 月 17 日,胡佛签字同意该法案,新税法正式生效。

《斯穆特－霍利关税法》提高了 900 多种商品的关税,小麦、牛奶等农产品的关税大幅提高,应税进口品的平均税率达 53.21%,是 20 世纪美国最高关税水平之一。该税法同时授予总统向贸易出口国征收最高 50% 从价税作为报复的权力,如果对方在此报复性关税实施后仍不取消对美商品的歧视,总统有权完全禁止其商品进入美国。

第三节　互惠外衣下的贸易保护

一、从贸易保护到互惠贸易

1929—1933 年的大萧条引发了一场有利于民主党的重大政治调整,而民主党则给美国贸易政策带来了历史性转变。1934 年,应罗斯福政府的要求,国会颁布了《1934 年互惠贸易协定法》,授权总统在美国与其他国家谈判达成的贸易协定中下调进口关税。

1932 年 9 月,罗斯福在艾奥瓦州苏城发表的演说称《斯穆特－霍利关税法》摧毁了美国的贸易成果,并且要求下调这一关税水平。1933 年 4 月，罗斯福宣布要求国会授权他与其他国家展开谈判，以便达成降税协定，不过在振兴国内经济的大背景下，有关决定被放缓推行了。在这期间，他力主推动《国家工业复兴法》和《农业调整法》的通过，这也导致在 1933 年底，美国国务院产生了对贸易政策和经贸问题的重重疑虑。很快，作为促进"全面永久的国内复苏""加强和复苏国际贸易"的重要举措，并且出于对外贸易迫切需要果断地采用行政手段缓解面临的困境，罗斯福上交了立法提案，争取获得在美国和其他国家签订贸易协定时利用总统行政命令而不经过国会批准即可削减进口关税的权力。这一关税削减将适用于通过无条件最惠国待遇条款从所有国家进口的产品。

罗斯福的提案在 1934 年经听证等一系列流程后，用时四个月得以颁布。随着《1934 年互惠贸易协定法》的生效，罗斯福政府也形成了一套相对完备合理的贸易谈判制度。贸易协定的制定是从上至下开始的。贸易协定的制定往往是从助理国务卿对别国的贸易状况以及和美国的经贸关系的研判开始的。如果该国有与美国在贸易领域共同合作削减关税的意愿，那么美国就会推动进行与该国的贸易谈判，并就此向公众发布征求意见的信息，收集国内相关利益各方对这一关税减让项目的观点，为贸易协定委员会启动谈判提供必要的支持。美国方面会根据美国各个部门的实际特点和生产需求对具体产品提出削减关税的计划，以此在与别国保持持续可发展经贸关系的同时，为美国争取最大化的利益。随着美国与越来越多的国家开展经贸谈判签署削减关税的协定，美国国务院将互惠贸易协定和具体条款进行了模板化处理，以便同更多国家开展贸易协定谈判。

1947 年 4 月，日内瓦会议召开。在此次会议上，与会 18 国政府认为，在处理它们的贸易和经济事务的关系方面，应以提高生活水平、保证充分就业、保证实际收入和有效需求的巨大持续增长、扩大世界资源的充分利用以及发展商品生产与交换为目的。通过达成互惠贸易协议，可以大幅度地削减关税和其他贸易障碍，取消国际贸易中的歧视待遇等措施，以对上述目的做出贡献。经过多次谈判，美国等 23 个国家于 1947 年 10 月 30 日在日内瓦签订了《关税及贸易总协定》(简称《关贸总协定》，GATT)。

该协定的达成是美国政治史上一项重要的成就，也是自《1934 年互惠贸易协定法》以来，美国向贸易自由化方向发展迈出的重要一步。如果说《1934 年互惠贸易协定法》开启了贸易协定谈判和关税减让，那么 GATT 就开启了贸易上的多边谈判机制。美国国内政治力量十余年的努力终于让削减进口关税的思路被更多人接受，也使美国降低了实际关税水平。

二、《1974 年贸易改革法》

(一) 固定汇率制与贸易的危机

1971 年 7 月，美国总统的国际贸易和投资政策委员会 (威廉姆斯委员会) 发布报告，称美国在世界经济中的地位受到了威胁，美国在受到贸易伙伴美元短缺的影响之外，包括纺织品、钢铁、汽车、电子产品在内的行业都受到了外国的渗透，而其他国家越来越多地在关税之外找到了阻碍美国产品进入的途径。1971 年，美国创下了近 40 年的第一次贸易逆差记录，除了贸易领域，上涨的失业率也同样为美国政府敲响了警钟，并且煽动了国内的贸易保护主义压力。民主党众议员伯克和参议院哈特克提出《伯克 - 哈特克提案》，建议对各个产品类别和进口国家建立进口数量限制。值得一提的是，伯克当年曾投票支持《1962 年贸易扩展法》，并且赞颂贸易对就业和整体经济的好处。但随着美国经济的恶化，他之前的观点有所改变，并最终转向贸易保护主义。《伯克 - 哈特克提案》想要借助强制的数量要求对进口加以限制，带有极其浓烈的贸易保护主义色彩，虽然这一提案最终没有被通过，但这也从侧面反映了当时美国国内的贸易保护主义思想大行其道。

尼克松政府自 1971 年起将政治力量转向经济政策调整，企图扭转当时对美国的不利局面。为了保护美元，尼克松政府对美国进口的货物征收了 10% 的进口附加税——这一举措将对美国的产品产生一定的支持作用，并且由于其普遍性，故不包含政治因素。随后，这一全面的进口附加税成了督促其他国家升值本币以缓解美国所面临的压力的重要筹码。1971 年 12 月，美国同其重要贸易伙伴共同签署了《史密森协定》，商定了德国马克和日元的升值幅度，确定了新的汇率评价体系，使得美国面临的危机得到了一定程度的缓解。

（二）《1974 年贸易改革法》的实施与发展

20 世纪 60 年代，随着美国在亚洲开展的持续而收效甚微的军事行动大量地耗费国内的财力，美元呈现贬值趋势，世界市场普遍更加青睐持有黄金，布雷顿森林体系疲态已显，美国的贸易顺差也逐渐下降。与此同时，西欧和日本在世界市场中的地位逐渐攀升，对美国产生了一定的威胁。因此，在 60 年代末，支持贸易保护主义的思潮在美国重新出现。美国的产业界一度将其面临的巨大竞争压力归咎于外国的不公平贸易政策，并且由于此前的政策限制，国内行业收到的救济相当有限。因此，更加宽松的自我保护政策成了人们的众望所归。

随着汇率政策的调整，美国的经济状况趋于稳定。此时国内的贸易保护主义势头稍有减弱，尼克松政府认为此时可以再次向国会请求贸易谈判权。此前得以通过的《1962 年贸易扩展法》在通过的数年后持续地发挥了其作用，但贸易谈判权此前已经于 1967 年到期，因此无法就关税问题开展互惠性谈判。1973 年 4 月，尼克松请求国会再次批准美国总统的贸易谈判权，将时间延长至五年，并且进一步要求更大的总统自主减税空间。尼克松政府提出的提案内容主要包括：增加总统在新贸易协定上的谈判权；放宽此前在进口和援助上的限制；允许政府给予批准包括社会主义国家在内的更广阔范围的国家最惠国待遇的权力。

相较于此前的《1934 年互惠贸易协定法》给予总统关税谈判权，《1974 年贸易改革法》则更进一步，授予了总统关税以外的非关税壁垒的谈判权。这一授权的直接影响表现在美国可以更加积极主动地参加 1973 年 11 月的关贸总协定东京回合谈判，在谈判中可以掌控更大的关税减让权力。相比于此前得到的授权，现在美国总统可以将进口关税最高削减 60 个百分点，而且获准直接取消现有水平在 5% 的关税项目。这一举动表明，国会期待总统可以利用手中的权力进一步开阔市场，削减壁垒，并且也认识到了随着国际商业规则的不断完善和发展，非关税壁垒也在贸易中扮演了不可忽略的角色。值得一提的是，国会专门为这一新法案建立了相关工作流程，便于加速国会对涉及非关税壁垒的情形对法律和规章加以适当调整。《1974 年贸易改革法》的制度变革还包括让受到进口影响的行业获得更多保护，当进口成了国内行业受到损害的实质性原因时，经相关部门认定后，该行业可以获得相应的进口救济（即 201条款）；法案还在美国遭遇对本国商业带来额外阻碍和困难的歧视性贸易行为时，赋予总统进行相关调查和报复的权力。当出口商认为自己受到了外国歧视性的政策或行为的影响时，可以向贸易代表提出申诉，由贸易代表启动相应调查，并且介入磋商，直到取得让步的结果或者由总统向实施这一类歧视性举措的国家加征报复性的关税（即 301 条款）。

三、以互惠之名，行贸易保护之实

随着时间的不断推移，世界经济局势也在发生着变化。自 20

世纪 70 年代开始，包括日本在内的亚洲国家经济开始崛起。以日本为例，日本的人均收入水平自 1960 年占美国的 30% 上升到了 1979 年占美国的 71%——这是在世界上少见的经济迅速增长，甚至超过了欧洲的水平。1960—1980 年间，日本对世界经济的贡献翻了三倍有余。日本以其极快的经济增长速度领先于世界，也难免在贸易上为传统经济大国带来压力。同时，美国受到尼克松政府时期对经济制度的大幅调整影响，也连续不断地出现贸易赤字。到了 20 世纪 80 年代，美国的贸易政策进入了一个困难时期。贸易逆差、经济衰退和美元升值等几大问题对美国经济造成了相当大的困扰。此时，共和党人里根担任美国总统。为了缓解此时国内产业受到的巨大压力，里根政府决定限制多个行业的产品进口。在 1983 年，美国的经济有所好转，美元在 1985 年的贬值缓解了政府面临的进口压力。20 世纪 80 年代，美国所经历的经济困境和当时美国国内的经济政策是密不可分的。20 世纪 70 年代末，美国国内面临着价格水平的普遍上涨，因此，美联储决定采取紧缩的货币政策，进而导致在降低通货膨胀速度的同时带来了国内利率水平的提高，进而使美国经济受到相当大的影响。1979 年美国出现了季度性的工业生产和国民生产总值的下降，汽车业和钢铁业都受到了不可忽视的波及。此时，里根政府主张扩张性的财政政策，降低国内税率水平，增加国防等领域的公共开支，增大了政府的财政赤字。在日益上升的国内市场实际利率之下，在布雷顿森林体系崩溃之后，由于各国采取了浮动汇率制，资本的流动更加自由，国外资本流入美国，美元进一步升值，使购买美国产品需要付出更大的成本，因此美国的出口商遭受了重大打击，美国的商品贸易逆差再度增大。此时的美国国内面临着出口疲软和经济增长无力的局面。

　　里根在 1984 年取得连任之后，对贸易政策的观点也产生了相应的变化。考虑到美国面临的贸易现状，美国政府认为需要采取相应的金融手段对美元的币值产生影响，从而改善美国的贸易状况。

1985 年，随着日本取代美国成为当时世界上最大的债权国，美国不得不就汇率问题同世界经济大国展开磋商谈判。在这一背景之下，美国、日本、法国、英国、联邦德国五国的中央银行行长和财政部部长在纽约广场饭店举行会议，联合干预外汇市场，目的是使美元币值下降，解决美国的贸易赤字问题。会上美国被描述成为其他国家贸易政策的受害者，美国呼吁其他国家"遵守规则"，维护自由贸易秩序。会议得到的协议结果被称为《广场协定》。协定规定，日本的日元和德国的马克要进行升值，以挽回美元过高的币值。经过五个经济大国的干预，世界各国开始抛售美元，美元币值下降，因此改善了美国的贸易现状。在美国政府的强力干预之下，美元对日元的汇率从 1985 年 9 月的 1∶250 下降到 1987 年的 1∶120，贬值幅度巨大。美国的贸易逆差在《广场协定》之后两年开始回落。除了在汇率制度上的调整之外，美国的贸易新战略也更加频繁地动用《1974 年贸易改革法》中的 301 条款，对任何"不公正、不合理、带有歧视性或为美国经济造成了障碍的政策或做法"采取相应措施，以期改善美国的贸易状况。

四、区域主义和多边主义并行

在 20 世纪 80 年代美国同其他贸易伙伴的谈判中，大多数贸易伙伴不愿意降低自身对国内产业的保护或者为了美国利益升值本国货币，更不愿意为了对美国作为发达国家和主导者参加的关贸总协定的深度参与而出让本国的利益，因此美国逐渐将双边贸易协定和区域贸易协定转为经贸工作的重点。同时，1990 年，墨西哥总统在国内推行了经济改革，并且希望本国的经济改革可以激发外国对墨西哥的兴趣，提升墨西哥的经济实力。为了依附于美国扩大自身的经济影响力，墨西哥政府同美国政府开始接触，提议进行贸易谈判。美国也乐于同墨西哥发展更深层次的贸易伙伴关系，认为墨西哥的这一提议是一个重大的历史机遇。1990 年 6 月，美墨两国宣布将启动自由贸易协定谈判的准备工作。很快，加拿大也提出加入这一谈判之中。1991 年，美国、加拿大、墨西哥三国宣布就自由贸易协定启动正式的磋商环节。

《北美自由贸易协定》的磋商和讨论在美国国内引起了轩然大波。时任美国总统克林顿指出，在这一协定中，环境问题、劳动标准问题和进口问题仍存在很大的讨论余地。当时美国国内对这一协定也有很大的反对声音。反对者一般认为这一贸易协定对美国的冲击在于就业、环境等方面。在劳动者就业方面，由于墨西哥的经济发达程度远不如美国，工资水平也远低于美国，美国国内对这一现象将导致的前景很不乐观。批评者认为，墨西哥低价的劳动力会夺走美国人的工作岗位。在环保标准方面，三国在生产产品方面的环保标准并不统一，另外两国的产品可能会降低美国的环保标准。在整个磋商过程的初期，这一议题并没有得到广泛的重视和接受，克林顿所在的民主党对这一协定抱有相当多的反对意见。克林顿政府为原有法案加上了纺织品、重要制造业产品的原产地规则，并最终通过签署对子项目的补充协议取得了利益相关方的支持。随着克林顿政府在这一方面做出的不断努力，《北美自由贸易协定》最终以参议院 61 票对 38 票、众议院 234 票对 200 票的轻微优势获得通过。

《北美自由贸易协定》在经贸领域具有重要的意义，在地缘政治上也代表着美国的利益实现。长期以来，美国通过贸易、经济援助、军事行动等手段保持着同美洲国家的密切联系，并且对这一地带任何不利于自身的政治风险进行排除。《北美自由贸易协定》的签署标志着美国内部的泛美主义取得了相当大的进展，自此，美国和它的南北邻国在经贸关系上更进一步。事实上，美国在企图进一步扩张自由贸易协定，将更多的国家纳入这一经济体的过程中面临重重困难，但是即使如此，《北美自由贸易协定》也标志着泛美主义在世界历史上留下了难以磨灭的印记。

五、贸易自由化背景下美国贸易保护的特点

自《1934年互惠贸易协定法》签署以来，学术界普遍认为美国贸易开始向着自由化的方向发展。在过去相当长的时间内，美国的贸易保护一直聚焦于对财政收入的支持和促进工业的发展，更多地将焦点聚焦在美国自身。在贸易自由化的背景下，美国的贸易保护仍在继续，但是呈现出了更加复杂的几个特点：第一，受党派政治和利益集团影响；第二，有限贸易自由化；第三，隐蔽性增强；第四，同政治议题挂钩。

第一，美国贸易保护政策受党派政治和利益集团影响明显。自1789年美国第一届国会成立到1930年，美国国会一直扮演着贸易政策的主导者的角色。自1934年体制建立以来，美国国会才将贸易谈判权下放给总统。在法律上，美国国会拥有美国的立法权，也具有条约的审批权和调查权。也就是说，即使美国总统获得了贸易谈判的权力，但是在重大贸易法案和条约上，仍然需要得到国会的支持，美国总统作为行政权的拥有者，也要受到国会的监督和调查，对贸易领域的许多事实情况以及法案适用问题，也需要通过国会的相关委员会的调查听证才能进一步采取相关的行政手段。而想要得到国会的支持，就必须面临党派政治和利益集团的考验。国会由国会议员组成，而每一位国会议员都代表了其选民选区的政治利益和政党态度。美国的经济地理分布较为复杂，也在相当长的时间内产生过产业的变迁。如果一位议员来自出口导向的产业密集区域，那么在个人倾向上他就会更加支持贸易自由化的法案；相反，倘若他来自在进口商品竞争中受损的传统产业，那么这位议员的贸

易保护主义倾向就会更重。除了经济地理因素以外，还会有议员所属的政党因素，政党此时的贸易倾向也决定了国会议员对某一法案的支持与否。

在党派利益之外，议员所属的特殊利益集团也会影响他的贸易观点，进而对贸易保护政策产生影响。美国有大量的利益集团，并且和政治高度挂钩。在美国，从贸易政策讨论磋商，到形成文本，到最终表决，都和利益集团密不可分。具有代表性的利益集团包括工人联合会，以及钢铁、农业、纺织品等行业的行业协会等。在美国具有较大代表性的劳联 – 产联往往会支持其组织成员即产业工人的利益，因此常常会对可能造成就业岗位减少或者工人福利下降的法案（往往同自由贸易相关）发表反对声音；而产业利益集团则往往会出于维护自身行业利益的目的支持相关政策，如美国农业社联合会往往希望政府可以对农产品进行干预，增加补贴，钢铁协会期待政府增加关税，保障自己的国内市场份额等。利益集团往往会出于自身利益最大化的考虑，借助国会和议员，支持有力的贸易政策，因而许多贸易保护政策的通过，实际上也同利益集团有重大关系。

第二，美国贸易的自由化往往是有条件或有限的自由化，而并非广泛或无条件的自由化。在美国同别国的经贸关系中，常常可以看到美国追求的是双边的同步自由化政策。换言之，美国做出关税减让等让步政策，必须得到其贸易伙伴国的相应减让作为回报。倘若其贸易伙伴国的关税减让政策不能令美国满意，那么美国在"互惠"外衣下的真实嘴脸就会暴露出来，进而动用政治、经济等各种手段，使对方只有让渡一部分利益出来，才可以维持与美国的经贸关系。如果外国的相关政策导致了美国的利益受损，美国也不吝于使用报复性的贸易保护主义手段来对别国造成损失。关于这一观点可以通过在 20 世纪 40 年代后一段时间内美国的贸易政策（见

表 2.12）来佐证。

表 2.12　20 世纪 40 年代后美国贸易政策的演变

时间	贸易政策
20 世纪 40 年代 至 50 年代	自由贸易：GATT 谈判与关税减让 贸易保护：国际贸易组织的夭折
20 世纪 50 年代 至 60 年代	自由贸易：GATT 谈判与关税减让 贸易保护：坚持美国售价制、针对欧洲的措施
20 世纪 60 年代 至 70 年代	自由贸易：GATT 谈判与关税减让 贸易保护：放弃固定汇率制，贬值美元，并临时征税
20 世纪 70 年代 至 80 年代	自由贸易：GATT 谈判与关税减让 贸易保护：《杰克逊－瓦尼克修正案》
20 世纪 80 年代 至 20 世纪末	自由贸易：《北美自由贸易协定》、美国入世、允许中国入世 贸易保护：在工业行业实施配额手段、301 条款、《广场协定》

可以看出，在相当长的历史时间内，美国的贸易政策难以用单纯的保护或是自由贸易主张概括，或者简单表述为主张多边主义或单边主义。但越过兼具推动自由贸易和时常实施保护手段的表现来看，美国的贸易政策维护自身利益的原则从未改变。从表 2.12 中不难看出，美国在总体上倡导自由贸易，在 GATT、WTO 历次谈判中展示了积极态度，但同时贸易保护主义行径也从未断绝。从早期的同欧洲的贸易摩擦，到对新兴经济体日本的制裁和打压，再到对中国表现的复杂态度，虽然贸易争端的对象不同，但说明了贸易保护主义思想同自由贸易一样一直存在于美国的贸易政策之中。因此，难以直接给美国的贸易行为进行简单定性，认识到美国有限贸易自由化，以及自由贸易导向和贸易保护主义手段相结合的现实，才是评价美国贸易政策的辩证态度。

第三，在关税普遍削减的大背景下，贸易保护呈现出更强的隐蔽性。自 1974 年以来，世界各国的关税水平总体上出现了下降的趋势，但随着美国对非关税的贸易保护手段的应用不断成熟，非关税壁垒已然成为贸易保护主义的最新武器。图 2.13 显示了 1986—

2008 年美国采取的反倾销、反补贴措施数目。正如上文所述，美国追求的是双边的同步自由化，而并非"一厢情愿"的利益减让。在美国所倡导的世界多边贸易体系和自由贸易主张的大旗之下，美国不愿也不能接受在明面上的关税水平的上升。因而在现有经贸规则的制约之下，美国的贸易政策仿佛骑上了自由贸易的"自行车"，一侧是自己所主张的自由贸易和关税减让，另一侧是美国自身的国家利益。在这两侧的约束之下，美国不能在两边失衡，因而不得不走上了贸易保护主义隐蔽化的道路。

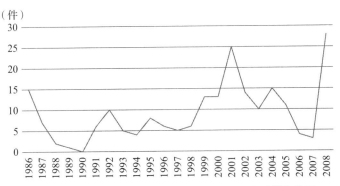

图 2.13　1986—2008 年美国采取的反倾销、反补贴措施数目

资料来源：United States International Trade Commission.

　　第四，美国所推行的贸易自由化往往同政治议题挂钩。在这一方面最明显的例子就是《杰克逊－瓦尼克修正案》以及同中国的贸易谈判进程。《杰克逊－瓦尼克修正案》首次将美国的贸易议题同政治议题结合起来，美国挥舞着人权的大棒，对与美国意识形态不同的社会主义国家以最惠国待遇开展蛮横的内政干涉。基于相互非歧视的最惠国待遇本来是国际贸易的惯例，但即使在最惠国待遇延长同人权问题脱钩以后，美国国内每年仍有对中国撤销最惠国待遇的声音。美国的鹰派分子一贯认为中国的最惠国待遇是美国对中国加以干预及施以影响的工具。在互惠和自由化的外衣之下，隐藏着用政治议题干涉别国的潜在阴谋，以自由化之名，行新贸易保护主义之实。

1934—2008 年，在 70 多年的时间中，美国完成了从世界大国到世界第一强国的转变，也见证了世界经济中心从欧洲转移到北美大陆。在这段时间内，美国的贸易政策目的从此前的获取财政收入、促进工业发展，转变成了在区域和多边环境下的"互惠"。第二次世界大战之前，欧洲仍然占据着世界贸易中心和经济中心的地位，此时的美国受《斯穆特－霍利关税法》的影响，牢牢坚持着贸易保护主义，秉承着高关税、高壁垒的原则。随着 1929—1933 年资本主义世界的经济大危机的爆发，美国开始转变策略，将原本由国会持有的贸易谈判权部分下放到总统手中，给予了美国经济对外开放的机会。而在第二次世界大战中，美国此前的孤立主义思想已经在现实中不堪一击，美国采取了更加开放的经济策略，使自身和世界的经济联系更加紧密。战后，世界经济的重心从欧洲转移到美国，受美国国内政治体系的影响，美国所推行的贸易自由化主张进程时快时慢，国内贸易保护主义的思想也始终没有完全消亡。在推动自由化的过程中，美国扮演了世界贸易的中心和经贸秩序的主导者角色。美国虽然追求着互惠的自由贸易，而实际上，美国所推动的贸易自由化进程从来都是以美国自身的利益为原则。国际贸易秩序必须为美国服务。在美国的推动下，世界各国的贸易壁垒都有所削减，世界贸易总额迅猛增长，相比于 19 世纪乃至 20 世纪前期都有了巨大的增加。但值得我们铭记的还有在这一过程中，美国为了自身利益而采取的手段。不论是利用政治工具施压，还是在人权话题上发难，不管是在贸易法案中通过的一条条报复机制，还是在全球多边主义推进遭遇困难时转向区域主义，美国的贸易政策始终带有其难改的贸易保护主义特性。认识到这一点，对正视中美经贸关系，更好地理解美国贸易保护发展的历史，乃至全球贸易保护发展的历史都大有裨益。

第四节　经济危机、逆全球化与贸易保护

一、全球经济危机与逆全球化动向

作为世界第一大国，美国是全球贸易体系变革的重要参与者和推动者。20 世纪 80 年代，里根政府改革掀起的新自由主义浪潮推动了全球化的广泛传播；2008 年，从美国卷起的金融风暴开启了延续至今的长期经济衰退和新一轮逆全球化，这一趋势又在 2016 年美国民粹主义、单边主义政策的实施中得到进一步强化。

全球化是人类社会经济发展到一定阶段的产物，指的是全球统一市场上技术、资本、贸易和信息的跨国流动及其扩展和深化的趋势。在开放国内和国际市场的基础上，要素的自由流动将促进经济增长，加强各国经贸合作，提高人们的福利；与此同时，弱化国家边界，使全球社会经济文化进一步融合，催生全球意识。2008 年金融危机的爆发，既是世界经济增长、国际贸易格局变化的转折，也是全球化、逆全球化交替的关键节点。

逆全球化的最重要表现就是各国纷纷高举贸易保护主义大旗，从而导致全球贸易衰退。在金融危机爆发后的 2009 年，全球贸易总额锐减 19.53%，GDP 增速同比下降 5.15%。如图 2.14 所示，经历 2010—2011 年的短暂恢复后，危机带来的"余震"使全球贸易在 2012 年再次出现衰退，并在随后几年呈持续低迷状态。2012—2016 年，全球贸易平均增速为 –1.25%，GDP 平均增速为 0.83%，全球贸易增速连续五年低于 GDP 增速，持续时间为 1971—2019 年之最。其中，2015 年全球贸易增速和 GDP 增速分别下滑 10.62%、5.33%，降幅在近 50 年中仅次于 2009 年。2017 年和 2018 年是自 2012 年起全球经济增长状况最佳的两年，即便如此，全球贸易增速和 GDP 增速也并未超过 11%，与危机前以及危机后两年的高速

增长无法相提并论。受主要发达国家增长乏力、国际市场环境不断恶化等因素影响，自由贸易对经济增长的引擎作用不断减弱，各国的贸易政策逐渐向贸易保护主义倾斜。

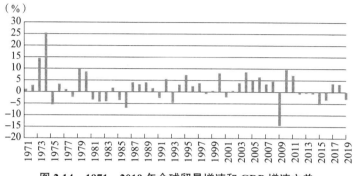

图 2.14　1971—2019 年全球贸易增速和 GDP 增速之差

资料来源：世界银行数据库、OECD 数据库。

贸易保护是危机发生后各国稳市场、稳就业的"救命稻草"。WTO 统计数据显示，金融危机爆发后的 2009 年是全球反自由贸易的高峰。全球新发起反倾销调查 204 起，进入执行阶段 155 起；反补贴调查发起数为 28 起，执行数为 9 起；特殊保障措施的发起数和执行数分别为 21 起和 9 起。从具体措施来看，在 2009 年出台的高达 7 870 亿美元的经济刺激计划中，美国保留了"购买美国货"条款，具有明显的贸易保护主义倾向；欧盟通过绿色贸易壁垒加强对地区市场的保护；俄罗斯提高汽车等多种商品的进口关税；厄瓜多尔对 940 多种产品分别增加 5% ～ 20% 的关税；阿根廷对汽车零部件、纺织品、电视和鞋业等敏感产品实行了更复杂的许可证审查；印度先后对中国玩具等多种商品实施了进口限制。

但在此之后，全球保护性政策并没有回归到平稳状态。全球贸易预警组织（Global Trade Alert，GTA）将各国的贸易干预分为有害的（harmful）和自由化的（liberalizing）两类。2009—2020

年，全球新增保护性措施数量总体呈现上升态势。2018 年保护性贸易措施新增数量达到 2 388 件，是金融危机爆发后的最高水平。与此相对，自由化的政策措施占比波动下降，2019 年回落至 21.11%。

2017 年美国总统特朗普上台后，在世界范围内掀起了新一轮贸易保护主义。特朗普政府以寻求构建"公平的双边经贸关系"为名，行贸易保护主义之实，启动针对各国的反倾销和反补贴调查以及"337""301""232""201"等单边调查，并以对华逆差阻碍国内制造业发展为由发起贸易战。美国之后，日本又借贸易手段将政治问题、历史问题经济化，围绕半导体行业挑起对韩贸易摩擦，严重损害当前国际经济秩序和多边贸易体制，违反 WTO 规则。

除了反倾销和反补贴的迅速增加外，本轮贸易保护主义中受保护产业的类型更加多样。在传统行业之外，引导全球经济新一轮增长的金融、科技、服务等潜在新兴产业也被纳入保护范围，充分体现了产业结构调整升级的大趋势。另外，本轮贸易保护的措施更加多元化。除了传统的边境贸易壁垒，贸易救济、政府救助等非边境措施相继涌现。除此之外，一些发达国家施行的技术标准、绿色环保标准、卫生检疫规定、知识产权保护等不易监督预测、隐蔽性强的非关税保护措施也为发展中国家的商品出口制造了短期难以逾越的障碍。再者，全球价值链突破边境限制，将世界各国的生产、贸易活动紧密相连，这使各国政府对商品的隐性保护也从终端贸易领域逐渐向生产过程的各个环节扩散。

二、后危机时代美国的贸易保护政策

贸易保护是逆全球化的重要特征。就经济危机与贸易保护的关系而言，危机是贸易保护主义的催化剂，而贸易保护则逐渐成为各国应对经济危机的基本战略和习惯性选择，并日趋显性化。1929—

1933 年大萧条和 20 世纪 70 年代滞胀发生后均出现了较大范围的贸易保护主义，关税壁垒、反倾销、反垄断以及各类贸易保护措施层出不穷。

金融危机爆发后，以美国为代表的全球经济陷入持续性低迷，社会底层民众的不满与愤怒逐渐累积。加上美国社会长期的产业空心化、收入差距和移民问题，反建制派迅速成长，贸易保护主义、本国优先主义思潮纷纷涌现。

（一）美国贸易政策的逻辑

2008 年金融危机的爆发结束了 20 世纪 70 年代以来新自由主义思潮在全球的蔓延，为了从危机的泥沼中迅速挣脱，各国政府纷纷出台有力的产业政策推动经济振兴，凯恩斯主义"有形的手"迎来新一轮复兴。

2008 年以前，"产业"（industry）一词通常被狭义理解为"制造业"（manufacturing industry），"产业政策"则指的是针对制造业所出台的相关措施。2008 年后，知识经济的发展叠加全球复苏的缓慢使产业政策拥有了更为丰富的内涵，并向着"新产业政策"（new industry policy）转变。新产业政策具有双重特征（如图 2.15 所示）：一方面，注重保护受全球化和去工业化影响的传统产业、下游产业，旨在推动其建设、重组与复兴，追求贸易平衡，政策呈现防御性特征，代表产业工人的利益，是传统意义上最为典型和显性的贸易保护主义；另一方面，新产业政策纳入了对信息技术业和服务业的干预，立足于新一代贸易规则的制定与完善，旨在推动数字领域的创新发展和技术进步，政策呈现明显的攻击性，代表美国跨国资本的利益。在很多情况下，人们仅将前一类型的政策视为贸易保护；而事实上，虽然针对信息技术和服务业出台的政策具有攻击性和开放性特征，但其本质上是"以自由之名行保护之实"，是一种更为隐性的贸易保护政策。

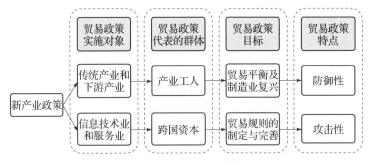

图 2.15　美国贸易保护政策逻辑图

　　从普遍性角度来看，无论是奥巴马政府还是特朗普政府，其贸易政策在本质上是一致的：不仅迎合产业工人的利益，也服务于跨国资本的需要。而从特殊性角度看，与前者相比，特朗普执政时期美国贸易保护力度进一步加大，表现形式也更加趋于显性化。

（二）特朗普执政时期的贸易保护政策

　　在奥巴马政府"让制造业重回美国"的战略构想成效有限的背景下，特朗普政府在贸易保护主义上继续加码。2017 年 3 月和 2018 年 2 月，在两次向国会提交的《贸易政策议程》中，特朗普政府始终坚持"美国优先"的贸易理念，希望通过严格执行国内贸易法、改革多边制度、拓展海外市场、商谈更有利于美国的贸易协定等方式，扭转贸易逆差、重振国内制造业、提升就业率，达到维护国家主权安全、推动经济发展、实现公平贸易的目的。

　　1. 总体特征

　　从奥巴马到特朗普，两届政府在以贸易保护政策对待传统制造业及产业工人方面达成了共识，而在面对具有比较优势的新兴产业及资本要素所有者时则有所不同。奥巴马政府以自由主义为幌子推进《跨太平洋伙伴关系协定》（TPP）、《跨大西洋贸易与投资伙伴关系协定》（TTIP）等自由贸易协定的谈判，设置更高的标准，主导建

立高技术和服务贸易领域的新规则，使贸易保护主义隐藏在更具进
攻性的产业政策之下。而特朗普政府则彻底抛开自由主义的掩饰，
在信息技术等新兴行业中同时采用防御性和进攻性的贸易政策，使
美国贸易保护主义的力度达到更高水平（见图 2.16）。

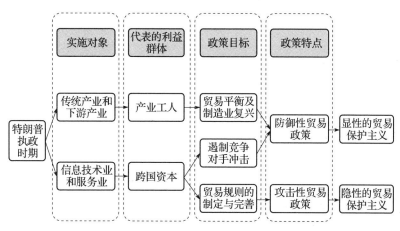

图 2.16　特朗普执政时期的贸易政策特点

特朗普政府贸易保护政策的最大特征是单方面跳出国际规则来
推行所谓的"公平贸易"。其第一个表现是放弃奥巴马政府所推行
的多边贸易规则，转而采用可以有效约束贸易双方行为并实现贸易
平衡的双边协定，充分发挥单边议价能力，彻底改变了奥巴马政府
的对外策略。2017 年 7 月，《英美自由贸易协定》《美韩自由贸易协
定》的修改被提上议程；2017 年 8 月，美国贸易代表办公室宣布
开启《北美自由贸易协定》的重新谈判。

第二个表现是奉行单边主义。2017 年 4 月，特朗普发布"解
决贸易协定中的违约和滥用"的行政命令，指示对所有与美国有
贸易或投资协定的国家和国际组织进行"表现评估"。基于"国
内法高于国际法"的原则，对单方面认定的"不公平"贸易行为，
美国有权绕过 WTO 采取单边性制裁措施，有权拒绝执行任何外

国政府或国际组织做出的对美国不利的决议,有权拒绝接受其他国家通过争端解决机制对美国贸易政策的约束。除了更为直接和坚决的态度外,特朗普政府的贸易政策将关税保护和非关税保护相结合,将贸易保护与投资保护相结合,政策更加多元和全方位。

2. 传统行业

特朗普政府认为,长期的贸易逆差和制造业萎缩使美国经济增长远低于预期,只有"改变以往自由而非公平的贸易理念",才能使这一问题得到缓解,而"公平贸易"正是新贸易保护主义。

国际分工格局的形成导致美国制造业工人就业岗位大幅减少,生存艰难。特别是在 2008—2011 年,金融危机的爆发加剧了制造业外迁对劳动力就业的负面冲击,美国制造业工人失业率超过 12%,远高于国内平均失业率水平。为了回应下层白人蓝领工人的利益诉求,兑现竞选承诺,特朗普政府采取了一系列举措集中保护受全球化冲击较大的传统制造业行业,推动制造业回流,增加就业岗位。2017 年 4 月,特朗普政府决定设立由彼得·纳瓦罗(Peter Navarro)管理的白宫贸易和制造业政策办公室,旨在维护和服务国内的制造业,缩小贸易逆差。

推动制造业发展,增加中下层工人的就业,是特朗普政府贸易保护主义的第一大目标。在传统行业已丧失比较优势的情况下,美国通过关税、非关税以及汇率手段,削弱进口产品的竞争优势,提高进入壁垒,减少国外制造业对本国的冲击。制造业的重振将会创造更多的就业机会,配合移民政策的实施,将对国内工人失业状况的改善发挥积极作用。

(1)贸易调查及关税保护。

关税是贸易保护的常用手段。在特朗普执政期间,美国多次基于《1974 年贸易改革法》的各类条款对伙伴国发起调查和关税制裁。

"201 调查"

依据美国《1974 年贸易改革法》的第 201 条，美国国际贸易委员会（USITC）可以对进口至美国的产品进行"全球保障"限制措施调查（"201 调查"），若国内工业遭受严重损害或严重损害威胁，美国有权决定采取何种行动。

在相关行业提出"201 调查"请求后，2017 年 10 月，USITC 做出裁定，认为对太阳能板和洗衣机两类产品的进口损害了美国相关产业的利益，建议总统特朗普采取"全球保障"限制（"global safeguard" restriction）措施。2018 年 1 月，特朗普同意以上述行业遭受进口产品实质性损害为由，对涉及中、韩、墨等多个国家出口到美国的 85 亿美元太阳能电池和 18 亿美元洗衣机加征保障性关税。针对太阳能板的关税最高达 30%，而对大型家用洗衣机在实行进口配额限制的同时，还加征了最高达 50% 的关税。

"232 调查"

与 201 条款相比，232 条款不是严格意义上 WTO《保障措施协议》所规定的保障措施，因此受到的国际规则约束相对较小，给予了美国更大的政策实施空间。另外，232 条款对进口产品发起调查的理由并不仅是对国内工业发展造成了损害，而且上升到了"国家安全"层面。

2017 年 4 月，特朗普指示商务部部长罗斯根据《1962 年贸易扩展法》第 232 条，对美国进口的钢铁产品、铝产品展开调查。为避免产品进口对国家安全造成的威胁，2018 年 3 月 1 日，美国决定对进口自所有贸易伙伴的钢铁产品、铝产品分别加征 25% 和 10% 的进口关税，涉及产品金额高达 480 亿美元。自此，围绕钢铝产品的贸易战正式拉开序幕并从 2018 年一直持续到 2020 年，欧盟、韩国、加拿大、墨西哥、中国等多个经济体都成为关税政策实施的对象（见表 2.13）。

表 2.13　美国钢铁、铝产品的关税保护

时间	对象	产品类型	措施
2018 年			
3 月 8 日	加拿大、墨西哥	钢铁、铝	关税豁免
3 月 22 日	欧盟、韩国、巴西、阿根廷、澳大利亚	钢铁、铝	关税豁免
3 月 23 日	贸易伙伴	钢铁、铝	关税生效：对价值 102 亿美元的钢铁产品征收 25% 的关税，对 77 亿美元的铝产品征收 10% 的关税
4 月 30 日	欧盟、加拿大、墨西哥	钢铁、铝	延长关税豁免
	韩国	铝	结束豁免
	澳大利亚、阿根廷、巴西	钢铁、铝	无限期豁免
6 月 1 日	欧盟、加拿大、墨西哥	钢铁、铝	结束豁免，恢复加征钢铁 25%、铝 10% 的关税
	阿根廷	钢铁、铝	以出口配额换取关税豁免
	巴西	钢铁	出口配额
		铝	加征 10% 的关税
7 月 16 日	加拿大、中国、欧盟、墨西哥、土耳其		针对这些国家的反制措施在 WTO 提出抗议、挑起争端
8 月 10 日	土耳其	钢铁	关税从 25% 提升至 50%
		铝	关税从 10% 提升至 20%
2019 年			
5 月 17 日	加拿大、墨西哥	钢铁、铝	清除关税壁垒
6 月 5 日	印度		将印度移出美国普惠制国家项目
2020 年			
1 月 4 日	欧盟、日本、中国等贸易伙伴	钢铁、铝	加征新的关税，弥补在上一次加征关税中受损的行业
8 月 6 日	加拿大	原铝	加征 10% 的关税
9 月 15 日	加拿大	非合金、未锻造铝	以出口配额为条件，免除产品关税

资料来源：笔者根据彼得森国际经济研究所发布的内容整理。

（2）传统非关税壁垒。

除了关税保护外，特朗普政府充分运用反倾销、反补贴等非关

税手段，敲打中国、日本、韩国、德国等制造业大国，威胁对贸易伙伴进行制裁。仅 2017 年一年特朗普政府就发起了 79 起反倾销和反补贴调查，与 2016 年相比增长 49.06%。

2017 年 1 月至 2021 年 1 月，特朗普政府对美国 37 个贸易伙伴共发起 122 起反倾销调查，占奥巴马政府八年内发起调查数量的 65.59%，其贸易保护主义倾向可见一斑。在遭受反倾销调查数量最多的十个国家和地区中有中国、韩国、印度、泰国、越南和中国台湾等六个东亚经济体。而从反补贴的角度看，在特朗普执政的四年中，美国对 17 个国家共发起 65 起反补贴调查，中国、印度、加拿大是遭受反补贴调查最多的三个国家。

表 2.14 的产品层面数据显示了特朗普政府发起反倾销和反补贴调查最多的十类产品。在特朗普执政时期，美国分别对贸易伙伴的 28 种和 27 种 HS 二分位编码产品展开反倾销、反补贴调查。其中，钢铁及其制品是美国这一时期"双反"的重点对象，占比均超过 50%。截至 2017 年 4 月中旬，美国商务部对进口木材、化学、钢铁、橡胶制品展开了 24 项"双反"调查，涉及金额高达 23 亿美元，并对 34 项"双反"调查做出初步或者最终裁定，涉案金额高达 36 亿美元；2017 年 11 月，特朗普政府针对中国铝箔的首起"双反"调查，涉案金额高达 4 亿美元，涉案企业高达 230 多家。

表 2.14　特朗普政府发起反倾销和反补贴调查最多的十类产品

HS 编码	行业	反倾销数	HS 编码	行业	反补贴数
73	钢铁制品	112	73	钢铁制品	59
72	铁和钢	44	72	铁和钢	21
29	有机化学物质	34	68	石材石膏等	16
39	塑料及其制品	25	39	塑料及其制品	13
94	家具等	16	76	铝及其制品	12
68	石材石膏等	15	94	家具等	11
76	铝及其制品	11	29	有机化学物质	7

续表

HS 编码	行业	反倾销数	HS 编码	行业	反补贴数
28	无机化学等	7	48	纸和纸制品	5
85	电机、设备及其部件	7	69	陶瓷产品	5
38	化工产品	5	85	电机、设备及其部件	5
	合计	276		合计	154
	在全部产品中的占比	83.13%		在全部产品中的占比	77%

资料来源：WTO 数据库，笔者手动计算。

注：此处的反倾销和反补贴数是指在全部案件中这一行业被提及的次数。

（3）新型非关税壁垒。

《实施卫生与植物检疫措施协定》（SPS 协定）和《技术性贸易壁垒协定》（TBT 协定）是 WTO 关于技术性贸易壁垒的文件。SPS 协定所规定的内容属于 TBT 范畴，前者仅包含卫生与植物检疫领域，而后者则涵盖了工农业的各类产品。

与"双反"调查相比，SPS 和 TBT 协定是奥巴马和特朗普政府所共同倚重的贸易保护手段，二者占比之和在全部非关税贸易壁垒中接近 80%（见表 2.15）。2008—2012 年，奥巴马政府根据 SPS 协定发起的非关税壁垒案件数量为 425 项，占比高达 50.84%，基于 TBT 协定发起的案件数量所占比例为 27.75%，而"双反"调查案件数量仅占 7.66%。在特朗普执政时期，与 SPS 协定相关的案件数量明显下降，而依照《技术性贸易壁垒协定》开展的案件数量则增至 433 项，在全部案件中的占比也从 27.75% 增加至 46.56%。

表 2.15　奥巴马、特朗普政府非关税壁垒实施情况对比

	卫生与植物检疫措施		技术性贸易壁垒		反倾销		反补贴		保障／特别保障调查	
	数量（项）	占比	数量（项）	占比	数量（项）	占比	数量（项）	占比	数量（项）	占比
奥巴马（2008—2012 年）	425	50.84%	232	27.75%	38	4.55%	26	3.11%	115	13.76%

续表

	卫生与植物检疫措施		技术性贸易壁垒		反倾销		反补贴		保障/特别保障调查	
	数量(项)	占比	数量(项)	占比	数量(项)	占比	数量(项)	占比	数量(项)	占比
特朗普(2017—2021年)	307	33.01%	433	46.56%	122	13.12%	65	6.99%	3	0.32%

资料来源：WTO 数据库，笔者自行计算。

3.对高技术、新兴产业的贸易保护

除了传统的制造业领域，美国在拥有比较优势的高技术、新兴产业仍采取贸易保护政策。与奥巴马政府隐藏在自由主义外衣下的隐性保护不同，特朗普政府不仅致力于树立更高标准、引领国际贸易规则，还基于《1974 年贸易改革法》发起"301 调查"，在高科技领域对贸易伙伴发难，使新兴行业的贸易保护主义走向显性化。

（1）贸易调查及关税保护。

美方认为，我国尖端技术发展的背后是政府干预和市场扭曲，挤占了美国高技术企业的市场份额，极大地损害了美国的既得利益。因此，除了制造业外，我国还是美国在新兴产业实施贸易保护的重点对象。

"301 调查"

2017 年 8 月，美国贸易代表办公室（USTR）根据修订的《1974 年贸易改革法》第 301 条，对我国政府在技术转让、知识产权以及创新方面的政策举措展开调查。2018 年 3 月，特朗普签署备忘录，针对 500 亿美元高技术产品分两批征收补偿性关税。2018 年 6 月，特朗普政府的贸易保护措施进一步升级，拟对来自中国的 2 000 亿美元商品征收 10% 的关税。2019 年 5 月，随着中美第一轮谈判的逆转，美国将这一关税提高至 25% 并于 5 月 10 日正式生效。8 月 1 日，在中美新一轮协商后，美国政府宣布对自华进口的

约 3 000 亿美元商品加征 10% 关税，分两批实施。8 月 23 日，在法国组织的七国集团（G7）峰会召开期间，美国总统特朗普出言激化争端，宣布将调高 5 500 亿美元中国输美商品的关税增加幅度，其中，3 000 亿美元中国输美商品的关税从 10% 调升至 15%；另外 2 500 亿美元中国输美商品的关税从 25% 调升至 30%。

"337 调查"

"337 调查"源于美国《1930 年关税法》第 337 条，它是由美国国际贸易委员会（ITC）负责，针对不公平竞争尤其是侵犯专利、商标等知识产权的进口产品所采取的知识产权壁垒措施。如果判定企业违反 337 条款，ITC 将签发排除令，指示海关禁止该批产品乃至整个行业相关产品的进口。这项围绕中小型企业展开的调查，凭借其严厉、高效、隐蔽性强的特点备受美国政府青睐。

中国知识产权研究会发布的研究报告显示，2010—2019 年 ITC 共发起 491 起"337 调查"，其中，2017—2019 年发起数量分别为 58 起、50 起以及 47 起。在总数逐年递减的同时，中国企业涉案占比却在不断上升并于 2019 年达到 57.45%，被调查行业集中于半导体电子器件、办公家居用品、医疗、专业设备等八个领域。与"301 调查"相比，"337 调查"虽然涉案企业少、金额相对较小，但由于其立案调查更为容易、调查和审理周期短、应诉费用高昂，"杀伤力"同样惊人。

（2）出口限制。

除了加征关税及贸易制裁，更新和加强出口管制体系已成为美国遏制中国等新兴国家科技崛起的重要手段。作为《2019 财年国防授权法案》（National Defense Authorization Act for Fiscal Year 2019）的附件，《2018 年出口管制改革法案》（Export Control Reform Act of 2018）和《2018 年外国投资风险审查现代化法案》（Foreign Investment Risk Review Modernization Act of 2018）以正式立法的形式，调整关系国家安全的新兴和基础性科技的出口管制措施，监控外国在美投资，进而达到限制外国接触美国敏感技术的目的。

2018—2020 年，美国对以中兴通讯和华为为代表的中国企业实行了一系列管制措施（见表 2.16），以半导体为代表的高技术产业已成为美国的重点攻击对象。

表 2.16　美国高技术产业领域的出口管制

时间	对象	措施
2018 年		
4 月 16 日	中国	美国颁布为期七年的禁令，禁止中兴通讯购买美国零部件
6 月 7 日	中国	美国商务部宣布，一旦中兴支付 10 亿美元罚款和 4 亿美元暂停罚款，禁令将被撤销
8 月 1 日	中国	美国商务部工业和安全局宣布将 44 家中国企业列入《出口管制条例》实体清单
8 月 13 日		美国的《2018 年出口管制改革法案》成为法律
9 月 20 日	中国	美国国务院和财政部公布了针对我国中央军委装备发展部及其负责人的制裁措施，拒绝向制裁对象提供出口许可证并禁止其通过美国金融系统交易
11 月 19 日		明确对于国家安全至关重要的新兴和基础性科技，并对其施以出口管制
2019 年		
1 月 28 日	中国	美国司法部以金融欺诈、洗钱等多项罪名指控中国华为公司
5 月 15 日	中国	美国商务部禁止华为进入其市场，并施加许可证限制
8 月 19 日	中国	美国商务部将位于英国、德国、法国、新加坡的数十家华为关联公司列入实体清单
2020 年		
4 月 27 日		美国商务部扩大出口管制，以防止中国、俄罗斯和委内瑞拉的实体购买可能用于武器开发、军用飞机或监视技术的美国技术
5 月 15 日	中国	美国商务部修订《外国直接产品规则》和实体清单，限制华为从外国公司获得美国的软件和技术并用于半导体制造
8 月 17 日	中国	美国商务部再次修订《外国直接产品规则》，限制华为获取芯片，对使用美国本土芯片，在国外开发的半导体同样加许可证限制
12 月 18 日	中国	美国商务部限制向中国半导体生产商——中芯国际半导体制造公司出口半导体软件和设备

资料来源：笔者自行整理。

　　凭借高技术产业相关知识产权、材料、基础科学的优势以及强大的市场吸引力和外交影响力，美国从直接和间接角度对中国高技术产业进行贸易限制。首先，禁止华为及其子公司进入美国市场，对国内企业的高技术产品对外贸易实施许可证限制；限制使用美国数字设备、技术的国外企业对华出口。受制于上游供给方的出口管制法规，自 2019 年以来，欧洲最大的专业芯片制造商阿斯麦尔（ASML）一直推迟对中芯国际关键材料的供应，致使作为中芯国际下游需求方的华为海思陷入困境。2020 年 5 月和 8 月，美国商务部两次发布禁令，限制华为从其他渠道购买芯片或生产自主研发的芯片。其次，美国以"情报共享"、签署贸易协定等方式，竭力推动欧盟国家加入对中国网络通信企业的市场封堵，从间接角度对中国实行更彻底的技术封锁。

　　（3）国内外贸易规则的制定。

　　在采取关税及出口限制措施遏制他国高技术产业发展、为新兴行业贴上贸易保护主义标签的同时，特朗普依循惯例，积极推动贸易规则的制定和完善，从而使贸易保护政策更具合理性和约束力。

　　首先，加强知识产权保护和限制技术转移，联合其他发达国家对新兴国家进行技术封锁，维护高科技领域的优势。其次，积极参与数字规则制定。自 2017 年以来，美日欧三方已举行多次会晤，在抨击中国的经济与科技政策方面达成共识，表达共同立场。在 2019 年 1 月的达沃斯世界经济论坛年会上，美国决定同成员方一道共同致力于自由跨境数字贸易规则谈判。在 2019 年 6 月的 G20 大阪峰会上，美国联合多国举行"贸易与数字经济"部长级会议并发表有关数字贸易规则的声明。2019 年 5 月，美国、德国、日本、澳大利亚等 32 个国家和 4 个全球移动网络组织的代表共同参加了布拉格 5G 安全大会，制定部署 5G 网络指导方针并通过了《布拉格提案》（Prague Proposals）。这一提案强调第三国政府对供应商影响

的总体风险，将技术安全与意识形态、国家治理模式、法治环境等
内容关联起来，隐含着对中国及中国企业的遏制与约束。

（4）汇率工具。

汇率工具是特朗普政府实施贸易政策的惯用手段。如果一国
被美国列为"汇率操纵国"，美国财政部将逼迫其在汇率制度、币
值稳定、资本管制等领域展开谈判。若对方未做出让步，美国将采
取一系列制裁措施，例如限制该国的海外融资、将其从政府采购清
单中剔除、征收高额关税等。2017 年 1 月，特朗普在出席美国几
大制药企业负责人见面会时，指责日本的货币竞争性贬值政策；此
后，白宫国家贸易委员会主任纳瓦罗在接受《金融时报》专访时又
将矛头转向德国，批评德国政府以"币值低估"的欧元"剥削欧盟
其他国家和美国"，从而保持在对外贸易中的优势地位。

第五节　美国贸易保护如何影响了全球化？

全球化具体表现为生产全球化、贸易全球化、投资全球化以及
金融全球化，而美国贸易保护政策的实施将直接或间接作用于以上
四个方面，对全球化进程产生深远影响。

一、对全球价值链的影响

生产全球化是全球化的重要表现形式，生产全球化带来的直接
结果就是全球价值链的形成。探究贸易保护对全球化的影响，首先
要分析全球价值链在贸易保护主义政策下所面临的冲击。

每个国家都是一个生产环节，单个生产环节的顺利完成以及环
节之间的顺畅衔接对于价值的全球实现至关重要，前者取决于一个
国家自身的经济发展和政治稳定，而后者主要依赖于全球多边贸易
体系下的低关税和低壁垒。任何一个环节的破坏都可能会通过"蝴

蝶效应"影响其他环节的正常运转，甚至破坏整个全球价值链的完整性与协作性。

(一) 增加价值链断裂风险

美国位于全球价值链的顶端，是全球最大的消费需求市场，对世界经济稳定发展有着举足轻重的作用。特朗普上台后，美国以消除贸易逆差为由，对全球主要经济体高筑关税及非关税壁垒，这使得全球价值链赖以形成和运转的"低关税、低壁垒"基础遭到动摇，直接阻碍产品和要素的全球流动，给贸易摩擦双方以及价值链上的其他参与国家造成巨大损失。

为了重振国内制造业、减少贸易逆差、稳定共和党 2016 年赢得大选的关键盘，特朗普政府以税收优惠或行政威胁等方式增加了贸易和投资的成本及不确定性，引导跨国公司的海外子公司迁回国内，增加国内的就业岗位。跨国公司是国家实现对外直接投资和产业转移的载体，在全球价值链中充当着"构建者"和"参与者"的重要角色，其行为变化将对全球价值链的走向产生深刻影响。在《财富》杂志 2019 年世界 500 强排行榜中，美国共有 121 个跨国公司上榜，而沃尔玛更是凭借 5 144.05 亿美元的营业收入连续第六年成为全球最大公司，美国跨国公司的全球影响力可见一斑。"制造业回流"政策用非市场手段迫使跨国公司分散于全球的生产环节回流，将会使全球价值链分工体系中重要环节的相互联系被切断，现存的价值链面临瓦解的风险。

高技术产业是美国贸易保护的另一个重点行业。参与全球价值链的产品技术密集度越高，价值链也相应越长，对于全球的有序协作也有更强的依赖性。美国的贸易保护政策直接冲击了现有的多边、区域以及双边贸易体系，严重影响世界各国参与全球价值链的广度与深度，降低了各国将高新技术注入全球价值链分工体系中的意愿，进而影响世界科技进步与经济发展。

国际经贸关系时刻处于动态博弈之中。美国在自由贸易问题上的"公然反水"必然会影响其他国家的经济决策。首先，面对美国的贸易保护措施，为了维护本国的利益，受害国家将会采取相应的反制措施予以对抗，从而使得贸易壁垒不断加码，全球经济秩序更加混乱，价值链将遭受反复冲击。其次，美国的行为将会使其他国家产生模仿和追随心理，助长其他国家以贸易施压谋求其他目的的不良行为，使政治问题经济化、经济问题贸易化，扰乱正常的国际生产和贸易秩序。全球价值链中贸易活动的风险性与不确定性急剧上升，跨国公司与国家、区域之间的信任度严重降低，最终形成恶性循环，多边贸易体系的构建将变得遥不可期。

（二）推动价值链重构

贸易保护主义在冲击并瓦解现有全球价值链的同时，也会推动全球价值链的重构。在全球化初期，发展中国家从价值链上游进口关键零部件、技术、设备，在本国完成生产和组装后，再返销到发达国家或地区。而随着技术进步和知识溢出，发展中国家在研发能力提升的推动下不断向价值链上游移动，追求更高的全球生产附加值。

发展中国家产业结构的调整与升级冲击了原有的国际分工格局，为了应对这一不利局面，向来主张自由贸易的发达国家转而采取贸易保护主义措施，以巩固在高技术领域的竞争优势。当前，以中国为代表的快速成长的新兴大国和以美国为首的守成大国在面对全球化的态度上出现了逆转。发展中国家不断提高对外开放度，积极参与全球生产，而欧盟等发达国家的贸易保护主义思潮则愈演愈烈，逐步向逆全球化靠拢。在面对美国的贸易保护时，经济实力和全球影响力逐步增强的发展中国家开始倡导建立新的更加公平的国际分工，带动全球价值链的重构。

对于贸易争端的发起方而言，贸易保护政策的实施将使美国进口产品价格上升，国内消费需求下降，削弱美国企业到对应国家的投资意愿。而美国的逆全球化战略和贸易保护主义措施也将倒逼受制裁国家加大海外市场开拓力度，以多元化的市场结构应对特定市场的潜在风险。以中国为例，在逆全球化盛行的背景下，中国致力于推动"一带一路"建设，积极打造同沿线国家的经济合作伙伴关系，努力实行投资便利化和贸易自由化。为了对美国的关税措施做出反制，中国对自美国进口的大豆、猪肉、玉米等农产品加征关税，相应产品的进口量大幅下降，国内价格显著上涨。在农产品需求价格弹性小、供给减少的同时，中国仍面临较大的农产品缺口，这促使中国扩大来自巴西、俄罗斯的产品进口，原有的贸易格局和全球价值链结构也将做出相应调整。

　　除此之外，处于第三方的上游供应企业也会因为贸易争端带来的不确定性而缩减投资规模。无论是争端双方还是相关的上下游企业，跨国公司都将基于对利润的追求重新调整生产环节的布局，将原来产业链中的某个环节转向其他成本更低的国家或地区。

二、对全球贸易和投资的影响

（一）贸易增长放缓

　　美国贸易保护政策的实施并非全球贸易变动的唯一解释，但特朗普政府上台后所挑起的一系列贸易摩擦力度大、范围广、持续久，欧盟、中国等多个全球重要经济体的对外贸易和投资都受到波及。加征关税、高筑非关税贸易壁垒将对其他国家的出口产生负面影响，并通过外需抑制冲击他国的国内经济，进而作用于美国的对外贸易。这一恶性循环的结果将导致全球贸易的萎缩和全球总产出的下降。数值模拟结果表明，在其他条件不变的情况下，美国单方面加征 20% 的关税将使本国长期稳态 GDP 下降 2.5%，其他国家下降 1.1%，全球 GDP 降幅为 1.4%，而来自其他国家的报复性措施将会使全球经贸发展进一步恶化。

在经历全球金融危机后的二次衰退后，2016—2018 年，世界经济重新走上复苏之路，货物及服务贸易总额逐年递增。2017 年，世界进、出口额较上年的同比增速均突破 10%，贸易对全球经济的拉动作用正逐步恢复。然而，自 2018 年美国在传统行业、高新技术产业的多个领域对贸易伙伴高筑关税及非关税壁垒，全球贸易增长再次陷入困境。2019 年全球货物及服务贸易进、出口额分别为 24.35 万亿美元、24.82 万亿美元，同比下降 1.52% 和 1.70%，贸易总额增速再次回落至 GDP 增速以下，对经济的贡献率有所减弱。国际贸易是世界经济增长的重要推动力，贸易保护政策在使全球贸易总量、增速下降的同时，也增加了经济发展潜在的不确定性，引致消极预期。WTO 发布的世界贸易展望指数（World Trade Outlook Indicator，WTOI）展现了与上月相比贸易的未来走势。当 WTOI 高于反映全球实际货物贸易的商品贸易量指数（Merchandise Trade Volume Indicator）时，贸易量增长往往会加速；反之，全球实际贸易增长放缓。美国的贸易保护政策加剧了世界贸易的紧张局势：2017—2019 年 WTOI 呈现逐步下降趋势，2018 年跌至商品贸易量指数以下，2019 年第一季度进一步降至 96.3，回落到 2010 年 3 月以来的最低水平。其中，全球出口订单指数、国际航空货运量、汽车产销、电子元器件和农业原材料等成分指数均低于 100 的基准值，推动整体指数疲软下跌。除此之外，自 2017 年特朗普当选以来，全球贸易不确定性指数也大幅提高，且随着美国贸易保护政策的实施和推进情况而剧烈波动。2019 年第四季度，全球贸易不确定性指数飙升至 174.34，较 2017 年第一季度的 8.55 而言增长近 20 倍，其绝对值和变化幅度远超 2008 年金融危机时期（见图 2.17）。

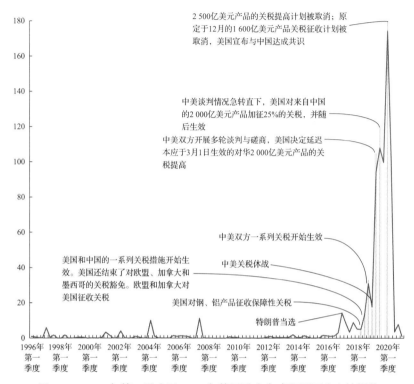

图 2.17　1996 年第一季度至 2020 年第四季度全球贸易不确定性指数
（GDP 加权平均）

资料来源：Policy Uncertainty 网站，Ahir, H., N. Bloom, and D. Furceri. World Uncertainty Index. Stanford Mimeo, 2018.

以跨国公司为载体的投资全球化依赖于中间品贸易。因此，贸易保护政策在直接影响国际贸易的同时，也会对全球投资行为和经济增长带来不利影响。一方面，其他国家将主动减少对美投资以免受到出口管制、关税壁垒等因素的影响，而美国审查制度的日益严格也从客观上阻碍了资金流入；另一方面，为了实施技术封锁，美国对外直接投资大幅缩减，降低了全球投资热情和经济活力。

美国是全球资金的重要流入地，自 20 世纪 90 年代以来对美直接投资总量占世界直接投资流入量的比重基本保持在 20%，其直接投资吸纳能力关系到全球市场的活力。但是在 2016—2019 年，世界直接投资流入量从 1.98 万亿美元缩减至 1.54 万亿美元（见图 2.18）。其中，对美直接投资总量从 2016 年的 4 717.92 亿美元下降至 2019 年的 2 462.15 亿美元。从对外直接投资（OFDI）来看，除少数年份外，美国始终占据世界第一大对外直接投资国家的地位，OFDI 流出量从 1970 年的 75.90 亿美元增至 2007 年的 3 935.18 亿美元，投资对象遍及欧洲、美洲、非洲、中东、亚太的 235 个国家和地区。即使是在金融危机爆发、全球经济陷入持续性衰退的 2008—2017 年，美国仍然保持年均 3 079.19 亿美元的对外投资流量。然而在贸易保护政策大规模实施的 2018 年，美国出现自 1970 年以来直接投资的首次净流入，规模达到 906.23 亿美元。尽管 2019 年有所恢复，但流出规模仅为 1 248.99 亿美元，与 1998 年的水平大体相近，在全球对外直接投资总额中的占比也大幅缩减至 9.51%。

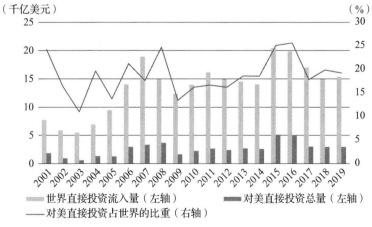

图 2.18　2001—2019 年世界直接投资流入量、对美直接投资总量及其比重

资料来源：UNCTAD.

（二）贸易和投资规则改变

全球价值链形成所体现出来的生产一体化要求各国遵守相同的市场规则，实现标准的"一致性"和国家间标准的"相融性"，这对于国际贸易规则提出了更高的要求。虽然"中心 – 外围"分工、梯次产业转移、多边贸易体系等世界原有经济结构纷纷失效，但适应全球化新发展、满足多数国家利益要求的新规则仍未建立。由于缺乏具有绝对超群实力和经济统治力、道德号召力的大国，国际经贸规则形成了"多种声音、多种方案、多种趋势并存"的局面。而美国贸易保护主义的出现在进一步恶化国际经贸环境，将贸易体系推向崩溃的同时，也在倒逼世界新贸易规则的形成，加速多元声音统一化的进程。

来自美国的逆全球化威胁驱使世界其他国家进一步扩大市场开放、加强区域合作，以应对"美国冲击"所造成的损失。在美国退出 TPP 后，经过谈判和条款的不断修改，其余 11 个国家达成了新的《全面与进步跨太平洋伙伴关系协定》（Comprehensive and Progressive Agreement for Trans-Pacific Partnership，CPTPP）。作为世界的生产和加工基地，亚洲身处贸易保护的核心地带，特朗普政府的贸易保护政策严重影响了亚洲生产网络和全球价值链的正常秩序，使众多国家陷入经济低迷。在这一背景下，2018—2019 年，中日韩三国围绕自贸区建设举行了四轮谈判，并在推动谈判提速方面达成了高度共识；2020 年，东盟十国、中日韩三国以及澳大利亚、新西兰参与的《区域全面经济伙伴关系协定》历时八年正式签署。双边及区域协定的不断升温对美国的贸易保护主义和单边主义行动进行了有力反击。

从全球贸易体系到区域性贸易投资规则，并不是全球化进程的倒退，而是在贸易保护主义盛行、多边贸易体系亟待调整的情况下所采取的必要之举。

三、对全球金融发展的影响

在生产、贸易、投资全球化的推动下，各国金融体系的联系也日益紧密。贸易保护主义的实施给跨国经营的企业造成诸多负面影响，而实体经济的受挫又将充分反映在美国金融市场上并蔓延至全球。

特朗普贸易保护政策的实施使美国国债及股票市场面临巨大压力。由贸易保护主义引发的贸易战推高了全球避险情绪，国际市场对新兴经济体货币和资产的需求有所下降，与此同时，美元、黄金等安全性资产受到热捧。

自 2018 年 8 月以来，受中美贸易战影响，大量避险资金流入美国国债市场，推动美国 30 年期国债收益率跌至约 1.93% 的历史低点，10 年期国债收益率在 8 月 28 日跌至 1.5% 以下，为 2016 年 6 月以来的最低水平；2 年期国债收益率跌至 1.4% 左右，为 2017 年 9 月以来的最低水平。2 年期与 10 年期国债收益率出现"倒挂"现象，而 3 个月期与 10 年期国债收益率的倒挂程度已接近金融危机前的水平。美国国债收益率的下跌态势增加了市场主体的恐慌情绪。消费者和家庭出于避险目的增加对国债这一安全资产的投资，加速了其收益率的下行态势。美国国债市场的波动将对全球美元资产持有者都产生巨大影响，牵一发而动全身。除此之外，以美国国债为代表的安全资产价格的上涨意味着新兴经济体要承受资产抛售带来的压力，本币贬值，外汇市场出现动荡，放大其金融不确定性。

不确定性提高带来的全球避险情绪的上升，加剧了股票市场的波动。自 2018 年 3 月 22 日特朗普签署总统备忘录，宣布将对从中国进口的商品大规模征收关税后，仅两个交易日，美股总市值缩水 1.80 万亿美元。此后两天内，美国道琼斯指数大跌 3.64% 及 1.77%。截至 2018 年 4 月 6 日收盘，纽约股市三大股指跌幅均超过 2%。道琼斯工业平均指数比前一交易日下跌 572.46 点，收于 23 932.76，跌幅为 2.34%；标准普尔 500 股票指数下跌 2.19%；纳斯达克综合指数下跌 2.28%。其中，道指一度下跌超过 700 点，创出 5 个月以来的"收盘新低"。随后，欧洲、亚太等股市也未能幸免，A 股三大股指也都下跌 3% 以上。

四、全球治理体系的形成

全球化的推进使得国与国之间的联系日益密切，以邻为壑、各行其道的做法只能制造混乱，带来福利的净损失，而经济、政治、生态等全球性问题的出现和增加，也对国际协调与合作提出了更高要求。完备的全球治理机制、良好运行的全球秩序是全球化顺利推进的必然要求和重要保障。

（一）国家间不信任程度加剧

全球治理是主权国家、国际组织以及非政府的民间组织，基于共同利益，针对特定问题，在协商、谈判基础之上进行的合作管理。在这个过程中，各国需要出让一定的国家主权，在某些问题上做出妥协和让步，接受全球治理的共同安排，只有这样，才能避免为了追求本国利益最大化而给世界和人类造成负外部性。

由于全球治理机制的执行缺乏强制性，国家间的相互信任成为全球治理得以实现的重要基础，而一旦信任关系崩坏，各国再次做出妥协和让步，建立协商一致规则的难度将进一步上升。

在国际贸易中，各国出于经济发展需要和相互间的信任，积极减让关税，降低贸易壁垒，从而形成了开放、自由的市场环境。而从加征惩罚性关税、限制其他国家赴美投资，到打压竞争对手的科技创新、滥用调查权力制裁别国，美国贸易保护政策的实施损害了其他国家的经济安全，单方面打破了各国对于自由贸易的信任。美国对经济安全的过分强调，既给其他国家带来了战略压力，也形成了不良的示范效应，破坏了在市场条件下本应具备的经济信任和合作关系。在丧失经济信任的同时，美国的行为还会对国与国之间的政治互动、文化联系产生负面影响，各国在进行国际交往与合作时所面临的风险不断加大。除此之外，从曾经的"太平洋警察"到现在的频频"退群"，美国主动割断与国际组织的联系，放弃了通过公共平台参与全球协商、治理的机会，这使得其他国家对全球治理机制能否达成充满怀疑，给全球治理机制的形成和全球化的有序推进增加了更大的难度。

（二）全球治理机制

无论是从必要性还是从重要性来看，美国始终是全球治理中必不可少的力量。美国是世界第一大国，没有美国参与的全球治理体系并不能称为"全球"治理体系，也缺乏实用性。协调好美国与世界其他国家的经济、政治、文化关系，对于各国的发展也极为重要。然而，守成大国的衰落使其国际地位受到冲击，绝对优势的丧失削弱了此类国家维护全球秩序、提供制度规范和贸易规则等公共产品的意愿。新兴大国虽然经济实力与日俱增，但仍然缺乏领导世界的能力与经验，从而使全球治理处于新旧规则交接的混乱的过渡地带。

美国政府对国际合作引领者和全球治理体系重要参与者双重地位的放弃，将会使全球治理体系陷入公共产品严重不足的供需失衡境地。考虑到在短期内任何国家都无法填补美国留下的供给缺口，未来的国际合作和全球治理将会面临严重的负面挑战。不仅如此，特朗普政府经济政策所展现出来的浓厚"反建制"特征也严重摧毁了国际经济机制，削弱了各国际经济组织的制度能力。特朗普政府对主要国际经济组织的公开批评以及经费威胁，使各国际经济组织的治理作用急剧下降。

第
3
章

美国贸易摩擦的典型事件

在日本经济快速崛起的背景下，从 20 世纪 70 年代开始，美国挑起了激烈的对日贸易摩擦，在产品和制度层面同时进行贸易保护，对日本进行全方位打压。1985 年签署的《广场协定》使日本的经济发展模式和发展路径产生了深刻的调整。

自 2018 年以来，美国以贸易不平衡为由发起了对华贸易摩擦，意在遏制中国的技术进步和全面崛起。为维护本国合法利益，中国对美实施了反制。从贸易摩擦的发展情况来看，中美双方均有损失，美国也未能达到促进贸易平衡的目标，更未能达到遏制中国发展的目标。

美日、中美贸易摩擦都体现了美国维护自身霸权、遏制贸易伙伴崛起的战略意图，也体现了政治和经济互动的决策机制。但在冲突范围、具体策略、实施手段、实施结果等方面都存在显著差异。以史为鉴，可以总结出美国贸易政策的演进规律，从而更为有效地进行应对。

第一节　美日贸易摩擦

美国从 20 世纪 70 年代开始采用多样化的贸易保护手段，不断升级美日两国间的贸易摩擦，直到 20 世纪 90 年代中后期，美日贸易摩擦才有所缓和。美日持续多年的贸易摩擦，加上日本自身一系列战略性和政策性失误，使得日本陷入了"失去的二十年"。美国采取的新贸易保护手段（如频繁使用的"301 调查"）和美日贸易摩擦的典型事件（如签订《广场协定》），在世界贸易保护史上具有重要研究价值。持续多年的美日贸易摩擦对日本产生了重要的影响，包括积极影响和消极影响。本节将探讨美日贸易摩擦的贸易保护手段、原因、影响及日本的应对策略等，这对于贸易保护主义的研究具有一定的借鉴和参考价值。

一、美日贸易摩擦的历史发展

在第二次世界大战后，日本虽然在战争中遭受经济重创，但是战后由于世界所形成的两极化格局，世界迎来了新的历史时期：冷战时期。因此在美国政府的主持下，驻日盟军总司令部（GHQ）帮助日本经济复苏。且在同一时期，朝鲜战争的爆发以及日本国内人民对战后重建的期望，也分别从外部和内部推动着日本经济的发展。在这一阶段，日本经济迎来了高速增长时期。1968 年，日本成为仅次于美国的世界第二大经济体，这也被称为日本战后经济奇迹。但是在日本经济高速发展的同时，日本与美国之间的贸易摩擦也从未间断，且辐射行业范围非常广泛。整体上看，美日贸易摩擦可以划分为四个阶段。

20 世纪 50 年代后期至 60 年代末期是美日贸易摩擦的萌芽时期。从 20 世纪 50 年代中期开始，日本以纺织业为代表的低端制造业发展繁盛，且日本纺织品从日本大量出口至美国，但总体而言，日本纺织品的大量生产及出口还未改变自二战后所形成的美国对日本的贸易顺差。20 世纪 60 年代，日本的钢铁产量迅速增长，钢铁产量在 1961 年超过美国，在 1964 年超过德国，成为世界上钢铁产能大国，并且日本当时采用氧气顶吹转炉以及计算机控制等先进技术，钢铁质量与钢铁价格都具有较强的竞争力，截止到 1965 年，日本钢铁已经占到美国进口钢铁总量的 43.9%，到 1969 年，这一比例超过 50%，并且日本钢铁占美国钢铁总需求的 42%。

20 世纪 70 年代中期到 80 年代中期，美日贸易摩擦全面升级。20 世纪 70 年代，日本的彩电从自产自销转向向美国出口。截止到 70 年代中期，日本彩电占美国进口彩电的比重在 90% 以上，日本彩电在美国彩电总量中占 20% ~ 30%。20 世纪 70 年代后期，汽车成为美日贸易摩擦的重中之重，日本的汽车行业在二战后发展十分迅速，在生产技术领域和经营管理领域，日本汽车均走在前列。在 1980 年，日本汽车年产量达到 700 万辆，成为世界第一。在 20 世纪 70 年代后期，日本对美国的汽车出口不断增加，在 1978 年达到 152 万辆，1980 年达到 192 万辆，美国在 1980 年的汽车产量仅为 630 万辆。20 世纪 80 年代日本汽车已经占领美国进口汽车比重的 80%。

20 世纪 80 年代中后期至 90 年代中期，尤其是在半导体产品领域，美日贸易摩擦的激烈程度达到顶峰。半导体技术也是由美国率先发明的，但是日本在美国的技术基础上不断发展。在 20 世纪 80 年代后，日本相继研发出半导体收音机、半导体电视机，并且逐步扩大国际市场份额，占据美国产品市场。1986 年，日本首次超过美国，成为世界最大的半导体生产国。美国半导体产业收入在全球半导体产业总收入中的占比由 1978 年的 55% 下降到了 1986 年的 40%，日本的收入份额却从 28% 上升至 46%。1987 年，里根政府对日本半导体行业实施 100% 的惩罚性关税。

20 世纪 90 年代中后期以来，"第三次科技革命"推动了美国信息技术水平的高速发展，强化了美国在高新技术领域的竞争力。日本经济则陷入衰退，增长缓慢，竞争优势逐渐弱化。日本对美贸易顺差出现下降的趋势，在一定程度上缓和了美日贸易摩擦。

二、贸易保护的领域和手段

美国对日本实施贸易保护主义不仅基于产品层面，而且基于制度层面，后期在产品和制度层面同时进行单边贸易保护。从 20 世纪 50 年代至 20 世纪 80 年代末，在产品层面，美国对日本发动了 6 次有针对性的、行业性的贸易摩擦，具体包括纺织品、钢铁、彩电、汽车、半导体以及电信行业，而且这 6 次贸易战都以美国的最终胜利告终，可见美国在美日贸易战中占据了绝对优势地位，而日本处于被动不利境地。例如在 1981 年，美国迫使日本界定汽车输出量；1983 年，美国对从日本进口的摩托车征收高达 45% 的关税；1985 年，美国迫使日本增加美国农产品的进口；1986 年，美国迫使日本保证不在美国国内销售廉价芯片；1986 年 9 月，美国与日本签订了《半导体协议》，一方面要求日本停止在美国市场的倾销，另一方面，美国企业获得日本 20% 的市场份额；1987 年，美国对日本的计算机征收 100% 的关税；1995 年，美国对日本制造的高级轿车征收 100% 的关税，同年柯达与富士也展开了激烈的胶卷竞争。

对于纺织业的贸易摩擦现象，在 1956—1972 年间，美国不断采取高压态势使得日本在纺织品问题上不断做出让步。为了避免遭受报复性关税以及其他经济冲突，日本在 1956 年、1958 年及 1962 年分别通过了棉纺织品、毛纺织品以及丝纺织品的自愿出口限制，1957 年美日两国签订《美日纺织品协定》，1962 年两国签订《美日棉纺织品长期协定》，1972 年两国签订《美日纺织品贸易协定》。在这个过程中，肯尼迪、约翰逊、尼克松均对日采取强硬手段，尼克松甚至将贸易摩擦与领土谈判联系起来。1969 年 7 月，在美日贸易经济联合委员会会议上，美国代表还暗示将贸易摩擦问题与冲绳岛的控制权问题挂钩，这被称为"以丝换绳"。

在钢铁产业，美方对日本多次提出对钢铁实施出口限制要求。1968 年日本对美国钢铁实行自愿出口限制，后又多次延长限制时间。1976 年两国签订《美日特殊钢进口配额限制协定》。到了 1978 年，美国采取最低限价制度，使得日本钢铁不得以低于美国钢铁制造成本的价格进行销售，保护美国本土钢铁制造业。1983 年美国又对若干种特殊钢进行限制。1984 年美国通过《钢铁进口综合稳定法》，规定外国钢铁进口产品在美国的市场占有率不得超过 20.2%，至此美日两国的钢铁贸易摩擦告一段落。

20 世纪 70 年代中期，在日本彩电占据美国进口彩电比重的 90% 时，美国对日本进行彩电反倾销、反补贴调查。1977 年，日本主动同美国签订《美日彩电协定》，协定要求日本在未来三年内，出口控制在 175 万台以内。同时，日本汽车厂商赴美投资建设彩电厂房，将彩电生产线从日本本土转移到美国，并且进行自愿出口限制。到了 20 世纪 70 年代后期，日本在美国所生产的彩电数量已经超过了日本本土对美国彩电出口的数量。

20 世纪 70 年代后期，美日之间的汽车摩擦逐渐成为贸易摩擦的重点，由于日本汽车具有高性能、低能耗的良好特性，石油危机影响了美国消费者对于汽车的消费偏好，导致当时的美国消费者更偏向于购买日本汽车。在美国本土汽车公司的要求和施压下，美国于 1980 年和 1981 年先后通过了《汽车问题解决议案》和《日本汽车限制议案》，议案生效后，日本在 1981 年对美国的汽车出口量控制在 168 万辆以内；并且日本于 1983 年和 1985 年分别两次提出自愿出口限制，使日本对美国的汽车出口量分别控制在 185 万辆和 230 万辆以内，最终在 1995 年两国达成《美日汽车及零部件协议》，日本将放宽对汽车配件市场的管制，增加购买美国国产汽车配件数量。美国放弃过去一贯坚持的对日本出口汽车、零部件及车检制度等设定的数值目标要求，但这没有从根本上解决美日汽车的贸易摩擦，日本的汽车产业至今为止在全球市场中还持续兴盛。

对于半导体行业而言，在美国率先研制出半导体技术后，日本通产省（于 2001 年改名，现称经济产业省）在 1971 年制定了赶超美国半导体产业的计划，并在 1976 年同日本电气、松下、东芝等厂商和知名大学组成政产学一体化研究组织，将半导体技术投入日常应用。在这种情况下，美国的半导体行业领军企业如英特尔等无法与其对抗，只能通过游说政府半导体产业的战略意义以及半导体行业的兴衰会对国家安全造成影响，迫使政府出面进行施压。在 1978 年东京举办的 GATT 多边谈判中，美日两国都同意对半导体行业税率进行调整，共同调整至 4.2%（原日本与美国关税税率分别为 12% 与 6%）。1986 年，两国签订《美日半导体贸易协定》（1986—1991 年），日本承诺增加对美国半导体产品的进口并停止倾销，并且该协定分别在 1991 年和 1996 年进行了两次修订，在 1991 年的修订中，明确规定美国的半导体产品市场占比达到 20%。在 1996 年的修订中，明确半导体产品需要由政府监督控制产量，并且成立全球半导体论坛，使半导体产品成为管制产品。与汽车行业不同，日本半导体产业经过此次贸易摩擦的打击之后，市场份额严重下降。究其原因，是由于半导体行业更新迭代速度快，几乎每 5 年便会有一次颠覆性的技术革新。日本虽然在 20 世纪 70 年代中后期形成了政产学一体化的半导体研究组织，但这种创新方式未能延续下去，导致在 20 世纪 80 年代中期，日本的半导体技术被美国超越；加之政治因素的裹挟，对半导体产品进行关税限制与市场份额约束，导致日本半导体无法实现产业可持续发展与转型升级，在这种情况下，半导体的市场份额便被韩国等国家和中国台湾等地区抢占，美国的政治因素影响不仅使日本的半导体行业衰落、美国的半导体行业蓬勃发展，而且给了韩国、中国台湾半导体产业成长的空间和机遇。表 3.1 列出了美日产品层面贸易摩擦及各自的措施和结果。

表 3.1　美日产品层面贸易摩擦及各自的措施和结果

时间	行业	美国措施	日本措施	结果
20 世纪 50 年代	纺织品	多边与双边贸易谈判、基辛格外交渠道、《米尔斯配额法案》、《与敌国贸易法》第 232 条协定	要求以多边、GATT 框架内方式解决纺织品问题；自愿出口限制；轻工业向重工业转型；纺织工业转移至中国及东南亚	1957 年《美日纺织品协定》、1962 年《美日棉纺织品长期协定》、1972 年《美日纺织品贸易协定》
20 世纪 60 年代	钢铁	要求自愿出口限制、反倾销起诉、301 条款等	自愿出口限制	1968 年《美日钢铁产品协议》、1976 年《美日特殊钢进口配额限制协定》、1984 年美国《钢铁进口综合稳定法》
20 世纪 70 年代	彩电	美国国际贸易委员会做出不利于日本的裁定、反倾销和反补贴调查	自愿出口限制、政府鼓励厂家海外投资	1977 年《美日彩电协定》
20 世纪 80 年代	汽车	1980 年卡特汽车行业救济政策、要求自愿出口限制、开放市场	日本汽车厂商赴美国投资建厂、自愿出口限制、开放市场	1980 年《汽车问题解决议案》、1981 年《日本汽车限制议案》、1995 年《美日汽车及零部件协议》
	半导体	301 条款、反倾销诉讼、禁止日资在美投资与并购、贸易制裁性关税	第三国出口价格管制、对美出口产品价格控制、美国市场份额达 20%	1986 年《美日半导体贸易协定》
	电信	301 条款、系统性全行业市场开放	移除贸易壁垒	系统性全行业市场开放
	全行业	1989 年国家贸易评估报告、超级 301 条款	日本承诺 10 年投入 430 万亿日元进行公共投资、修正《大店法》、修改不利外企投资的相关法律、调查商品价格并控制公共用品价格	《美日结构性障碍协议》

资料来源：根据公开资料整理。

在制度层面，美国认为两国贸易不平衡存在制度因素，因此开始关注日本的经济制度，认为日本国内制度存在非常态结构性障碍，要求日本按照美国的标准对国内经济结构进行改革。典型案例包括 1989 年《美日结构性障碍协议》、1993 年美日经济对话、1997 年美日规制缓和对话以及 2001 年《基于美日规制改革及竞争政策倡议的请求书》。在《美日结构性障碍协议》中，日本政府承诺改革《大店法》和增加公共基础设施投资。《美日结构性障碍协议》指出了相关议题下日本具体的改革措施，推动了日本的结构性改革。它尤其针对以下 5 个方面的议题：储蓄 – 投资问题、流通领域、土地政策、商业惯例和企业系列制等。

表 3.2　《美日结构性障碍协议》下的美方诉求与日方措施

议题	美方诉求	日方措施
储蓄 –投资问题	美方认为高储蓄率和低公共投资支出是贸易逆差的重要原因。1989 年，日本公共投资占国民生产总值（GNP）的比率仅为 6.7%，美国要求日本在 3～5 年内将其提升到 10%	日方实行"公共投资基本计划"，增加投入 430 万亿日元（约 3 万亿美元），约占 GNP 的 9%。鼓励私人消费，扩大内需
流通领域	流通领域存在排外性和过度规制，美国希望日本取消《大店法》，缩短开店审批的时间	日方承诺改革《大店法》，做到 18 个月内完成审批，并在 1 年内将审批时间缩短到 12 个月，进行分销体制改革
土地政策	日本地价过高，建议日本政府增加土地供给，提高固定资产税，减少出售土地时的税收	日本政府承诺全面审查土地税制，在 1990 年底前修订《土地出租法案》和《房屋出租法案》，释放土地活力
商业惯例	商业惯例具有排他性，保护了日本本土企业，建议规范完善招投标制度、专利审查机制、损害救济制度，改进《反垄断法》	日方承诺修订《反垄断法》，并审查《外汇和外贸管制法》，以减少外资投资限制
企业系列制	外国企业难以融入日本企业关系网，要求日本政府限制交叉持股、增加持股者权益、增强透明度	日方拒绝、强烈反对

注：根据公开资料整理。

结合上述分析，美国对日本实施贸易保护主义的具体手段主要有四种：

第一，利用美国国内相关贸易法律法规对日本进行"301 调查""201 调查"等单边调查，并以此为基础要求日本开放国内相关市场。美国"301 条款"由"一般 301 条款""超级 301 条款""特别 301 条款""电信 301 条款"等组成。日本是美国实行"301 调查"最多的国家。

第二，采取非关税壁垒措施，主要是进行大量的反倾销措施。据世界银行统计，1980—1995 年间，美国对日本共发起 86 起反倾销调查，日本成为同期遭受美国反倾销调查最多的国家。

第三，美国针对特定行业要求日本进行自愿出口限制和采取其他出口限制措施，主要体现在纺织、钢铁和彩电行业。美国要求日本减小贸易争端商品的出口规模以及加大对美国相关产品的采购，进行有秩序的销售安排（如制定有序销售协定）。

第四，对日本输美相关商品的价格设置启动价格监管措施，削减日本商品的价格竞争力。例如，美国 1986 年对日本输美半导体价格实施国家监管。

三、美日为何产生贸易摩擦？

美日贸易摩擦之所以发生，原因复杂，可分为国际原因和美国与日本本国的内部原因。本章分析的原因主要有五个方面。

第一，日本的快速崛起威胁到美国的国际霸主地位。二战后，美国对日本的扶持推动了日本的崛起，再加上日本政府推行有效的产业政策和措施，如官民协调、"雁阵模型"战略、幼稚产业保护、政府支持下的技术引进以及企业主导的技术创新，这些都极大地促进了日本工业和经济的发展。20 世纪 60 年代，日本成为世界第二大经济体，在经济和科技等方面发展迅猛，甚至出现了美日欧三足鼎立的局面。1955—1975 年的越南战争、1973—1975 年的第一次石油危机的爆发使美国经济出现了明显衰退,陷入了经济"滞胀"时期。1973 年以后,美国劳动生产率和全要素生产率的增长率明显减慢。1987 年美国股市暴跌,经济明显衰退,日本"威胁论"在美国逐渐兴起,而且美国还面临着欧共体的威胁以及"亚洲四小龙"等一批新兴工业化经济体的不断崛起。时任美国总统里根提出"强化美国军事,振兴美国经济"的口号。当时的日本已经具有较高的技能和教育水平,在不断追赶美国。其中,日本在半导体、机电产品、信息产品等技术密集型产业具备很强的产品竞争力。20 世纪 80 年代,日本企业在美国专利及商标局(USPTO)取得专利的份额从 12% 增长到 21%,对美国科技霸主的地位造成严重威胁。这种威胁使得美国国内贸易保护主义有所抬头,美日贸易摩擦的发生与不断升级便是美国国内新贸易保护主义抬头的现实体现与运用。

第二,美日贸易逆差成为最明显的导火索,也是美国发动贸易战的最有力借口。1965 年美日首次出现了贸易逆差,自 1975 年起美日贸易逆差进一步扩大,并在 1985 年达到 93 693.4 亿日元的逆差峰值。换个角度说,20 世纪七八十年代,美国对日本的贸易逆差就已经达到 500 亿美元。图 3.1 展示了美日贸易差额,图 3.2 展示了美国从日本进口和对日本出口两个指标的差额扩大的趋势。与比较优势原理相符,美日日渐扩大的贸易逆差在个别行业表现得特别突出,尤其是在汽车行业。日本汽车的出口竞争力极强,严重恶化了美国的国际收支平衡状况。如图 3.1 所示,1985—1990 年,美日贸易差额始终为负。20 世纪 80 年代,美国总统里根推行扩张型财政政策和紧缩型货币政策,经济萧条和美元升值恶化了美国贸易收支状况,美国的对外贸易遇到前所未有的困难。除了日本,欧共体与一些新兴工业化经济体把前一阶段在国际市场上与美国的竞争

延伸至美国国内，使美国贸易逆差急剧扩大，导致美国国内的贸易
保护主义甚嚣尘上，国会内部也充满了贸易保护主义情绪，进一步
催生了美日贸易摩擦。

（百万美元）

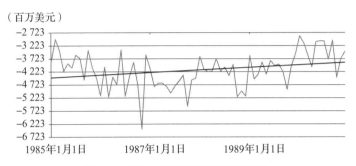

图 3.1　1985—1990 年美日贸易差额

资料来源：CEIC 数据库。

（亿美元）

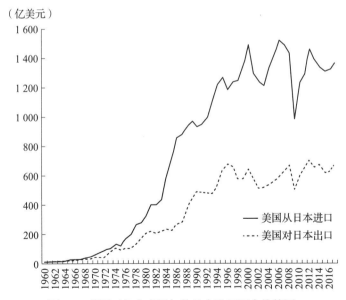

美国从日本进口
美国对日本出口

图 3.2　美国对日本出口与从日本进口历史趋势图

资料来源：IMF 数据库。

第三，美国国内推行的贸易法和政策推动了美日贸易摩擦的发展。美国总统里根于 1981 年入主白宫，面对日益严峻的外贸形势和巨大的国会压力，他在重申主张自由贸易立场的同时，又对外贸政策的立足点做出重大调整，从而于 1985 年 9 月宣布了其"贸易政策行动计划"，明确提出要求实行"自由与公平贸易"的基本方针。美国总统里根公开表示如果国际贸易对美国企业构成了威胁，美国将毫不犹豫地实施贸易保护主义，维护美国的利益。此外，美国国会通过了《1988 年综合贸易与竞争法》，明确提倡通过双边谈判来改变不公平贸易的状况，并一改自《1934 年互惠贸易协定法》以来，一直力图通过扩大总统总揽贸易权力来促进自由贸易的做法，将总统对不公平贸易伙伴实施报复性措施的权力转交给美国贸易代表机构，强化贸易保护主义的影响力。该法继承了《1974 年贸易改革法》中的"301 条款"，并对此做出了重要修订，强化了非关税壁垒的做法，使之对所谓"不公平"贸易的国家更具有报复性。美国国内相关贸易法和贸易政策充斥着贸易保护主义的态势，美日贸易摩擦被进一步强化。

第四，日本自身的经济发展模式存在问题，经济结构性矛盾突出，存在先天的资源劣势。在自然条件上，日本人口众多，国土面积较小，其国内自然资源匮乏，需要进口石油、矿石等用于工业生产的原材料，这在一定程度上约束了日本的经济和贸易发展。日本战后经济发展模式严重依赖出口，国内需求相对不足，对世界市场，尤其是美国市场，依赖度高，结构性矛盾突出。因此美国发动的贸易战能精准打击日本的核心利益，从而掌握贸易战的主导权和话语权。

第五，国内利益集团的行为加剧了美日贸易摩擦。根据贸易的政治经济学，利益集团的态度在贸易政策的制定上发挥了不可忽视的重要作用。从 1974 年以来，基于国家利益的考虑，美国的对外贸易政策已经带有明显的贸易保护主义色彩。从国家制度来看，美国的政党制度为两党制，在两党竞争的过程中，政党为了获得更多的支持，往往会屈从于利益集团的意志，因而在制定贸易政策时，常常反映利益集团的要求与意愿。

四、美日贸易摩擦对日本有何影响?

美日贸易摩擦给日本带来了许多影响，包括积极和消极两个方面。从积极影响来看，主要可概括为以下三个方面。

第一方面，加速了日本经济结构的调整、产业结构的升级与过剩产能的淘汰。为了树立日本产品的核心竞争力和不可替代性，减少他国发起贸易摩擦的威胁，日本加快了技术创新的步伐，在美日贸易摩擦期间独创了许多世界上首屈一指的技术。如20世纪70年代的机电一体化技术、光机电一体化技术产品，80年代现代光纤通信技术等。技术的发展进一步加快了日本产业结构的升级与调整。

第二方面，作为外部冲击刺激了日本的内部改革，尤其是日本国内规制改革。这种改革并不是全盘接受的，而是灵活的、有选择的。有学者将日本称为外压反应型国家，特别是在日本经历泡沫经济后，美国的外压促使日本进行改革的意愿更为强烈了。

第三方面，推动了日本海外供应链的重新构建与完善，减少了对美国市场的依附，在长期意义上，日本在对外贸易中的独立性和话语权有所增强。例如，美国制裁日本汽车行业后，丰田等企业开始在美国建立生产基地，以规避美日贸易摩擦的不利影响。

从消极影响来看，首先，美国"301调查"严重打击了日本先进制造业，一定程度上抑制了日本的技术进步。20世纪80年代，半导体、超级计算机和人造卫星等新兴的、先进的制造业在日本政府产业政策的扶持下获得了快速的发展，可是这些产业都成为美国对日本实行贸易打击的重点对象。通过打击日本快速发展的先进制造业，美国减慢了日本技术赶超的步伐。日本汽车和半导体行业作为美国重点制裁的行业，贸易战不可避免。

其次，在美日贸易摩擦中后期，日元被迫升值（见图3.3），加快了日本经济泡沫的累积，诱导日本泡沫经济的产生。日本政府应对泡沫经济的货币政策不当导致泡沫经济破裂，日本陷入经济长期低迷，进入"失落的二十年"。有评论认为《广场协定》导致日本经济长期衰落，但1986年日元的大幅升值并未降低日本对美国的贸易顺差，日本政府应对泡沫的货币政策不当才是日本泡沫经济破裂的根本原因。日本在1987年下调利率以稳定日元升值幅度，客观刺激资金对股市和不动产投资，资产价格形成泡沫，并出现大量被经济繁荣假象掩盖的不良债权。这使得日本政府对经济形势做出误判，延迟实施货币紧缩政策，直到1989年6月—1990年8月间才5次紧急上调利率，导致日本股市崩溃。同时，日本政府对金融机构的不动产贷款增长率实施管制，并通过《土地基本法》监督管制土地交易，这些抑制地价的措施导致日本不动产价格泡沫在1991年破裂，日本经济从此步入长期衰退。

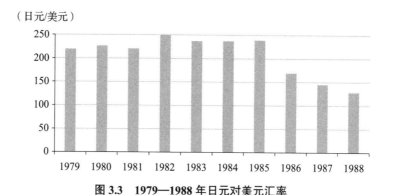

（日元/美元）

图3.3　1979—1988年日元对美元汇率

资料来源：OECD.

　　此外，美日贸易摩擦减慢了日本经济增长的步伐，打击了日本相关企业。1950—1973 年，日本的 GDP 增长率平均达到 9.2%，而 1973—1992 年间其 GDP 增长率平均仅为 3.8%。人均 GDP 增长率也从 8% 下降到了 3%。1950—1973 年，每年平均出口复合增长率为 15.4%，1973—1992 年，该增长率下降到 6.2%。1986 年，日本货物和服务贸易出口占 GDP 的比重出现了明显的下降，从 1985 年的 13.89% 下降到 1986 年的 10.91%，并保持下降的趋势（见图 3.4）。

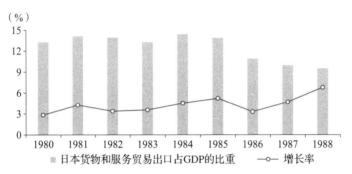

图 3.4　1980—1988 年日本货物和服务贸易出口占 GDP 的比重
以及 GDP 增长率

资料来源：OECD.

五、日本的应对策略

　　为了应对美国的贸易保护主义，日本采取了以下应对策略：

　　首先，日本应美国的要求，通过自愿出口限制、推行进口自由化等措施减少美国贸易逆差，暂时缓解美日贸易摩擦。一方面，日本是世界上实行自愿出口限制频率最高的国家，日本在纺织品、钢铁、汽车及零部件、彩电和机床等在贸易争端中有所涉及的产品上都采取过自愿出口限制手段来暂时缓解贸易摩擦。另一方面，推行进口自由化旨在增加从美国的进口，主要是通过减少关税壁垒和非关税壁垒的措施。日本起初实行的是"倾斜关税体系"，即根据产品竞争力决定关税水平，但在美日贸易摩擦期间，在美国的压力下，日本较大幅度地降低了关税水平。此外，日本也减少了非关税壁垒，如减少甚至取消个别农产品的进口配额，简化进口检验程序等。

其次，实行贸易平衡战略、出口市场多元化战略，减少对美国市场的依赖，加大与"亚洲四小龙"的经贸往来和对东南亚国家的出口。2007 年以后，中国成了日本最大的贸易伙伴。

再次，鼓励海外投资，推行对外直接投资战略以规避美国贸易壁垒。日本企业通过对外直接投资可以减少日本对美国的出口，在一定程度上缓和美日贸易摩擦，同时在第三国或者在美国本土的投资能较好地规避美日贸易摩擦的负面影响。以汽车行业为例，20 世纪 80 年代日本汽车行业的国际竞争力强，美国对此高度警惕，1982 年日本本田公司在美国俄亥俄州投资了第一家工厂，由此带动日本汽车企业及零部件厂商对美大规模投资。

从次，通过与美国达成结构性协议，进行日本国内经济结构性改革以消除美日贸易摩擦的制度因素。美国一直希望日本能够进行经济结构性改革，以消除导致两国贸易存在严重不平衡的制度因素，而日本也为了规避美国的"超级 301 调查"等，与美国进行多次结构性谈判，达成多个协定或协议，如 1985 年的《广场协定》和《特定行业市场导向协议》（MOSS）、1989 年的《美日结构性障碍协议》（SII）、1993 年的《美日综合经济协议》以及 1997 年的《美日规制缓和协议》。日本与美国谈判过程中达成的协定或协议多带有强制性，日本迫于美国的压力不得不接受，比如 1986 年 9 月签订的《半导体协议》。该协议规定：第一，日本停止半导体产品在美国市场的倾销，要保留成本记录，制定公平价格，在美国市场售卖的半导体产品只能采用等于或者高于公平价格的价格；第二，美国企业将占据日本 20% 的半导体市场份额。1985 年 6 月，美国半导体行业协会（SIA）就日本电子产品的倾销问题提起了诉讼。1987 年 3 月，美国认为日本没有执行半导体产品的公平价格，以倾销的名义，对日本征收高达 3 亿美元的惩罚性关税。1991 年 6 月，美国与日本又签订了为期五年的《新半导体协议》，日本的半导体行业被美国扼杀了"称霸"世界半导体市场的势头。1992 年，美国实现了占据日本 20% 的半导体市场份额的目标。1993 年，美国取代日本成为世界上最大的芯片出口国。另一个重要协定是《广场协定》，该协定使日元被迫升值，恶化了日本的出口优势，暴露了日本长期以来出口导向型模式的弊端，对日本长期经济增长造成了不可估量的"后遗症"。

最后，巧妙利用日元升值等汇率政策工具。根据国际经济学，一国货币升值不利于本国对外出口、有利于增加进口，从而会减少本国的贸易顺差。20 世纪 80 年代初，美元升值恶化了美国的贸易条件，而在 1985 年的《广场协定》签订后，日元被迫升值，从 1 美元兑 242 日元升值到 1 美元兑 120 日元，升值了一倍。日元升值削弱了日本出口产品的价格优势，日本政府巧妙利用日元升值的契机减少了与美国的贸易顺差，从而缓解了与美国的贸易摩擦。另外，日本政府还通过放松银根、降低利率等宽松的货币政策刺激内需增长，不仅减少了日元升值的不利影响，而且在一定程度上缓解了长期以来其出口导向型战略所造成的市场结构性扭曲。

第二节　中美贸易摩擦

自 21 世纪以来，中美贸易争端不断，中美贸易摩擦作为中美经贸关系的一部分随中美政治关系的发展和国际局势的变幻而不断变化。2003—2005 年，由美国单方面挑起的一系列贸易摩擦给中美贸易关系蒙上了浓重的阴影，中美两国进入了前所未有的贸易摩擦期。2018 年 3 月 22 日特朗普签署对华贸易备忘录，对从中国进

口的约 600 亿美元商品加征关税，理由是"中国剽窃美国知识产权
和商业机密"，这标志着中美贸易战的开端。自 2018 年以来的中美
贸易摩擦在世界贸易保护史上具有最新的研究价值。本节将总结中
美贸易战的发展历程、美国主要的贸易保护手段、中美贸易摩擦发
生以及不断激化的原因以及中美贸易摩擦对中国的影响。

一、中美贸易战的发展历程

1. 第一阶段：2018 年 3 月—2018 年 9 月

此阶段为中美贸易战发起并不断升级的阶段。2018 年 3 月 22
日特朗普签署《对华贸易备忘录》，对从中国进口的约 600 亿美元
商品加征关税，这标志着中美贸易战的开端。2018 年 4 月 16 日，
美国商务部发布公告称，美国政府在未来 7 年内禁止中兴通讯从美
国企业购买敏感产品，对中兴通讯实施出口限制措施，最终中兴通
讯缴纳天价罚款，中方被迫进行反制。接着美国又于 2018 年 9 月
宣布对 2 000 亿美元中国出口的商品加征进口关税。此外，两国互
相进行各类反倾销调查。总而言之，在此期间，中美历经多次贸易
磋商与谈判，却没有取得实质性进展，并且在更多领域开打贸易
战，中美贸易关系走向充满了不确定性。

2. 第二阶段：2018 年 10 月—2019 年 4 月

此阶段为贸易战有所缓和，谈判协商有序进行的阶段。缓和的
原因很大程度上在于在 2018 年 11 月 30 日—2018 年 12 月 1 日期
间在布宜诺斯艾利斯举行的 G20 峰会上，中美两国举行元首级会
谈，关于中美双方的经济贸易问题达成了重要共识，对外宣布将要
采取新的贸易措施并为两国设定 3 个月的贸易谈判期限。这使得双
方的谈判协商得以有序进行。在随后的几个月内，中美之间展开了
超过 5 轮的贸易磋商，有望达成新的贸易协定，中美贸易关系呈现
不断缓和的态势。

3. 第三阶段：2019 年 5 月—2019 年 8 月

此阶段为贸易战再次激化升级、美中贸易谈判协商破裂的阶段。2019 年 5 月初，在新的贸易协定即将达成时，美国政府出尔反尔，提出不合理要求，超出中方的谈判底线，中国提出的贸易协定修改意见遭到美国的反对，贸易摩擦再次激化升级。在此期间，美国还进一步有针对性地制裁打击中国高科技企业，以"国家安全"为由展开针对华为消费者和供应商的多次制裁。第一次制裁是美国将华为纳入实体清单，若未获得美国商务部的许可，美国企业将无法向华为供应产品。第二次制裁是对华为进行技术封杀。华为凭借过硬的技术应对了美国的这次制裁，并且做出了反击，禁止员工与美国进行技术交流。第三次制裁是以窃取商业机密和电信欺诈为名进行政治绑架。第四次制裁是对华为进行全面封杀，禁止任何使用美国技术的公司未经许可对华为进行代加工，尤其是芯片，意图削弱华为在 5G 领域的主导地位。在这一阶段，中美贸易战已经全面爆发，体现为政治、经济、科技多领域的主导权争夺。

4. 第四阶段：2019 年 9 月—2020 年 1 月

此阶段为中美双方重新开展贸易谈判，双方贸易关系再次有所缓和的阶段。缓和的重要原因之一在于，2019 年在日本大阪举行的 G20 峰会上，中美两国元首进行再次会谈，双方同意重新开展贸易谈判。同时，美方不再对中国出口产品加征新的进口关税，双方都取消了对部分产品加征关税的计划，同时中国也同意增加对美国农产品的进口。2019 年 9 月 11 日，中国国务院关税税则委员会公布第一批对美加征关税商品第一次排除清单。2019 年 10 月，美国商务部宣布将从 10 月 31 日起对中国 3 000 亿美元加征关税清单产品启动排除程序。12 月 13 日，中美第一阶段经贸协议文本达成，美方将履行分阶段取消对华产品加征关税的相关承诺，加征关税将由升到降。12 月 19 日，国务院关税税则委员会公布第一批对美加征关税商品第二次排除清单。2020 年 1 月 15 日上午，中方代表刘鹤与美国总统特朗普共同签署《中华人民共和国政府和美利坚合众国政府经济贸易协议》，中美贸易紧张关系再次缓和。

5. 第五阶段：2020 年 2 月—2021 年 1 月

2020 年 2 月 6 日，国务院关税税则委员会决定调整对原产于美国的约 750 亿美元进口商品的加征关税措施，自 2020 年 2 月 14 日 13 时 01 分起，自 2019 年 9 月 1 日起已加征 10% 关税的商品，加征税率调整为 5%，已加征 5% 关税的商品，加征税率调整为 2.5%。2020 年 2 月 21 日，国务院关税税则委员会公布第二批对美加征关税商品第一次排除清单。2021 年 1 月 20 日，特朗普离任美国总统，中美贸易战还没有彻底结束，只是暂告一段落。

二、美国主要的贸易保护手段

第一，综合使用关税壁垒和非关税壁垒实施贸易保护主义，是美国新贸易保护主义的全面运用。在关税壁垒的使用上，特朗普政府针对中国出口至美国的产品提升进口关税，分阶段增加征税清单。自 2018 年 3 月 23 日起，美国对从中国、欧盟等经济体进口的钢铁产品征收 25% 的关税，对进口铝产品征收 10% 的关税。中方按照 WTO 规则向美方提出补偿磋商的请求，并根据《中华人民共和国对外贸易法》的相关规定采取行动，以平衡此次钢铝 232 措施造成的利益损失。2018 年 6 月 15 日，美国政府宣布将对从中国进口的约 500 亿美元商品加征 25% 的关税。中国国务院关税税则委员会 6 月 16 日宣布对原产于美国的 659 项（约 500 亿美元）进口商品加征 25% 的关税。美国是中国纺织品和服装的主要出口市场之一，在美对中国加征关税的产品中，纺织品和服装是施压的重点领域之一。自 2018 年 9 月 24 日起，美国对中国出口的 2 000 亿美元商品加征 10% 的关税，自 2019 年 1 月 1 日起，该税率提高到 25%。征税清单中的产品共计 5 745 项，涉及纺织业的高达 917 项。

第二，在非关税壁垒的使用上，特朗普政府凌驾于 WTO 相关贸易规则之上，利用国内贸易法展开贸易保护。美国利用国内法，如 201 条款、301 条款、232 条款和 337 条款，对中国进行"301调查""201 调查"等，并针对特定行业生产的产品开展出口管制，其中主要施压的领域为技术转让和知识产权保护，贸易制裁主要集中在科技制裁上。2017 年 8 月 14 日，美国总统特朗普签署行政备忘录，授权贸易代表对中国开展"301 调查"，认为中国"盗取"了知识产权、强制技术转让。

第三，加强了对他国外来企业在美投资的监管和审查力度。在中美贸易摩擦期间，美国国会公布了《外国投资风险评估现代化法案》（Foreign Investment Risk Review Modernization Act，简称 FIRRMA 法案）。FIRRMA 法案的通过以及试点计划的实行正式扩大了美国外国投资委员会（CFIUS）的管辖权，使某些不涉及控制权转移的外国投资也受到监管。值得注意的是，该法案要求美国商务部在 2026 年前每两年提交一份关于中国企业在美投资情况的分析报告，可见此类法案的颁布与实施不利于中国快速增长的对美直接投资，中国也无法获取美国对外投资带来的技术溢出效应。

第四，特朗普政府不断要求中国进一步开放国内金融服务业市场，意图干预中国金融市场。美国以贸易战为契机，诱使人民币对美元汇率保持在高位，促使中国国内金融市场的资本外流，加大中国的金融风险。市场的力量和央行的汇率干预影响汇率的实际水平。2019 年 2 月 21—24 日，在中美第七轮经贸高级别磋商中，美方将服务业、汇率等议题列入贸易谈判。在 2018 年 3 月 1 日—11 月 16 日，上证指数总体呈下降态势，日均跌幅超过 0.12%，日均下跌点数超过 4.2 点。2019 年 8—9 月，人民币呈持续贬值状态（见图 3.5），中国金融市场风险增加。2019 年 8 月 5 日，在岸人民币对美元即期汇率为 7.018 比 1，离岸人民币汇率则一度跌破 7.11 大关，离岸和在岸汇率双双破 7。可见美国试图通过扰乱中国的外汇市场和金融市场削弱中国的贸易优势，阻碍中国经济的稳定发展。

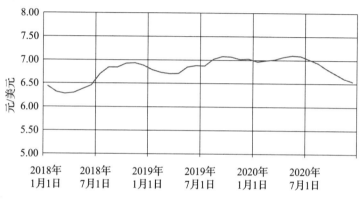

图 3.5　2018—2020 年人民币兑美元汇率走势

资料来源：CEIC 数据库。

　　第五，意图督促中国履行对 WTO 的义务，尤其是在政府以巨额补贴发展高科技产业，以及强制外国企业科技转移方面。美国通过利用和改变 WTO 的某些规则，达到长期内谋求"美国优先"的目标。根据美国贸易代表办公室向国会提交的关于中国履行入世承诺情况的报告，在产业政策领域，美国指责中国出台的一系列产业政策限制了外国企业，让包括中国国有企业在内的众多中国国内企业受益。这些产业政策包括技术转让、投资限制、本土创新、补贴和出口限制等。在知识产权方面，美国认为中国目前的知识产权保护程度仍然限制了美国的出口和投资，并将中国列入美国贸易代表办公室的 2017 年《特别 301 报告》的优先观察国。在服务业开放方面，美方认为尽管美国对中国的服务贸易保持顺差，但美国占中国服务进口的份额未达到其占全球市场的平均份额，所以中国在服务业领域还不够开放。

三、中美为何发生贸易战？

首先，美中贸易摩擦的根本原因在于国家利益的冲突。特朗普奉行"美国优先"战略，以"国家安全"为由不断升级全球贸易保护主义风险，美中贸易摩擦是大国博弈下的一个必然产物。中国自从 2001 年加入 WTO 以来，国际贸易不断发展，经济实力不断增强。从 2010 年起，中国取代日本成为全球第二大经济体。2015 年，中国超越加拿大成为美国最大的贸易伙伴。与日本相似，中国的崛起与不断发展也引起了美国的注意和警惕。中国产业链的升级使得中美贸易关系由互补型逐渐转向竞争型。早在 2008 年，美国便在国防部发布的国防战略报告中将中国作为"潜在竞争对手"。2015 年，美国的中国问题研究专家白邦瑞（Michael Pillsbury）在其著作中大肆渲染了"中国威胁论"，认为中国正在养精蓄锐，实施"马拉松"秘密计划，目标是在 2049 年超越美国成为"超级大国"。2017 年 12 月，美国出台的《国家安全战略报告》指出"中国威胁论"。2018 年美国国防部发布的国防战略报告指出"中国是美国的战略竞争对手"。2018 年 3 月 8 日，特朗普政府以国家安全为由，启动针对中国钢铁和铝产品的"232 调查"，由此制造了第一轮中美贸易摩擦。

其次，美中贸易逆差成为美国挑起贸易摩擦的噱头。自 1993 年开始，中国与美国的贸易差额就进入了长期顺差。中国海关总署发布的 2017 年全年贸易统计（按美元计算）显示中国对美贸易顺差比 2016 年增长了 10%，达到 2 758 亿美元，创历史新高。2017 年 3 月 21 日，特朗普总统签署了两项聚焦美国 3 000 多亿美元的巨大贸易逆差的行政命令。美国将巨大的贸易逆差归因于中国。

2018 年 4 月，美国贸易代表办公室根据 "301 调查" 的结果对从中国进口的商品加征关税。2018 年 5 月 19 日，中美发布《中美就经贸磋商发表联合声明》，但是最终该声明被特朗普政府单方面毁约，特朗普政府还制订了针对 500 亿美元的中国商品加征关税的清单。特朗普政府朝令夕改，背信弃义，中国政府也推出了反制清单，中美贸易摩擦愈演愈烈。2018 年 7 月 6 日，美国针对中国出口的产品强征进口关税，中国随即反制，中美贸易摩擦升级至中美贸易战。

再次，中美科学技术差距的缩小使得美国频繁挑起知识产权保护争端。专利的数量是衡量一国技术发展水平的重要指标，一国关于专利的法律法规体现了对知识产权保护的态度。美国本身在知识产权保护方面具有 "歧视性"，违反了《巴黎公约》下的国民待遇原则。1790 年，美国首次制定了专利法，并且主张 "先发明制"，不利于保障外国专利申请人的权益。2013 年 3 月，美国正式生效的新专利法才改 "先发明制" 为 "发明人先申请制"。可见，美国向来警惕他国的技术赶超。根据 2018 年《中国与世界贸易组织》白皮书，从 2001 年起，中国对外支付知识产权费年均增长 17%。2017 年，中国发明专利申请量达到 138.2 万件，连续 7 年居世界首位，申请者中近 10% 为外国单位和个人；国外来华发明专利申请量达到 13.6 万件，较 2001 年 3.3 万件的申请量增长了 3 倍。中国和美国科技差距的缩小导致美国在贸易摩擦中聚焦于技术转让和知识产权保护，以及高技术行业和先进制造业的竞争，使得贸易摩擦层层升级。

最后，美国国内利益集团的行为加剧了美国国内贸易保护主义的抬头并扩大了中美贸易摩擦。美国宾夕法尼亚州、密歇根州、威斯康星州被合称为 "锈带三州"，为民主党重镇。美国总统特朗普在任时，为提高 "锈带三州" 的选举支持率，宣扬 "美国利益优先"，并凌驾于 WTO 相关规则之上，从根本上改变了美国贸易政策，宣扬单边主义，反对多边体制。不仅针对中国发起贸易摩擦，美国还退出部分全球多边机制，如联合国教科文组织、《巴黎协定》。美国批评甚至以退出为由威胁一些国际组织，如 WTO、国际刑事法院等。此外，美国主导的区域性经贸机制被特朗普彻底放弃或推倒重来，如彻底放弃伊核多边协议，宣布退出 TPP，提出重新审议 NAFTA 等。为了获得更多美国工人阶级和未受过高等教育的白人选民的支持，特朗普通过结合贸易保护政策和国内相关税收政策、产业政策等吸引美国先进制造业回流，推动"再工业化"，增加美国就业岗位，降低美国国内失业率。

四、中美贸易摩擦对中国有何影响？

1. 积极影响

首先，有利于倒逼我国产业结构转型升级，通过全球价值链的重塑，提升我国在全球价值链分工中的地位。改革开放以来，中国凭借低劳动力成本优势承接了大量国际加工贸易，长期处于全球价值链的中低端，产业整体的科技含量较低，而美国却处于全球价值链的高端，主要负责高科技产品的研发设计和营销环节。在中美贸易摩擦中，美国针对中国出口的产品征收关税以及制裁中国高科技产业等贸易保护行为，有助于让中国企业充分认识到进行产业升级和技术创新的重要性和意义，因而促使其加大对技术创新和高科技领域的投入，以树立核心竞争优势，提升在全球价值链分工中的地位，加强国家和企业产业综合竞争力。

其次，美国大兴贸易保护主义，与世界其他拥护公平自由贸易的国家背道而驰，这有利于加快中国的区域经济一体化建设进程。美国贸易保护政策的实施加快了中国与周边国家建立贸易关系的发展进程。在美国的贸易制裁下，其他受到美国贸易制裁和霸权欺凌的国家有可能会向中国示好，加强与中国的经济贸易合作及技术交流，从而有利于加快我国区域经济一体化的建设步伐。比如，日本在美国退出 TPP、威胁要提高日本生产的汽车的关税后，表示愿意参与"一带一路"项目，向中国示好。

最后，有利于加快我国改革开放的步伐，化解经济结构性矛盾。一方面，与美日贸易摩擦相似，美国在与中国谈判的过程中，多次指责中国现有的经济体制和结构存在问题，这些问题加剧了美国的对华贸易逆差。对于美国在贸易磋商过程中提出的问题，我国合理地进行了有选择的自我改进。另一方面，美国发起的贸易摩擦也提醒中国要提高风险防范意识，不能安于现状，要将改革开放进行到底。而在涉美问题上，应"软硬兼施"：首先，中国要坚定维护自身的经济贸易利益，不能"有求必应"；其次，尽量以友好协商的方式化解贸易摩擦。

2. 消极影响

第一，放大了中国的经济和金融风险，造成一定量的资本外逃。美国对中国的一系列贸易保护措施提升了中国市场的整体风险和波动性，导致一定的资本考虑到风险而外逃。此外，人民币的币值稳定性也受到挑战和威胁。人民币汇率一度处于破 7 边缘，货币贬值虽然有利于增加出口，但是也会降低国际投资者对人民币和中国市场的信心和期待，造成一定量的资本放弃中国市场，威胁中国的外汇市场和金融市场的稳定性，放大中国的经济和金融风险。

第二，增加了中国出口企业成本，一定程度上减少了部分企业对美出口，使其寻求参与国际市场的其他方式和渠道。美国对中国加征关税的行为使得相关出口企业的出口成本显著增加，部分出口企业因此出现亏损甚至被迫倒闭，退出国际市场。而美国的不友好行为也激励着中国企业寻找其他国家作为主要出口市场，从而减少对美出口。

第三，破坏了中美产业内合作与交流，大幅减少了双边贸易额。中国和美国曾互为最大贸易伙伴，中国是美国飞机、汽车、大豆、棉花、医疗器械和集成电路的主要出口国，美国主要从中国进口机电产品、纺织品、家具和玩具等，中美之间的贸易摩擦使得相关产业蒙受重大损失和负面影响。相比于 2018 年，2019 年中美双边贸易额增长率为 −14.54%，中国对美国的贸易量出现了大幅度的减少。

第三节　美日、中美贸易摩擦比较

美日贸易摩擦和中美贸易摩擦作为世界贸易保护史上影响较大的事件具有可比之处。本节比较了美日贸易摩擦和中美贸易摩擦的相同点和不同点。

一、相同点

1. 经济背景和影响

两次贸易摩擦的发生具有相似的经济背景。日本和中国同为承接世界加工贸易，为他国提供大量质优价廉的产品的国家，且科技实力都在不断增强，经济都在快速发展，对美国出口依赖度较高，与美国存在巨额贸易逆差，被美国视为威胁。此外，中日的制造业和高新技术产业都在崛起，在一些关键领域甚至出现了赶超美国的态势，同样威胁到了美国的相关科技产业和先进制造业的国际地位，并成为美国制裁的重点目标行业。此外，与美国的贸易摩擦对日本和中国的影响具有相似性，都具有"双刃剑"的效果。一方面，都促进了日本和中国国内改革和结构性矛盾的解决，但给日本、中国国内经济贸易发展和金融市场的稳定性带来了一定的挑战，也影响了世界经济贸易局势的演变。

2. 战略意图和动机

美日、中美贸易摩擦具有相似的战略意图和动机，表面都是旨在缩小不断扩大的贸易逆差和保护知识产权，实质上是为了遏制大国崛起，维护美国的世界霸主地位。按照时间顺序，意大利学者乔瓦尼·阿锐基认为历史可以划分为四个霸权周期：热那亚周期、荷兰周期、英国周期和美国周期。国际政治经济学的相关研究表明，霸权衰落通常伴随着贸易保护主义的加强和贸易争端的增多。美国发起的贸易摩擦都有同样的战略动机，日本与中国的崛起威胁了美国的霸主地位，美国面临霸权的衰落。第二次世界大战后到20世纪70年代中期，美国高呼自由贸易，而七八十年代由于西欧、日本的崛起，美国便主张推行贸易保护主义，设置贸易壁垒，维护其霸主地位。如今，中国和其他新兴发展中国家的崛起同样引起了美国的高度警惕。美国发起中美贸易摩擦是为了缩减对华多达3 000多亿美元的贸易逆差，但是在整个中美贸易摩擦期间，美国关注的重点却是在封锁美国高新技术，对中兴通讯、华为等中国科技企业进行制裁和打击，以及要求中国进一步开放金融、教育、医疗等敏感产业领域等方面。从中日两国经济发展水平比较中可以发现两国经济发展水平的提高带给美国的威胁（见表3.3和表3.4）。

表 3.3　1987 年世界各国 GDP 排名前六

排名	国家	GDP 总量（美元）
1	美国	4.86 万亿
2	日本	2.53 万亿
3	德国	1.29 万亿
4	法国	9 341.73 亿
5	意大利	8 030.55 亿
6	英国	7 451.63 亿

资料来源：世界银行数据库。

表 3.4　2010 年世界各国 GDP 排名前六

排名	国家	GDP 总量（万亿美元）
1	美国	14.62
2	中国	5.75
3	日本	5.39
4	德国	3.30
5	法国	2.56
6	英国	2.26

资料来源：世界银行数据库。

3. 美国试图维持技术领先地位

在两次贸易摩擦中，知识产权保护问题都是美国方面认为需要重点关注的因素。1983 年 6 月，里根总统组建的由学术界、工业界代表组成的总统产业竞争力委员会提交的第一个报告《国际竞争——新的现实》（Global Competition—the New Reality）指出，美国技术实力处于世界最高水平，但是技术优势在国际贸易中并没有得到有效反映，其原因在于各国对知识产权的保护不足。1985 年 9 月，里根宣布实施"贸易政策行动计划"（Trade Policy Action Plan），提出了与知识产权有关的 6 项法律修改课题。1986 年 4 月，美国贸易代表克莱顿·尤特（Clayton Yeutter）表示，美国政府为了保护美国企业的专利、著作权、商标和其他知识产权，不惜动用所有武器。1987 年，里根向国会提出《1987 年贸易、就业和生产率法案》，意在提升美国产品国际竞争力，其中包含诸多与知识产权保护相关的建议。1988 年，里根签署的《1988 年综合贸易与竞争法》增加了"超级 301 条款"和"特殊 301 条款"，后者专门针对知识产权保护问题。1988 年 8 月，美日成立了知识产权专门委员会。1994 年 8 月，美日基本达成《美日专利协议》。在中美贸易摩擦中，知识产权保护问题一直是双方谈判协商的主要议题之一，美国国际贸易委员会在 2002—2019 年间针对中国发起的知识产权调查共计 263 起。在防范技术赶超方面，美国实行贸易保护的重点之一在于防范对方的技术赶超，贸易摩擦伴随着科技摩擦，利用美国的国内法，如 301 条款、232 条款，来抑制他国先进制造业的发展，这已成为共同的贸易保护手段。美日贸易争端商品基本遵循"纺织品—钢铁—彩电—汽车—半导体"的发展轨迹，科技含量不断提高。20 世纪 80 年代，半导体、超级计算机和人造卫星等先进制造业成为美国对日本实行贸易打击的重点对象，美国"301 调查"严重打击了日本先进制造业的发展。中国高技术行业和先进制造业同样面临着美国的"301 调查"。美国贸易代表办公室把美国对中国征税产品的清单多次锁定在中国重点支持发展的高技术行业和先进制造业上，如机电产品、高铁设备、半导体、航空航天和新能源电动汽车等。此外，美国还对中国光伏电池及组件发起"201 调查"。美国利用贸易保护主义打压他国先进制造业的发展，遏制他国技术进步已是不争的事实。

4. 美国国内利益集团的诉求

美国国内利益集团的诉求与行动影响着贸易保护政策的制定。受美国政党制度和历史渊源的影响，在贸易政策上，民主党和共和党通常代表着不同的利益集团，因而在很大程度上，政府或者国会的党派属性决定了美国实行什么样的贸易政策。美国民主党和共和党均起源于杰斐逊于 1792 年创建的民主共和党，起初代表的是美国工商业者、小手工业者、小种植园主和自由职业者等群体的利益。然而，在 1828 年总统选举中，美国民主共和党出现了分化，最终演化成民主党与共和党。在美国大选期间，为了获得更高的支持率，通常要考虑会受贸易政策影响的利益群体。在中美贸易摩擦期间，美国总统特朗普为提高"锈带三州"的选举支持率，宣扬单边主义，反对多边体制。在中美贸易谈判过程中，美国面临国内民意、利益集团和贸易决策机制的限制，中国市场广阔，对于美国商品出口极具吸引力，因此特朗普政府在采取贸易保护措施前需评估对美国相关出口行业可能造成的影响。为了赢得更多利益团体对领导者的支持，美国的贸易政策维护了相关群体的切实利益。在日本方面，其国内行政部门、产业界、财界等利益团体多专注于自身利益，也会影响日本在贸易谈判中的境地，加剧了日本在贸易谈判中的被动性。

二、不同点

1. 具体手段和政策偏好不同

美国发起贸易摩擦的意图是缩小贸易逆差，扩大美国产品出口，限制中日两国货物进口，但是使用的具体贸易保护手段存在明显差异，贸易政策偏好不同。在美日贸易摩擦中，美国不仅针对产品层面提出要求，还针对制度层面提出要求，甚至明确干涉日本国内经济结构的调整，在一定程度上干涉了日本的主权独立性，使得日本在贸易摩擦中处于被动和不利地位。例如，20 世纪 80 年代美国要求日本签订的《广场协定》通过日元升值减少日本的出口，从而缩小美国贸易逆差，而美国却无法直接要求中国通过提升人民币汇率、减少出口来改善美国贸易逆差。

2. 国家制度和意识形态不同

国家制度和意识形态的差异影响贸易政策的制定。美国是一个资本主义国家，在二战后成为资本主义阵营的领导者。为了加强资本主义阵营对抗以苏联为首的社会主义阵营的实力，美国曾经不惜高昂的代价来扶植日本、振兴西欧，史无前例地对西欧、日本开放美国市场。日本和美国同为资本主义国家，利益牵扯较多，可以说，当时美国贸易政策的制定屈从于维护资产阶级政权、对抗社会主义阵营的需要。日本作为美国扶植过的国家，在贸易摩擦中倾向于处于被动和不利地位，日本政府在贸易战时的态度可以说是绥靖的，日本屈于美国的压力不得不妥协，因此美国对日本发起贸易摩擦的目标较容易实现。而中国是社会主义国家，与美国并不属于同一阵营，在贸易摩擦中，相比于日本，中国更具独立性和话语权，捍卫自身国家主权和经济贸易利益的意识更强烈。中国政府虽然寻求能与美国通过友好协商达成共识，化解矛盾，但始终捍卫自身国家利益，不低头妥协，以免损害本国利益。

3. 产品技术含量不同

中日两国对美国所输出产品的出口技术复杂度不同。出口技术复杂度是衡量一国出口技术含量和产品结构的重要指标，在一定程度上反映该国或地区出口产品的技术含量以及国际分工的地位。在美日贸易摩擦期间，日本的部分技术密集型产业已经具有比较优势，日本出口到美国的产品附加值和技术含量较高，出口技术复杂度较高，如汽车、半导体等。而中国的出口则以大规模的加工贸易为主，主要是一些质优价廉的劳动密集型产品和日常生活用品，如纺织品、玩具和家具等，出口技术复杂度较低。以日本为前车之鉴，美国为防范中国在新兴技术（如5G、人工智能等）领域的赶超，加紧布局针对中国的贸易保护战略。

4. 争端解决机制不同

20世纪美日贸易摩擦发生的时间较早，贸易争端的解决只能寻求1947年成立的GATT的协调，贸易争端解决机制还不够完善和成熟。现如今，1995年1月1日成立的WTO可以提供申诉的机会，在贸易争端的解决机制上也与时俱进，有所完善，更为公平公正。WTO的一项多边贸易协议《关于争端解决规则与程序的谅解》第23条强调，如果任何WTO成员方认为自己的权利受到其他成员方的侵害或利益丧失，则当事方必须诉诸WTO体系内的多边争端解决机制。在中美贸易战期间，有学者对美国政府对中国实行的

"232 调查""301 调查"等进行了专门的探讨，研究了这样的调查是否符合 WTO 的相关规定。

5. 市场量级和波及程度不同

美日贸易摩擦和中美贸易摩擦发生的市场量级和波及程度不同。中国和日本都算是人口大国，但是相较于中国，日本国内市场相对较小。中国人口众多，国内市场非常广阔，而且还具有国际开放性和兼容性，内部需求和外部需求都有很大的增长潜力。此外，随着经济全球化和国际分工的发展，中国的企业已经参与到全球价值链中的各个环节，整个国际市场都有中国企业的身影。中美贸易战不仅会波及中国的国内市场和经济贸易利益，而且会更大程度地影响到中国的众多合作伙伴乃至全球市场主体的利益。

第四节　贸易战的目标是否实现了？

一、从中美贸易磋商谈判窥探贸易战目标

在 2018 年 2—6 月四轮中美贸易磋商谈判中，美方的诉求可以较为明确地体现美国发起此次贸易摩擦的目标。在中美贸易磋商谈判过程中，美方出尔反尔，要价过高，使中美经贸谈判充满了不确定性和多变性。中国国务院新闻办公室 2019 年 6 月发表《关于中美经贸磋商的中方立场》白皮书，指责美国出尔反尔、不讲诚信，并表明了中方对于贸易战"不愿打，不怕打，必要时不得不打"的政策态度。此外，迄今为止，中美双方还进行了多轮中美贸易副部级磋商和 13 轮中美经贸高级别磋商。虽然有一定的进展，但是由于美方的不守诚信，中美贸易磋商谈判进展十分缓慢。表 3.5 列出了中美贸易磋商谈判中的美方诉求和最终谈判结果。

表 3.5 中美贸易磋商谈判中的美方诉求和最终谈判结果

时间	美方诉求	最终谈判结果
2018 年 2 月 27 日至 3 月 3 日	美国希望中国进行"重大结构性改革",建立相应的工作机制;扩大自美国进口的农产品、能源产品等的比重	达成初步共识,但美国出尔反尔。2018 年 3 月 22 日,美国政府发布"301 调查"报告,指责中国"盗窃知识产权""强制技术转让",并宣称将对中国价值 500 亿美元的商品加征 25% 的关税。中国商务部于 2018 年 4 月 4 日宣布将从 2018 年 7 月 6 日起对美国价值 500 亿美元的商品加征 25% 的进口关税
2018 年 5 月 3—4 日	美方提出的要求包括:要求中国减少贸易赤字 2 000 亿美元,保护美国知识产权,限制在美敏感技术的投资,美国在华投资要公平有效,享受非歧视市场准入待遇,降低关税,去除特定非关税壁垒,扩大服务贸易和农产品贸易,同时要求中国政府在国企改革、产业补贴、产能过剩、强制技术转让等领域做出实质性的改变,并撤回在 WTO 的有关申诉	中美双方发表了会谈公报:双方就扩大美国对中国出口(如农产品)、服务贸易、双向投资、知识产权保护、关税和非关税壁垒等议题进行了协商,在有些领域达成了共识
2018 年 5 月 17—18 日	在第二轮贸易磋商谈判的基础上进一步沟通,贸易磋商谈判的重点仍然是减少美国对华贸易逆差,加强知识产权保护以及增加美国农产品和能源出口等	2018 年 5 月 19 日,中美发布了《中美就经贸磋商发表联合声明》,达成了"双方不打贸易战"的共识,但最终特朗普政府单方面毁约,并对中国的经济体制、贸易政策加以指责,宣布将继续推进加征关税计划。自 2018 年 7 月初以来,美国分三次对 500 亿美元中国输美商品加征 25% 的关税、对 2 000 亿美元中国输美商品加征 10% 的关税,并称从 2019 年 1 月 1 日起将税率提高至 25%,并威胁要对剩余所有中国出口的商品加征关税,两国经贸摩擦快速升级。中国做出反应,对 1 100 亿美元美国商品加征关税

续表

时间	美方诉求	最终谈判结果
2018 年 6 月 2—3 日	进一步落实《中美就经贸磋商发表联合声明》,增加美国农产品和能源出口等	双方没有达成一致意见,形成谈而不和的局面,中美经贸谈判的不确定性增加
2019 年 1 月 30—31 日	双方在两国元首阿根廷会晤达成的重要共识指引下,讨论了贸易平衡、技术转让、知识产权保护、非关税壁垒、服务业、农业、实施机制以及中方关切问题	双方牵头人重点就其中的贸易平衡、技术转让、知识产权保护、实施机制等共同关心的议题以及中方关切的问题进行了坦诚、具体、建设性的讨论,取得重要阶段性进展。双方还明确了下一步磋商的时间表和路线图
2019 年 4 月 3—5 日	双方进一步讨论了技术转让、知识产权保护、非关税措施、服务业、农业、贸易平衡、实施机制等协议文本	取得新的进展,双方决定就遗留的问题通过各种有效方式进一步磋商
2019 年 5 月 9—10 日	讨论了技术转让、知识产权保护、非关税措施、服务业、农业、贸易平衡、实施机制等协议文本的遗留问题	磋商期间,美方将对 2 000 亿美元中国输美商品加征的关税从 10% 上调至 25%。中方不得不采取必要的反制措施

资料来源:根据公开材料整理。

　　除了贸易磋商外,美国的官方叙述和相关措施也表明了美国发动贸易战的两大目标:减少贸易逆差;维护美国的"国家安全",解决知识产权问题。根据美国商务部的统计,2017 年美国对华贸易逆差达 3 372 亿美元,约占美国对外贸易逆差总额的 59.3%。早在 2017 年,美国总统特朗普在会见美国全国制造商协会时签署的两项行政命令中称要针对贸易逆差问题采取措施,包括贸易协定和知识产权保护。为了维护美国的"国家安全",美国基于《1962 年贸易扩展法》的 232 条款向中国生产的钢材和铝材分别征收 25% 和 10%的关税。从图 3.6 和图 3.7 来看,2017—2019 年,中国出口到美国的钢材和铝材数量出现了极为明显的下滑。为了解决知识产权问题,美国政府基于《1974 年贸易改革法》的"301 条款",将矛头对准中国知识产权等问题,并收取惩罚性关税。美国所谓的维护"国家安全"，实则是为了遏制中国的发展。所谓的解决知识产权问题，实则是为了防范中国的技术赶超，抑制中国高端制造业的发展。

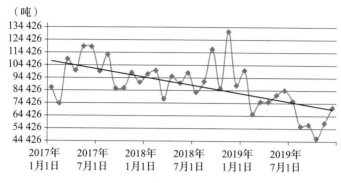

图 3.6　出口美国的钢材

资料来源：CEIC 数据库。

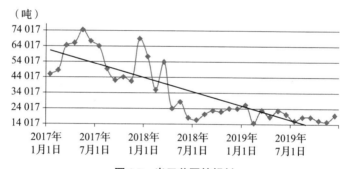

图 3.7　出口美国的铝材

资料来源：CEIC 数据库。

　　为了促进美国制造业回流，白宫国家经济委员会主任拉里·库德洛（Larry Kudlow）指出，可以将其回流支出 100% 直接费用化，如厂房、设备、知识产权、装修等方面的支出。换句话说，如果美国将所有相关支出 100% 直接费用化，实际上等于美国为美国企业从中国搬回美国的成本埋单。特朗普还多次在社交平台发言，称要征收一次性进口边境税，威胁菲亚特、福特、通用汽车、宝马、大众、丰田等汽车公司，要它们在美国境内设厂，将生产线从墨西哥、中国搬回美国。2017 年底，特朗普还推出了有利的税改政策，降低美国本土企业的税负。

为了遏制中国的技术创新和高科技企业的发展，美国多次制裁和打击中国科技企业。美国外国投资委员会限制中国在美方认为技术敏感的领域进行投资，例如半导体、5G 等领域。2019 年，美国联邦通信委员会宣布了加速 5G 在美国部署的计划。随后，美国总统特朗普称"美国必须赢下 5G 竞赛"，未来通信行业将在 5G 方面投入 2 750 亿美元，迅速为美国创造大约 300 万个就业岗位，为美国经济带来 5 000 亿美元的动能，美国政府将会放开更多的频谱以加速并激励企业在 5G 方面的相关投入。

从 2018 年四轮中美贸易磋商谈判中的美方诉求，结合美国在中美贸易战期间的发言和行为，基于可量化的角度，美国发动贸易战的目标可以概括为 5 个方面：（1）缩小中美巨额贸易逆差；（2）增加美国就业，降低失业率；（3）促进美国制造业回流，尤其关注对华制造业发展；（4）维护美国科技霸主地位，抑制中国的技术创新和高技术产业的发展；（5）促进美国农业的发展和农产品的出口。

二、贸易战的效应：美国视角

1. 缩小中美巨额贸易逆差

在 2020 年，特朗普政府希望能缩减 2 000 亿美元的贸易逆差。而 2020 年，受新冠肺炎疫情的影响，美国货物贸易逆差高达 6 787 亿美元，较 2019 年增加了 17.7%。这再一次说明了美国对于巨大的贸易逆差的形成要考虑许多外部客观因素，而不是将矛头指向那些长期贸易顺差的国家。

从出口来看，2018 年，美国对华出口减少了 100 亿美元，同比下降 8%，而中国对美国出口增加了 340 亿美元，同比上升 7%。

联合国贸易和发展大会发布的《美国对中国加征关税的贸易和贸易转移效应》显示，仅 2019 年上半年，美国从中国进口的商品就减少了四分之一以上，即 350 亿美元。2019 年前 8 个月，中国对美出口同比下降 4%，美国对华出口却同比减少 24%。同时，中国出口商品的减少拉高了美国消费者的消费成本。由图 3.8 可见，2018 年和 2019 年美国的消费者价格指数（CPI）同比出现了明显的上升。

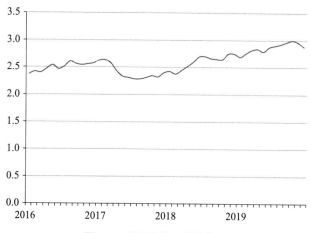

图 3.8　美国消费者价格指数

资料来源：CEIC 数据库。

　　减少美国对华贸易逆差是特朗普政府对华发动贸易战的最直接理由。可是美国忽视了国际分工、国内储蓄结构、美元作为世界货币等客观因素，将美国的日渐式微和巨大的贸易逆差全部归因于中国，由此发起了贸易战。单从国际分工和产业结构来看，基于各自的比较优势，中国主要负责生产和出口国际劳动密集型产品，而美国主要出口服务业、高新技术产业和金融业等。美国制裁中国的高技术行业和先进制造业并不能对贸易逆差的缩小起到显著作用。另外，美国总体的贸易逆差也没有明显缩小，因为除了中国，美国进口商转向了更廉价的商品来源地，如越南、墨西哥等国家。

　　总之，美国缩小自身贸易逆差的目标未能实现。在美日贸易摩擦过程中，1985—1990 年，美国对日贸易逆差先扩大后减小，但 1985—1998 年整体上呈现出不断扩大的趋势（见图 3.9）。而在美中贸易摩擦过程中，美国对华贸易逆差并没有因美国加征关税而持续下降，而是在个别月份下降后又明显反弹（见图 3.10）。

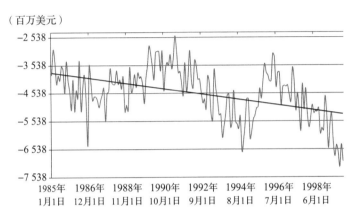

图 3.9　美日贸易差额

资料来源：CEIC 数据库。

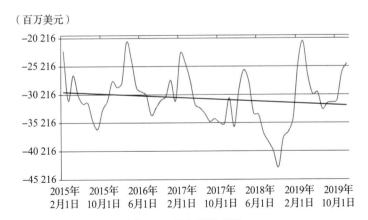

图 3.10　美中贸易差额

资料来源：CEIC 数据库。

2. 增加美国就业

数据显示，在中美贸易摩擦期间，美国的失业人数和失业率确实有所下降（见图 3.11 和图 3.12）。2018 年，美国失业人数为 6 305 667 人。2019 年，美国失业人数为 6 092 229 人。2020 年，美国失业人数为 5 856 884 人。关于美国失业率，2017 年的失业率为 4.35%，2018 年的失业率为 3.89%，2019 年的失业率为 3.66%，2020 年的失业率为 3.56%。能出现这样的形势，得益于特朗普多方面的布局，开打贸易战只是其中一个方面的因素。特朗普上任后，美股局势大好，吸引了大量国际资本流入，促进了美国制造业回归和增加了国内就业。从图 3.12 可以看出，美国失业率一度低于 4%，实现了充分就业。特朗普政府有三个重要举措：一是加息，美联储进一步紧缩美元，让美元汇率走低；二是进行了大规模税制改革；三是对全球多个国家开打贸易战。美元作为世界货币，加息促使在外资本回流，造成全球美元供给减少，引发全球金融市场动荡。回流资本用于投资美国制造业，从而增加就业岗位，实现特朗普所谓的"制造业回流"和"让美国再次伟大"。

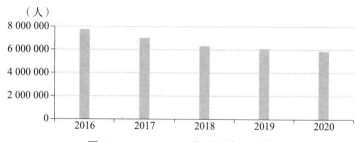

图 3.11　2016—2020 年美国失业人数

资料来源：OECD.

但是考虑到福利分配问题，特朗普政府的贸易保护政策改变了贸易中的"赢家"和"输家"。以关税壁垒来看，它确实改变了相关行业的利益分配，使原本贸易的"赢家"成了"输家"。美国全

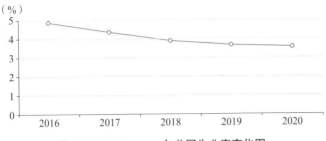

图 3.12　2016—2020 年美国失业率变化图

资料来源：OECD.

球贸易公司公布的报告显示，特朗普对中国钢材和铝材征收关税会在钢铁行业增加 26 346 个就业岗位，但是汽车、建筑、交通和制造业等需要购买钢铝来进行生产的下游产业却要承受由此造成的损失。因为关税提高了钢铝价格，这些企业的生产成本有所增加，生产规模相应缩小，减少了 495 136 个就业岗位。关税最终造成了美国 468 790 个就业岗位的净流失，也就是说，每创造 1 个就业岗位，就要损失 18 个就业岗位。

因此，特朗普的贸易保护政策和国内一系列配套的促进美国就业的政策确实降低了美国的失业率，但不可避免地由于福利分配的问题，伤害了一部分群体和行业的利益。

3. 制造业回流

考虑到福利分配问题，贸易政策改变了贸易中的"赢家"和"输家"，贸易保护措施也不例外。特朗普针对中国的贸易保护措施也许总体上有所成效，但却改变了相关行业的利益分配，使原本贸易的"赢家"成了"输家"。2016—2019 年，总体看来，美国的制造业出口稳中有升，但是原本一些受益于中美贸易的制造业领域在贸易战中损失惨重。2020 年 4 月，美国宣布加强对中国的出口限制，半导体行业成为重要目标之一。但是据美国国际半导体设备与材料协会（SEMI）统计，美国对华为等中国企业实施技术制裁和半导体产品出口管制后，美国半导体行业的出口额就遭到了重创，损失高达 1 700 亿美元。

由图 3.13 可见，总体来看，在贸易摩擦期间，美国的制造业出口并没有出现大幅度的上涨，只是平稳上升，甚至在某些阶段出现了震荡回落。美国还具有发展制造业的客观条件吗？有一些学者认为，美国当前的国内条件早已经不适宜大规模发展制造业。这些不利的国内条件包括高昂的劳动力成本等。而中国现如今正处于制造业蓬勃发展并不断升级的阶段，这是国际分工所决定的客观规律。美国拒绝"中国制造"，是在"搬起石头砸自己的脚"。

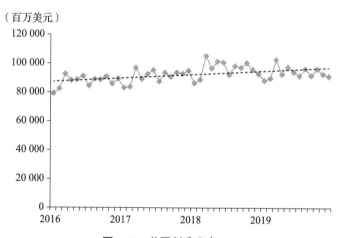

图 3.13 美国制造业出口

资料来源：CEIC 数据库。

由图 3.14 可见，2015—2019 年，美国制造业就业人员数量波动极大，呈现"W"形。特朗普所谓的"制造业回流"增加美国制造业就业岗位的愿望并没有实现。

由图 3.15 可见，2002—2018 年美国对华制造业贸易逆差总体呈现上升态势，制造业贸易逆差总额从 2002 年的 1 030.85 亿美元增加至 2018 年的 4 303.31 亿美元，平均年增长率达到 9.91%。受全球金融危机和危机后世界经济的二次衰退影响，美国制造业的对华贸易逆差在 2009 年和 2016 年出现下降，逆差降幅分别为 13.89% 和 4.70%。在贸易战的影响下，2019 年美国对华制造业贸易逆差下降至 3 531.99 亿美元，降幅达到 17.92%，远超全球性经济衰退所带来的影响。

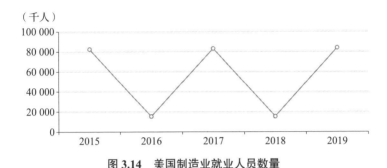

图 3.14　美国制造业就业人员数量

资料来源：OECD.

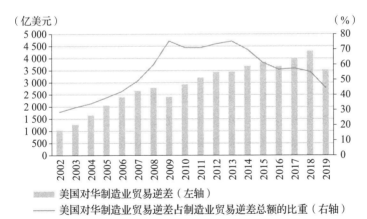

图 3.15　2002—2019 年美国对华制造业贸易逆差及其占比

资料来源：美国统计局。

　　需要指出的是，在贸易政策之外，美国制造业对华贸易量的变化还受行业自身发展状况影响。为了消除这一潜在因素，本节引入美国制造业的国内总产出，并对贸易和产出的变化趋势进行比较。

从进出口数据来看，贸易壁垒提高带来的是来自中国的制造业进口额从 2018 年的 5 285.72 亿美元减少至 2019 年的 4 404.47 亿美元，这也是本次贸易逆差下降的主要原因。在剔除由行业发展引起的贸易变动后，我们可以更为清晰地看到美国对华发动贸易战对制造业进口以及逆差变动的实际影响。根据图 3.16 可知，美国对华制造业进口占制造业总产出的比重从 2018 年的 8.51% 回落至 2019 年的 7.04%。

因此，以上分析表明特朗普的贸易保护政策对推动制造业回流、缩减制造业贸易逆差有一定的作用，但作用力度十分有限。

图 3.16　2012—2019 年美国对华制造业进出口以及进口占制造业总产出的比重

资料来源：美国统计局。

4. 抑制中国科技赶超

美国发动贸易战的一大战略性目的在于抑制中国的技术进步和先进制造业的发展。从技术创新投入来看，2015—2019 年，中国的研发经费支出呈现不断上升的趋势（见图 3.17）。在中美贸易战期间，中国更是加大了研发经费投入，加强了技术创新的力度。2019 年，中国研发经费支出高达 3 080.83 亿元。由图 3.18 可见，中国的研发人员全时当量不断增加，2019 年的研发人员全时当量达 56.55 万人年。

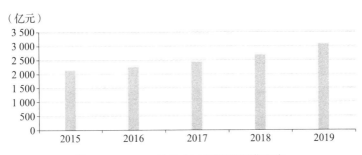

图 3.17　2015—2019 年中国研发经费支出

资料来源：中国国家统计局。

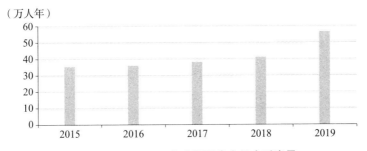

图 3.18　2015—2019 年中国研发人员全时当量

资料来源：中国国家统计局。

　　从技术创新的成果来看，授权专利数量能较好地衡量一国技术创新的成果。由图 3.19 可见，无论是发明专利、实用新型专利还是外观设计专利，中国专利申请授权数都在不断增加。2019 年，总专利申请授权数为 2 591 607 件，其中，发明专利达到 452 804 件。联合国世界知识产权组织发布的 2018 年"全球创新指数"排名显示，中国从 2017 年的第 22 名升至第 17 名，首次作为一个中等收入国家进入了世界前 20 名的行列，而美国却从全球第 4 名下跌到了第 6 名，有力回击了美国指责中国"窃取知识产权"的不实说法。

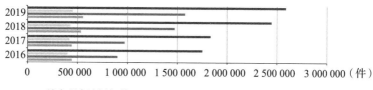

图 3.19　2016—2019 年中国总专利申请授权数、发明专利申请授权数、实用新型专利申请授权数、外观设计专利申请授权数

资料来源：中国宏观经济数据库。

　　由图 3.20 可知，美国重点打击和制裁的中国高科技产业不仅没有减少产品出口，反而减少了外部进口，进一步拉大了中国高科技产业的贸易顺差。2018 年中国高科技产业的商品出口贸易总额为 24 866.82 亿美元，2019 年为 24 994.82 亿美元。2018 年中国高科技产业的商品进口贸易总额为 21 357.34 亿美元，2019 年为 20 784.09 亿美元。

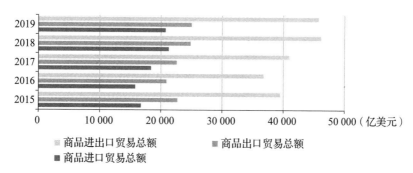

图 3.20　2015—2019 年中国高科技产业商品进出口、商品出口、商品进口贸易总额

资料来源：中国宏观经济数据库。

　　因此，无论是从技术创新的投入还是技术创新的成果来看，美国意图通过贸易战抑制中国技术创新和高技术产业发展的目标都没有实现。

5. 促进农产品出口并发展农业

随着全球化的深入，各国经贸联系日益密切，"牵一发而动全身"。美国"以邻为壑"的贸易政策必将引发伙伴国对自美进口产品的激烈反制，使美国本具有竞争优势的产品遭受剧烈冲击，农产品首当其冲。2012—2020 年，美国对华农产品出口总体呈现下降趋势。2018 年，为应对美国发动的贸易战，中国不得不采取相应的反制措施，减少或暂停对美农产品采购，美国农产品对华出口呈现"断崖式"下跌。

（1）主要农产品贸易受到影响。

中国既是美国的第三大出口市场，也是第三大农产品出口市场。2019 年，美国对华出口总额 1 064 亿美元，农产品出口 140 亿美元，占对华出口总额的 13.16%。其中，大豆和猪肉及猪肉产品出口额分别达到 80 亿美元和 13 亿美元，是美国对华农产品贸易的重要组成部分。

大豆是美国对华出口的第一大农产品。2019 年美国大豆出口量为 5 238.84 万吨，约占其大豆总产量的 54%，其中对华出口量为 2 257.60 万吨，占大豆总出口量的比重达 43%。美国大豆的种植时间为每年的 4—10 月，收获后的出口期为 10 月到次年 2 月。在美国对华发动贸易战、我国尚未发起反制时（2017 年），受作物生产规律影响，美国大豆对华出口在 4—7 月处于低位，8 月后迅速回暖，并在 10 月达到出口的最大规模。而在 2018 年，为应对美国的步步紧逼，我国对来自美国的大豆加征关税，这使得美国大豆对华出口在成熟期后仍保持较长时期的低迷。叠加非洲猪瘟暴发对我国大豆进口需求的削弱，2018 年 10 月美国大豆对华出口额仅为 9 760.48 万美元，不足上年同期的 3.7%。直到 2019 年，这一状况才有所好转（见图 3.21），但出口规模骤降无疑给美国国内的种植业农场主带来了损失。

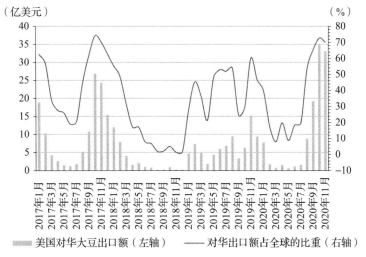

图 3.21　2017—2020 年美国对华大豆出口额及其占全球的比重

资料来源：联合国商品贸易统计数据库。

受饮食习惯影响，中国既是世界上最大的猪肉消费国，也是美国猪肉及猪肉产品的重要出口市场。美国猪肉生产商外部依赖度高，加征高额关税将大大削弱其成本优势和竞争力，使企业和养殖户面临巨大经济损失。与 2017 年相比，中美贸易战使得猪肉产品关税不断攀升，美国对华猪肉出口额大幅下跌（见图 3.22），2018年 3 月至 2019 年 4 月间猪肉出口的平均同比降幅高达 39.16%。一直到 2020 年，这一低迷状态才有所好转。

（2）美国农业经营者家庭的农业收入下降。

自全球金融危机后，美国农业经营者家庭的农业收入从 2009年的 6 866.45 美元逐年上升至 2014 年的 31 025 美元（见图 3.23），年均增速达到 38.12%，农业收入对家庭总收入的贡献率不断提高，2013 年一度达到 25.3%。2015 年，全球经济再次陷入衰退，外部需求锐减，这使得对国际市场依赖度较高的美国农业遭受冲击，农业经营者家庭的农业收入骤降至 24 740 美元。2017 年，特朗普贸易

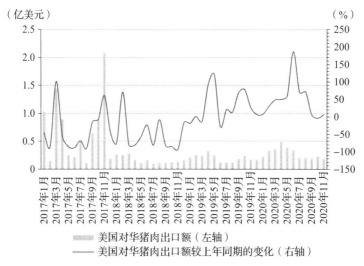

图 3.22　2018 年美国对华猪肉出口额及其同比变化

资料来源：联合国商品贸易统计数据库。

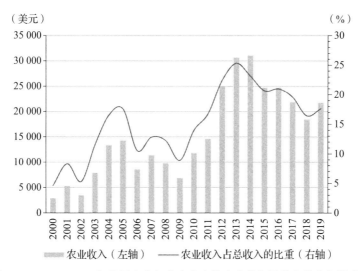

图 3.23　2000—2019 年美国农业经营者家庭的农业收入及其占总收入的比重

资料来源：美国农业部。

保护政策的实施又使得略有回暖的农业经营再次陷入困境。农业品关税的提高使得美国农业经营者家庭的农业收入在短期内大幅下降，2018 年农业收入占总收入的比重仅为 16.20%。

自南北战争起，美国工业资产阶级和农业生产者便围绕关税和自由贸易展开了长期斗争。而特朗普政府提高关税壁垒、推动国内制造业发展必然以牺牲农业主的利益为代价。美国农业经营者家庭的农业收入下降使得农场主被迫离开农场，这不仅伤害了农牧业社区，而且伤害了农村的小型社区，对农业生产和经营造成巨大打击。

贸易战使得美国农产品订单被取消，销路受阻，土地资产贬值，家庭及农场的债务水平提高。在资产价值下降和负债水平提高的双重作用下，美国农场自有资本在总资产中的比重不断下降，资产负债率逐步升高，偿债能力减弱，农场的破产风险加大。2018 年 7 月至 2019 年 6 月，美国共有 541 个农场申请破产，申请数量达到自 2012 年以来的最高水平。

（3）政府补贴的无效性。

为了减轻贸易战的负面影响，美国农业部向农民提供了包括市场促进计划（MFP）、食品采购和分配计划（FPDP）、农业贸易促进计划（ATP）在内的经济援助，通过提供信贷、直接购买产品并分配给社会以及成本分摊的方式，减少因贸易战而无法销售的积压库存，降低农业经营成本。2018 年，美国政府向农场主提供了 100 亿美元的直接补贴。2019 年 5 月，联邦政府又公布了一项 160 亿美元的农业补贴计划。在金额增加的同时，补贴对象也从大豆、玉米种植户和生猪养殖户扩展到全部农业经营者。但是与庞大的农业人口相比，这一做法既无法弥补美国农业经营者的全部损失，也无法补偿其丢失的中国市场。而考虑到美国财政收支长期的入不敷出，补贴政策注定是应对农业困境的短期举措。

基于上述分析，贸易战使得美国主要农产品贸易受到影响，农业经营者家庭收入下降。只有遵循市场规律，恢复农产品在国家间的正常贸易，才能从根本上维护美国农场主的利益，促进美国农业的长期发展。

三、如何评价中美贸易摩擦？

根据联合国贸易和发展会议发布的《美国对中国加征关税的贸易和贸易转移效应》，中美贸易战对中美双方都有害：中美之间持续至今的贸易战导致双边贸易急剧下滑，消费价格上涨，以及两国从没有直接参与贸易战的国家的进口增加。贸易战无法使美国"再次伟大"。仅美国对中国加征关税这一行为就造成了十分不利的影响。根据《关于中美经贸磋商的中方立场》白皮书，加征关税措施提高了美国企业的生产成本，抬升了美国国内物价，影响了美国经济增长和民生，阻碍了美国对华出口。事实证明，特朗普政府对中美贸易进行的一系列人为的干预、施加的贸易保护措施并没有明显改善美国的贸易状况和国内经济环境，与特朗普政府的目标还相差甚远。不仅如此，中美贸易摩擦还会影响全球经济的发展与稳定。2019 年 10 月，国际货币基金组织发布对全球经济的展望，预测中美贸易战会拖累全球经济增长，到 2020 年，全球 GDP 累计将减少0.8%。根据西方经济学中的贸易理论，贸易保护主义和贸易战并不能产生纯粹的"赢家"，更多的是"两败俱伤"的局面。因此，只要贸易战的另一方不是"有求必应"，发起贸易战的一方的目标就不可能完全实现，甚至它要承受某些领域失控所造成的严重后果。

第

4

章

美国贸易保护的演进规律与应对方案

美国的贸易政策与国家的建立相伴而生，各利益集团的经济利益纷争和政治冲突共同塑造了美国 200 余年间的贸易政策，经济、政治、地理等多种利益冲突的相互妥协构成了美国贸易政策的"稳定"。

美国贸易政策是一个混合体：一方面，在不同阶段它有不同的形式和特征以及政策取向的调整，因此在不同时期它显示出了差异性；另一方面，它是在美国的历史文化基因以及经济社会发展的基础上不断演进的，具有自身的演化方向和深层规律，具有历史逻辑上不变的政策理念和主线。这种变与不变交织的深层规律可以帮助理解美国贸易保护的底色和政策转向，预测其未来的发展方向并探寻应对之策。

只有突破性冲击才有可能打破美国贸易保护的长期稳定性，而美国建国以来只发生过两次这种冲击。因此，从现实来看，在突破性的技术变革来临之前，美国贸易政策仍会维持互惠贸易的目标。

对于中国而言，"互惠"仍是两国经贸关系的主线，未来中国应根据美国贸易保护的走向有针对性地进行应对。

第一节　演进方向与特征

美国的贸易政策是在其复杂的经济政治体系下运作产生的，尽管在不同的历史时点上经常发生贸易保护主义和自由主义的争论，从表面上看也表现为贸易保护主义和自由主义的轮回，但总体来看美国贸易政策的内在倾向仍然趋向贸易保护。了解美国贸易保护的演进历程以及演进方向是理解美国贸易保护内在逻辑以及预判其发展方向的基础，从演进历程来看，美国 250 年历史中仅出现两次政策目标转向，具有长期稳定性；从演进特征来看，美国贸易保护越加制度化、程式化，未来变化的可能性不大。

一、政策目标从增加收入转向打开市场

美国贸易政策可大致分为三个阶段。1790—1860 年，增加政府收入是设定进口关税的主要原因，联邦政府刚赢得独立战争，需要借助进口关税维持运转。资料显示，联邦政府 90% 的收入来源于此。1861—1933 年，美国贸易政策的主要目标变成了通过限制进口保护特定产业免受外国竞争，控制政治权力的党派发生更换导致了这一转向，在这个时期，保护性关税成为国家政治生活的主要议题之一，赞成派认为它促进了国家成长与工业化步伐，反对派则指责它缺乏效率，以牺牲其他人的利益为代价保护某些产业部门。1934 年至今，国家间互惠成为美国贸易政策的主要目标，联邦政府致力于为美国出口产品打开市场。《1934 年互惠贸易协定法》有深远的影响。

1. 增加财政收入时期：1790—1860 年

从乔治·华盛顿当选总统、新政府成立至美国南北战争前，美国贸易政策的主要目的是获得财政收入，但已经出现关于是否征收限制性关税以保护国内厂商的分歧。

由于美国曾是殖民地国家，在走向独立和建国初期的一系列重要事件中，贸易政策始终是重要话题。这一时期许多争端都涉及英国对殖民地商业发展的限制以及高额税收的压榨，这一冲突最终体现在政治权力和主权斗争中。北美殖民地人民最终决定通过武装斗争对英国做出回应，但也采取了抵制英国出口品等策略来对英国施加经济压力。独立战争结束后，美国发现在大英帝国之外发展贸易非常困难。国会无法制定统一的贸易政策或征收进口关税以增加财政收入。各州政府经常制定自己的贸易规则，这些困难迫使美国在1787 年召开制宪会议，重新划分联邦政府的权力，国会开始对进口产品征税并规范对外贸易。这一时期已经有部分国会议员认为有必要保护制造业免受外国竞争的影响，但主流仍是为国家增加财政收入。

该时期与英法两个世界强国的贸易往来以及国家关系贯穿美国贸易政策的始终，产生大量争议性贸易问题以及贸易摩擦。在1793 年，美国航运业卷入了英法战争之中，美国政府围绕如何面对这场战争产生了激烈的分歧。以华盛顿和亚当斯为代表的领导层一直奉行商业和平政策，但以杰斐逊和麦迪逊为代表的共和党政府却支持禁运政策。这些争端最终导致了 1812 年的第二次独立战争，第二次独立战争的结束标志着美国贸易政策新时代的开始。

关于美国贸易政策的辩论转向了除了增加政府收入之外，是否应该利用进口关税来保护国内生产者免受外国竞争。这一分歧体现了不同利益集团对贸易政策的不同态度：北部工业厂商希望将关税提高以保护国内产业发展，而南部只希望将关税用于支撑政府财政收入，因为南部主要是农业，几乎没有任何需要保护的工业，提高关税只会增加其进口成本。在这一时期，国会中赞成高关税贸易保护主义的人迅速将应税商品的平均进口关税税率推到美国历史最高水平，1830 年达到 62%。这一做法引起了南部各州的强烈反对，并将美国推到了自独立战争以来最严重的政治危机边缘，如 1828 年南卡罗来纳州宣布无视联邦政府的关税条例并以独立相威胁。经过磋商妥协，1833 年，美国政府决定下调关税税率，从 1830 年最高 62% 的关税税率开始，到 1859 年美国平均进口关税税率下降到 20% 以下。这一低关税税率维持了近 30 年。

总的来看，这一时期增加财政收入的政策目标是美国联邦政府的必然选择，是国家早期维持政府运转的手段，殖民地时期的特殊历史基因导致美国在建国之初就极度依赖对外贸易，其生产部门的先天性缺失使贸易政策成为获取财政收入的主要手段，联邦政府的统治力也在此过程中逐步增强。

2. 保护制造业时期：1861—1933 年

1861—1933 年，共和党掌握了主要政治权力，使用高关税限制进口、保护国内厂商发展的主张得以实施。在南北战争前，低关税极大地促进了美国对外贸易的发展，增加了联邦政府的收入，但也使南北冲突更加激烈，这损害了北部工业厂商和工人的利益。1860 年后，共和党在美国国内选举中获得胜利，随后国内主张利用高关税刺激工业增长的呼声日益激烈。

南北战争是美国经济发展史上一个巨大的冲击，战后美国贸易政策开始发生重大转变。北部共和党掌握了极大的政治权力，开始利用高关税限制进口，保护国内厂商的发展。从 1859 年开始，平均进口关税税率从 20% 提高到 50%。随着美国经济不断发展、在全球的地位不断提升，政府财政收入不再需要依靠进口关税，保护国内产业开始成为美国贸易保护的主要目标。1900 年后，美国在历史上第一次实现人均收入赶超英国，并且成为工业品的净出口国，已经是领先世界的制造业强国。经济的迅猛发展以及贸易形势的转变使美国许多大型工业厂商开始对互惠协议感兴趣，希望美国与其他国家互降关税，获得更大的国外市场。

但是，关于保护性关税政策是不是使美国转变为工业国家的主要因素，研究者们有所争议。越来越多的历史学家和经济学者认为，美国经济的迅猛发展源于这一时期的劳动力增长、资本积累、产业转型和要素生产率提高，但与保护性关税政策的直接关系不大。更多经济学家将 19 世纪美国经济发展条件和当今发展中国家对比，认为广阔而富有活力的国内市场，相对自由民主的小政府，持续的高技术移民流入，与处于国际技术前沿的国家之间紧密的文化联系和便捷的技术创新、人才引进等是这一时期美国经济持续高速发展的关键。

尽管如此，在南北战争结束后的 30 年里，高关税的保护制度似乎在美国变成了保护政治安全的决策，像一种意识形态的历史遗留。这一时期国内的经济结构发生了变化，南北部对关税政策的主张甚至发生了扭转：北部厂商生产更多资本密集型产品，希望与国外市场互降关税，扩大国外市场；而南部厂商生产更多劳动密集型产品，在国际市场上优势并不明显，因而更希望维持高关税以保护国内市场。这种南北工业发展差异导致了地区议会在贸易政策上长达一个世纪的分歧。这种情况持续到 1920 年前后，贸易政策的重点开始从保护制造业转向保护农业。

第一次世界大战爆发后，美国作为中立国向欧洲出口大量货物，战争为美国国内工业发展提供了比关税保护更有效的发展机会。1929 年底，美国股市大跌，大萧条来临。美国国会开始考虑修订关税政策。美国于 1930 年颁布《斯穆特－霍利关税法》，试图使用以邻为壑的手段缓解危机。许多其他国家对美国进行了报复，也增加了对美国的贸易壁垒。这直接加剧了 1929 年底的经济危机，使得世界贸易出现了前所未有的萎缩。

这一时期的贸易政策伴随着美国经济实力的崛起，尽管二者未必有直接相关的联系，但保护国内制造业这一政策确实是为美国经济崛起服务的。在美国经济地位不断提升，甚至超越了曾经的世界霸主英国之后，保护国内制造业这一政策目标已经不再适用于美国国家的发展，向互惠贸易目标转移已经具有一定的基础，大萧条的到来则加速了这一进程。

3. 互惠贸易时期：1934 年至今

从大萧条结束开始，美国与其他国家签订了大量贸易互惠条约，平均进口关税税率大幅度降低。但同时，美国推动贸易保护主义的形式发生了变化。美国开始使用非关税壁垒，单边主义盛行。大萧条带来了美国贸易政策的历史性转折。1934 年，为解决各国以邻为壑、互建报复性关税壁垒的困境，应罗斯福政府的要求，美国国会颁布了《1934 年互惠贸易协定法》，授权总统与其他国家进行进口关税谈判。但在大力推动关税贸易谈判的同时，美国已经开始采用大规模非关税贸易壁垒，对国内特定产业进行保护。

在第二次世界大战期间，美国联邦政府开始制定多边协议，希望在战后迅速减少关税壁垒并消除世界各地的歧视性贸易政策，扩大国际市场。由于第二次世界大战的破坏，尽管美国的平均进口关税大幅度下降，但大多数美国国内企业并没有因为低关税而受到外国竞争的威胁。1960 年后，西欧和日本的产业已经完成重建，开始对美国生产商构成挑战。随后亚洲其他国家和地区也开始出口劳动密集型产品。这些发展为美国制造商带来了艰难而漫长的调整，并引发了国内不同政党和行业对贸易政策的激烈对抗。

1973 年在石油危机以及布雷顿森林体系瓦解之后，美国的竞争力日益减弱，贸易保护主义开始抬头。这一时期美国国会先后通过了《1974 年贸易改革法》和《1979 年贸易协定法》，开始倡导"公平贸易"。1979—1982 年的经济衰退以及 1980—1985 年的美元大幅升值使美国国内制造业厂商受到剧烈影响。许多人将国内经济衰退归结于贸易失衡，这一时期美国也开始出现贸易逆差，进口限制的政治压力急剧增加，里根政府开始限制许多行业的进口。《1988 年综合贸易与竞争法》赋予总统动用关税和非关税等各种手段来反对"非公平贸易"的权力。此外，美国还大量运用自愿出口限制、反补贴、反倾销等非关税措施来保护本国企业，美国对国内企业的保护以更隐蔽、更有针对性的方式进行。

自 20 世纪 90 年代以来，美国的贸易政策依然保持着矛盾性。一方面，美国致力于降低贸易壁垒并积极融入世界；另一方面，这些政策行动引发了越来越多的政治争议，并削弱了两党在自由贸易方面的共识，产生了大量分歧。

互惠贸易帮助美国在战后建立起其他国家难以追赶的优势，从某种意义上讲，这一时期的互惠也可以理解成美国对其出口商的保护。同时，美国也始终没有放弃利用贸易保护手段保护其对外贸易，只是形式更加隐蔽。

4. 互惠贸易受到挑战：反全球化兴起

尽管当前美国整体的贸易政策倾向以互惠为主的基本线没有发生改变，但在 2008 年金融危机以后，尤其是特朗普当选美国总统之后，美国贸易保护的程度正在加深。自 2018 年 3 月以来，美国不断升级对华打击力度，通过扩大加征关税名单、提高关税税率以及制裁中国高科技企业等方式对中美两国经贸关系进行限制，极大地冲击了现有的全球价值链分工，为全球经济复苏蒙上了阴影。

和历史类似，美国近期的单边主义行为对世界经济的稳定发展带来了重要影响。当前世界经济在经历金融危机的低迷后逐步呈现复苏态势。美国贸易保护主义的持续升级成为影响全球宏观经济稳定的重要变量。在全球化深入发展的今天，美国贸易保护的行为不仅会对竞争对手带来伤害，也会危及自身的发展。美国经济已经和世界经济联结在一起，过分的贸易保护将不利于世界经济和国际贸易的稳定发展。

二、演变特征：贸易保护趋向制度化、程式化

　　美国最初利用贸易保护来增加财政收入，加深联邦政府的控制力，巩固国家统治和资本主义制度；后来利用贸易保护来保护国内制造业，完成从弱国到强国的转变；现代以来利用互惠贸易的旗帜输出其制造业产品，继续巩固其世界第一的位置，同时仍然将贸易保护主义作为应对主要竞争对手、缓解自身经济下行压力，以及为政府换届和中期选举拉选票的重要政策手段。可以说，美国的贸易保护始终贯穿其发展历程，但是同时也随着时代的发展有了不同的表现形式和实施手段，这些变化共同推动了美国贸易保护的演进方向。

　　首先，美国的贸易保护越来越趋向制度化、程式化，这令美国的贸易政策更易传达、更易操作，也将各利益集团的争论妥协提前到实施过程；其次，美国实施贸易保护的措施更加多样，非关税壁垒开始成为主要手段，隐蔽性更强，帮助美国在互惠贸易的外衣下实现贸易保护；最后，除经济利益、政治利益之外，意识形态因素开始在贸易保护中起到更加重要的作用，就业等社会问题开始被纳入美国贸易政策的考虑目标。

　　1. 贸易保护立法愈加制度化

　　随着美国政治体系、立法体系的完善，美国贸易保护除了通过指令性以及政策性文件执行外，美国与贸易保护相关的立法也逐渐完善。美国贸易政策的结果往往通过相关贸易立法的颁布、实施和调整完成。如何通过有关贸易政策的立法程序和制度设计来规避外

来竞争，保护国内厂商利益，是美国贸易保护逻辑的出发点。

美国贸易立法的历次调整基本上反映了美国贸易政策目标的调整或转型。例如，《斯穆特－霍利关税法》推行严厉的贸易保护主义，给美国带来了经济灾难。《1934年互惠贸易协定法》体现了美国促进出口的贸易政策转向。《1962年贸易扩展法》授权总统在GATT的框架下，就削减关税与其他贸易伙伴国进行谈判。美国《1974年贸易改革法》的颁布为其保护国内产业利益提供了法律依据和机制程序。

美国通过不断进行贸易政策相关立法，使其政策逐渐透明、合法、具体且可操作性强，方便实现其政策目标，制度和程式上逐渐完善的贸易保护是美国贸易保护演变的核心特征，其中体现了美国贸易政策的基本逻辑。由建国初期的一个个贸易保护法案到现在完整的贸易政策立法，美国的贸易保护更加制度化、程式化，可执行性也在逐渐变强。

另外，在贸易政策法案的立法过程中，也可以消解各利益集团之间的冲突，使其在法案颁布前达成互相妥协下的一致性意见。美国通过贸易立法及其程序设计，在各个贸易政策相关的利益集团间编织了博弈网络，这一网络复杂但具有稳定性，法制化程度越来越高。美国不仅通过立法程序设计贸易保护措施，而且具体的措施中还包含了诸多的程序安排，这些程序安排透明、可预见，有助于推动政策目标的达成。

2. 贸易保护措施更加隐蔽多样

在美国开始进行贸易保护后很长的一段时间内，关税都是其主要的实现措施，平均关税税率的变化也体现了不同时期的政策目标。随着互惠贸易的不断发展，美国作为互惠贸易的推动者，关税很难在达成互惠贸易之余实现贸易保护的目的，非关税壁垒开始出现，美国进行贸易保护的措施更加多样、隐蔽。

二战后，美国对自由贸易的宣传和《关贸总协定》的达成使各国的关税税率都有很大程度的下降，关税这种贸易保护的主要措施逐渐退出，各种非关税的贸易保护措施流行起来。例如，进口配额限制、进口许可证、出口补贴、反倾销、反补贴以及技术性贸易壁垒和卫生环境壁垒等。为了达到贸易保护的目的，美国的贸易保护措施甚至延伸到了对方国家的国内经济政策。自进入 21 世纪以来，美国就多次指责中国操纵人民币汇率，并向中国政府施压要求人民币升值，妄图以此来限制中国产品的出口。此外，对贸易方的劳工标准和人权问题横加干涉也是美国经常使用的贸易保护措施。

非关税贸易保护措施名目繁多，比关税具有更大的灵活性。这是因为关税法案一般具有延续性，税率的调整或变更都要经过一定的法律程序，制定起来比较烦琐耗时。而非关税贸易保护措施通常采用行政程序，相对简单，因此制定起来比较迅速。非关税贸易保护措施形式多样，美国可以针对不同国家商品的特点选用不同的措施，针对性更强，可以更快地达到其保护贸易的目的。利用这些非关税壁垒，美国不仅能够达成其政策目标，而且能站在制高点制裁其他国家，控诉其他国家违反了其贸易法案，隐蔽性极强。

3. 意识形态倾向逐渐加剧

在美国贸易政策的演变过程中，意识形态和观念变迁的作用在不断增强。早期美国贸易保护的目标是促进国家发展，随着美国大国地位的持久维持，"美国优先"的思想长期持续，贸易保护在其能够达到的经济利益之外被赋予了意识形态含义。例如，特朗普政府的贸易政策折射了劣势产业从业者作为关键选民的利益诉求，这种观念变迁成为研究当前美国贸易政策调整的关键变量，也是美国贸易保护发展历程中非理性、非经济因素的重要体现。

另外，美国贸易政策目标还开始关注就业等社会问题，社会稳定以及选民支持起到的作用在增加。就业作为联邦政府的首要政策目标可以追溯到《1946年就业法》。在大萧条期间，失业成为美国发展中的重大社会问题。《1946年就业法》明确了联邦政府在保障充分就业方面的责任和权力，要求联邦政府利用一切可行的手段，以培育和促进自由竞争企业和提升总福利为目标，创造和维持能够实现充分就业的条件。这也使美国贸易政策的制定开始考虑就业问题，贸易保护和就业问题之间的关联开始建立，社会稳定也成为贸易保护追求的目标之一。

美国与其他国家自由贸易协定的谈判以及对贸易伙伴国贸易制裁的实施等都开始受制于保护就业的需要，美国劳工组织和工会利益集团开始发挥重要作用，这是自制造业生产商成为美国利益集团之一后的又一新的利益集团形式。就业和失业成为美国国内贸易政治谈判的制胜砝码。不论是启动反倾销调查、阻止进口竞争，还是反对制造业外包、资本外流，就业机会始终是问题的指向。在贸易政策的经济逻辑与政治需要的频繁冲突之中，就业已是最容易达成共识的底线。当以就业为由实施和调整某项贸易政策时，国会、白宫、商业利益集团和劳工组织便有了共同利益，更容易达成一致。

第二节　深层规律：贸易保护主义之下的共性逻辑

美国的贸易保护政策是历史长期积累的结果，它的起源和形成过程为其发展方向奠定了基础。美国的宏观制度结构有自身独特的逻辑，决定了其政府制度，也决定了贸易政策的决定逻辑。长期来看，美国贸易保护稳定性的来源正是其不变的底层逻辑。一方面，"美国利益"导向始终贯穿美国贸易保护始终，这一理性逻辑是美国贸易政策的决定的首要逻辑。另一方面，历史逻辑发挥了重要作用，美国贸易政策常是在之前政策基础上进行调整，这种"路径依赖"导致美国贸易保护的长期存在。美国贸易政策的逻辑主线受技术、市场和政治相互作用的影响，经济全球化和政治本地化共同塑造了美国贸易政策的走向。

美国贸易保护的历史从表面上看在自由和保护之间横跳，但其共性在于维护美国自身利益，维护其经济政治地位。贸易保护服务于经济、政治、国家战略等国家利益，也受世界贸易发展等外部因素影响，这是美国贸易保护变化中的"不变"，也是美国贸易保护的深层规律。在其国内工业力量薄弱之际，高关税政策保护了其国内工业的生存发展，实现了国家经济独立并最终走向强大；当其国内工业壮大、产品有足够竞争力之时，低关税自由贸易政策帮助美国顺利开拓世界市场，使它成为世界经济霸主；随着自身实力相对衰弱，美国的贸易政策重新转向贸易保护主义，它设立各种非关税壁垒，对其他国家尤其是发展中国家的贸易政策横加指责。

一、国家利益和群体利益间的妥协

从理性逻辑来看，维护国家利益是美国贸易保护的最重要内驱力。美国的经济发展诉求长期与贸易政策相联系。同时，美国贸易保护虽出自顶层设计，但行业协会、劳工组织等利益集团也全程参与。因此，美国贸易保护的利益导向是其最本质特征，但这种利益导向包括两方面：一是广泛意义的国家利益以及国家整体发展要求；二是各利益集团自身的群体利益。国家利益与群体利益可能有所不同，不同利益集团的诉求也多有冲突，这些冲突下达成的妥协塑造了美国的贸易保护政策，促进贸易保护以立法的形式生效，因此其内生贸易保护的基因深刻其中。

1. 国家利益

首先，美国国内各地的生产资源和生产技术决定了美国农业、制造业、服务业的生产布局，形成了美国的经济结构和经济地理特征。其次，在经济全球化的驱动下，各产业的生产要素和最终产品在世界市场上进行交换，美国各地贸易要素或产品的进口和出口形成了美国的贸易模式。最后，贸易模式带来的贸易所得影响了美国各州的经济利益，国会投票格局因此受到经济地理和贸易所得的影响。美国的经济地理特征决定了美国的政治地理特征，当经济结构或贸易模式发生变化时，地区经济利益随之变化，国会对贸易政策的投票格局就会发生变化，导致最后发布的贸易政策变化。正是由于美国经济地理、政治地理格局的长期稳定性，美国贸易政策格局也呈现长期稳定性。

美国的国内经济发展需要决定了其贸易政策演变的方向，即美国政府是否采取贸易保护政策以及贸易保护的程度。例如，在一战之前，英国是世界第一贸易大国，美国实行高关税贸易保护政策，为美国国内工业迅速发展创造了条件。二战之后，美国取代了英国在国际贸易中的霸主地位，为了使本国商品打入国外市场，美国开始对外宣扬自由贸易，发起并推动GATT的建立，促进了各国经济在战后20年的迅猛发展。2009年金融危机的发生促使美国的贸易保护进一步加强。当美国经济处于上升阶段时，美国贸易保护政策涵盖的措施较少，而每当经济危机爆发时，美国的贸易保护政策就比较泛滥。

美国政府制定贸易保护政策的前提就是维护即时的国家利益，并且在执行的过程中尽可能实现美国利益最大化。美国带头开放本国市场并不是因为它崇尚自由贸易，而是因为市场开放总体上对美国的国家利益是有利的。一旦发生了损害美国利益或者不符合美国国内政治经济需要的事件，美国从来都不惜破坏贸易自由化的进程。当前美国盛行的"反全球化"思潮一定程度上也是由国家利益推动的，当前美国面临经济复苏的困境以及许多社会问题，美国贸易保护主义有所抬头也就不难理解。

总的来看，美国的贸易政策不能简单地被划归为贸易保护主义或贸易自由主义，分歧长期存在，政策的持续或改变取决于美国的国家利益。美国贸易保护的国家利益导向有以下几个特征：一是当美国在世界中所占贸易份额下降，经济发展速度放缓时，美国贸易保护的力度增强。例如受到石油危机的冲击，美国经济在 20 世纪 80 年代有所衰落，美国对外贸易逆差增大，新兴工业化国家的快速发展对美国的经济增速造成了不利影响，这时美国政府加大了贸易保护力度，其对外贸易政策的重点关注对象随着其他国家的经济崛起而发生变化。二是美国贸易政策的演变与其自身所处的经济增长周期密切相关。当经济繁荣时，修订和补充与对外贸易政策相关的法律法规的频率和密度比较低，当经济萧条时，修订和补充与对外贸易政策相关的法律法规的频率和密度比较高。三是贸易收支差额的变化以及美国国内财政赤字的变化会影响美国贸易保护的程度，美国政府通过贸易保护政策缓解经济下滑的压力，调节宏观经济发展。

2. 利益集团博弈

对外贸易自美国建国起就伴随其经济发展的全过程，并为其经济发展做出了巨大贡献。但是在贸易利益的分配问题上，不同的利益集团往往有自己的观点，贸易政策的实施与最终目标往往不与追求国家福利最大化的目标相一致。

美国政治学家戴维·杜鲁门认为，利益集团是一个持有共同态度、向社会其他集团提出要求的集团，如果它通过政府的任何机构提出它的要求，它就变成一个政治性利益集团。利益集团试图通过影响政治过程来增加其成员的利益，对贸易政策的最终选择取决于政策制定者的动机。因此，最终的贸易政策是不同利益群体间博弈的结果，在各利益群体谋求政治目标最大化的背景下，利益集团选择支持党派的动机是贸易保护主义盛行的重要基础。

从贸易政策的需求方面来看，一项贸易政策的需求，既要反映相关的个人利益和集团利益，又要有代表和反映这些利益的组织，而这些利益集团寻求支持的根源在于不同的贸易政策会对各个利益群体在收益分配上产生很大的影响。例如，出口商品密集使用的生产要素的所有者会从自由贸易政策中获得更多的利益；而与进口商品竞争的商品密集使用的生产要素的所有者会从贸易保护政策中获得更多的利益。对进口的商品征税或采取非关税的贸易保护带来生产结构的变化，使得原来的商品的利润分配发生改变，甚至导致各部门内部收入分配都发生改变。在利益的驱使下，资源也会从一个部门转移到另一个部门。所以，生产要素的所有者在衡量利益的大小后，往往会偏向支持自身利益最大化的贸易政策。

一个国家最终的贸易政策取向往往是内部利益集团斗争的结果。在特定时期，某些利益集团在国内经济和政治上占优势地位，就可能采取有利于该集团的对外贸易政策。正是由于在对外贸易中存在各种实际问题，涉及各个集团的切身利益，各个利益集团会通过各种形式和途径来表达对政策的偏好和诉求。

随着在美国占据话语权的利益集团变化更迭，美国贸易政策在不同时期表现出不同的形式。美国利益集团的范围也正在不断扩大，它们将自身的政治目标融于对贸易政策的谈判中，希望将之变成美国贸易政策的目标，例如不同地区的发展差异问题、就业问题以及环保问题等等逐渐也被纳入贸易政策目标的讨论中。美国政府和利益集团之间的相生关系也导致政府会将它们的诉求纳入考虑，保护这些利益集团本身也就是保护政府本身。在像美国这样的民主选举的国家，每个政党都会代表一些特殊集团的利益，在民主选举过程中得到这些特殊集团的支持。一旦该政党当选，必然会通过制定贸易政策的特权为这些集团获取利益。

美国的贸易政策以及贸易保护程度可以看作国家利益和群体利益间互相妥协的结果，政府是国家利益的执行者，利益集团则体现群体利益，二者谁能占据决定贸易政策的主导地位往往导致美国贸易政策的变迁。

二、政治制度维持稳定的结果

无论相互对立的经济利益集团如何组织，它们都必须通过政治程序磋商解决彼此的分歧。美国政治制度自身使较大的政策变动很难实现，具有维持现状的固有强烈倾向。这成为贸易政策维持长期稳定的另一个原因。美国贸易政策虽然是经济政策的一种，尤其为经济利益服务，但贸易政策的形成过程始终与复杂的政治博弈过程相伴随。白宫与国会在贸易政策上的政治谈判需要将各个层面的利益相关者纳入其中，通过相对透明的立法过程和程序，实现各自的利益目标。另外，由于政府本身就拥有独立利益，政府制定贸易政策时也会追求自身利益最大化，例如寻求政治统治的稳定、使选举获胜概率最大化、获取最高财政收入以及其成员在政治"收入"上的最大化等。

国会自身的特性对美国贸易政策的调整具有深远的影响。每个国会议员都是由某个州的一个相对较小的选区选举产生，在机制上也仅对其所在选区的选民负责，国会议员往往把贸易问题只是作为本地或者本选区的问题去处理。在具体评价一项贸易政策时，也只关心该政策对本选区或者本州的影响，而并非关注该贸易政策可能对国家产生的整体影响，这可能导致长期利益服从短期利益，公共利益服从群体利益，美国贸易政策的决策自始至终都充满政治因素和选票因素影响的噪声。

不同政党在不同时期主宰美国政治，这帮助建立并维持了特定的贸易政策均衡格局。民主党和共和党间的合作与对抗、共识与分歧多数时候并不源于贸易政策对宏观经济利弊的理性判断，而常常表现为纯粹的政治博弈。两党在推动贸易自由化的立场上，也呈现出对立多于合作的局面。在这样的体系下，贸易政策往往主要是政治的，其次才是经济的。

另外，一项贸易政策法案的实施往往具有稳定性，一些进口限制实施后很难取消。削减关税会给特定利益集团造成确定的损害，给其他人带来不确定的收益。因此，既得利益者会反对撤销已有的贸易保护措施，从而导致美国贸易保护的稳定性。

三、维护国家安全和大国地位的工具

国家主权和对外扩张诉求也是美国贸易保护主义背后的重要推手。美国贸易强国地位的维护离不开贸易政策的霸权逻辑。美国通过制定全球贸易规则维护自身地位，它既是全球治理的"提供者"，也是追求自身国家利益的大国和强国。在贸易政策方面，美国扮演着双重角色。作为自由霸权强国时，它寻求领导或者管理全球规则和制度体系，而作为资本主义强国时，它寻求对国内利益需求的响应，以及自身相对霸权地位的维护。

美国在建立之初的贸易政策就与国家主权密切相关。美洲新大陆曾是英国茶叶、食糖、棉花等初级产品的重要贸易来源地，面对英国加征关税的贸易政策，北美殖民者和英国政府之间的贸易矛盾最终演变成美国独立战争。另外，美国许多自由贸易协定的签署也考虑了国家安全问题，《北美自由贸易协定》就有对美墨边境安全问题的考虑。

美国拥有强大的军事国防力量来维护国家安全，但也同样运用经济杠杆在大国对抗中竞争。维持经济实力是美国安全感的重要来源，但凡涉及大国竞争，贸易政策与国家安全战略可以在美国政府的官方文件中相提并论。在不同的历史时期，维护美国世界大国的地位也成为其贸易政策的重要导向，美国一旦面对多极化的可能威胁就会挑起贸易摩擦，利用贸易政策针对主要竞争对手，采取主动打击

政策。

　　美国在二战后的世界经济体系中长期居于主导地位，凭借强大的军事实力和经济实力，美国主导了战后国际新秩序的建立，美国以"世界第一""超级大国"自居，但随着世界经济的发展，其他国家的实力逐渐积累并赶超，美国压倒性的优势受到竞争者的威胁。从唯一的支配者成为竞争者之一令美国不满，尤其是在美国遭遇经济危机、国内经济矛盾突出的时代背景下，美国的"失落感"更加明显。

　　20 世纪 80 年代，里根政府改变了缓和遏制的对苏政策，把全面对抗苏联列入国家战略，采取直接对抗的强硬措施。同期，日本的经济实力迅速提升，里根政府改变了自由贸易和开放市场的双边贸易关系，把美日贸易政策的协调纳入美国的亚太战略，对日本采取多轮贸易制裁和贸易结构调整。即使在战后国际贸易政策以"互惠"为主旋律的背景下，里根政府在面对贸易冲击时也采取了发起贸易摩擦予以应对的方法。这些限制性贸易政策在美国再次与竞争国拉开距离后才一度缓和。

　　21 世纪以来，中国的经济体量逐渐与美国接近，对世界许多国家而言，中国已经成为第一大贸易伙伴、第一大投资国和第一大市场。因此，在 2016 年特朗普当选美国总统后，特朗普政府开始在国家安全战略中把中国列为主要竞争对手，对中国商品提高关税，对中国企业实施调查和制裁，指责中国为汇率操纵国。当前美国的贸易保护主义主张并非心血来潮，反映了美国一部分群体的长期主张。1979 年中美建交以来，美国在将中国当作密切联系的贸易伙伴的同时，一直保持着抑制中国经济的较强的警惕性，并多次利用贸易保护政策对中国经济发展进行打压。美国在处理中美经贸关系时，除了经济利益，更多地融入了政治、文化、军事、安全等方面的考虑。同时，美国将对华贸易政策视为影响其国内政治的重要变量，使得对华贸易政策的周期性变化与美国的政治周期密切相关，如在美国大选时期、总统当选的初期以及中期选举期间，对华贸易政策通常趋向于保守。

特朗普执政后，美国的贸易政策再次成为国际政治冲突的焦点，但也体现了美国在当前国际形势下的国家经济利益。特朗普多次诟病"互惠"，旗帜鲜明地主张"美国优先"的贸易政策。尽管如此，他的政策逻辑仍然是为了推动美国的对外扩张，维护美国的大国地位，这一共性没有发生改变。

四、意识形态重要吗？

意识形态在美国贸易保护中起到了重要作用。一方面，参与贸易政策讨论的人并非都有自身利益诉求，而其对贸易政策的观点很可能来自过去的经验以及长久以来形成的文化基因引导。另一方面，贸易保护对经济发展是否生效尚且存疑，但公众意识形态将二者密切联系，并推动了美国贸易保护的不断演进。这种意识形态的力量是在获取经济政治或国际关系利益的理性逻辑之外的历史逻辑的重要体现，是长期形成的文化基因，只有从历史上找原因，才能更好地理解意识形态在有关贸易保护讨论中的重要作用。

在南北战争之后的几十年里，美国的经济增长与发展伴随着保护性高关税政策。公众十分相信保护促进发展这一观点，"美国优先"与公众获利之间建立起桥梁，也使推动贸易政策调整十分困难。在二战结束后，人们认为削减关税的多边合作带来了贸易扩张、经济增长和更为和平的国际关系。到21世纪初，工作岗位流失与制造业就业人数下降伴随着美国同墨西哥和中国的贸易增长，造成了限制从这些国家的进口的呼声。"民粹主义"也是"反全球化"思潮兴起的重要推手。

这些意识形态上的观点未必在理论上成立，甚至有些是错误的，但造成的社会舆论力量却使美国贸易政策向公众期待的方向扭转。例如，美国公众对失业问题的认知是典型的意识形态驱动的。事实上，在美国劳动力市场中，国际贸易和离岸外包所占份额较小，技术变革、自动化以及国内需求的转变是造成周期性劳动力市场波动和制造业长期失业的主要原因。然而，与对外贸易导致失业问题的政治反应相比，在技术应用或国内需求模式转变方面的政治反应太少，贸易保护主义似乎更受选民的欢迎。

在美国贸易发展的长期历程中，美国社会还形成了贸易可以促进民主和人权的基本共识，将贸易政策与民主和人权捆绑常常伴随美国贸易政策的决策过程。"美国优先"战略带来的美国社会对自身体制的自信使其希望在贸易过程中输出自身价值观。有关贸易政策与民主价值观的认知是由美国的历史传统与社会根源决定的，已经深植于美国社会中。

五、技术进步的推动力

以利益导向、国内政治和国际关系为主的美国贸易保护中的理性逻辑和意识形态驱动的历史逻辑是长期存在的，这些共性的东西指引了美国贸易保护主义的发展演进，美国贸易政策在各个时点上的变化没有脱离这些原则指引的框架，实现了冲突下的长期稳定性。这一主线是美国贸易保护演进的重要规律。

但是，美国历史上发生了两次贸易保护的政策转向，南北战争使美国贸易保护的目标从增加财政收入转向限制进口，大萧条使美国贸易保护的目标转向互惠贸易，这两次转向都是在巨大冲击下完成的，打破了美国贸易保护持续已久的稳定性。南北战争和大萧条作为两个明确的政策时点起到了划分美国贸易政策阶段的作用，但南北战争和大萧条并不是导致政策转向的本质原因，而是之前已经积累的矛盾冲突在那一时点发生了质变。

美国贸易政策的稳定性来源于经济地理结构的稳定，更深层次的技术进步会导致经济结构的转变，进而导致贸易政策的冲突和改变，并在其中夹杂意识形态和贸易主导权的更迭。在美国独立战争之后，美国经济以农业为主，随着第一次工业革命的成果逐渐普及和技术转移，美国开始逐渐发展工业，具有一定的工业实力。工农业的冲突也造成了美国南北部之间的冲突。南北战争之后，主要发展工业的北部利用其经济实力获得主导权，开始转变贸易保护的政策目标，从发展初期的希望通过进口关税增加财政收入转变成希望通过限制进口发展国内制造业，这背后是技术进步和生产力水平提高的支撑。

相应地，第二次工业革命加速了工业化步伐，美国工业化水平不断增强，大幅提高了开发本国丰裕原材料的能力，制成品出口开始急剧上升。美国从殖民地时代的制成品净进口大国转变成了净出口大国，超越英国成为第一大出口国。此时保护国内工业已经不适应美国当时的国情，钢铁出口的繁荣也使人们质疑是否有必要利用较高的保护性关税限制进口，由此产生了互惠的观点，为贸易政策另辟蹊径。

因此，尽管南北战争和大萧条作为美国贸易政策不同目标阶段的划分时点，但是这种转向并不是突然发生的，技术进步和生产力水平的提升使相应的利益集团能够获得话语权，推动政策转向。正是因为一种贸易政策倾向形成后具有极大的稳定性，因此只有类似工业革命这样的突破性的历史变革带来的技术进步和生产力水平的提高才能对其产生冲击，促进美国贸易政策的转向。

技术进步与美国贸易保护发展的关系可以从以下两方面指引当今美国贸易保护的政策走向：一方面，随着技术进步放缓，世界经济发展放缓，美国在对外贸易中能获得的利益减少，贸易利得分配过程中势必产生摩擦。另外，美国在制造业方面的绝对优势减弱，低端制造业向发展中国家转移的趋势难以阻挡，互惠贸易时期的促进出口以维持美国贸易大国地位的政策目标推进乏力，促进出口的目标在当前美国贸易保护走向中很难起到支配作用。在此背景下，美国高水平的贸易保护的思潮抬头，促进出口之外的其他政策目标占据主要地位，美国与其他国家的贸易摩擦频发，部分解释了当今世界贸易保护的不确定性增加，全球化进程受阻。另一方面，由于能够支撑美国贸易政策转向的新的巨大技术变革还未出现，第四次工业革命方兴未艾，美国还不具备完成贸易政策转向的条件，互惠贸易还是当今世界贸易发展的主旋律，美国当前高举贸易保护旗帜的行为不具备新的技术发展实力和生产力进步作为后盾，具有一定的不可持续性。即便新的技术革命已经发生，将会如何影响美国经济发展和贸易政策走向还未可知，当前美国的贸易保护思潮也许很难持续。

第三节　未来发展：互惠目标仍是主旋律

美国贸易政策演进的背后具有一致的深层规律。首先，"美国优先"的利益导向一直贯穿贸易政策始终，贸易政策在变，但其维护美国利益的目标不变。其次，政治制度的稳定性促成了美国贸易政策长期的稳定性，贸易政策在作为一项政策法案被公布之后，其停止的难度较大。另外，自从美国在国际社会中扮演的角色由追赶者变成了捍卫者之后，贸易政策作为一种经济制裁手段已经成为维护美国国家安全和大国地位的重要工具。最后，美国文化基因中的意识形态因素从历史逻辑上解释了理性逻辑下最大化利益之外的贸易政策选择问题，贸易保护与经济发展之间的联系以观念的形式被美国民众认同。

从美国贸易保护的历史中找到解释美国当前贸易保护行为和引导美国未来贸易保护发展的线索和趋势是研究美国贸易保护演进历

史的重要目标。预测美国贸易保护的未来发展也许不是研究美国贸易保护历史的目的，却给研究增添了一些现实意义，以史为鉴的意义也正在于此，总结过去的经验教训并在之后予以践行是实践意义所在。

一方面，从世界经济发展的时代背景来看，当前时期出现了一些与以往不同的特征，这些新的时代背景会在短期内引起美国贸易保护倾向的动荡，同时我们也很难预见历史性的冲击将会在未来何时发生，这为美国贸易保护的未来发展增加了不确定性。另一方面，从美国过去 250 年贸易保护历史中总结到的是美国贸易政策保持一定的稳定性，美国贸易保护的演进规律中存在长期的共性。这些演进规律的逻辑可以帮助我们预判未来一个时期内美国贸易保护的走向：在没有突破性的冲击产生之前，美国贸易保护的互惠时期还会持续，从历史中提炼出来的必然性是核心规律。这种变与不变、不确定性与必然性的交织使美国贸易保护的未来发展在演进规律这一主线指引下发生变化。

一、影响美国贸易保护的新情况

当前美国贸易政策仍然走在互惠贸易的轨道上，但是随着技术进步放缓，美国从对外贸易中获得的红利不再具有绝对优势，在贸易利得的分配上遇到问题，这也导致了美国当前贸易保护主义有所高涨。美国当前面临的新问题包括以下四个：

1. 技术格局的变化

新技术的出现改变了原有的经济贸易格局。随着新业态的升级和壮大，跨境电子商务快速增长。未来随着产业互联网的普及，各产业流通效率将提高，打通行业供应链，降低贸易成本，传统的贸易发展方式已经无法应对这些巨变。美国在第三次产业革命中引领技术前沿，在国际产业分工中占据了制高点。但美国的技术和资本优势使全球价值链在全球重新布局，中低端的产业环节向美国以外的其他国家转移，美国经历了产业空心化和制造业外包的产业发展阶段。目前正处于上一次技术革命长周期的末端，上一轮技术红利的优势逐渐减弱，美国经济增长乏力。在第四次工业革命还没有到来之时，美国对新技术制高点的争夺结果还未可知。

2. 新兴经济体崛起

美国在二战后以压倒性优势在世界经济格局中占据领先地位，但随着新兴经济体经济的高速增长和快速发展，美国虽然仍是第一大经济体，但从经济体量看，欧洲、亚洲、美洲形成了三足鼎立的局面，美国在与苏联斗争之后再次面临多极化挑战，是否能够适应、如何适应还存疑。

另外，美国主导建立了战后国际经济秩序，美国因此处于支配地位。但美国的经济体量已经与其货币体量不匹配，导致全球失衡长期存在。虽然全球失衡支撑美国持续维持贸易逆差，但也不断带来利益冲突和贸易摩擦，而现有的国际治理架构无法及时有效地解决争端。

3. 中美关系的风险

自 2018 年 4 月起，特朗普政府开始对中国挑起贸易争端，尽管当前两国关系趋于和缓，但仍存在风险，两国关系恶化可能导致美国贸易保护程度继续上升。事实上，美国并非仅仅针对中国一国，美国的贸易保护主义做法同样也对欧盟、加拿大等的自由贸易造成了严重损害，导致这些经济体采取相应的关税措施作为反制手段，使得整个世界经济和贸易秩序面临困境，而美国经济面临困境后更容易倾向贸易保护，这将构成恶性循环。

美国提出自由、公平、对等的贸易规则，但其真实诉求是保障美国自身的利益，继续美国的全球扩张。零和博弈的理念融入美国的贸易政策决定逻辑，可能导致以邻为壑的做法增加。

4. 全球化继续深入可能导致经验失效

随着国际贸易网络的多元化发展，贸易转移效应将削弱单方面制裁、封锁或限制的战略打击力度。此外，美国的服务业保持对外顺差，金融、技术、人才等领域的开放而不是封闭对美国更有利，如果以摩擦扩散的方式实施战略打击，美国将遭受打击。

全球价值链在地域国别上可能发生迁移，但全球分工不仅不会弱化，反而将随着技术进步而继续深化。因政策调整导致局部脱钩带来的利益分配变化也将影响政策效果。面对产业链变化的风险，寻求产业转型升级更有效。

二、尚未到贸易政策转向时机

尽管美国当前面临以往历史中没有出现的新问题，但这很难改变美国长期以来形成的贸易保护演进规律。从历史的角度透视美国贸易保护主义的发展可以发现，美国贸易保护程度的高低时有变化，贸易政策的主要目标时有调整，但其背后有一以贯之的原则和共性，贯穿美国 200 余年的历史。在未来，这些原则和共性也将持续，"美国优先"的利益导向、维护贸易大国及世界强国地位的需求以及文化基因中的意识形态仍然指引美国未来贸易保护的发展。因此，在未来一段时间内美国不会放弃贸易保护，贸易保护主义也会在未来时有抬头、时有消减。美国贸易保护的政策目标短期内还会维持互惠原则。

随着美国新任政府的上台，美国贸易保护也将走向主线轨道。一方面，美国当前的经济困境不是因为互惠贸易，实行贸易保护也无法解决当前问题，错误的方案无法真正解决困境，只能短暂地转移矛盾。高关税不是美国制造业崛起的原因，自由贸易也不是美国制造业萎缩的根源。特朗普政府发起的关税贸易战并不能挽救美国制造。特朗普一再坚称贸易逆差意味着美国正在被剥削，而事实上这意味着美国企业和消费者正在得到真正的商品。通过征收关税和发动贸易战来破坏全球供应链将加速贸易保护主义者试图拯救的工作岗位向国外转移。没有新的保障措施，美国工人的贫困和痛苦只会增加。另一方面，美国继续高举贸易保护主义旗帜将进一步加深美国的孤立主义，并有可能引发地缘政治冲突。当今世界经济结构紧密交织，美国贸易保护程度的加深也会损害其自身利益。

第四节　如何应对美国的贸易保护主义？

研究美国过去的贸易争议和贸易保护历程可以帮助我们了解当今的分歧是新产生的还是与过去相同，也能帮助我们理解美国是通过何种路径走到当今世界大国地位的。美国的经济发展史与贸易保护史几乎相辅相成。美国在建立国家的过程中就与对外贸易高度关联，作为曾经的殖民地国家，美国在发展之初生产部门并不完善，贸易帮助美国作为一个独立的国家发展起来，贸易保护为联邦政府发挥作用做出了巨大贡献。随着技术进步的普及和生产力水平的不断提高，美国利用贸易保护在农业国体系下逐步建立起完整的工业体系，追赶当时的世界强国英国。美洲大陆资源丰裕、地广人稀以及外部环境和平等因素使美国在有了完整的工业体系之后迈入世界贸易强国行列，甚至赶超英国，此时促进出口成为美国贸易保护的重要目标，大力推动互惠贸易一定程度上促进了当今全球分工格局的形成。互惠贸易发展到今天，美国出现了产业空心化、经济复苏缓慢等社会问题，美国想利用贸易保护摆脱困境并不出奇。

美国贸易保护政策在200余年间具有长期的稳定性和短期的冲突性特征，但是其本质特征一直指引着其演进方向。美国贸易政策具有浓重的利益导向指引，国家利益、利益集团目标以及政治外交方面的需要推动贸易政策产生。尽管从经济利益角度讲，贸易保护主义会造成无效率的扭曲，对进口商品征税会鼓励国内低效率生产，不符合经济利益最大化原则，但政治利益、意识形态等因素包裹的贸易政策问题不再是仅仅追求经济利益最大化，而是在一个更广阔层面的最大化问题，从历史的角度更容易感知到美国贸易政策的复杂和庞大。

当前，美国贸易政策的主要目标仍然是互惠，这意味着美国贸易保护主义虽有高涨的倾向，但其基本面暂时不会发生改变，在没有新的技术革命出现前，各国在贸易方面的合作多于摩擦，经济全球化的浪潮已将世界各国深度融合，加大贸易保护、以邻为壑带来的后果各国将共同承担，美国很难单方面从中获利。

认识美国贸易保护的演进规律对中国应对美国贸易保护主义情绪的高涨以及针对中国的贸易摩擦具有重要意义。美国贸易保护在未来一段时间内仍要以互惠贸易作为主要政策目标，美国也还将依赖互惠贸易推动其经济发展，这可以帮助中国争取一定的发展空间。中国可以在努力争取与美国合作的基础上，坚持继续深化改革、扩大开放，顺应时代发展规律，推动国际经贸合作。作为当今世界最大的两个经济体，中美两国只有共同参与才能保证健康稳定的全球经贸体系。中国的应对之策有以下几点：

一、转变贸易发展方式

中国应在中美贸易摩擦的不确定性中把握自身，继续深化改革开放。中美贸易摩擦未来面临大量的不确定性，中美两国"有限合作"的趋势将长期存在。面对不断变化的中美经贸关系，中国应该继续深化改革开放，以不变应万变，不断增强的经济和其他方面的实力可以增强中国在中美贸易谈判中的议价能力。

中国在控制新冠肺炎疫情方面已经率先走出阴霾，相应的财政和货币政策正在加快刺激内需，促进中国经济复苏。在其他国家目前还未能应对疫情带来的经济冲击之时，中国应该促进经济尽快回暖，在"后疫情时代"占据领先地位，这也将帮助中国应对中美贸易摩擦带来的冲击。中国也应提升自身的科技创新能力，加大知识产权保护力度。中美贸易摩擦同样针对中国的高科技行业，中国应继续大力推进自主创新能力，提升出口产品附加值，提升在世界市场上的竞争力。

中国还应转变贸易发展方式，促进对外贸易稳步增长，加快对外贸易的转型速度，激发对外贸易中蕴藏的新动能，创新商品和服务的供给模式，形成新型贸易业态，实现技术进步和创新驱动的对外贸易发展。信息技术和数字经济催生的贸易模式，也对中国监管模式创新和规则制定能力提出了更高要求。因此，在对外开放中，应从重视货物服务贸易、对外投资转向与科学、教育、知识、人才、技术相关的知识型服务贸易。重视有自主知识产权技术的产品出口和产业"走出去"，提升和筑牢中国的竞争优势。

二、扩大贸易伙伴范围

中国应继续推进"一带一路"建设，加强与东盟国家的贸易，开辟多元化的出口市场，扩大中国对外开放程度。通过与"一带一路"相关国家建立紧密的贸易联系，保证经济独立、自由地发展。在中美贸易摩擦的影响下，东盟已经成为中国重要的贸易伙伴之一。中美贸易摩擦不可避免地会引起贸易转移，在当前中美贸易摩擦不确定性增加的大环境下，加强与东盟等其他国家的贸易往来可以大大扩展进出口市场。

区域经济合作更容易在短期内达成一致，中国应继续推进自贸区建设和区域经济一体化进程，加强与欧盟、南美、非洲等地的经济交流与合作。这有助于改善外贸环境，减少对美国的贸易依赖，减少与美国产生贸易摩擦的机会。同时，中国也应该积极参与全球治理，积极参与全球问题的解决，树立负责任的大国形象。

三、继续寻找双赢可能性

中国应继续推进两国贸易谈判，有针对性地解决争议，积极激活和开放更多对话渠道。寻找合作和双赢空间是中国应对中美贸易摩擦的重要方法。尽管中美两国仍然存在并将长期存在国家利益以及意识形态方面的分歧，但两国同样存在共同利益和合作空间，在高度融合的世界经济中两国相互依存，加强两国对话可以帮助减少分歧，形成良性竞争。

达成互惠贸易有利于两国发展的共识对于中美两国处理对外贸易中的分歧有重要帮助，全球化将各国经济贸易深度融合，一味对立将会伤及两国经济。在此情况下，两国加强沟通谈判不仅有利于两国经济发展，也有利于世界经济复苏。

第三篇

欧洲贸易保护史

　　欧洲是资本主义的发源地，也是经济一体化的先驱，欧洲各国的贸易保护政策具有各自鲜明的特征，而欧共体在长期的发展实践中，又建立起了顺应一体化发展趋势的贸易政策体系。

　　"用一个声音说话"这一推动欧洲一体化建设的目标，也让欧共体真正以共同的立场和更具影响力的姿态在国际舞台上实现着国家利益与共同利益。伴随着欧洲一体化进程的深入和欧共体经济实力的增强，欧共体成为国际贸易体系的重要参与者，其贸易政策与贸易实践对 WTO 其他成员方产生了重要的溢出效应，也对多边贸易体系的发展和演变产生了深刻的影响。

　　总体而言，欧共体在追求内部市场自由化的同时，也积极利用贸易政策对外部环境施加压力，确保内部统一市场的顺利建成。在贸易保护领域，欧共体的相关立法及措施不断完善。欧共体通过互为补充的工具，消极防御与积极进攻并取，实体与程序手段并用，编织起一张严密的保护网，充分维护了成员国的经贸利益。

欧洲主要经济体的贸易保护政策

　　从 1651 年《航海法案》开始，英国进入了贸易保护时期。1846 年《谷物法》的废除标志着英国进入了自由贸易时期，并成为世界范围内自由主义的摇旗者。到 1932 年，英国回归了贸易保护。二战时期，贸易保护的程度加深，国际贸易也因战争而受到严重破坏。战后，美国成为西方世界的领头羊，英国在世界上的角色从"领导者"转变为"跟随者"。

　　德国是崛起历程最为曲折的资本主义国家，其贸易保护政策与经济发展状况有关，呈现出周期性波动的特点，贸易保护的重点对象是工业，贸易政策的转变与德国的政党力量对比关系密切。

　　法国、意大利、荷兰、比利时、卢森堡以及中东欧国家贸易保护的演变历史各具特点，但都是根据自身经济发展状况及世界经济形势，不断做出有利于自身的调整，充分显示出各国以贸易政策维护民族国家利益的特点。

第一节　英国贸易保护的发展历史

一、《航海法案》与《谷物法》

17 世纪，英国工场手工业发展迅速。政治上的安定促进了经济的发展，作为一个岛国，发展海外贸易是增长国家财富的重要手段。而彼时的大海被号称"海上马车夫"的荷兰所称霸。后者凭借其独特的地理位置（一面连接欧洲大陆，一面连接大西洋）成为商贸往来的中间站，从而在贸易、航运、金融上得到长足发展。在海上急剧扩张的英国与垄断了海上大部分航运的荷兰在殖民地贸易上的争夺不断激化，冲突的焦点集中在航运和渔业两个领域。

在这样的背景下，《航海法案》应运而生。1651 年，英国处于政治上的"空位期"，在克伦威尔的领导下，《航海法案》被颁布并施行。《航海法案》的全称是《为增进国家船运、鼓励国家航海的法案》(An Act for Increase of Shipping and Encouragement of the Navigation of This Nation)。在颁布之初，该法案的主要目标是解决三个方面的问题：反对外国船运垄断、统一航运线路和保护渔业。此后，《航海法案》在 1660 年、1663 年、1673 年和 1693 年历经多次修改，扩大了统一航运路线的范围，细化了反对外国船运垄断的实施细则，并且完善了惩罚措施，进一步提升了法案的可操作性。

《航海法案》的颁布是晚期重商主义思潮的具象化，是政府干预经济发展采取的贸易保护性质的措施。其针对的不仅是荷兰以及其他欧洲殖民国家，而且针对广大英属殖民地。在法案公布施行后，荷兰的利益受到了极大的打击，"海上马车夫"的愤懑可想而知。双方舰队频繁发生冲突，战争于 1652 年爆发，是为第一次英荷战争。荷兰在战斗中落入下风，损失惨重，但英国也一样被战争拖至疲惫不堪，双方进行了和平谈判。1654 年，荷兰同英国签订了《威斯敏斯特和约》，承认了《航海法案》，并且承诺赔偿从 1611 年起给英国东印度公司造成的损失。在接下来的半个世纪内，英荷之间又进行了两次战争，双方互有胜负，但荷兰遭到的打击更大，英国还是通过战争确保了《航海法案》的实施。

英国的海上实力逐渐增强，从贸易中获取的利益也不断增加。以再出口贸易为例：1640 年之前，英国的再出口贸易微不足道，但到了 17 世纪 60 年代末期，再出口贸易就已发展成为英国本土出口的重要补充，到 17 世纪末期甚至一度占到整个出口的 50%。

《谷物法》是英国于 1815 年制定，并于 1846 年废除的旨在限制谷物进口的法案。该法案的主要内容有：外国谷物可以在任何时候免关税进口并储入仓库。当谷物价格达到特定价格时（具体来说，小麦的门槛价格是每夸脱 80 先令，黑麦、豌豆等的门槛价格为每夸脱 53 先令，大麦的门槛价格为每夸脱 40 先令，燕麦的门槛价格为每夸脱 27 先令），才允许外国谷物免关税进口或者将之前进口但储存在仓库中的谷物在国内市场销售；在未达到上述价格时，严禁外国谷物进口或者将之前进口但储存在仓库中的谷物流入国内市场销售。

《谷物法》的实施被视为纯粹的阶级利益保护，其保护对象只限于地主阶级，通过限制进口来维持国内谷物的高价，人为地制造紧张的国内粮食供需关系，从而保障从事农业生产的地主阶级的利润。这一过程是以其他阶级的利益损失为代价的，广大的农民、工人阶级要面对高昂的粮价，本来拮据的生活变得更加困苦。

在这样的背景下，《谷物法》的废除已经势在必行。1845 年，时任英国首相的保守党党魁小罗伯特·皮尔向议会下院提交了废除《谷物法》的议案，在 6 个月的激烈争论后，该议案得到通过，实行 30 余年的《谷物法》正式寿终正寝。这一事件被认为具有划时代的历史意义，标志着中产阶级对土地贵族的胜利，是自由主义经济思想对传统的重商主义经济思想的胜利。

二、贸易保护和资本原始积累

如果以 1651 年《航海法案》的实施为起点，1846 年《谷物法》的废除为终点，那么在此时间段内，英国都处在由重商主义思想主导的贸易保护时期。这一时期，在政治上，恰好是资产阶级登上历史舞台并且逐步取得统治权的时期；在经济上，则是资本原始积累与工业革命最终发生的时期。

在资产阶级革命前，英国是一个普通的封建农业国，人口不过 550 万，最大的城市伦敦也仅有 20 万名居民，近四分之三的人口生活在农村。到了 1841 年，英国的人口达到 1 852 万，新增的人口大部分向城市（工业和服务业所在地）集中。

英国在殖民掠夺过程中积累了大量资本，包括在战争中直接从殖民地掠夺来的金银财宝，殖民地向英国上缴的财富，以及对殖民地人民的支配。为了抢占海上运输市场，英国通过了《航海法案》，名正言顺地以一国之姿霸占了海上贸易，再利用贸易运输得来的财富发展自身的海军力量，将英荷关系拖向不得不战的局面。最终，经过三次英荷战争，综合实力更加强大的英国取得了胜利，从而确立了其海上霸主地位，也确立了其对获益惊人的奴隶贸易的垄断。

从事海外贸易在资本原始积累的过程中扮演着非常重要的角色，有学者估计，17 世纪晚期，英国出口占其国民生产总值的 5%，当时间来到 18 世纪晚期，这一数字上升到了 14%，而到了 19 世纪 80 年代，这一比例已然高达 36%。通过施加关税、操纵殖民地贸易结构和垄断转口贸易，英国从海外贸易中获得了可观的资本积累，这也间接地助力了工业革命的发生。积累起的资本一部分集中在了土地贵族的手中，这些贵族反过来继续支持以维持国内粮食价格为目标的贸易保护政策，另一部分资本则流向了工业企业家手中，为其改进技术、扩大生产创造了条件，而这将会带来贸易保护政策的终结。

三、贸易保护对工业革命的影响

18 世纪和 19 世纪的工业革命无疑是人类历史上的重要转折点。英国作为第一次工业革命的发祥地，其所施行的贸易保护政策对工业革命的发生有着重要的影响。

在探究贸易保护政策对工业革命起到何种作用之前，有必要介绍工业革命发生的背景。美国学者门德尔斯（Mendels）认为在 17 世纪或更早，英国就进入了原工业化时期。这一时期的工业主要包含：纺织业；工具、器具制造业；初级产品加工业（酿酒、舂米）；其他部门（采矿、冶金、建筑、造船等）。其中，纺织业是规模最大的工业部门，在国家财富创造中所占的比重最大。该时期的工业主要采用三种组织形式：不分工、师徒制的手工作坊；多见于炼铁、采煤行业中的大型手工工场或工作场地；占主导地位的家庭工业制，即一家老小一起动手、分工合作完成一项工作。该种组织形式多见于农村地区，集中在纺织、编织等行业，是 16—18 世纪英国乡村工业繁荣的原因，并且与商业资本联系紧密。由于商人有资本、商业联系和专业知识，能和市场条件相协调，所以能够将众多从事家庭工业生产的农户与广阔的国外市场联系起来。

在原工业化时期，通过简单分工的手工生产和海外贸易，英国的国民财富得到增加。在原工业化时期的工业生产中，技术的积累成为工业革命中技术变革的必要条件。例如在 16 世纪英国铁匠就掌握了煤炭熔铁法，该方法改进后成为焦炭炼铁法，在工业革命中被广为应用。原工业化时期中的商人成为工业革命中的早期企业家，而家庭手工业者则是无产阶级劳动力的前身，在商人和家庭手工业者中存在的雇佣劳动关系在工业革命后自然演变为劳资关系模式。最后，在原工业化时期形成的"区域－国内－海外"市场网络刺激了需求的产生，成为对工业革命的最有力的呼唤。表 5.1 总结了原工业化时期有利于工业革命发生的条件。

表 5.1　原工业化时期有利于工业革命发生的条件

准备特征	具体表现
产业结构	纺织业在工业中占据重要地位
生产制度	农村地区盛行家庭工业制
商品流通	商人群体活跃于跨区跨国贸易中
生产技术	对原有技术的改进提高了生产效率
市场规模	开拓海外殖民地刺激了对工业品的需求

在这一时期，英国处在以《航海法案》为基石构建起来的保护贸易以及特惠贸易体系中。工业革命前夕的英国通过保护贸易政策下的海外贸易积累起大量财富，这使得英国社会形成了"高工资－低资本价格"的经济结构。为了节约成本、创造更多利润，企业家们寻找能够节约劳动力、提高生产中的资本－工资比的方法，并将这些方法运用到生产中去，因此产生了对新技术的需求。正是这一独特的对技术的需求，刺激了诸如珍妮纺纱机、纽卡门蒸汽机等技术的问世和大规模应用，从而促进了工业革命的产生和传播。

四、英国贸易保护的特征和演进规律

从 1651 年《航海法案》开始，英国进入了贸易保护时期。1846 年《谷物法》的废除标志着英国进入了自由贸易时期。1932 年，英国放弃了持续近一个世纪之久的自由主义政策，回归了贸易保护。二战时期，贸易保护的程度加深，国际贸易也因战争而受到严重破坏。战后，美国以其绝对的经济和军事实力成为西方世界的领头羊，英国在世界上的角色从"领导者"转变为"跟随者"。

英国的贸易保护可以分为"争霸收入"阶段、"财政收入"阶段、"保护收入"阶段、"贸易收入"阶段、"互惠收入"阶段。在不同的阶段，有不同的利益集团影响着对外贸易政策，它们出于不同的目的，使用的手段也不尽相同。

（一）"争霸收入"阶段（1651—1688 年）

在荷兰凭借优越的地理位置成为"海上马车夫"之后，英国的称霸之路上多了一个劲敌，并且荷兰的崛起对本属于英国的北海渔场产生了严重的威胁。彼时，航海活动不仅本身可以带来财富，而且通过航海活动可发现、占据广大殖民地，为一国的经济发展提供源源不断的动力。为了从荷兰手中夺得海上霸主的地位，为了维护捕鱼业，英国需要促进造船业的发展，增强自己的海军力量。《航海法案》正是回应这一需求的产物。通过立法规定英国对其殖民地海运贸易的独占和垄断，英国有了合理正当的理由对荷兰进行打击，这是继伊丽莎白女王私下鼓励海盗行为之后的进一步延伸和发展。荷兰自然不会坐视其海上利益受到损害，两国之间的军事摩擦自然不可避免，三次英荷战争使英国彻底取代了荷兰，成为新一任海上霸主，在这一胜利的背后，《航海法案》发挥的作用不能忽视。正如前文所述，以《航海法案》为代表的贸易保护政策促进了英国造船业的发展和国家财富的增加，前者直接提升了英国海军的装备实力，而后者则是成功称霸的根本保障。

（二）"财政收入"阶段（1689—1721 年）

威廉三世和安妮女王主政时期，英国的关税水平急速上升。在此之前，关税（包括进口与出口）是 5% 的从价税。由于并非按照应税商品的实际市场价值，而是按照规定的价格来征收关税，因此该从价税实际上是固定的。由于该阶段贸易保护的目的是获取收入，因此在"争霸收入"阶段经常采取的直接禁令逐渐式微，通过高关税来提高纳税收入的贸易保护措施开始占据主舞台。

1714 年和 1718 年，英国政府分两次废除了几种不同染料的进口关税。以上举措显然缩小了关税的税基，减少了财政收入，但这是不得已而为之——民间的商业利益团体有效地通过代议制表达了自己的利益诉求，因而贸易政策的决定权不再被王权所垄断，开始涉及不同阶级、不同要素所有者的利益。同时，这也是英国贸易保护政策从单纯获取财政收入这一目标向保护国内产业发展这一目标转变的标志。

（三）"保护收入"阶段（1722—1845 年）

1722 年，辉格党政治家、时任财政大臣罗伯特·沃波尔（Robert Walpole）对英国的关税制度进行了大刀阔斧的改革。这次改革基本上废除了所有的出口关税，并废除了一部分进口原材料的进口关税，而维持了此前上调的其他商品的进口关税。它标志着英国的贸易保护政策完成了从获取财政收入到保护国内工业发展的转变。在此之后，英国的进口关税不断上调，到了 1759 年，英国的平均关税税率（现在可用"关税"来指代"进口关税"了）达到了 25%，并且在这一阶段，不断有新的进口原材料的进口关税被减免——这自然是来自需要该进口原材料的国内工业的压力。不断壮大的商业、工业利益在英国的贸易政策制定中所具有的影响力越来越大，贸易政策的制定从此不再可能是完全的从上至下的形式，必然要考虑不同阶级的利益。

（四）"贸易收入"阶段（1846—1946 年）

在 19 世纪中叶至 20 世纪 30 年代近一个世纪的时间内，英国都是自由贸易的忠实摇旗者和信奉者。在上一时期羽翼丰满的英国工业在这一时期开足马力，向其殖民地和世界其他国家源源不断地出口工业品，通过各种手段——贸易、占领、战争，或多或少地让全世界都参与到了工业化的进程中。在这一时期，英国从自由贸易中收获颇丰，这种收获不仅体现在经济上，而且体现在思想政治上。彼时，作为工业革命发祥地的英国，由于在生产技术和组织形式上的领先，在自由竞争的情况下具有很大优势，棉纺织品、钢铁、机械、煤炭等行业都成为英国出口的支柱行业。世界需要英国，1801—1870 年，英国进口商品额从 3 180 万英镑增加到 2.588 亿英镑，出口商品额从 3 490 万英镑增加到 1.996 亿英镑。由表 5.2 可知，英国以其仅占世界 2% 的人口，却在 19 世纪大部分时期为世界贡献了三分之一以上的工业产值和约四分之一的贸易额。"世界工厂"可谓实至名归。

表 5.2 **1820—1870 年英国占世界工业的比重和占世界贸易的比重**（%）

年份	占世界工业的比重	占世界贸易的比重
1820	50	27
1840	45	25
1850	39	22
1860	36	——
1870	32	25

资料来源：库钦斯基. 资本主义世界经济史研究. 北京：生活·读书·新知三联书店，1955.

英国同样也需要世界。1821—1873 年间，进口在国民生产总值中达到了 25% ～ 30% 的占比。在出口方面，英国棉纺织品产量的 80%、钢和铁产量的 50% 都是由外国消费者所消费的。棉纺织品的出口价值从 2 826 万英镑增长到 7 142 万英镑，钢铁的出口价值从 540 万英镑增长到 2 320 万英镑，煤炭的出口价值从 130 万英镑增长到 560 万英镑，机器的出口价值从 100 万英镑增长到 530 万英镑。对外贸易在英国的国民经济中占有重要地位。但贸易收入还不仅限于此，英国从无形出口中同样获益颇丰。在投资方面，不列颠的海外投资（主要是去往欧洲地区的投资）带来了丰厚的利润，形成了英国货物贸易逆差、服务贸易顺差以及资本与金融账户的顺差。顺带一提，这一结构和现在的世界霸主美国何其相像。在政治思想上，英国提倡的自由贸易思想引领了欧陆其他国家的思潮，并且相较于强行垄断殖民地贸易这种武断且会一定程度伤害殖民地利益的方式，自由贸易把"蛋糕"做大并且分一部分给殖民地——大量进口原材料，并提供给殖民地廉价的工业品——使得双方都能从交换中提升自己的福利水平。以此为基础的第二帝国体系比第一帝国体系要更加稳固合理。帝国体系内部也更具有向心力，譬如加拿大就曾多次主动提出希望英国可以建立帝国特惠的关税体制。

1920 年后，英国从完全的自由贸易中获取的收益逐渐减少，外部经济环境日益恶化，国内新兴的重工业集团对贸易保护的呼声也不断增长。1932 年，英国通过渥太华会议建立起帝国特惠税制。尽管自由贸易的政策发生了改变，但英国仍通过殖民地内部的贸易将自身的经济及政治地位维持至第二次世界大战前。二战爆发后，全球贸易的旧有秩序被打破，战争成为国际贸易的决定性因素，这一时期的英国贸易政策的主要目的是赢取战争的胜利而非获取经济利益，因此带有浓重的贸易保护主义色彩，包括出台贸易禁令禁止关键原料和部件的出口，借助《租借法案》从美国获取武器等。战时贸易政策帮助英国最终取得了胜利。

二战后，民族独立运动轰轰烈烈，殖民地独立大潮不可阻挡，尽管昔日的帝国在政治上不复存在，但其特殊的经济关系仍然存在，在第二帝国体系下的分工秩序在很长一段时间内依然适用，这些曾经的殖民地——在旧日起到原料来源地和销售市场的作用，在战后仍然扮演着类似的角色，从而对英国的经济复苏起到推动作用，也成为战后英国要求在国际经济格局中扮演更重要角色的底气。

（五）"互惠收入"阶段（1947 年至今）

二战刚刚结束，英国国民经济在战争中受到了近乎毁灭性的打击，出口贸易额仅达到战前的三分之一，英国面临着既无产品用于出口也无外汇用于进口的窘境。下属殖民地纷纷独立更是让英国引以为豪的帝国特惠贸易体系面临重大调整。彼时的英国将恢复经济、重振贸易的希望寄托在美国和旧日的殖民地上。于是 1952 年，由法国和联邦德国牵头，成立致力于欧洲团结复兴的欧洲煤钢共同体之时，英国并未选择加入。到 1957 年欧洲共同市场成立时，英国仍未选择加入。不仅如此，1960 年，英国还与另外六个国家（丹麦、挪威、葡萄牙、瑞士、瑞典、奥地利）设立了欧洲自由贸易联盟（European Free Trade Association，EFTA）。对英国来说，EFTA 是其在保留与殖民地特殊的经贸关系的基础上，同欧洲共同市场相抗衡的工具。

　　从结果上看，在整个 20 世纪 50 年代到 70 年代，英国的出口共计增加了 65%，但进口增加更为迅速，从 1950 年进出口基本平衡到 1970 年进口占 GDP 的比例比出口占 GDP 的比例高出了 8 个百分点。在出口结构上，传统的纺织品、钢铁、煤炭、机器设备等 19 世纪英国出口的支柱产业经历了没落，转向了技术含量较高、增速相对较快的新兴部门，例如化学制品、科学仪器等。表 5.3 展示了 1935—1983 年英国部分商品出口百分比的变化。

表 5.3　1935—1983 年英国部分商品出口百分比（%）

	1935—1938	1948	1953	1963	1973	1983
纺织品	23.0	11.2	12.6	6.2	4.7	2.1
非电机器	9.0	14.0	15.4	21.0	19.4	17.0
运输设备	6.8	14.2	14.4	15.4	12.5	9.0
钢铁	6.5	4.1	5.3	5.0	3.5	2.2
化学制品	6.3	6.8	6.9	9.0	10.4	11.4
电子机械	3.7	6.6	6.7	7.8	6.5	5.4
科学仪器	0.6	1.0	1.0	1.8	2.8	2.4
矿物燃料和润滑剂	9.0	3.3	5.7	4.0	3.0	21.7
制造品占总出口比例	74.4	85.2	81.3	82.5	83.9	65.9
商品出口占 GNP 比例	9.8	15.1	17.2	15.4	19.1	23.2

资料来源：钱乘旦．英国通史：第 6 卷．南京：江苏人民出版社，2016.

进入 20 世纪 60 年代后，英国的主要贸易模式由产业间贸易向产业内贸易转换，进出口的主要来源国都从与自身经济条件相差甚远的发展中国家转变为与自身经济条件接近的发达国家（美国、西欧等国），进出口的商品也从同质性商品转变为异质性商品。在这种贸易模式下，规模经济成了独立于要素禀赋的另一个比较优势来源。这一变化催生了战略性贸易政策思想。根据这一思想，一国政府无法改变本国的自然要素禀赋，社会要素禀赋也在短时间内无法改变，但却可以通过产业政策来实现对特定产业的帮扶，使其产生规模经济效应，从而获得劳动生产率和价格上的优势，继而扩大出口、拉动就业。一旦通过国家补贴建立起的产业具备成本上或技术上的优势，后来者就面临着巨大的竞争壁垒。因此一味地施行自由贸易可能会错失本国产业发展的机会，将高附加值产业的优势拱手相让。基于此，互惠的贸易政策相较于 19 世纪后期英国采取的单边自由贸易政策有了更大的灵活性，使得英国在制药、化工、汽车等高附加值、高技术产业上，直至今日，都在世界范围内极具竞争力。

但在这一阶段，英国的国际收支状况一直不够理想。此外，为了谋求区域共同的和平与发展，以及提升自身的话语权，西欧逐渐走向联合，先后建立了关税同盟和最优货币区。1970 年，时任英国首相爱德华·希斯再次启动了申请加入欧共体的程序。英国最终于 1973 年加入了欧共体，成为内部自由贸易、外部统一关税的关税同盟的一员。英国的加入标志着其放弃了其从原殖民地进口低价的农产品，转而从欧共体内部国家进口价格更高的农产品。此后，有关农产品的贸易问题成为英国与欧盟关系之中的热点。1990 年，由于"疯牛病"的肆虐，英国禁止从法国、奥地利等西欧国家进口牛肉。英国加入欧共体，更重要的是标志着其经贸战略目标的转变，也即从维持英美之间和英国与原殖民地之间的特殊关系转变为立足西欧、共建欧洲。这一转变的背后也有着经济贸易动因——西

欧逐渐成为英国最大的贸易伙伴。1971 年，英国向西欧的出口达
到总出口的 28.6%，向其他欧洲国家的出口达到总出口的 15.9%。
加入欧盟给了英国在贸易方面更大的集体议价权，使得推行"互
惠"的动量更大。

　　总的来说，战后，英国实施的贸易政策相对于战前来说更自
由，通过斡旋于国际贸易组织和区域性贸易集团欧盟，英国小心谨
慎地维持内部均衡和外部均衡，同时保持着一定的独立性，实事求
是地制定适合自身的贸易政策。当认为欧盟对自身的桎梏超过了收
益时，英国也果断选择了离开。

第二节　德国贸易保护的发展历史

一、经济危机与超贸易保护政策的兴起

（一）1873 年经济危机与贸易保护政策

　　19 世纪 30 年代至 70 年代初，德国在政治和经济上都完成了
极为重要的变革。在政治上，普鲁士带领德意志走向了统一。在经
济上，德国通过第一次工业革命在极短的时间内发展为仅次于英国
的欧洲第二大资本主义强国，从"昔日衣衫褴褛的骑士"转变为欧
洲的"暴发户"。此外，通过普法战争获得的 50 亿法郎赔款及阿
尔萨斯－洛林的矿藏为德国的经济发展贡献了一笔关键的"意外之
财"。但在国家各领域呈现出欣欣向荣之态时，1873 年爆发的经济
危机使德国资本主义的发展进程戛然而止，对德国的政策方向产生
了巨大的影响。

　　1873 年经济危机是资本主义史上规模最大、范围最广、程度
最深的危机之一，德国爆发危机的原因十分复杂。第一，投机行
为过度。一方面，德国利用普法战争的赔款在国内建立了大量超

出市场需求的工业企业。另一方面，维也纳股票交易所的崩溃也对德国产生了影响。第二，农业危机爆发，并成为 1873 年经济危机的一部分。第一次工业革命后，新运输工具的出现大大降低了长途运输的成本，缩短了海上运输时间，导致大批廉价的农产品不断从美洲、澳洲、亚洲等地运往德国，德国本土的农业受到严重冲击。1877—1879 年间，德国的谷物年进口量为 307 万吨，若将面粉换算为等量谷物计算在内，则德国的谷物年进口量为 380 万吨，占国内产量的 20% ～ 22%，而 1861—1870 年间这一比重仅为 4% ～ 5%。德国不仅国内农业受到冲击，也逐渐失去了国外的粮食市场。

在经济危机的影响下，德国工业界开始出现生产能力过剩的问题，主要包括投资过剩、设备过剩、开工不足等，阻碍了工业的发展。以铁制品为例，德国 1873 年的铁制品产量足够供应整个世界市场，这使得生铁的价格下降了约 50%，而 1878 年的价格跌至 1873 年的 30%。因此，德国想通过加价来挽救国内工业的颓势。但此时经济危机也同样在英国爆发，英国农业遭受重创，农业阶级的购买力被严重削弱，大量纺织品和铁制品过剩，需要扩大外国市场，因而在 1873 年后英国开始以低价向国外大量销售过剩的工业品。德国商品价格的上涨和英国廉价商品的涌入使得德国国内市场迅速被进口商品占领，德国民族工业岌岌可危。因此，德国工业界要求实行贸易保护政策，特别是对于需求下降严重的重工业。

总的来看，1873 年经济危机带来的经济停滞、生产过剩、农业危机及社会思潮的转变都呼唤着贸易保护时代的到来，工业和农业的利益受损使得强大的工业集团和政治上占主导地位的容克阶级看到了工农业资本主义经济发展受阻的事实，要求政府采用贸易保护措施的呼声越来越大。德国在经济危机中成立了大型的保护关税联合会，它们对经济自由主义和与之相联系的政治自由主义进行了猛烈的攻击。

　　（二）俾斯麦使用了哪些贸易保护政策？

　　1873 年经济危机给德国经济发展带来的阴霾迟迟未散。1878 年 12 月，俾斯麦向联邦政务会递交的信公开发表，信中详细阐述了保护性关税改革计划。俾斯麦对直接税进行了猛烈抨击，要求通过引入保护性关税增加间接税，并提出不仅要保护某些似乎需要保护的制造业，也要对全部进口商品征收一般关税，包括谷物及其他农业产品。1879 年 5 月 2 日，俾斯麦在帝国议会发表了反对自由贸易政策的演说，经过议会冗长的辩论和妥协后，增加进口关税的决定终于达成。1879 年 6 月 12 日，帝国议会以 227 票对 117 票通过了俾斯麦的关税提案。7 月 7 日，政府颁布新的关税税则，部分税则自 10 月 1 日起实行，其余部分自 1880 年 1 月 1 日起实行。

　　《1879 年关税法》规定，对进口商品区别对待，有重点地扶持国内的工业部门，对粮食和工业品征收高额的进口税。在农产品方面，主要谷物的关税较 1878 年均有明显提升，小麦和黑麦的关税达到 10 马克/吨，大麦、玉米和荞麦的关税为 5 马克/吨。在工业品方面，高科技产品，包括与航海、航运相关的机械设备免税；进口的原料免税，制造过程中处于第一阶段的商品（半成品）低税，以后各加工阶段的物品（成品）分别征税。以棉纺织业为例，棉花免税，棉纱低税，布重税（税率为 50%）。同时，为了保护贸易者的利益，法案承诺高关税将使国内农产品价格降低，工人工资提高，生活水平改善。

　　《1879 年关税法》生效后，农业和工业的发展略有起色，但并未达到预期效果。在农产品方面，谷物价格并未出现明显上升，小麦的价格甚至后来有所下降（见图 5.1）；谷物进口量减少的同时出口量也大幅减少，谷物贸易逆差进一步扩大，由 1878 年的

1 436.35 万吨增加至 1884 年的 2 317.89 万吨。在工业品方面，某些部门持续萧条，要求实施更高强度的贸易保护。1885 年，考虑到工农业对贸易保护的新诉求，俾斯麦提议修订关税法案，推行更严苛的关税。1885 年 5 月 13 日，帝国议会以 199 票对 105 票通过了新关税法案。与 1879 年相比，1885 年主要谷物的进口关税均有所上升，小麦和黑麦的关税从 10 马克 / 吨上涨至 30 马克 / 吨，涨幅高达 200%，面粉的关税从 30 马克 / 吨上涨至 75 马克 / 吨。

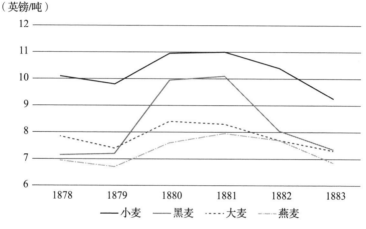

图 5.1 1878—1883 年部分谷物价格变化

资料来源：William Harbutt Dawson. *Protection in Germany: A History of German Fiscal Policy During the Nineteenth Century*. London: P. S. King, 1904: 86.

但是 1885 年的新关税法案仍未能有效阻止谷物价格的下降趋势，谷物价格在 1886 年降至最低。容克阶级认为贸易保护的程度仍然不够，要求进一步上调农产品关税。1887 年，谷物的关税再次上调。小麦和黑麦的关税从 30 马克 / 吨上涨至 50 马克 / 吨，燕麦的关税从 15 马克 / 吨上涨至 40 马克 / 吨，荞麦和豆类的关税从 10 马克 / 吨上调到 20 马克 / 吨。与主张自由贸易的国家相比，关税的上调确实提升了谷物价格。

由于 1873 年经济危机的爆发及其带来的经济停滞、工农业发展受阻，俾斯麦由自由贸易拥护者转变为贸易保护者，主张提高关税以保护国内工农业，推行了《1879 年关税法》，并在之后两度提高进口关税。19 世纪 80 年代中期以前，工业品关税税率为 10% ～ 15%，农业品关税税率为 5% ～ 7%，此后便有显著的提高，其中，农产品的税率提高了 5 倍。事实上，19 世纪七八十年代贸易保护主义的盛行是工业化发展的必然结果。一方面，德国的工业化水平低于英国和美国，国内工业受到英美产品的挤压；另一方面，工业发展程度较低的俄国、奥匈帝国等积极推行贸易保护政策，对德国工业的发展造成了阻碍，工业的发展要求采取贸易保护措施以抵抗外部威胁。这也意味着，随着德国工业化水平的进一步提高，贸易政策的方向可能会发生转变，俾斯麦下台后德意志帝国的贸易政策变化就体现了这一点。同时，贸易政策的变化也对德国工业化的发展和德国经济的恢复产生了积极影响。德国利用 19 世纪的最后 30 年，通过贸易保护政策推动了工业生产和经济的快速发展，跨入了世界强国的行列。

二、自由贸易与贸易保护的更替

(一) 后俾斯麦时期的对外贸易政策

1. 卡普里维时期的对外贸易政策

1890 年，俾斯麦被德皇威廉二世解职，卡普里维接替俾斯麦成为德意志帝国的宰相。贸易保护政策虽对德国的工业生产和经济恢复造成了一定的积极影响，但并未把帝国从萧条中挽救出来。同时，在俾斯麦担任宰相的时期，贸易保护政策的推行也存在一些问题。与此同时，向自由贸易的转变也是这一时期德国工业化发展的要求。经过第二次工业革命，德国的工业化水平飞速发展，生产能力迅速提高，国际竞争力加强，开始向国际市场出口。同时，德国出口贸易的重心也逐渐向工业制成品倾斜，1886—1890年间，德国生产资料出口额增长了30%，而消费资料出口额仅增长了6%。与英国相比，德国工业制成品占总出口的比重不断上升，由1872年的53%上升至1896年的70%，而英国工业制成品在总出口中的比重却呈下降趋势，从1872年的86%下降至1896年的82%。德国对工业品出口市场的依赖程度不断上升，而贸易保护政策会在一定程度上阻碍国际市场的扩大，威胁德国的出口贸易。因此，贸易政策的改革势在必行。

在卡普里维时期，贸易政策的制定思路转变为降低农业关税以换取别国对工业品关税的降低。卡普里维在1891年12月10日帝国议会的演讲中阐明了对贸易政策改革的想法。贸易政策的原则是"等价让步"，实行"工业品出口战略"。他肯定了谷物保护关税的必要性，但也强调过去的高关税并未达到预期的效果，且德国需要与欧洲的谷物生产国结盟，同时高关税对政府而言是一种负担，因此要降低谷物进口关税。在工业界利益方面，卡普里维认为，为了工业持续、稳定的发展，必须考虑工人阶级的利益，贸易条约缔结后，随着人口的不断增长，工业将会继续发展。

卡普里维的贸易条约政策虽未使德国回到自由贸易时代，但使进出口贸易不断扩大，出口额由1891年的7.56亿美元增长到1904年的12.95亿美元，增长率高达71%，其中大部分出口归功于工业品的扩大出口。同时，德国与缔结贸易条约国家的贸易总额明显上升。德国1900年向奥匈帝国的出口额较1890年上升45.5%，向俄国的出口额上升69.2%，向瑞士的出口额上升62.3%，向比利时的出口额上升67.8%。但卡普里维的贸易条约政策触及了农业政党等的利益，在德国与俄国签订贸易条约后，农业政党推翻了卡普里维的统治，霍恩洛厄取而代之。1894年霍恩洛厄上台后，终止了贸易条约政策，重新推行农业政党支持的贸易保护政策。

2. 比洛时期的对外贸易政策

1900 年，霍恩洛厄辞职，比洛接任宰相一职，帝国内政部国务秘书波萨多夫斯基主持贸易政策改革。在卡普里维时期，工业界和农业界在对外贸易政策上产生了巨大的矛盾。农产品进口关税的降低使得国内谷物价格下降，黑麦的价格由 1891 年的每百千克 22.2 马克下降至 1897 年的 13.8 马克。同时，工业的发展促进了农村劳动力向城镇的迁移，农村劳动力的流失导致德国对进口谷物的依赖。1902 年，黑麦的 8% ～ 9%、小麦和大麦的 30%、燕麦的 6% 均来自进口。谷物价格的下降与外国农产品的入侵损害了农业界的利益，农业界要求提高对农业的贸易保护程度。在工业方面，自 19 世纪 90 年代起，工业部门的增长速度放缓。1895 年，工业家联盟成立，主张继续降低关税，支持贸易自由。

为了缓和工业界和农业界的矛盾，比洛上台后开始推行折中主义关税政策，在促进工业品出口的同时对农业界施以援手。经过各派的争论，1902 年 12 月 25 日，新关税法颁布。新关税法的主要内容为：200 项商品继续维持零关税，降低原材料和部分工业制成品的关税，提升大部分产品的关税，特别是谷物、牲畜和肉制品。具体来看，在农产品方面，对于缔结贸易条约的国家，小麦的最低关税为 6 马克 / 公担，黑麦和燕麦的最低关税为 5.5 马克 / 公担；小麦的最高关税为 7 马克 / 公担，黑麦和燕麦的最高关税为 6.5 马克 / 公担；其他农产品的进口税率提升幅度更高。在工业品方面，原材料低关税或免税，初级产品低关税，制成品的关税大幅提高，有的涨幅甚至达到 50%。由此可见，新关税法既想保护农业界也想保护工业界，但实际上对农业界的保护程度更大。新关税法有两个特点：一是关税税则更加具体化，依物而征，等级分明；二是引入了最低关税。

比洛时期的折中主义关税政策是世界主义的自由贸易同民族主

义的保护思想相妥协的产物。该政策大大促进了国内农业的发展，但对出口工业造成了一定的损害。同时，受到美国财政和商业危机的影响，德国的对外贸易发展遇阻。比洛时期签订的新贸易协议也遭到了工商业界的反对，它们担心较高的最低关税会阻碍降低工业关税的谈判。

（二）魏玛共和国时期的对外贸易政策

1918 年，德意志共和国在第一次世界大战中战败，魏玛共和国成立。战后初期，德国的贸易政策受到《凡尔赛和约》的种种限制。《凡尔赛和约》制定了一系列非互惠贸易规定，德国最重要的河流需交由国际专门委员会控制，重要商路被迫实现国际化；阿尔萨斯－洛林在五年内可以免税向德国出口，而德国出口货物必须缴税，禁止德国在今后三年内限制法国某些商品（如葡萄酒）的出口。作为传统的外贸大国，恢复与各国的通商关系是德国渡过经济难关的重要途径，因而德国该阶段的贸易政策以降低保护程度为主。以《中德协约》的签署为例，《中德协约》是近代以来中国与西方国家签订的平等条约之一，德国放弃在华享有的一切特权，两国各有关税自主权，征收关税不得超过所在国本国人民所纳税率，《中德协约》开启了中德两国平等互惠的贸易关系。然而，保护程度的下降并不意味着贸易保护政策的消失。在 1919—1923 年通货膨胀期间，德国提供相当于货币贬值的"出口津贴"，促进出口的发展，借此保持进出口贸易的相对平衡；而随着国内价格的急剧上涨，通货膨胀后期出口补贴的效果被抵消，德国在世界市场上日益受到排挤。

1929 年，经济危机席卷全球，对德国经济造成重创。德国面临着艰难的抉择：究竟是宣布马克贬值还是更大幅度地削减进口。1930 年，布吕宁政府选择了削减进口，通过把进口量减少到最低限度来节约开支，保证按时支付战争赔款和外债本息。这一政策并没有起到预期的效果，1933—1934 年间，德国的贸易顺差仍没有出现明显的上升，帝国银行的外汇储备实际上在继续下降，到1934 年初，其数量已降至令人担忧的地步。

（三）纳粹德国时期的对外贸易政策

1933 年，在经济萧条、失业严重、传统政党因无法解决危机问题而丧失民意的背景下，纳粹政府上台执政。面对大萧条带来的经济衰退，以及世界范围内以国家干预和贸易保护主义代替自由贸易的浪潮，纳粹政府采取一系列国家干预的政策来应对危机，提出了自给自足的经济目标，并大力推行扩军备战政策，其对外贸易政策也逐渐转向战争外贸政策，具有极为浓重的贸易保护主义色彩。

首先，通过外汇管制限制进口。1934 年，面对贸易状况的恶化与外汇储备的持续下降，帝国经济部长兼帝国银行行长亚尔马·沙赫特推行新计划，以缩小德国的贸易逆差和避免马克贬值。德国实行了严格的外汇管制：德国人出国兑换的外汇每月不得超过50 马克；外汇数额按照"优先提供给为生产出口产品而进口原材料的厂商，其次提供给为国内生产产品而需进口的厂商，最后考虑向其他需要进口的项目提供"的原则进行分配。1934 年 3 月，帝国银行决定全面缩减民用品进口商业的外汇限额，尽可能推迟应向进口商发放的外汇。同年 6 月，外汇管制措施更加严格，将按月向德国进口商发放外汇配额改为按日发放，且数量极少。外汇的缺乏直接导致德国进口商的业务陷入全面瘫痪状态。对于德国的行动，世界多国反映强烈，英德两国间更是形成了全面贸易战的局面。

其次，建立进口管理机构限制进口。为监督棉花、羊毛、有色金属、橡胶等工业原料的发送工作，德国设立进口监督机构。这些机构受权规定原料发送的最大限额，确定商业和工业需要掌握的库存货物定额。此外，沙赫特在新计划中规定，批准进口的总额需要在不同种类的进口商品间分配，分配原则是商品对经济的重要性大小。为了保证限额制度的推行，新设置了一批进口监督机构，这些机构不再为每个进口商规定一般性限额，而是在与经济集团协商后为每种进口品和每项对外支付发放许可证。某些特定机构具有特别授权，当德国国内价格受到国际市场价格的威胁时，这些机构可以自己从事进口业务。与进口关税相比，进口监督机构是一种保护程度更高的新式武器。

最后，德国利用清算协定扩大出口。在德国与拉丁美洲国家签订清算协定后，由于负责清算的机构并未设在国外，德国进口商交付货款时只需以外国出口商的名义将货款记入由帝国银行掌管的"领属地马克账""外国人专用马克账"等，外国商人在购买德国商品时可使用这些款项，也可以向其他购买者转让。由于"领属地马克"在国外自由标价，其行市大大低于帝国马克的价值，购买此类马克的人能从中获得价差，因此，这种让用于清算的马克贬值的方式也有利于德国的出口。

（四）联邦德国时期的对外贸易政策

第二次世界大战结束后，苏联、美国、英国和法国根据《雅尔塔协定》分区占领德国。战后初期，由盟国继续监管外贸。直到1949 年初，一切进口和所有外汇活动都需要经过盟国批准。1949年 6 月，美英法占领区组成联邦德国，面对战争后百废待兴的局面，联邦德国政府的外贸政策向支持自由贸易的方向转变，但在这个过程中贸易保护主义也同时存在。

一方面，联邦德国通过取消进口配额、降低关税等自由化政策重返世界市场。1949 年秋，联邦德国加入欧洲经济合作组织（自1961 年起该组织改称经济合作和发展组织），该组织的任务包括取消贸易限制等。1951 年，联邦德国加入 GATT，该组织的目标是在世界范围内尽可能减少贸易的限制，尽可能完全废除进口配额，降低关税。GATT 主要以普惠制条款为手段，两个成员方相互提供的贸易政策优惠也必须向其他成员方提供。加入国际组织后，联邦德国通过取消进口配额进一步促进贸易自由化。1949 年前，联邦德国的全部进口仍实行配额制，每一类商品的进口都有数量或价值的限制。1953 年，联邦德国从欧洲经济合作组织国家进口的所有商品种类的 90% 已取消配额限制；同年，从美元区进口的所有商品种类的 50% 已实现自由化，1956 年这一比例上升至 90%。此外，由于 GATT 降低关税的相关谈判进展缓慢，联邦德国在 1955—1957 年间多次降低工业品关税。

另一方面，联邦德国的贸易自由化政策也有所保留，同时推行了一系列贸易保护政策。在取消部分商品进口配额的同时，联邦政府并没有在农产品、纺织品和陶瓷制品方面放弃进口限额；1958 年，当价格较高的联邦德国硬煤生产过剩时，联邦政府对煤重新实行进口限额。同时，联邦政府还采取了出口补贴措施，起到了贸易保护的作用。1951 年，《出口促进法》颁布，规定对出口减税。1951—1957 年，对出口财政补贴进行减息。1949 年后，国营的赫尔梅斯信贷保险股份公司开始承保出口风险。以上措施都提高了联邦德国出口商的竞争力，降低了出口的不确定性，促进了联邦德国出口的发展。1952—1973 年间，马克的贬值也起到了贸易保护的作用，出口扩大，进口缩小，贸易顺差由此扩大。此外，《1961 年外贸法》中包含了大量体现贸易保护主义的规定。根据该法第 6 条第 1 款，联邦德国可以通过出口补贴、挂旗歧视、禁止开业和从事活动等对第三国的歧视性措施进行反制。根据该法第 6 条第 2 款，在和国营贸易国家的往来中，联邦德国可以限制合法交易和其他行为，防止国营贸易国家进行商品倾销。该法第 7 条第 1 款允许以保障联邦德国的安全、避免干扰对外关系为目的的对外贸进行限制，特别是监督武器弹药的出口和过境运输。

三、德国贸易保护的特征与演进规律

在所有西方资本主义国家中，德国是崛起历程最为曲折的国家之一。在19世纪中后期，德国才正式进入工业化时期，用当时史无前例的发展速度完成了农业社会向工业社会的转变，在西方资本主义世界最为进步的技术工艺时代拔得头筹，牢牢占据着资本主义工业强国的地位直到今天。工业生产能力的提高对市场的扩大不断提出新要求，因此德国工业发展的过程伴随着对外贸易的发展和贸易政策的变化。从19世纪至20世纪中后期，德国的贸易保护呈现出以下特征与演进规律。

第一，贸易保护与经济发展状况有关，呈现出周期性波动的特点。贸易保护和自由贸易政策是寻求本国经济发展的政策，因此与经济发展同样具有周期性波动的特征。德国贸易保护程度的变化遵循了这个规律。19世纪上半叶，德国刚刚通过建立关税同盟结束了国内贸易关卡林立的状态，政治和经济上多年的分裂使得德国的工商业发展较为落后，因此关税同盟的政策倾向于支持自由贸易。而1873年经济危机爆发后，经济长期停滞，民族工业面临被国外廉价工业品挤出市场的威胁，因此俾斯麦政府制定了《1879年关税法》，对工业品和农业品进行高关税保护。而在卡普里维时期，国家经济有所恢复，民族工业快速发展，工业界要求降低关税以换取国外市场，政府通过签订贸易条约的方式降低了贸易保护程度。

第二，贸易保护手段趋于隐蔽和多样化。在近代实行贸易保护主义之初，俾斯麦政府的主要手段是进口关税，保护手段较为单一，也容易招致其他国家的报复。而到了卡普里维时期，德国改变了俾斯麦的单边自主关税政策，转而通过签订贸易协定的方式实行建立在双边贸易互惠基础上的协定关税，贸易条约国适用协定关税，非贸易条约国适用自主关税。比洛时期也沿用了签订贸易协定

的方式。纳粹党上台执政后，贸易保护手段更加多样和隐蔽，如利用外汇管制限制进口，利用贬值货币替代物和清算协定促进出口。

第三，贸易保护的重点对象是工业。德国贸易保护政策转变的根本原因是工业发展情况及其竞争能力的变化。当德国的民族工业尚不足以与英法等老牌工业国家竞争时，德国采取贸易保护政策，以削弱外国产品在国内市场上的竞争力；当德国工业生产能力已发展到超过国内市场需求且在国际上能与英法等国竞争后，德国政府调整贸易保护政策，降低保护程度，促进工业出口。从贸易政策的具体措施也能看出这一点。从 19 世纪到 20 世纪中后期，每次贸易政策以工业的相关规定为主。尤其是在卡普里维时期，帝国需要通过签订贸易条约来保证贸易环境的稳定，而要想达成贸易条约，德国就必须降低进口关税，做出一定的让步与牺牲。德国选择降低农产品和部分工业品的关税，以换取工业品进入外国市场的机会。该政策促进了工业的扩张，但损害了农业界的利益，尤其是与俄国签订的贸易条约，导致了最后卡普里维统治被农业力量支持的政党推翻。

第四，贸易政策的转变与德国的政党力量对比关系密切。最初各党内部的立场基本一致，而在 1879 年后慢慢地走向分裂。1879年，德意志保守党和天主教中央党支持贸易保护主义，社会民主党和左翼自由党反对贸易保护主义，民族自由党中多反对《1879 年关税法》，当年投票结果为支持高关税政策。在 1893—1894 年，多数德意志保守党支持贸易保护主义，多数民族自由党赞同贸易条约，天主教中央党党内对贸易条约一半支持、一半反对，左翼自由党、少数党和社会民主党全体支持贸易条约。而在 1902 年，德意志保守党、民族自由党和左翼自由党内部也开始出现分裂，大部分德意志保守党和民族自由党支持高关税，大部分左翼自由党反对高关税。少数党和天主教中央党支持高关税，社会民主党反对高关税。结合政党在帝国议会的席位变化、投票变化和投票结果可以看出，政党根据其代表的经济利益来调整关税策略，政党力量的对比反映在议会席位的多少上，而贸易政策就是不同政党间博弈的结果。

第三节　欧洲其他国家贸易保护的发展历史

一、法国贸易保护的发展历史

（一）拿破仑的大陆封锁体系

1792 年 9 月，拿破仑建立了法兰西第一共和国，出于争夺殖民地的原因，英法两国关系急速恶化。1803 年，英法两国断绝外交关系并宣战，拿破仑下令禁止进口英国货物，阻止英国及其殖民地商品的销售。1805 年，法国对英国作战失利，至此，拿破仑正式开始实行大陆封锁政策，试图通过打压英国的贸易断绝其经济命脉。同年，拿破仑击破俄、奥联军和普鲁士军队，进军柏林，法国领土大幅扩张。1806 年，拿破仑在柏林发布《柏林敕令》，宣布封锁不列颠群岛，涉及经贸方面的内容包括禁止与英国进行任何商业往来和通信，禁止英国商品贸易和来自英国及其殖民地的船只到港等。值得注意的是，拿破仑意在将英国隔绝在整个欧洲大陆之外，因此，他积极推进武力控制与结盟，力图禁止各国与英国的贸易。

1807 年 11 月 11 日，英国枢密院发布了反制措施，对法国及其盟国进行反封锁，禁止法国及其盟国控制的港口间贸易。作为应对，同年 11 月 23 日和 12 月 17 日，拿破仑在米兰相继颁布两道《米兰敕令》，内容包括剥夺服从英国检查、向英国缴纳税款的船舶的国籍保护，对来往英国占领的港口的一切船舶进行合法俘获，没收所有无原产地证明的殖民地产品和其他产品等。1810 年 10 月 18 日，拿破仑颁布《枫丹白露敕令》，宣布将没收并焚毁在法国及其附属地发现的一切英国商品。至此，拿破仑的大陆封锁体系正式建立。

大陆封锁政策给予英国经济沉重打击，但法国工商业同样大幅受挫。法国工业由于原料匮乏而并未发展起来，反而被其他欧洲大陆国家抢占先机。法国出口市场缩小，而殖民地货物价格上涨，对外贸易额锐减。大陆封锁政策原本就违背了经济规律，因此，欧洲大陆各国都不同程度地遭受了不利影响，各国对大陆封锁政策的反抗引起了一系列战争，最终导致拿破仑政权的倾覆。1814 年，波旁王朝复辟，拿破仑被迫退位，大陆封锁体系也随之崩塌。

（二）自由贸易的短暂曙光

1846 年后，英国的强盛使其执行的自由贸易政策在欧洲大陆风行。1852 年，拿破仑三世建立法兰西第二帝国。在经历了1846—1851 年间的萧条后，法国的经济缺乏活力，因此拿破仑三世尤其重视发展经济对政权的稳定作用。拿破仑三世给予企业投资支持，扩大对铁路建设的支持并积极创造信用，实施了一系列有利于法国资本主义发展的政策。与之相适应的是，拿破仑三世是自由贸易的支持者。然而，在其掌权之初，高度贸易保护主义的体制仍然保有其惯性。

受英国贸易政策胜利的影响，1860 年 1 月 23 日，法国签署了与英国的自由贸易条约《科布登－舍瓦利耶条约》，这标志着法国自由贸易的开始，也被认为是整个欧洲自由贸易进程的转折点。该条约生效后，法国又出台了系列法令来取消多种原材料的进口关税。1869 年的新关税法废除了几乎所有农产品和原材料的全部关税。在 1860—1872 年间，海运的歧视性惯例也几乎被完全取消。1875 年，法国已经取消了几乎所有农产品的关税，制造品的关税也仅有 12% ～ 15%，出口商品也基本上无须缴税。受益于该自由贸易网络，1866—1877 年间，欧洲的贸易达到了鼎盛时期。

事实上，短暂的自由贸易主义的试验并没有使法国经济繁荣起来，反而给法国经济带来了严重的经济萧条。相比于英国，法国的农业部门仍占有较大比重，因此，在《科布登 - 舍瓦利耶条约》促成自由贸易网络后，来自美国等地谷物的大量进口使法国国内谷物价格下降，农民生活水平降低，这一问题在许多欧洲大陆国家间呈现共性。以玉米为例，在 1851 年之后的几十年，法国进口玉米的数量逐年攀升，出口量逐年下滑（见图 5.2），法国制成品的出口受阻于美国在这一时期的贸易保护政策。

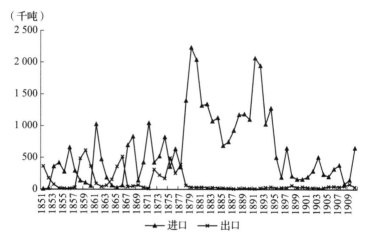

图 5.2 1851—1910 年法国玉米对外贸易走势图

资料来源：B.R. 米切尔. 帕尔格雷夫世界历史统计：欧洲卷（1750—1993）. 4 版. 北京：经济科学出版社，2002.

事实上，此时的法国产业的重心仍然是农业（见图 5.3），这一时期农业部门产值比重约为 40%，农业就业人口比重约为 50%。来自国外农产品的价格竞争使得法国本国农产品价格逐年下降，法国批发物价指数逐年下滑（见图 5.4）。因此，法国国内要求保护农业的呼声增大，农民持续对政府施压。在 1885 年和 1887 年，法国均提高了农产品关税。总体来看，法国在这一时期短暂地实践了自由主义的贸易政策，但是没有取得成功。其中很重要的原因是法国本国的产业重心——农业不具备比较优势。在面临国外农产品的竞争压力时，由于技术和贸易壁垒等的限制，法国在短期内无法实现产业结构的转移，因此最后不得不重新回到贸易保护的旧道路上来。1892 年，法国梅林关税实行，大幅提高了谷物和原材料的进口关税，这标志着法国保护主义的彻底恢复。

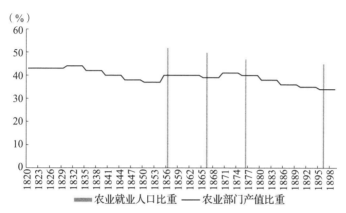

图 5.3　1820—1899 年法国农业就业人口和部门产值比重走势图

资料来源：B.R. 米切尔 . 帕尔格雷夫世界历史统计：欧洲卷（1750—1993）. 4 版 . 北京：经济科学出版社，2002.

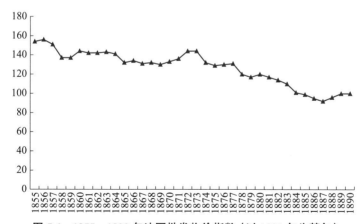

图 5.4　1855—1890 年法国批发物价指数（以 1900 年为基年）

资料来源：B.R. 米切尔 . 帕尔格雷夫世界历史统计：欧洲卷（1750—1993）. 4 版 . 北京：经济科学出版社，2002.

自 1869 年以来，法国关税总额不断攀升。其中，在 1885 年之前，政府关税收入的提升主要受益于不断扩大的进口规模，而在 1885 年之后，则主要受益于因新关税法不断提升的关税税率。该关税法一直生效到 1910 年，中间进行了诸多调整，但总体仍有较高的保护程度。

到了 1910 年，法国根据经济发展和技术进步的需要制定了新关税，其中主要调整了关税项目以使其适用于新产品。新关税进一步提高了制造品的关税，而维持农产品进口关税不变。然而由于 1910—1913 年法国农业收成欠佳，主要谷物产出出现了 10% ～ 30% 的不同程度下降，最终导致了这一时期农产品进口的大幅上升。

（三）世界大战后的法国

1914 年，第一次世界大战再次打破了法国政局的稳定。尽管法国在战争中取得了胜利，但战争仍然严重影响了法国经济。法国的税收大多是间接税，这使战争融资十分困难。在德国的赔款无法给付的情况下，法国金融体系的重建面临困难。特别是自 1914 年以来，法国进口规模大幅上升，而出口规模的增长却严重落后。在这种情况下，法国工业仍要求保护性关税。1930 年，平均保护性关税税率为 12%。

第二次世界大战初期，法国本土被德国占领，遭受了严重的经济掠夺。在贸易方面，法国按照协定与德国进行贸易，对外贸易严重萎缩。战争结束后，法国的政局变幻莫测。1958 年，戴高乐重新执政，开始实行一系列经济政策以改善财政和国际收支状况，稳定金融和货币。同时，戴高乐政府致力于自由贸易和共同市场的建设。在 1958 年 6 月到 1959 年年中，其主要经济政策包括：第一，通过发行公债、从民众手中收购黄金和以优惠条件促进资本回流来缓和国际收支逆差；第二，通过冻结工资、增加税收、取消价格补贴和部分社会保险金来平衡预算；第三，鼓励工业兼并，促进生产集中；第四，宣布法郎贬值，实行有限度的自由兑换。1959 年，法国将同欧洲经济集团成员国的关税税率降低了 10%，并将配额扩大到了 20%。法郎贬值使法国出口产品的竞争优势扩大。在国内经济形势好转的情况下，戴高乐政府进一步实行了刺激生产的政策。政府制订了新的计划，对国内产值的增速提出要求，降低利率，鼓励生产性投资，促进垄断资本控制的工业部门的扩张。在农业部门，政府对大规模经营实行优惠税收政策。

二、意大利贸易保护的发展历史

（一）从统一到 20 世纪

意大利位于欧洲南部的地中海沿岸，地理位置优越。然而，在 19 世纪以前，意大利的地理范围内并未形成稳定的统一国家，而是不断被入侵和割据。19 世纪，拿破仑政权结束后，意大利民族主义兴起，复兴运动蓬勃发展。1861 年，意大利王国建立。1870 年，意大利王国攻克了罗马，取消了教皇的世俗权力，完成了意大利统一。统一后，意大利迅速踏上了从资本主义到帝国主义的发展道路。

1861 年，正是欧洲自由贸易网络兴起之时，统一后的意大利顺应此潮流，积极加入同英法等国的贸易体系。实际上，在意大利王国完成统一前，萨伏依王朝的皮埃蒙特大区便已经实行起了自由贸易政策。意大利的统一使《皮埃蒙特关税法》推广至了全国。1863 年，意大利同法国签订贸易协定，进一步扩大了自由化程度。统一之初的意大利是贫穷落后的，缺乏工业基础，与西北欧国家的发展差距很大。意大利政府深信，借助农产品价格上涨的时机可以积极扩大出口，发挥其农业上的传统优势。同时，意大利金融贵族与欧洲其他国家的银行界和商界来往密切，积极支持外国资本进入。然而，从政策的效果来看，至少从数据层面而言，意大利在统一之后经济增长的速度并不快，工农业的发展也比较缓慢，最可观的贸易收入来自生丝和丝线的出口。

1895 年，意大利采用了新关税制，制造品的关税几乎不变。由于意大利关税从量税的特性，考虑到价格上涨的因素，1895 年的关税实际上提高了有效保护，而这种效应在 1896—1898 年价格下降时逆转，但此时谷物关税仍相当于其价值的 36%。采用相对较低的工业产品关税的目的是促进其农产品的出口。

（二）从 20 世纪初到一战

19 世纪末 20 世纪初，意大利出现了一系列有利于工业发展的因素，包括价格上涨、外国金融投资的干预、电力等新技术的应用和长期贸易保护主义下扩张的国内市场和农业的现代化，最关键的是自由党大臣乔瓦尼·焦利蒂所代表的政治路线的变化。焦利蒂的改良主义政策扩大了国家职能，积极完善立法，承认工人运动并鼓励增加工业投资。此外，在公共政策的积极干预下，1897—1925 年，意大利农业产值年均增长率为 1.8%，仅次于二战后的水平。随着工业的扩张，工会和政治组织积极支持工业贸易保护主义。1907 年资本主义金融危机使大工业集团增加了政治施压，意大利进一步增加了关税，加强干预活动。与此同时，粮食生产受战争影响，意大利不得不从美洲进口粮食，国际收支开始出现严重逆差。

通过第一次世界大战，意大利经济中的一些问题被暂时解决，部分摆脱了外国资本对金融和工业的控制。钢铁、化工和汽车等工业的利润大幅上升，工业生产能力大幅发展，资源向大钢铁和冶金机械工业集中。因此，在战争中受损的农村地主阶层强烈反抗自由贸易，要求尼蒂政府实行保护性关税。此时，面对不利的汇率和外国在贸易上的强竞争力，包括大机械工业在内的工业部门也加入了呼吁保护性关税政策的行列。

（三）从 20 世纪 20 年代到二战

第一次世界大战虽缓和了部分矛盾，但遗留的经济社会问题

使意大利国内的工人运动、利益集团争斗等频繁发生，意大利一度
陷入无政府状态。此外，对战争结果的不满也促使了国内非理性的
民族主义的兴起。在这种情况下，法西斯主义悄然发展起来，在政
府再一次无法调和社会矛盾时进驻了国家的权力中枢。在政治上独
裁、经济上发展国家垄断资本主义的极权制度下，意大利消灭了国
家财政赤字，这极大地巩固了法西斯统治。实际上，意大利经济在
这一时期得到了发展。如图 5.5 所示，意大利出口数量大体呈上升
趋势，从 1920 年的 116 亿里拉增长到 1926 年的 185 亿里拉，而进
口数量则趋于先下降后回升，先是从 1920 年的 268 亿里拉下降到
1922 年的约 160 亿里拉，而后回升到 1926 年的 258 亿里拉，贸易
差额逐渐缩小，贸易赤字从 152 亿里拉缩小到 73 亿里拉。

（百万里拉）

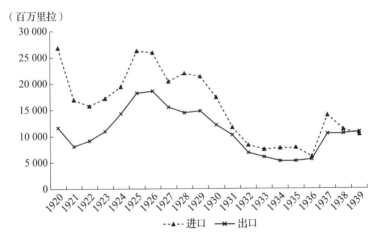

图 5.5 1920—1939 年意大利进出口走势图

资料来源：B.R. 米切尔 . 帕尔格雷夫世界历史统计：欧洲卷（1750—1993）. 4 版 .
北京：经济科学出版社，2002.

1929 年，意大利政府出台了关于汽车进口的修正案，帮助国
内公司与美国公司竞争，并对福特公司采取了一系列限制措施，在
第二年就把底特律汽车公司逐出了意大利市场。实际上，保护性关

税制度和冻结工资等紧缩政策成了危机时期墨索里尼政府在统制经济模式下最重要的两张牌。在法西斯统治时期，意大利的对外经济政策以闭关自守为主，强调自给自足，收缩贸易，限制外国投资，这使意大利被隔绝在广阔的国际市场之外。

（四）二战后的经济奇迹

在二战期间，意大利很快沦为交战区，但相对于其他国家，意大利工业的损失较小。同时，美国的巨额援助为意大利提供了进口所需的储备。1945—1947 年间的一系列经济重建措施创造了通常所说的意大利战后的"经济奇迹"。其中，自由的市场体制和开放的贸易体系通常被认为是意大利经济崛起的重要因素。这其中，美国对意大利国内政治势力的影响起到了不小的作用。因此，在1945 年，意大利取消了价格管制和配给制，放松了外汇限制，并改由私人经营出口贸易。这一时期出口占 GDP 的比重不断攀升，从 1947 年的 6% 增长到 1951 年的 11%，并在随后的几十年间大体保持增长（见图 5.6）；GDP 也实现了跨越式的增长，1945—1947 年

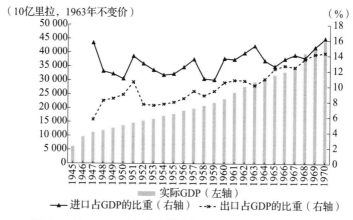

图 5.6　1945—1970 年意大利实际 GDP 及进出口所占比重

资料来源：B.R. 米切尔 . 帕尔格雷夫世界历史统计：欧洲卷（1750—1993）. 4 版 . 北京：经济科学出版社，2002.

短短三年时间里意大利 GDP 增长了 84%，并在随后的 20 余年间保持年均 6.15% 的超高增速。在随后的欧洲一体化进程中，意大利进一步扩大开放，迅速步入了先进国家之列。

三、荷比卢等国贸易保护的发展历史

（一）从尼德兰到联合王国

荷兰一直以自由著称，但回顾历史，其"贸易自由"也曾以"对己自由，阻挠敌人"为真实含义。1609 年荷兰同西班牙休战前，荷兰仍基本执行对工业的关税保护政策，国内纺织工业在保护下迅速发展。1609 年后，荷兰和西班牙进入休战期，在 1609—1621 年间，荷兰的关税政策也开始转向。由于尼德兰南部由西班牙统治，在休战期间，荷兰不再对南部的海港城市进行封锁，这些港口重新恢复了对外贸易。

1621 年，荷兰重新同西班牙开战。战争使转运贸易的重要性下降，工业集团的呼吁终于得到了重视，关税保护开始加强。荷兰决定对所有外国毛呢制品的进口提高关税，对尼德兰南部地区进一步实施惩罚性关税，同时，对国内所需的原料，如波罗的海羊毛等，提高出口税率，而对来自英国的半成品毛呢进口免税。到了战争末期，关税保护政策已经再次松弛，到 1648 年战争结束时，荷兰放弃了关税保护政策。

尽管 1672—1674 年间的第三次英荷战争以荷兰取得胜利告终，但到了 18 世纪中期，荷兰还是已经失去了在北欧与法国、西班牙、葡萄牙和意大利间的中介地位，贸易量大大衰减。这一时期，荷兰一度陷入了停滞，工业化进程迟缓。

1780 年爆发的第四次英荷战争最终让英国彻底打垮了荷兰，取代了其世界金融中心的地位，"海上马车夫"的殖民帝国势力随之衰弱。在 1820 年左右，欧洲大陆的大多数主要国家均采取贸易

保护主义,对制成品进口或是颁布禁令,或是以极高的关税水平加以限制,而在荷兰,既没有禁止进口的禁令,制造品平均关税税率也仅为 7% 左右。荷兰没有内部税,对农产品仅实行极低的保护,出口关税仅影响少数几种产品。值得一提的是,荷兰对转口贸易不征税,这使转口贸易在其贸易额中占比很高。因此,在 19 世纪初期,荷兰实际上是欧洲最自由的国家。

(二)分立后的比利时与荷兰

1830 年,比利时脱离荷兰联合王国独立,部分比利时资本家移居荷兰北方沿海,带来了先进的纺织技术和资本。然而,沿海地区的移民企业仍然高度依赖设备进口,未能形成本国的大规模先进生产力。1834 年,荷兰政府再度筑起殖民地的贸易壁垒,将其他欧美国家输入荷属东印度的纺织品的关税水平提高到其价值的 50% ~ 70%,这使本土的棉纺工业在保护下产值迅速提高。

在 1846—1860 年间,英国的工业领导地位使欧洲大陆的许多国家开始了防御性贸易保护主义,而荷兰仍是这一时期最自由的国家。1850 年,荷兰再次降低关税,并取消了此前规定的对荷兰船只的优惠。到 1860 年,欧洲大陆掀起了自由贸易的浪潮,荷兰则进一步扩大了其贸易政策的自由化,其关税收入占中央或联邦政府收入的份额远低于欧洲其他国家(见图 5.7)。

一战期间,出于英国和德国间的战略制衡考虑,荷兰在战争中保持了中立。战争结束后,欧洲各国期望通过协调降低关税,但谈判进展得很艰难,各国相继提高了关税。1930 年,荷兰和英国出于要求停止关税战的目的组成了小团体,并将奥斯陆集团组织起来,但不久,英国即联合挪威、瑞典和比利时签署了增加关税的协议。

1940 年,荷兰沦为德占区。战争结束后,直到 20 世纪 50 年代,荷兰仍然实行配给制。美国的"马歇尔计划"在 1948—1954 年间为荷兰提供了超过 116 亿美元的援助,促进了荷兰经济的恢

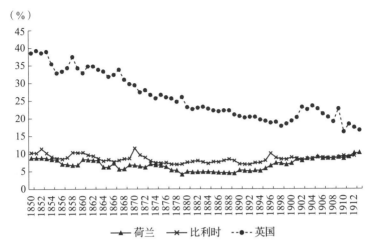

**图 5.7　1850—1913 年荷兰、比利时和英国关税收入占中央
或联邦政府收入的份额**

资料来源：B.R. 米切尔. 帕尔格雷夫世界历史统计：欧洲卷（1750—1993）. 4 版.
北京：经济科学出版社，2002.

复。此后，荷兰积极参与区域经济一体化，成为欧洲一体化进程中
的重要角色。

1815—1830 年间，比利时被强行划归荷兰统治，造成了南北
方的多重矛盾，贸易政策就是其中之一。1840 年，比利时对几乎
所有的制造品及许多农产品都征收了高关税，甚至大量产品被禁止
进口或出口，很多产品还需要缴纳出口税。这一时期，制造品的平
均关税税率为 30% ～ 45%。

1844 年以后，比利时的贸易保护主义略有放松，政府为了鼓
励直接贸易，于该年首次实行了有利于全国航运业的特惠关税制
度，这一制度规定本国船只进口货物可以享受优惠关税。此外，比
利时还与多个主要贸易伙伴签订了一系列贸易协议，这些贸易协议
大幅调整了关税的限制。特别是 1852 年实施了新的关税政策，降
低了许多产品的进口关税，并且在 1853 年取消了几乎所有产品的

出口禁令。这一时期，制造品的关税平均下降了 10 个百分点，为
20% ~ 35%。

第一次世界大战期间，比利时成为德国扩张的重要一环，很快
被占领，经济遭到严重破坏。战后，1922 年，比利时与卢森堡缔
结了经济同盟，1925 年加入了《洛迦诺公约》。1927 年比利时在国
际经济会议上达成了新的贸易协议，按照协议比利时需要降低平均
进口关税。在二战中，比利时再次被法西斯德国占领，直到 1944
年才获得解放。解放后，比利时同荷兰、卢森堡结成了关税同盟，
走上了自由贸易的道路，并于 1958 年与之签署了经济联盟条约，
该条约于 1960 年生效。

（三）卢森堡

1839 年，新生的卢森堡极为贫穷落后，国内以农业为支柱，
工业则仅限于小规模的家庭生产和手工作坊。由于卢森堡领土狭
小（仅 2 586.3 平方公里），依靠自身闭关自守是不现实的。因此，
为快速发展经济，卢森堡于 1842 年加入了普鲁士领导的德意志
关税同盟。在关税同盟内部，各国的贸易是免税的，同时，各国
对外执行统一税率。该关税同盟总体倡导自由贸易，但对敌对国
家实行贸易保护主义。1875 年关税同盟制造品的平均关税税率为
4% ~ 6%，1877 年 1 月 1 日关税同盟取消了几乎所有铁制品的进
口关税，使关税同盟地区一度成为欧洲大陆贸易最自由的地区。
在战火初歇、欧洲大陆仍充斥着多对敌对关系的情形下，依附于
关税同盟无疑为卢森堡争取了有利机会。1870 年，卢森堡农业人
口仍占劳动总人口的 80%。19 世纪末，依靠自身的铁矿石储备和
自德国进口的煤，卢森堡的钢铁工业迅速腾飞，并由此带动了国
内其他工业部门的发展，卢森堡成为一个新兴工业化国家。

二战期间，卢森堡被德国占领，经济遭受重创。战后，卢森堡
积极融入新生的世界经济体系，于 1945 年加入联合国，于 1948 年

加入荷比卢关税同盟，该同盟于 1960 年升级为经济联盟，三国致力于促进商品和人员在联盟内部的自由流通，并积极协调各类社会经济政策。此外，卢森堡陆续参与多个欧洲国家的共同组织，积极参与一体化进程。卢森堡主要面向欧盟贸易，出口对象集中在比利时、德国和法国等周边国家。面向广阔的国际市场，卢森堡高度开放，积极推行经济多样化政策，成了世界领先的金融中心和最富裕的国家。

四、中东欧国家贸易保护的发展历史

从历史沿革来看，欧洲国家的版图变迁比较频繁，国家分立和割据时常有之。从历史地位和在当代欧洲经济中的重要性两方面考虑，本节选取奥地利、匈牙利和俄罗斯作为中东欧地区的讨论对象。奥地利是哈布斯堡王朝所在地，而匈牙利自 18 世纪以来即由哈布斯堡王朝统治（历经神圣罗马帝国、奥地利帝国和奥匈帝国统治），直至第一次世界大战后才独立建国。对于俄罗斯，我们认为俄罗斯帝国（即俄国）为其前身。

（一）奥地利帝国到奥匈帝国时期

1815 年后大约 30 年的时间是英国发展自由贸易的时期。在这一时期，德国也建立了关税同盟。然而，在这期间，奥地利帝国的贸易政策仍然是极端的重商主义，具体表现为繁多的进出口禁令和极高的关税。奥地利帝国 1838 年生效的关税法已经对贸易保护有所放松，但即便在欧洲的贸易保护主义国家之中，也仍然是非常苛刻的。比如，对于大多数棉花、羊毛、铁和陶器制品，关税高达 60%，对其他产品的关税也不低，同时还有一系列并行的禁令。因此，这几乎是一种禁止性的贸易体制。在冯·布鲁克就任奥地利财政部部长后，政策有所松动——冯·布鲁克本人就是来自的里雅斯特的商业家，是自由贸易的倡导者。1851 年，奥地利帝国通过了使其关税体制有实质性变化的新关税法。根据该法，奥地利帝国取消了几乎全部的禁令，代之以较低的从量税，而制造品的关税税率在 20%～30% 的水平。尽管如此，出口税仍然广泛存在于几乎所有产品中。此外，冯·布鲁克试图使奥地利帝国加入德国的关税同盟，但最终仅仅与关税同盟签订了一个贸易协议。该协议于 1853 年签订，次年生效，有效期为 12 年。冯·布鲁克的关税新政使得奥地利帝国的进出口规模出现了明显的变化。如图 5.8 所示，1831—1851 年间，奥地利帝国的进出口规模增长极其缓慢，进口仅从 1.4 亿克朗增长到 3.2 亿克朗，出口仅从 1.6 亿克朗增长到 2.7 亿克朗，年均增长率分别为 4.3% 和 2.7%。而 1851 年之后，奥地利帝国的进出口规模出现了一个快速增长的黄金期，1851—1858 年，进口从 3.2 亿克朗增长到 6.2 亿克朗，出口从 2.7 亿克朗增长到 5.5 亿克朗，年均增长率分别为 10.0% 和 10.6%，并且此后奥地利帝国的贸易规模逐年攀升。

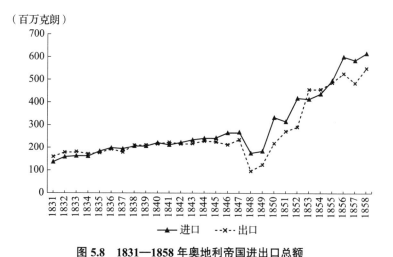

图 5.8 1831—1858 年奥地利帝国进出口总额

资料来源：B.R. 米切尔. 帕尔格雷夫世界历史统计：欧洲卷（1750—1993）. 4 版. 北京：经济科学出版社，2002.

　　奥地利帝国内部素来存在宗教和民族矛盾，1867 年，出于对匈牙利贵族的妥协，奥地利皇帝不得不同意建立奥匈帝国这一二元君主国。一般认为，1860—1877 年是欧洲自由贸易的鼎盛时期，在这一时期末则出现了经济萧条，使各国恢复到贸易保护主义轨道上。实际上，贸易自由化进程并不明显的奥匈帝国却是首批重返贸易保护主义体制的国家之一。1875 年奥匈帝国制造品平均关税税率为15% ～ 20%，1878 年的新关税法使奥匈帝国的制造品关税税率平均上升了 80% ～ 100% 之多，且规定了关税的支付方式为黄金（这时，许多欧洲国家包括奥匈帝国都还没有采用金本位制），这使关税的实际保护水平进一步上升。1882 年，奥匈帝国进行了关税改革，但改革幅度十分有限，而 1887 年的关税法直接将谷物进口关税提升了 3倍，约占其价值的 18%。在 1886—1893 年，奥匈帝国还同罗马尼亚爆发了长期关税战。不过，在 1892—1894 年，尽管奥匈帝国的关税体制没有明显变化，但它成功与德国、意大利、瑞士、比利时、罗马尼亚及俄国重新签订了贸易条约，这意味着奥匈帝国积极调整了对其主要贸易伙伴的贸易政策。这一时期，受制于较为苛刻的贸易保护政策，奥匈帝国的进口规模陷入了长达二十年的停滞状态。如图 5.9 所示，1874—1893 年，奥匈帝国的进口总额始终在 12 亿克朗上下浮动，几乎没有增长。然而，奥匈帝国的出口规模却仍然保持着温和的增长态势，从 1874 年的 10 亿克朗增长到 1893 年的 16 亿克朗，奥匈帝国也从一个贸易赤字国变成了贸易盈余国。

　　到 20 世纪初，匈牙利农民开始要求贸易保护，但在这一时期，奥匈帝国并未重返极端贸易保护主义体制，其总体保护水平在欧洲国家间是适中的。具体而言，尽管其对小麦和英国制造品收取的关税偏高，但在 1913 年前后，在欧洲主要国家间，其总体关税水平大约仅高于荷兰、瑞士、英国和丹麦。这与奥匈帝国根据部分贸易协议大量集中进口低关税和免税货物有关（包括来自塞尔维亚和意

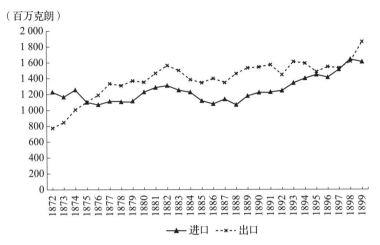

图 5.9　1872—1899 年奥匈帝国进出口总额

资料来源：B.R. 米切尔 . 帕尔格雷夫世界历史统计：欧洲卷（1750—1993）. 4 版 . 北京：经济科学出版社，2002.

大利的产品）。此外，自 1895 年起，奥地利和匈牙利之间就展开了谈判。1907 年，谈判以签署协议告终，该协议规定奥地利和匈牙利实行独立的关税（尽管是同一水平的）。

（二）一战后的奥地利与匈牙利

1914 年，一战爆发，奥匈帝国所处的同盟国一方失败，帝国领土分崩离析，分裂成数个独立国家，包括奥地利、匈牙利、捷克斯洛伐克、南斯拉夫等。1918 年，奥地利宣布成立共和国，即奥地利第一共和国。共和国的疆域大大缩小，经济也遭到了战争的严重破坏。在贸易方面，奥地利与周边国家的边界被封锁，进出口受阻于周边的关税壁垒，经济几乎完全瘫痪。20 世纪 30 年代的经济危机加剧了奥地利内部政治形势的恶化，为纳粹德国提供了可乘之机。1938 年，德国侵占奥地利，奥地利被并入了德国的版图。二战期间，奥地利也沦为战区，直到 1945 年战争结束。根据波茨坦会议的公告，应由美国、苏联、英国和法国共同管制该地区，但占领军承认了奥地利临时政府。直到 1955 年，奥地利政府才与占领军订立协议，重建独立主权。1960 年，奥地利加入了欧洲自由贸易联盟。此外，得益于"马歇尔计划"的大量投资和德国工业的影响，奥地利工业迅速发展，旅游业也日渐繁荣。

在匈牙利，1918 年成立的匈牙利民主共和国很快被无产阶级革命推翻，次年建立的匈牙利苏维埃共和国成了世界上第二个无产阶级国家。革命政府迅速实行工业社会主义化，以雷霆之势改造旧社会。在经济危机后，匈牙利同纳粹德国结盟，退出了国际联盟。在轴心国集团成立不久，匈牙利立即加入了这一集团。错误的结盟政策使匈牙利经济遭到了巨大打击。在苏联的帮助下获得解放后，匈牙利的社会民主党和共产党联合，成立了劳动人民党，实行苏联式的中央计划经济体制。在 20 世纪下半叶，匈牙利进行了渐进式的经济改革。到了 90 年代，匈牙利已取消国家对外贸的垄断，于1991 年成为欧共体成员国，并积极加入欧盟。在一个时期的保护过渡后，匈牙利在 21 世纪已全面向欧盟放开市场。

（三）从俄国到俄罗斯

在 17 世纪末，俄国已经拥有辽阔的疆域，但在体制上仍然是一个封建的农奴制国家。在这一时期，俄国国内的手工业已经得到了发展，内部的市场基本统一。然而，俄国广阔的版图上却没有一个入海口。因此，在彼得一世继位后，俄国开始了夺取海洋霸权的道路。在南方，俄国试图夺取亚速海，打通黑海出海口，但未能完全实现。俄国向北扩张却是卓有成效的——1721 年，俄国最终取得了同瑞典的北方战争的胜利（该战争长达 21 年），夺得了波罗的海沿岸的大片土地，跻身欧洲强国之列。实际上，在彼得一世在位期间，俄国对外战争次数高达 50 余次。除对外扩张外，彼得一世对内也进行了一系列改革。在经济方面，他注重发展农业，对制造业，尤其是军工业也很重视，这为俄国此后的工业发展打下了良好的基础。对待国际贸易，彼得一世采取贸易保护政策，奖出限入，实行高关税以保护本国工业。叶卡捷琳娜二世于 1762 年登上皇位之时，俄国国内经济已经衰落，她极力加强封建专制剥削，镇压农民起义，对外实行军事扩张，得到了黑海出海口并参与瓜分了波兰。然而，在维护封建体制的基础上，叶卡捷琳娜二世也采取了鼓励工商业发展的措施，废除了工商业垄断，并取消了对贸易的限制，鼓励对外出口。

到了 19 世纪初，尽管农奴制经济占据主导地位，但俄国的资本主义工业已经发展起来。1819 年，俄国颁布了这个世纪最自由的关税法，引起了强烈反响。1822 年，俄国很快回到了更严苛的贸易保护政策上，其禁令几乎影响着所有的国内制造品，这极大地限制了进口。在此后的一个时期，俄国进口规模仅缓慢增大，而出口规模则实现了较快的扩张，贸易盈余不断扩大（见图 5.10）。

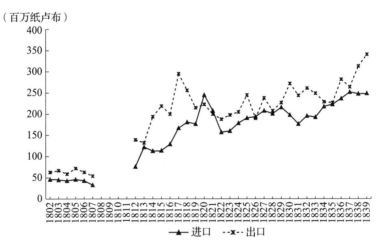

（百万纸卢布）

图 5.10　1802—1839 年俄国进出口走势图

资料来源：B.R. 米切尔 . 帕尔格雷夫世界历史统计：欧洲卷（1750—1993）. 4 版 . 北京：经济科学出版社，2002.

1861 年，亚历山大二世签署法令废除了农奴制。农奴制改革后，俄国资本主义发展的速度显著加快，农业资本主义发展起来，工业革命则在 19 世纪 80 年代基本完成。到 20 世纪初，俄国已发展成帝国主义，社会矛盾空前尖锐，革命和罢工频繁发生。在动荡的国内局势中，贸易保护主义仍然根深蒂固。在 1893—1903 年，俄国继续加强了工业保护，实行最高和最低关税制度。因此，在一战前，俄国的平均关税水平是整个欧洲的主要国家里最高的。1914 年，一战爆发，俄国积极参战，进一步激化了内部矛盾。1917 年，二月革命使俄国封建统治终结。沙皇统治结束后，十月革命最终建立了俄罗斯苏维埃联邦社会主义共和国，即苏俄。

1918 年，苏俄开始实行战时共产主义体制。在这一时期，一切商品贸易均被取消，外贸活动由国家经营。1921 年，苏俄决定向"新经济政策"过渡，允许自由贸易，并放松了私人和外资经营。1921 年，苏俄即同英国签署了贸易协议，并相继同西欧各国签订了协议。在这一时期，对外贸易的主要目的就是为国内的工业提供所需的各类机器、设备和原材料，国家垄断的贸易体制具有严格的针对性。到了苏联时期，这一体制仍然在发挥优势。国家垄断贸易体制，发展积极的对外经济联系，取长补短，加速发展本国经济。二战期间，德国的进攻使苏联同欧洲大陆国家的经济联系完全中断。但随着战争的结束，苏联的对外贸易很快恢复。在美国对社会主义国家实行经济封锁的情况下，苏联建立了经济互助委员会，并积极开展对社会主义国家的经济和技术援助。实际上，尽管美国对苏联采取了大量歧视性措施，苏联同资本主义世界特别是西欧国家的贸易仍然发展得很迅速。

苏联解体后，俄罗斯通过激进式改革完成了经济转轨，废除了国家垄断贸易体制，重塑了关税制度。总体来看，俄罗斯的关税水平较高、征税项目繁多、税率调整频繁且存在税率高峰，这对其加入 WTO 也造成了相当大的障碍。为加入 WTO，俄罗斯不断降低关税水平以适应 WTO 框架。最终俄罗斯于 2012 年加入 WTO。

欧盟贸易保护的历史演进

　　欧共体时期采取的区域经济深度融合的方式推进着内部统一市场的建立与深化，使之不断取得新突破。欧共体对外贸易政策在欧洲一体化过程中发挥着保驾护航的作用，同时也是欧洲提升国际地位、发挥国际影响力的重要手段，因而成为欧洲经济外交中最重要的组成部分，且始终在欧洲对外关系中处于中心地位。

　　在贸易保护领域，欧共体的相关立法及措施不断完善。其中，反倾销、反补贴和保障措施三种贸易救济手段是在 WTO 规则框架下，为保护欧共体的内部市场而采取的防御性贸易措施。此外，欧共体也制定了具有进攻性的贸易保护条例，旨在保护欧共体在第三国的贸易利益。欧共体通过这些互为补充的工具，防御与积极进攻并举，实体与程序手段并用，编织起一张严密的保护网，以保护欧共体及成员国的商业利益。

　　近年来，欧盟贸易保护政策呈现出一些新的特征，在规范导向下强调对消费者的保护；贸易保护措施已从贸易防御工具发展为"爬行贸易保护主义";欧盟各国还形成了以"规则贸易"为特征的区域性贸易保护主义,并建立起"易守难攻"的"欧洲堡垒"。

第一节　一体化背景下的贸易政策取向

一、欧洲一体化起步

(一)"欧洲统一"的缘起

在漫长的历史进程中,欧洲国家之间长期充斥着政治利益冲突、文化宗教矛盾与连绵不断的硝烟战争。而与此同时,各国也曾始终不懈地追求着统一欧洲的理想,曾有罗马帝国、法兰克帝国、神圣罗马帝国、法兰西第一帝国和纳粹德国等通过武力方式统一了欧洲广大地区,也出现过以王朝联盟与国家联盟等和平手段一统欧洲领土的帝国传奇。

现代欧洲以及欧洲一体化可以溯源到其充满活力的共同文化,其中,古希腊哲学文化、罗马法文化与基督精神是决定欧洲前行的重要思想文化内核。希腊雅典的民主制被认为是欧洲文明的开端,也是欧洲当代民主宪政的雏形。罗马共和国晚期和罗马帝国早期,古罗马文化继承并发扬了希腊文明,并在其向外扩张中将希腊-罗马这一古典文明进一步推广到整个西欧大陆,这为统一欧洲奠定了最早的文明基石。古希腊文明与古罗马文明的交汇被认为是人类发展史上为数不多的最重要的事件之一。恩格斯也曾说:"没有希腊文化和罗马帝国所奠定的基础,也就没有现代的欧洲。"[1] 此外,尽管欧洲长期处于政治纷争之中,但欧洲基督教中的"普世主义"始终维系着欧洲精神上的大一统,遍布欧洲各地的教会组织也成为整

---

[1]　马克思,恩格斯.马克思恩格斯文集:第 9 卷.北京:人民出版社,2009:188.

合统一结构的客观存在。在大一统的基督教文化氛围之中，统一欧洲的理想由欧洲人内在的历史文化渊源不断地外化为对国家间合作与超越国家文明的探索。

随着欧洲人对启蒙运动以后自由主义经济模式与民主政治的普遍认同，各国多年来统一欧洲的愿望逐渐演变为对现实利益的追求。欧洲各国在交通、通信、知识产权以及国际私法等领域进行广泛的合作，尽管这些合作的范围及影响力有限，但为以后的一体化进程打下一定基础。20世纪初，第一次世界大战为欧洲各国带来严重破坏，自中世纪结束以来逐渐形成的民族国家意识受到动摇，"欧洲联合政府""欧罗巴合众国"等联合欧洲的构想一再被提到欧洲人的议事日程上。二战之后，经历了纳粹法西斯侵略与统治的欧洲人更深感欧洲大联合对于和平的重要性与迫切性，欧洲一体化进程即将拉开序幕。

（二）一体化的起点

二战结束后，欧洲各国经济遭受严重打击，为获得美国"马歇尔计划"的支援，1948年4月16日，英国、法国等18个西欧国家通过《欧洲经济合作公约》成立了欧洲经济合作组织，制订实施欧洲经济恢复计划，促进欧洲的经济合作。同年，荷兰、比利时、卢森堡三国组成关税同盟，旨在免除关税并开放原料、商品间的自由贸易。早在19世纪初，拿破仑曾在大陆封锁期间在欧洲大陆实行关税同盟。而此时荷兰、比利时、卢森堡三国组成的关税同盟在某种意义上讲是后来欧洲经济共同体建立的参照依据，对后来欧盟的建立也有着不可磨灭的作用。在共同防御方面，1948年3月17日，在英国的倡议下，英国、法国、比利时、荷兰与卢森堡五国签署了《布鲁塞尔公约》，以对抗德国侵略政策与来自苏联的威胁。这是战后西欧第一个军事联盟组织，也是推动西欧防务及政治联合的一个重要步骤。次年，西欧五国又与美国、加拿大、意大利、葡萄牙、丹麦、挪威和冰岛在华盛顿签署了《北大西洋公约》并决定成立北大西洋公约组织。这一组织是"马歇尔计划"在军事领域的延伸和发展，使美国得以控制欧盟的防务体系。

二战带来的灾难性影响和东西方对抗的持续威胁意味着法德和解是战后欧洲的首要任务，地处欧洲中心的法德两国成为"欧洲统一进程的火车头"。欧盟的建立不会一蹴而就，或仅仅通过单一计划完成，它需要各国的具体努力和真正的团结一致。1950 年《舒曼宣言》概括了欧盟创始国的愿景，即加强经济联系（包括重新崛起的联邦德国），以遏制战争爆发。随后，1951 年 4 月 18 日，联邦德国、荷兰、比利时、卢森堡、法国、意大利六国签署《巴黎条约》，决定成立欧洲煤钢共同体，合作推动煤与钢铁的生产销售，迈出了欧洲一体化的第一步。

二、经济一体化与政治危机

1957 年 3 月 25 日签订的《罗马条约》加强了一体化的基础，提出了有关六个欧洲国家共同未来的概念，并建立了欧洲经济共同体和欧洲原子能共同体，由此转向全面的共同市场建设。在欧洲安全大环境下，《罗马条约》明确了欧共体的宗旨之一，即通过实行最终包括共同防务政策的共同外交与安全政策，在国际舞台上弘扬联盟的个性。1965 年 4 月 8 日，《建立欧洲共同体单一理事会和单一委员会的条约》（即《合并条约》）签订，决定将欧洲煤钢共同体、欧洲原子能共同体和欧洲经济共同体统一起来，统称欧洲共同体，正式完成了统一各机构的进程。

欧洲经济共同体的两大基石是关税同盟和单一农产品市场，关税同盟是共同体经济一体化的起点。《欧洲经济共同体条约》第 9 条规定："关税同盟延伸至整个货物交货，包括在各成员国之间禁止进出口税以及具有相同作用的一切税费，并且实行共同的对外关税。"1968 年 7 月 1 日，成员国之间的关税完全取消，关税同盟宣告建成，比预期提前了 18 个月，具体关税同盟建设进程可见表 6.1。关税同盟通过取消关税和数量限制，使成员国内部贸易发展迅猛，并成为世界上最大的贸易集团。欧盟（欧共体）1960—2000 年内部贸易发展情况见表 6.2。共同体对外贸易进口总值从 1960 年的 1 841 321 万美元上升至 1970 年的 6 645 603 万美元。成员国间相互进口占总进口的比例也从 1960 年的 46% 上升至 1970 年的 53%。其间，共同体内部贸易额以平均每年 13.69% 的速度迅速增长，同期世界贸易平均增长率为 10.5%。

表 6.1　欧共体六国关税同盟统一关税进程

过渡阶段	日期	内部关税下降率（%）		对外关税下降率（%）	
		条约规定	实际削减幅度	条约规定	实际削减幅度
第一阶段	1959.1.1	10	10		
	1960.7.1	20	20		
	1961.1.1		30		30
	1962.1.1	30	40	30	
第二阶段	1962.7.1		50		
	1963.7.1	40	60		60
	1965.7.1	50	70	60	
	1966.7.1	60	80		
第三阶段	1967.7.1		85		100
	1968.7.1		100		
	1970.1.1	100		100	

资料来源：伍贻康.欧洲经济共同体.北京：人民出版社，1983.

表 6.2　欧盟（欧共体）1960—2000 年内部贸易的发展

项目	1960 年	1970 年	1980 年	1990 年	2000 年
出口总值（百万美元）	18 225.29	65 853.62	373 964.17	791 161.57	1 304 605.65

续表

项目	1960 年	1970 年	1980 年	1990 年	2000 年
占总出口的比例（%）	0.47	0.57	0.55	0.59	0.60
进口总值（百万美元）	18 413.21	66 456.03	370 275.83	777 966.08	1 246 047.92
占总进口的比例（%）	0.46	0.53	0.48	0.58	0.58

资料来源：IMF 数据库。

单一农产品市场是欧共体经济一体化的另一大基石。由于农业在欧洲众多国家中的重要性，特别是大量农业劳动人口的存在，农业问题成为经济一体化进程中十分敏感且充满矛盾和斗争的内容。经过二战重创后，欧洲农产品产量与生产效率极低，欧共体以促进农业生产和提高农产品自给率为目的开始建立农产品共同市场组织，并制定和实施农产品共同价格。1962 年 1 月，欧共体通过共同农业政策的首批条例，建立起了谷物等 6 种农产品市场组织，共同农业政策正式形成。后续各农产品相继实施共同价格。1968 年 7 月，六国占农业最终产值约 80% 的产品陆续实现了共同体内部市场的自由流动，农产品共同市场组织基本建成。

在推进一体化的进程中，西欧也曾有过建立防务共同体和政治共同体的尝试，然而以 1951 年"普利文计划"的失败与 1954 年《欧洲政治共同体条约》被否决而告终，这暂时阻断了欧洲向军事合并与政治一体化方向的迈进。1961 年 2 月和 7 月，法国外交官富歇提出以政府间合作组织的形式建立欧洲政治联盟的草案，称为"富歇计划"。其间，欧共体六国元首和政府首脑两次会面，然而因各国存在对政治联盟性质认识上的分歧，多数国家的反对使得政治联盟的构建又一次以失败告终。政治一体化较经济一体化而言，涉及过多政治主权问题，且需要通过相应的政治主权让渡予以保障，因此在前进过程中困难重重，且严重落后于经济一体化的进程。六国在共同体体制上的分歧在共同农业政策的基金问题上激化。1965 年欧共体的"空椅子危机"和 1966 年的"卢森堡妥协"成为共同体历史上最严重的危机，而危机的根源仍在于"多国家的欧洲"和"超国家的欧洲"分歧。共同体在经过初步的飞跃阶段之后已经变成了一个停滞不前而复杂的政府间合作组织。

三、"三部曲"与向统一市场的迈进

（一）"建成、深化和扩大"

1969 年 12 月，六国领导人海牙首脑会议确定了"建成、深化和扩大"的新行动纲领，重新振奋了共同体的发展。在"建成"方面，海牙会议决定于 1970 年 1 月 1 日建成共同市场，通过了共同农业政策财政安排的原则协议，从部分支出由成员国分摊过渡到共同体从农产品进口差价税和工业品关税中获取自有财源，实现了共同体财政独立。在"深化"方面，海牙会议决定到 1980 年建立经济货币联盟。当时美元危机与美国经济危机频发，欧洲货币市场遭受冲击，各成员国各自抵挡汇率频繁变动带来的风险，共同市场的运作遭受影响。布雷顿森林体系崩溃加之 20 世纪 70 年代严重的经济衰退，使得主张各不相同的"蛇形浮动"经济货币联盟计划以失败告终。在此经验和教训的基础上，共同体进一步对建立欧洲货币体系进行尝试。经过 1978 年哥本哈根首脑会议的提议与酝酿，1979 年 3 月 13 日，欧洲货币体系正式启动，创建了"欧洲货币单位"，扩大了原先的西欧货币联合浮动体系，并逐步设立了"欧洲货币基金"。该体系为协调各国货币政策、稳定金融环境及促进成员国经济趋同发挥了积极作用，使得共同体具有了经济联盟的性质。在"扩大"方面，一体化的发展还体现为成员国的不断扩大。1973 年丹麦、爱尔兰、英国加入，这是欧共体历史上的首轮扩大。

1981 年希腊加入，1986 年葡萄牙、西班牙加入。三次扩充吸纳了 6 个成员国，成员国经济发展不平衡和差距扩大，利益冲突和政策分歧增多，一体化的深化也逐渐深刻地影响着一体化的进程。

（二）新的战略选择：统一大市场

20 世纪 80 年代前期，世界性的经济危机带来全球市场的不景气，共同市场的建设也遭遇挫折，而非关税壁垒的存在使得欧洲共同市场已名不副实。1985 年 6 月，米兰欧洲理事会以多数票通过决定，召开政府间会议讨论机构权力、欧共体向新活动领域的拓展以及建立一个"真正的"内部市场。1985 年 6 月 14 日，欧委会正式发布了《关于建设内部统一大市场的白皮书》（简称《白皮书》），在 1992 年底实现欧洲统一大市场正式成为共同体的战略目标。为了与《白皮书》设定的目标保持一致，1986 年 2 月，欧共体十二国签署《单一欧洲法令》。《单一欧洲法令》首次对《罗马条约》进行了重大修改，在法律上确定了统一市场的目标，即"于 1992 年 12 月 31 日之前建成一个没有内部边界的商品、资本、劳务和人员自由流通的统一市场"。《单一欧洲法令》是在停滞之后重启欧洲一体化建设的重要标志，统一市场的建设由此展开。特别地，在货币一体化进展方面，法令提出让共同体经济货币政策的协调朝着经济货币联盟的方向发展，提出分建立欧洲共同体中央银行、实现欧洲统一货币和赋予共同体协调共同经济政策权力三个阶段建立经济货币联盟的主张，于 1990 年 7 月 1 日开始建设经济货币联盟。

在政治合作方面，经由 1969 年海牙会议、1970 年《卢森堡报告》和 1973 年《哥本哈根报告》，欧共体国家协商一致通过了在政治联合方面超越《罗马条约》的合作协调新机制——欧洲政治合作机制。这是欧共体第一次在政治一体化方面取得实质性成果，1974 年巴黎首脑会议进一步将该机制制度化。就具体实践来看，1973—1985 年间欧共体执行联合行动 313 项，是 1958—1972 年间所执行数量的两倍之多。欧共体对外联合行动增强了成员国间的政治互信，也增进了各国间外交政策的合作与协调。这一机制有效加强了欧共体在国际事务中的影响力和制约力，在一定程度上巩固了西欧在世界力量格局中的重要地位。然而，政治合作机制存在先天的缺陷，这种机制独立于欧共体机构框架，其政府间合作性质决定了该机制无法做出有法律约束力的决定，是程度相当低的一体化合作，无法在某些危机状态下为欧共体贡献实质性的解决之道。《单一欧洲法令》首次将政治合作这一机制以条约形式正式纳入欧共体框架之内，法令序言声明"未来的欧洲联盟由共同体和欧洲政治合作机制构成"，强调了一个强有力的政治联盟对推进欧洲统一大市场的保障作用。同样制约欧共体"用一个声音说话"之处在于，欧共体超国家机构仍然不介入政治合作机制，各国在对外关系上充分考虑彼此立场，以"一致原则"达成纯政府间"协调的欧洲外交政策"。

四、欧共体的对外贸易政策

欧共体的对外贸易政策是指欧共体与非成员国或国际组织在经济贸易领域的关系，主要包括共同商业政策、联系政策和发展政策，这三项内容与"共同外交与安全政策"（在欧共体时期还未正式确立）共同构成欧盟的对外政策。这三项政策都包含有贸易政策的内容，其中最主要的是共同商业政策，它是指调整欧共体与第三方国家和国际组织之间贸易、商务和经济往来关系的法律、原则和政策，其内容不仅包括纯贸易事项如关税、配额、贸易协定、出口控制、贸易保护措施，也包括对第三国的出口援助、出口信贷，甚至还包括因国际政治问题而采取的经济制裁措施，以及针对非法商业行为采取的措施。

欧共体的对外贸易既包括与第三国之间的对外贸易，也包括成员国之间的内部贸易，因此对外贸易政策也存在对内和对外两个层面的分别。也正因如此，对外贸易政策势必会同"欧洲政治合作机制"及"共同外交与安全政策"等外交方面的合作与协调机制交织在一起，互相影响。同时，对外贸易政策的范围尚无明确界定，其建立和发展主要受一体化进程和多边贸易体制演进两方面的影响，被学界广泛接受为一个动态的概念。

（一）内部政策：统一内部市场

欧共体时期对内贸易政策是服务于内部共同市场的建立而采取的各种政策措施，既包括成员国之间的贸易措施，也包括成员国内部的贸易措施。欧洲煤钢共同体作为部门一体化的起点，旨在为煤炭和钢铁业建立一个共同市场，在煤钢行业内部贸易方面涉及产品危机、价格规定、反垄断规则、企业合并的监督等，具有较强的计划经济特点。《罗马条约》的签署进一步将共同市场扩大到其他部门乃至整个经济部门的全面建设，以关税同盟和单一农产品市场为基石的欧洲经济共同体稳步推进经济一体化的发展。海牙会议接受了共同农业政策的"最终财政安排"，共同市场宣告建成，共同体的发展迈入财政独立的新阶段。20 世纪 70 年代末期建立欧洲货币体系是对建立经济货币联盟的一次尝试，随后欧洲货币体系于1979 年 3 月 13 日正式生效，实现了各成员国的汇率政策的协调。

欧委会于 1985 年 6 月公布以建设内部统一大市场为目标的白皮书，随后《单一欧洲法令》的签署则成为欧洲一体化的新起点，开始推进统一市场的建设，并自 1990 年起导向经济货币联盟建设的新征程。法令的签署在欧共体政治与安全合作发展方面具有里程碑式的意义，首次将欧洲政治合作机制以条约形式纳入欧共体框架之内。1993 年《马斯特里赫特条约》（简称《马约》）生效，欧洲联盟正式成立，首次提出"共同外交与安全政策"并取代欧洲政治合作机制成为欧洲联盟的第二大支柱。《马约》宣布建立包括单一货币在内的经济货币联盟，随后在 1999 年 1 月 1 日，经济货币联盟的建设进入第三阶段，统一货币欧元启动。共同体各成员国的货币政策与汇率政策协调实现了完全统一，欧洲一体化完成了质的飞跃。

（二）对外政策

欧共体对外贸易政策缘起于《罗马条约》第 3 条，即建立针对第三国的共同海关税则和共同商业政策，这是欧洲一体化进程中最古老也是欧洲一体化发展中最完善、最成熟的共同政策之一。在法律体系层面，在相关条款基础上，共同体相继颁发了关税法、原产地制度、海关估价规则、共同进出口制度、反倾销法和反补贴法，初步形成欧共体对外贸易法律制度的雏形。

《罗马条约》第 9 条第 1 款规定共同体以关税同盟为基础，共同体以建立一个关税同盟的一体化组织为目标。1968 年 7 月 1 日，关税同盟宣告建成。欧共体对外贸易政策中最重要的工具是关税同盟，对内以实现商品自由流通、加强区域内部合作和增强整体经济实力为目标，取消成员国间各类阻碍贸易自由化发展的相关安排。对外实施共同的海关税则，同时以一体化组织形式统一管理，调节整个区域的进出口。1968 年 6 月 28 日通过的《共同海关税则》要求各国实行统一税率，不得对其进行单方面修改。

在共同农业政策方面，《罗马条约》明确规定共同市场应扩大到农业和农产品市场，实行共同体内部农产品自由流通和对外建立壁垒，在早期大力发展欧洲的农产品贸易。对内欧共体对农产品生产和贸易实施了系统的干预措施与制度安排，包括建立共同市场组织、实施共同价格制度、建立欧洲农业指导和保证基金等。此外，欧共体建立了共同农业政策的外部机制，对农产品市场进行强有力的保护，包括进口农产品差价税制度、市场管理制度和农产品出口补贴制度等。

欧共体在扩大和深化内部统一市场的过程中，也积极融入全球市场，特别是注重与发展中国家的经贸往来。欧共体制定了普惠制和《洛美协定》等贸易政策，对发展中国家出口的制成品和半制成品给予普遍的优惠性待遇。自 1971 年 7 月 1 日起，欧共体在发达国家中率先实施普惠制方案，所有发展中国家均享有受惠资格。但是这一方案并非普遍和非歧视的，它根据产品敏感程度不同为不同受惠产品制定了差异化受惠规则，并在优惠幅度和原产地规则方面进一步有所规定。

在贸易利益维护方面，共同体有涵盖进出口条例、反倾销与反补贴条例的自主立法规定。同时，共同体还采取包括贸易保护措施、市场准入战略、监督第三国贸易防卫行为等在内的行政性措施以保障共同体的商业利益。该部分内容一并纳入贸易保护政策的范畴，将在之后章节展开阐述。

（三）贸易政策有何特点？

欧共体时期采取的区域经济深度融合的方式推进着内部统一市场的完成与深化，使之不断取得新突破。欧共体对外贸易政策是欧洲一体化过程中开展经济活动、维系经济命脉的重要举措，同时也是欧洲借以提升国际地位、发挥国际影响力的重要手段，因而成为欧洲经济外交中最重要的组成部分，且始终在欧洲对外关系中处于中心位置。

从部门一体化到全面的共同市场建设，尽管欧共体区域一体化建设实现了内部自由贸易，与 GATT 的贸易自由化目标一致，却直接违背了 GATT 的非歧视和最惠国待遇等原则。此外，共同农业政策中的农产品对外贸易壁垒也显然与 GATT 削减关税和其他贸易壁垒的宗旨相悖。成员国相互的经贸关系确立了比 GATT/WTO 机制下的优惠制度更为优惠的待遇，这种优惠安排使得多边贸易体制致力于推动全球经贸关系向更自由化方向发展的努力受到影响，基于最惠国待遇原则的多边互惠体制遭到破坏。不同国家间不同的竞争

条件不利于资源在全球范围内实现合理配置。更为重要的是，GATT
第 24 条实则为区域贸易集团实行贸易保护主义留下了空间，成为
"内部自由、对外严苛"的贸易堡垒，而置 GATT 法纪于不顾。

"用一个声音说话"这一推动欧洲一体化建设的目标，也让欧
共体真正以共同的立场和更具影响力的姿态在国际舞台上实现着国
家利益与共同利益。伴随着欧洲一体化进程的深入和欧共体经济实
力的增强，欧共体成为国际贸易体系的重要参与者，其贸易政策与
贸易实践对 WTO 其他成员方起到了借鉴作用，也逐渐影响着多边
贸易体制的发展和演变。

总体而言，欧共体在追求内部市场自由化的同时，也积极利用
贸易政策对外部环境施加压力，确保内部统一大市场的顺利建成。
欧共体一体化的进程伴随着战后重建全球经济一体化同步展开，在
与多边贸易体制交锋碰撞之际，欧共体也凭借其对外贸易政策进行
着区域经济一体化与多边贸易体制的互塑。这背后的核心支撑与诉
求便是保障内部利益以及维护欧共体整体的安全与发展。

第二节　欧共体的贸易保护政策

在贸易保护领域，欧共体的相关立法及措施不断完善。其中，
反倾销、反补贴和保障措施三种贸易法律救济措施是 WTO 所允许
的保护国内产业、维护贸易秩序和公平竞争的法律手段，是为了保
护欧共体的内部市场而采取的防御性贸易措施，以下我们以"合规
性"贸易壁垒对其进行整合分析。此外，欧共体也制定了具有进攻
性的贸易保护条例，《贸易壁垒条例》就是旨在保护欧共体在第三
国的贸易利益的首要法律手段。欧共体反倾销法和其他的贸易保护
措施法是欧共体共同商业政策的主要内容。欧共体通过这些互为补
充的工具，消极防御与积极进攻并取，实体与程序手段并用，编织

起一张严密的保护网，以保护欧共体及其成员国在内部及国际市场上免受危害。

一、"合规性"贸易壁垒

自 20 世纪 70 年代以来，国际市场竞争日趋激烈，贸易保护主义势力抬头。欧共体各国经济增速也明显减缓，这一区域性经济组织的对外排斥性逐渐显现，其实行的包括反倾销在内的非关税壁垒措施达数百种。悲观派开始担忧欧共体共同市场将成为贸易保护主义的"欧洲壁垒"，拆除内部壁垒卸下的砖石有可能会被用到外部壁垒的墙上。

（一）反倾销

在欧共体成立之初，各成员国还未形成统一的反倾销、反补贴条例，各国均依据自身法律及法令实施反倾销、反补贴措施。而各自征收反倾销税、反补贴税动摇了欧共体对外贸易政策的重要根基——关税同盟，即对外实行统一的关税的宗旨，且存在相关征税产品通过其他成员国进入该国的可能。1965 年 6 月，欧共体委员会向理事会提出制定统一的反倾销、反补贴条例的建议。1968 年 7 月 1 日，欧共体第 459/68 号条例正式批准生效，这是欧共体历史上第一个统一的、适用于欧共体各成员国的反倾销、反补贴条例。

在具体贸易实践中，实施反倾销措施立案容易，效果明显，具有针对性且便于行政部门执行，反倾销措施是欧共体最频繁使用的贸易保护工具。此外，反倾销投诉后可以进一步发展为其他限制进口的手段，如最低限价承诺等。因此，反倾销成为最常用、最方便也是最易掩盖贸易保护主义行径的限制进口壁垒。

（二）反补贴

长期以来，欧共体反补贴法与反倾销法一直规定在同一个条例中，且此类条例明显侧重反倾销问题，极少条款提及补贴和反补贴问题，这种立法结构长久未曾发生改变。1994 年底，为更好地履行乌拉圭回合谈判的《补贴和反补贴协议》，欧共体在制定新的规则时选择与 WTO 的立法结构保持一致，以确保在欧共体内部有关规则具有更大的透明度和可以更有效地实施。自此，反补贴规则与反倾销规则分离开来，欧共体的第一部单独的反补贴条例，即第3284/94 号条例诞生。

欧共体反补贴条例完全采纳了 WTO《补贴和反补贴协议》中关于补贴的定义。根据该条例第 2 条的规定，补贴的存在必须具备两个条件：（1）有关产品的原产地或出口国的政府财政补贴，或政府任何形式的收入支持或价格支持；（2）有关产品由此获得利益。

相对于被频繁使用的反倾销贸易保护工具，欧共体较少使用反补贴措施，这主要是由反补贴措施的特性决定的。第一，难以获得外国政府补贴的确切资料和证据。反补贴和反倾销在性质上分属于两个不同范畴，反倾销主要针对私人企业（个体）行为，而反补贴是针对外国的经济政策采取的措施，往往是在许多还没有得到证实的信息的基础上提出的诉讼，获取相关资料和证据是相对困难的事情。第二，要采取反补贴措施必须进行补贴的定量分析，这进一步促使共同体选择面对生产者的贸易保护方式而避免采用反补贴措施。第三，补贴在各个国家广泛存在，若未获得确凿的证据，欧共体不愿轻易实施反补贴措施。

（三）保障措施

欧共体保障措施立法的历史可追溯到关税同盟建成的 1968 年，保障措施与反倾销措施的根本目的是一样的，都是为了限制进口，保护本国相关产业。但与反倾销措施最为不同的是，保障措施非选择地适用于所限制产品的所有第三国家的进口。因此，在采取保障措施时，非歧视原则是应该遵守的一般原则。另外，保障措施适用的条件要比反倾销措施严格，要先证明进口产品的数量在一定时期内在绝对数量或相对数量上持续增加，并且对进口国相关产业造成严重损害，足以使进口国相关产业处于非临时性的、极为困难或濒临破产的境地。

在贸易实践中，20 世纪 80 年代中期以前，保障措施几乎很少使用，且在绝大多数案件中，欧共体多数均严格地按照非歧视原则对来自所有第三国家的相关产品进口实施保障措施。从 1994 年 12 月 22 日起，进口到欧共体的产品受到 4 个不同的条例调整，适用范围逐渐淡去非歧视原则，而在多数情况下有选择性地针对部分国家及地区。[①] 保障措施的使用逐渐趋于频繁，并通常以采取进口数量限制或接受出口国的自愿出口限制为处理结果。

一方面，作为 GATT/WTO 成员方，欧共体国家积极参与国际贸易谈判，倡导自由贸易政策。《欧洲经济共同体条约》第 110 条明确宣布，欧共体的共同商业政策目标是通过建立关税同盟，按照共同利益，为世界贸易的协调发展，为逐步取消国际贸易方面的限制，以及为削减关税壁垒而做出贡献。另一方面，欧共体相关法律制度的建设与发展始终服务于促进欧共体经济一体化进程这一目标，甚至逐渐反映出增强的贸易保护主义倾向。欧共体作为世界上一体化程度最高的区域性组织，凭借统一的反倾销法律制度，把各成员国分散的贸易保护变为统一的贸易保护，该组织不断增强的经济实力也进一步推高其贸易保护力度，从而进一步促进欧共体经济一体化向更高层次发展。

二、限制进口措施

除了关税以外，欧共体主要采取欧共体一般保障措施、与其贸易伙伴商定的非正式进口协议及其他进口限制措施等限制进口。

[①] 有关保障措施的诉讼，涉案产品主要来自韩国、日本和中国。

（一）正式保障措施

GATT 一般禁止对进口实行数量和其他非关税限制，但当某一缔约国国内工业受到重大损害或重大损害威胁时，该总协定第 19 条允许该缔约国采取上述限制措施。自 20 世纪 50 年代以来，欧共体一直对国营贸易 ① 国家实施单方面的进口数量限制。欧共体 1982 年第 288 号法规规定，除有限的例外 ②，进入欧共体的产品不受数量限制。

共同规则规定了两类进口限制：监视和配额。在进口监视方面，欧盟可能对特定产品进行监视，以增加贸易透明度，但目的并非直接限制产品进入欧盟市场。这种监视的结果是建立了对产品原产地的统计控制和进一步控制，以避免最终转移贸易和海关欺诈。欧盟的监视措施适用于从欧洲自由贸易联盟以外的国家、欧洲经济区成员国和土耳其进口的若干钢铁，也适用于某些纺织产品和氯化钾。

配额是指在一定时期内对某类产品进口实行数量或金额的限制，以申请进口许可证的方式在规定数量和金额内完成进口，超过规定数量及金额的产品则不被允许进口，欧共体第 1734/96 号条例附件列举了所有在配额管理范围内的商品名录。配额包括自主配额和协议配额两种限制方式。自主配额是欧共体单方面强制规定的，未与其他国家协商而自主制定的在一定时期允许从某一国家或地区进口的数量或金额上限，而协议配额是由欧共体与出口国家进行协

---

① 国营贸易是指国家（政府）所出资设立的或所经营的并具有进出口权的贸易企业所从事的具有强烈行政色彩的贸易活动，这里所指的进出口权是指由国家对国营贸易企业所特别授予的一种特权，具有排他性和垄断性。

② 主要包括某些纺织品进口与从某些国营贸易国家进口的产品。许多纺织品和服装进入欧共体适用《多种纤维协定》（即《国际纺织品贸易协定》）下的数量限制。《多种纤维协定》是在 GATT 主持下出口纺织品和服装的发展中国家和进口这些产品的发达国家之间签订的协议，其基本规则是对发展中国家的纺织品出口实行配额限制。

商后所确定的配额。

如果进入欧共体的某种产品大量增加并且对共同体的同类或直接竞争产品生产者产生实质性损害或威胁，根据欧共体委员会的提议，经欧共体部长理事会特定多数表决，可以采取数量限制措施（1982 年第 288 号法规第 16 条）。欧共体对于敏感性和半敏感性商品的配额限制尤为严重，且对许多商品实行进口配额与进口配额加许可证双重管理，类似的限制方式还包括设置配额，超出限额后征收高额进口税，对一些商品分别按数量与金额限制进行双重管理等。欧共体进口配额主要通过发放进口许可证的方式来实施，一般而言，除某些敏感产品，如农产品、烟草、武器等，以及受数量限制（即配额）和监督的产品外，进入欧盟国家的产品无须获得进口许可证。

（二）非正式保障措施

除保障措施的正式规则外，欧共体也经常使用非正式协议限制来自第三国的进口。非正式协议主要包括自愿出口限制（VER）或自愿限制协议（VRA），这种"自愿"是受到进口国强制配额意愿的威胁下出口国的妥协，出口国主动放弃出口数量自由并对本国出口进行限制要好于接受进口国的强制限制措施。对于欧共体而言，这种限制以非正式的方式有针对性地限制某一国家的产品进口，是一种极为有效的进口限制措施。

《关贸总协定》第 19 条下的正式保障措施非歧视性地针对相关产品的所有出口国，而自愿出口限制和自愿限制协议相当于出口配额，而出口配额是被《关贸总协定》第 19 条所禁止的。但这种非正式协议所直接涉及的利益双方一般不会诉诸《关贸总协定》，进而也无法追究协议的合法性问题。在具体的贸易实践中，在多边框架签订的《多种纤维协定》下，欧共体仍与主要的纺织品出口国签有双边协定配额。

（三）对中国商品的单方面限额

早在 1987 年 10 月 16 日，欧共体部长理事会通过了《关于自中华人民共和国进口制度第 2532/78 条例》，列出了从中国自由化进口各类商品的清单。当时欧共体使用海关合作理事会关税税则，全部商品分 1 012 个税则号。根据该条例，欧共体对 717 个税则号项下的中国商品实行自由化进口，但是其余约 300 个税则号项下的中国商品要受到不同程度的进口限制。1983 年欧共体又颁布了第 3420/83 号条例，该条例的附件将几百种中国商品列入非自由化进口清单。

欧共体各成员国可以自行制定并报欧共体部长理事会批准对来自中国的商品进行进口配额限制，且各成员国每年对限制商品的类别和金额进行调整与公布。欧共体将中国视为国营贸易国家，经过多次议题谈判与磋商，配额商品类别及数量限制有所放宽，但欧共体仍对中国施加较为严厉且极具歧视性的进口限制措施。直到 1991 年，欧共体各国对华单边限制仍有 130 多种。

除以上进口限制措施外，欧共体还制定有各种严格的规章条例，包括健康因素、环境因素以及政治层面的各种规定，间接地影响和限制进口，如技术标准、卫生和植物检疫标准、产品安全标准、商品包装和标签规定等。

三、出口安排

出口管理法规主要包括《关于实施共同出口规则的（EEC）2603/69 号法规》《关于文化产品出口的（EEC）3911/92 号法规》《关于危险化学品进出口的（EEC）2455/92 号法规》《关于出口信贷保险、信贷担保和融资信贷的咨询与信息程序的（EEC）2455/92 号决定》《关于在官方支持的出口信贷领域适用项目融资框架协议原则的（EC）77/2001 号决定》《关于设定农产品出口退税术语的（EC）

3846/87 号法规》《关于建立两用产品及技术出口控制体系的（EC）
1183/2007 号法规》等。

欧共体鼓励出口，一般产品均可以自由出口，仅对少数产品实
施出口管理措施。1969 年颁布的 2603 号法规制定了产品从欧共体
出口到欧共体以外国家应免予出口数量限制的原则（1969 年 2603
号法规第 1 条）。当短缺物资、敏感技术、初级产品出口将导致共
同体产业损害时，成员国须马上通报欧委会及其他成员国。欧委会
和成员国代表组成咨询委员会启动磋商，采取出口数量限制等措施
减小损害，保护措施可针对某些第三国或针对某些欧盟成员国的出
口。原则上讲，此类措施应由理事会以有效多数做出，欧委会在紧
急情况下也可直接采取措施。此外，法规还规定，出于公共道德、
公共政策、人类和动植物健康保护、国家文化遗产等需要，或为防
止某些重要产品供应出现严重短缺，欧委会和成员国政府有权对出
口产品实行限制。

出口贸易限制政策属于欧共体外交政策的一部分，如欧盟对中
国的武器出口禁令。此外，欧共体还对两用产品和技术实行出口管
制。1183/2007 号法规附有一份禁止出口长单，并详细规定了共同
体出口授权体系、信息交换条例、成员国间磋商等内容。

欧共体采取行动协调成员国有关出口信贷保险单的做法，该种
保险单针对外国买方不支付的风险且经常可在优惠条件下从政府机
构获得。同时，欧共体还规定了有关背离某些共同体准则为出口提
供信贷保险、信贷担保和金融贷款的磋商和通报程序。出口安排还
包括欧共体对农业和其他产品的出口补贴。

四、部门贸易政策

（一）纺织品与服装

1973 年 12 月 30 日，在 GATT 主持下，42 个纺织品贸易国经

历艰苦谈判终于达成《国际纺织品贸易协定》，也称《多种纤维协定》，并于 1974 年 1 月 1 日生效。该协定通过允许发达国家对进口自发展中国家的纺织品采取暂时的数量限制措施，或由发展中国家主动限制纺织品出口的方式，以强烈的贸易保护形式维护发达国家纺织品工业的利益免受相关进口国的冲击。该协定中纺织品的范围从棉纺织品扩大到化纤产品，并分别于 1978 年、1982 年和 1986 年进行了三次协定延长，第四次协定于乌拉圭回合纺织品和服装协定生效后才得以终止。这一协定建立并维持的进口配额制度严重违背了 GATT 取消数量限制的原则，直接制约着发展中国家通过纺织品贸易发展通往工业现代化的进程。据估计，它导致发展中国家每年承担超 10 亿美元的损失。

欧共体的纺织品与服装贸易政策主要有两种形式：一是双边进口限制协定，二是共同体自主立法。自主立法又分两类：一是为实施双边协定而进行的立法，如第 3030/93 号条例；二是适用于双边协定没有覆盖的产品的立法，如第 517/94 号条例。作为世界上主要的纺织品与服装进口集团，欧共体一直是世界纺织品贸易保护主义的坚决拥护者之一。然而纺织品贸易自由化发展是大势所趋，欧共体在谋求更大开放市场与保护自身纺织工业双重目标下寻找着平衡。1991 年 10 月，欧委会向理事会和欧洲议会提交了题为《改善共同体纺织服装工业的竞争力》的报告。1992 年 6 月，理事会通过了《关于纺织和服装业的决议》，从对内和对外两个方面提出了具体措施：对内改善纺织服装工业的竞争力，积极推进现代化；对外扩大国际市场，不断完善保护机制。首先，通过双边协议或双边安排，对不同国家采取区别对待的政策。在《国际纺织品贸易协定》范围内，欧共体与 26 个纺织品出口国有双边协议，可以分为通常的配额协议、灵活协议与非正式协议。其次，在要求减少配额限制的同时，欧共体继续加强和完善采取保护措施的机制。欧共体要求 GATT 修改反倾销和反补贴有关规定，以适应纺织品贸易的需要，并要求欧洲纺织工业尽快配备反倾销力量。欧共体还要求 GATT 对纺织服装方面的工业产权保护做出具体规定并确保实行，特别是对有关服装的新设计、新款式和新标签的保护，使欧共体服装工业能保证它的优势和竞争力。

在纺织品与服装贸易问题上，欧共体在实行纺织品与服装贸易自由化的过程中，逐步放弃原有的配额限制，以换取发展中国家市场的更大开放。这既可以确保技术先进的欧洲纺织品和服装打入发展中国家市场，也为欧洲其他工业谋求更大的国际市场奠定了基础。

（二）农业保护政策

欧共体共同农业政策对内实行统一的农产品价格，对外实行关税壁垒，使欧共体从世界上最大的农产品净进口地区转变成农产品出口地区，其奶制品、糖以及禽肉的出口量位居世界首位。

二战后欧洲经济受到重创，农产品的产量及效率极低。促进欧洲内部农产品市场的蓬勃发展，实现农业的自给自足是欧洲农业发展的现实需求。因此，欧共体创始国在 1957 年签订的《罗马条约》中就明确规定，要实施一项欧共体范围内的共同农业政策，其目标是促进农业生产、保障农民收入、保证市场供应及对消费者的合理价格。

共同农业政策通过价格支持与外部保护对农产品市场进行管理，以稳定市场价格与保障农业生产者的最低收入。1962 年成立的欧洲农业指导和保证基金将财政支持确立为共同农业政策实施的主要途径，而财政支持的核心则是价格支持。这其中两个重要的概念是目标价格与支持价格。目标价格，又称指导价格或基本价格，是欧共体农业生产者期望得到的价格。一般而言，支持价格低于目标价格 10% ～ 20%，是欧共体内部保护农产品市场与农业生产者利益的基本防线。当农产品供给大于需求或者生产者无法从市场上得到高于或等于干预价格的水平时，欧共体便开始运用各种干预手段，调节和控制市场上产品的供应量，确保农业生产者的收入不低于干预价格的水平。

除价格支持制度外，共同农业政策还通过外部保护方式对农产品市场进行管理。外部保护的重点在于控制进口，当其内部市场价格高于世界市场价格水平时，便对进口实施控制，主要手段包括关税、配额限制与征收农产品差价税等。如果国际市场上的农产品价格高于其内部市场价格，为避免其农产品的大量外流，进而保证其内部农产品的有效供应，此时会对出口农产品征收出口税。出口补贴是欧共体为促进和扩大农产品出口而采取的一种鼓励性措施。补贴额的确定因产品品种而异，一般有两种方式：一是取其内部市场价格与其主要口岸的离岸价格的差额；二是通过招标择优发放。此外，在农产品贸易方面的保护措施还包括发放农产品进出口许可证等。

第三节　欧盟的成立与其对外贸易政策

一、欧洲一体化的飞跃：欧盟的成立

20 世纪 80 年代末 90 年代初，德国统一，东欧剧变，苏联解体，持续 40 余年的冷战体制彻底瓦解，欧洲政治气候发生剧烈变化。在外部因素方面，苏联解体使得欧共体从苏联的霸权威胁中解放出来，尽管在国际政治与外交防务方面还因深受美国的控制而仍处于"政治侏儒"状态，但经历了 40 余年经济一体化的历程后欧共体已然成长为一个"经济巨人"，此时出现了一个难得的"欧洲的松绑"。随着全球化与多极化的发展，欧共体希望在欧洲乃至国

际舞台上发挥与其经济实力相当的全球影响力，在政治军事等方面全面参与全球事务。在内部因素方面，两德统一对欧洲一体化的前进带来了巨大的威胁与不确定性，统一后的德国成为欧洲不稳定的根源所在。同时，德国为了减少统一的外部障碍，消除人们对德国统一的疑虑，竭力高举欧洲联合大旗。从经济上看，建立统一的货币联盟对德国也有好处，可以避免汇率波动所造成的损失。正是在这样的内外形势下，在"法德轴心"的带头下，欧洲一体化再上一个新台阶。1992 年 2 月 7 日欧共体 12 国正式签署《欧洲联盟条约》（《马斯特里赫特条约》），该条约于 1993 年生效，欧洲联盟正式成立。

以过往 40 余年既有一体化成果为基础，以欧共体、共同外交与安全政策、司法与内务合作为支柱，以欧盟作为屋顶的柱形一体化结构由此诞生。《马约》包括三方面的内容：第一，以最终建立欧洲中央银行和实行统一货币为目标的经济货币联盟建设；第二，共同外交与安全政策；第三，司法与内务合作。后两个方面的内容属于政治一体化建设的范围，共同外交与安全政策是自 20 世纪 90 年代以来欧盟推进政治一体化的核心内容，相关条款超越了欧洲政治合作机制的有关规定，安全政策的所有方面都被纳入了共同外交与安全政策的范围。《马约》在前言中声明，成员国决心实施一项共同外交与安全政策，包括最终制定一项可适时走向共同防务的共同防务政策，借此增强欧洲的统一性，促进欧洲和世界和平、安全与进步。共同外交与安全政策在决策机制和决策程序上相较于欧洲政治合作而言是一次较大的突破，开创了政治合作领域使用特定多数原则的先河，但仍未能根本改变政府间的合作方式，还不能完全超越严格的国家控制的限度。

《欧洲联盟条约》的生效、欧盟的建立是欧洲一体化的重要里程碑，尽管欧盟是欧共体成员国在内外压力和动力驱使下为维护和增进共同经济利益和政治利益而做出的一个妥协选择，但仍完成了一体化进程中的一次重要飞跃，欧洲一体化从经济和贸易领域，向外交、安全、防务、司法、民政等政治领域转变。

欧洲一体化在深化和扩大中逐渐吸纳了更多的新成员国，欧洲一体化在各成员国之间潜在的矛盾与冲突起伏中继续向前推进着。1995 年芬兰、瑞典和奥地利加入欧盟。2007 年 1 月 1 日，欧盟第五次扩大，东扩全面完成，欧盟成员国增至 27 国。欧盟的前进与发展触及更多的涉及国家主权和国家利益的问题，在成员国经济社会发展状况呈现出较大差异化的情况下，对内部利益的协调和在多边体系中日益扩大的经济体量所带来的机遇与挑战深刻地影响着欧盟对外贸易政策的方向。

二、从《阿姆斯特丹条约》到《里斯本条约》

在 20 世纪八九十年代，一些新问题的出现使共同体在贸易权力问题上遭受挑战。第一，委员会积极寻求扩大其在第 113 条规定下的权利，以更好地参与到以 WTO 为代表的多边贸易体制框架下更广泛的谈判议程中。第二，国际贸易议程中政策范围从边境措施扩展到边境后措施，一些成员国不愿放弃在"新问题"上的权力。多边回合谈判及新议题的出现迫使欧盟慎重考虑欧共体与成员国在国际事务上的角色平衡与权力分配问题。除了共同体与内部成员国在贸易权力分配上的争论外，对于共同商业政策的范围争论也从未停息。围绕第 113 条规定范围的讨论，委员会曾提出在对外经济关系领域实行排他性的共同政策的议案，除货物贸易外，还将服务、知识产权、投资、开业权以及与竞争有关的贸易措施等纳入共同政策范围。

欧盟最初的对外贸易政策仅包括关税税率的改变、关税和贸易协定的缔结等。1999 年 5 月生效的《阿姆斯特丹条约》（简称《阿约》）进一步将进出口政策的覆盖范围由最初的货物贸易拓展到服务贸易。2003 年 2 月生效的《尼斯条约》继续将政策范围拓展至所有服务贸易和与贸易有关的知识产权领域。2009 年 12 月生效的《里斯本条约》的重点则是在外国直接投资（FDI）领域。

《阿约》将政策由联盟和成员国的共同政策发展为联盟的政策，提出了欧盟对外战略的基本原则立场，也就是共同外交与安全政策的目标。《阿约》强调通过各种方式加强欧盟的安全，在条款中去掉了《马约》中"和成员国"的内容，更为强调欧盟的整体性，认为欧盟的安全即是各个成员国的安全，任何一个成员国的安全受到威胁，则整个欧盟的安全就受到威胁，这也表达了把欧盟建设为一个新实体的意愿。"通过各种方式"表明欧盟加强安全的手段是全方位的，除了以往常用的经济和政治手段外，《阿约》还提出了发展军事手段实现安全的新措施，即实现"共同防务"。

2009 年 12 月 1 日生效的欧盟《里斯本条约》是一个欧洲一体化史上具有里程碑意义的重要条约，它解决了欧盟与成员国在贸易政策领域长期权责不清的问题，并首次明确赋予了欧盟贸易政策的外交实名，一个欧盟集体外交的身份已经形成。《里斯本条约》首次明确规定，共同贸易政策不仅包括货物贸易，而且包括服务、知识产权贸易以及投资，它们均为欧盟独享权力。欧盟贸易政策一体化得到进一步加强，欧盟机构职能大幅拓宽。另外，贸易政策首次被明确为欧盟对外行动政策的工具之一。以往欧盟贸易政策更多体现为技术性的，为欧盟外交战略进行间接服务，《里斯本条约》首次将共同商业政策与共同外交与安全政策、共同安全与防务政策、发展援助、和第三方经济金融技术合作等政策并列，共同作为欧盟对外行动的政策工具，并明确提出贸易政策应在联盟对外行动目标和原则的总体框架下运行。《里斯本条约》将欧盟共同贸易政策与欧盟整体对外行动的原则和目标相挂钩，意味着欧盟意图强化其经济外交意识，发展其经济外交能力。

三、管理全球化

　　欧共体时期的对外贸易政策重在为内部统一市场和外部安全战略而服务，而随着《里斯本条约》的签署，欧盟对外贸易政策的行动属性被提升到对外行动工具的层面，也逐渐开启了以贸易政策输出规则、管理全球化的新时期。

　　冷战结束后，世界进入后霸权模式，一个真正的全球"超级大国"出现，基于其作为区域合作模式、多个行为者和决策者的长期成就，以及其早期的、前所未有的权力，欧盟实现了与美国一起引领全球经济的发展。1999 年 9 月，欧盟贸易委员会的帕斯卡尔·拉米在欧洲议会正式提出其任期内的主要目标之一是确保全球化"得到管理"。

　　欧共体一体化的进程伴随着战后重建全球经济一体化同步展开，区域一体化与多边贸易自由化进行着互动交锋。进入 21 世纪后，多边贸易自由化已经成为欧盟的一种内在需要。区域一体化基本完成后的欧盟作为一个同时拥有政治与经济力量的实体，在维护国际制度与国际组织的基础上，利用多边平台逐渐开始扮演管理者和推动者的角色。在乌拉圭回合谈判中，欧共体与美国一起推动包括服务、知识产权以及与贸易有关的投资措施等在内的新议题谈判。在金融服务的多边谈判上，1996 年在美国宣布退出后，欧盟曾带领有关谈判方达成临时协议。在多哈回合谈判中，欧盟以更积极进取的方式推动并主导了谈判议程，并将竞争政策、政府采购透明化、贸易便利化和投资保护等影响贸易的非传统议题纳入最初的谈判议题中。这些议题对于大多数发展中国家而言，超出其经济社会发展所能承受的范围。而发展中国家普遍关注的则是多边贸易体系下的自由化承诺，特别是一些工业化国家违背自由化协议的精神，滥用反倾销措施，造成的贸易不平等与差别歧视问题。消除发达国家长期设置的农产品补贴等贸易壁垒，特别是欧盟的共同农业政策才是导致该回合最终未有突破的焦点所在。

欧盟在多哈回合谈判中的立场表明，在多边层面的贸易政策上，欧盟对于全球化的"管理"强调对于全球性国际制度的维护与支持，以此为平台借助贸易政策输出规则与欧洲标准，全然不顾发展和公平等问题，一味追求自身的贸易与投资利益。多哈回合谈判最终并未取得多边谈判的胜利，以欧盟为代表的发达国家的相关做法在一定程度上损害了 WTO 多边机制的合法性和权威性。

由于多边谈判受阻，欧盟转向了双边和区域优惠贸易协定的谈判，并构建起全球最大、最复杂的优惠贸易网络。最初，欧盟仅与其邻国及前殖民地国家（地区）签订贸易协定。2006 年欧洲委员会发布的"全球欧洲"贸易战略提到，如果谨慎处理，自由贸易协定可以在 WTO 和其他国际规则的基础上，进一步更快地促进开放和一体化，积极拓展 WTO 规则未覆盖到领域的自由化，为下一阶段的多边自由化奠定基础。

自此，欧盟开始借助 FTA 来推进有关投资、政府采购、竞争、知识产权和其他监管问题的更为深入的议题，并开始与更多发达国家与主要新兴市场国家进行优惠贸易协定的谈判。根据 DESTA 数据库对全球范围内 1948 年至 2020 年 10 月期间签订的 710 份 RTA 条款的文本分析，在可获得的数据中，欧盟向 WTO 区域贸易协定数据库通报签署实施的 39 份 RTA 条款涵盖情况如表 6.3 所示。依据 DESTA 数据库的数据可计算得到，全球范围内签署的 RTA 条款平均深度为 0.077，而欧盟签署的这 39 份 RTA 条款平均深度为 0.568，是全球平均水平的七倍之多。

表 6.3　欧盟签订实施的 39 份 RTA 条款涵盖情况

指标	完全 FTA	技术标准	投资	服务贸易	政府采购	竞争	知识产权
RTA 涵盖数	30	28	19	15	18	20	20

资料来源：DESTA 数据库。

　　2015 年欧洲委员会发布的"惠及所有人的贸易"战略指出了双边谈判的战略性，欧盟委员会制定了一个雄心勃勃的双边议程，以补充 WTO 的作用并进一步提高欧盟从贸易和投资中受益的能力。欧盟在与南方共同市场的双边区域谈判中利用进入其巨大市场作为谈判筹码，完成了从劳工标准到人权等欧洲规则对贸易伙伴的输出。类似地，欧盟与发展中国家之间的贸易优惠安排，以及与北非地中海沿岸地区、高加索地区、巴勒斯坦地区和东欧地区的"欧洲睦邻政策"（ENP），都在一定程度上成为欧洲规则与欧洲标准借以输出的载体。

四、打开他国市场：市场准入战略

　　欧盟内部市场的一体化和贸易投资的多边自由化为欧盟国家提升企业竞争力、创造就业机会和促进经济增长做出了重要贡献。国际贸易和投资为欧盟生产商提供了实现规模经济和获得原材料及中间产品的机会，欧盟公民也受益于低廉的产品价格和多样的产品种类，维持和改善欧盟进入第三国市场对实现经济增长水平提高越来越重要。经济全球化不仅涉及最终消费品贸易，而且涉及价值链和服务贸易。价值链日益全球化，中间产品和服务贸易、公司内部贸易和生产过程的离岸外包发挥着突出作用。打开他国市场且获得必要投入的供应，对欧盟在外部全球化与自身一体化进程中实现最大潜在收益具有重要意义。

　　1996 年 2 月，欧盟公布了《面临国际贸易的总体挑战：欧盟关于市场准入的战略》文件，并于 2007 年推出升级版的市场准入

伙伴关系，标志着欧盟在共同对外贸易政策上的一个战略性发展和
变化，即由过去的以贸易保护措施为主的统一市场规则，逐渐转向
在实施统一的对外关税（包括普惠制）制度、统一的进口制度（包
括进口配额、许可证管理、贸易监督等）与统一的贸易保护措施
（包括反倾销措施、反补贴措施、对他国不合法贸易行为单方面制
裁措施等）基础之上，以打开他国市场作为战略重点的共同对外贸
易政策。

市场准入战略实施的两大支柱在于：其一，积极为欧盟出口商
提供有关伙伴国家适用的市场准入条件或规定的资料；其二，建立
一个解决商品和服务贸易、知识产权和投资壁垒的框架。市场准入
战略的目标包括：第一，确保贸易伙伴有效遵守多边或双边贸易协
定框架下的义务；第二，充分利用现有的打开市场的政策手段，并
服务于进入第三国市场的目标；第三，采取有效政策以应对影响贸
易和投资流动的非关税措施，特别关注那些不直接归类为贸易壁垒
的措施（例如歧视性国内法规）；第四，帮助企业充分了解其可以
利用的工具和手段，以破解市场准入障碍，进而促进贸易，并在欧
盟市场和海外创造公平竞争的环境。

2007 年，欧盟委员会、成员国和企业之间建立了更强有力的
市场准入伙伴关系，旨在在消除第三国进入市场的障碍的同时，
积极采取更明确、更注重结果的办法来扫清市场准入障碍，这种
办法的关键因素是加强所涉欧盟与第三国利益相关者之间的伙伴
关系，消除有关市场准入障碍的信息不对称与不完全，并最终扫
清这些障碍。该战略在欧盟内部与第三国市场上构建了三大平台，
包括欧盟内部的市场准入咨询委员会（MAAC）与欧盟市场准入工
作组（MAWG）以及第三国当地市场准入小组（MAT）。区别于市
场准入战略，新的变革的核心是行动的去中心化，让第三国市场
活跃参与者的本地主动性发挥更核心的作用。建立第三国当地市

场准入小组为欧盟委员会、成员国及欧盟出口商提供了搜集信息和分析障碍的平台，在政策行动解决障碍方面统一发挥着协调和领导作用。

欧盟打开第三国市场的措施及工具包括多边和双边两个层面，多边层面包括以市场准入为目标，对第三国市场履行多边条约组织已确定的国际贸易规则的情况进行监督，必要时诉诸 WTO 谈判和争端解决程序。在 1996—2007 年期间，欧共体在实施市场准入战略中优先考虑多边层面的政策工具，而较少注意发展和使用消除进入市场障碍的具体方法。鉴于市场准入障碍的性质不断变化，从边界障碍到日益复杂的边界后障碍，以及利益相关方明确要求确定和解决特定市场的特定障碍，有必要重新考虑如何清除特定障碍及相关解决方式。

双边层面的措施包括对市场准入问题进行一般性谈判或特定部门谈判，与有关国际部门进行系统和频繁的磋商；利用新的自由贸易协定或行业协定的双边谈判中的特殊优惠条件换取相关国家对欧盟单方面更大程度的市场开放；主要向发展中国家提供技术贸易援助，以此要求他国承诺取消贸易壁垒；利用欧共体政治和贸易外交进行短期干预，以解决市场准入问题。

在多边或双边贸易关系中，若某国未履行协议内容，欧盟可以根据贸易壁垒法规单方面暂停履行所承担的协议义务，并以提高关税和限制数量的方式限制该国对欧盟的出口，因此贸易壁垒法规成为进攻性地开拓他国市场的利器。此外，若该国被欧盟施以"普惠制"的进口优惠待遇，在此情况下根据普惠制法规，欧盟可以对该受惠国单方面中止或取消普惠待遇，以逼迫该国打开市场。在欧盟对外贸易政策实践中，对于多种限制措施或保护措施的多重使用并不足为奇。但在欧盟进攻性地开拓他国市场而遭受阻碍时，相关制裁措施也成为其开拓市场的重要手段。

　　欧盟用其高度的市场开放性换取他国市场相应的开放，最大限度地获取了价值链全球化的收益，充分利用了发展中国家的廉价原料和初级产品。同时，欧盟利用其市场的开放性增强共同市场的吸引力与他国对欧盟市场的依赖度。这成为欧盟进一步开拓目标市场、消除进入壁垒的筹码，否则他国面对的将是来自欧盟的制裁。

第四节　欧盟的贸易保护政策

一、技术性贸易壁垒

　　技术性贸易壁垒（TBT）是指一国或区域组织为保证产品质量，保护人类、动物或植物的生命或健康，保护环境，防止欺诈行为，保证基本安全利益而采取的必要技术性措施。从更广泛的角度来讲，涉及技术性贸易壁垒的规定还涉及农业、原产地规则、补贴与反补贴、与贸易有关的知识产权、实施卫生与植物检疫措施、服务贸易、与贸易有关的投资措施等。

　　GATT 制定技术性贸易壁垒有关协定旨在消除不必要的贸易壁垒，反对贸易保护主义，同时允许为达到合法目标而采取对贸易影响最小、不给国际贸易制造不必要障碍的技术性措施。所采取的措施应在科学上是合理的，鼓励尽量采用国际标准与合格评定程序；措施应提前公布，并向 WTO 通报；对发展中国家要提供特殊和差别的待遇，包括技术、能力建设和财政援助。然而，由于技术性贸易壁垒具有合理性和贸易保护措施的隐蔽性，在国际贸易实践中，技术性贸易壁垒成为实施贸易保护的强有力工具。据统计，20 世纪 70 年代，在国际贸易的非关税壁垒中，有 10% ～ 20% 是由技术性贸易壁垒引起的。而进入 20 世纪 90 年代后，技术性贸易壁垒在非关税壁垒中的占比已高达 30%。

在技术标准与法规方面，欧共体在 1969 年制定了《消除商品贸易中技术性壁垒的一般性纲领》，致力于打破成员国内部的技术性贸易壁垒以建立共同市场。随后它于 1985 年颁布了《关于技术协调和标准化的新方法》，赋予涉及安全、健康、环境、消费者权益保护等方面的指令以法律约束力。在消除内部市场技术性贸易壁垒后，欧盟进一步将高水准的欧洲标准化体系通过多边及双边平台向世界输出，积极争夺制定规范的全球话语权。此外，欧盟还通过单方面设置规则等方式迫使进入其市场的第三方国家接受欧盟标准。例如，进入欧盟市场的产品需至少满足欧洲标准化委员会（CEN）认证、欧共体安全认证、ISO9000 产品厂商认证三者之一。根据欧盟《关于技术协调和标准化的新方法》的规定，CE 标志是工业产品进入欧盟市场的通行证。自 1996 年 1 月 1 日起，欧盟各国海关有权拒绝未贴 CE 标志的产品进口。

产品合格评定和质量认证主要涉及检验和检查的法律法规、加工和生产方法、最终产品标准、检测检疫程序等。标签和包装壁垒是利用法令法规对产品包装、标签设置特殊的要求。例如，要求对纺织品等进口产品加贴生态标签、对转基因食品加贴特殊标签、对货物木质包装进行特殊规范及处理等，这类要求通常较正常标签与包装标准更为严苛和复杂，也成为贸易中的障碍。绿色贸易壁垒包括绿色生产、绿色技术标准、绿色环境标准、动植物卫生检疫标准、绿色包装制度等，是欧盟保护人类、动植物生命健康与生态环境的极具广泛性、歧视性与隐蔽性的技术性贸易壁垒措施。各国政府环保意识提升，为避免全球及本国环境受到国际贸易带来的不利影响，以发达国家为首构建了以环境法规、标准、自愿性的环境措施与卫生检疫措施等为主的环保措施体系。大量双边和多边国际环境条约涉及以贸易措施实现环境保护的目标，也有越来越多的贸易协定也引入了环保规则。

　　欧盟一体化的过程始终追求内部的持久和平，以和平、自由、民主、法治、人权和平等为原则对内部进行治理。落实在具体贸易政策上，欧盟从欧共体时期就始终强调生产、贸易中的环境保护问题，技术与标准化等技术性规范，以及消费者权益的维护，这也成为欧盟强调技术性贸易壁垒的最重要的价值根源。此外，积极将欧洲标准化体系向世界推广，并争取国际贸易规范的主导权也是欧盟通过国际贸易输出其规范性权力以期实现的重要目标。自欧共体时期以来，欧盟就一直是最为活跃的贸易救济工具使用者之一，贸易保护也已成为贸易政策的题中之义。欧盟国家最早意识到且研究国际贸易中的技术性贸易壁垒，其成员国也成为设置技术性贸易壁垒最多的国家。在欧盟实施技术性贸易壁垒的实践中，其相关法规名目繁多，对一些产品提出超过本国产品的要求，甚至实施单方面技术标准、认证要求和环保法规等违背有关国际公约与贸易协议的做法，在保护人类及动植物安全和环保的保护伞下大行歧视性保护之实。

二、原产地规则

　　根据 WTO 的《原产地规则协议》，原产地规则是指任何一个国家或地区为确定货物原产地而实施的普遍适用的法律、法规及行政决定。原产地规则可以分为优惠性原产地规则与非优惠性原产地规则两类。优惠性原产地规则是指进口国对来自与本国缔结自由贸易协议以及提供单方面优惠（即普惠制）的相关国家的产品所使用的原产地规则。非优惠性原产地规则是指在实施反倾销、反补贴、保障条款、来源标签要求、歧视性数量限制、关税配额或政府采购的情况下，为区分产品是否为本国生产所使用的规则。

（一）优惠性原产地规则

优惠性原产地规则是为差别化地实施国别优惠政策而制定的，广泛存在于因历史联结而做出的优惠安排、普惠制以及双边或多边协定国之间签订的优惠贸易协定中。目前以泛欧体系和北美体系为主的国际优惠性原产地规则包括两部分内容：制度性管理规则与产品特定化原产地规则。制度性管理规则一般包括：（1）微量 / 容忍条款。为不影响产品的原产地，对非原产材料的使用比例做一个最高限定。（2）累积条款。允许进口非本国但原产于其他成员国的材料，而不影响最终产品的原产地属性。（3）中间材料 / 吸收规则。当满足特定加工要求获得原产地资格的非原产材料用于后续加工制造时，仍视为原产。产品特定化原产地规则包括"完全取得标准"和"最终实质性改变"两种标准。"完全取得标准"是指一项产品的原料全部来自单一国家，生产和制造过程也完全在该国家内完成，这一标准在判别和确定上较为简单。"最终实质性改变"是指生产过程涉及两个及以上国家的货物，既包括使用自他国进口的原料、部件或半成品在本国完成加工的产品，也包括某一国产品在另一个国家再次加工或最后加工制成的产品。在此种标准下，产品的原产地应认定为经过制造或加工程序后，在性质、形状及用途上较进口材料发生永久性及实质性变化的国家。

欧盟优惠性原产地规则的主要内容包括：（1）在制度性管理规则方面，针对累积规则，欧盟灵活而广泛地采用了双边、对角和完全积累，且欧盟主要以对角积累为核心，有效鼓励了区内采购和生产合作的增加。（2）在原产地标准认定方面，欧盟以税号改变标准、增值标准和加工工序标准三类标准对"最终实质性改变"进行确认。通常情况下，每一原产地规则议定书都包含一份被认为是"完全取得"的产品的清单，这一清单中的产品在生产中完全没有任何进口投入。（3）在充分加工方面，关于例外清单和容忍规则，具体产品附有特定产品规则，并非所有产品均无差别地适用同一些规则。若某一产品没有相应特定规则，则根据章或品目一级来查找其可适用的规则。（4）在非充分处理或加工方面，欧盟原产地规则对此进行了详列式表述，不仅列出了国际贸易运输及储存过程中的物流作业，而且围绕货物的生产加工全过程列出了不赋予原产地资格的加工作业，有时还从产业政策角度对某些加工工序进行限定。此外，欧盟优惠性原产地规则还包括禁止退税和免税条款、地域原则和直接运输条款等一些特殊规则。

第一个多边原产地协议在多哈回合谈判时才得以达成，且有关规定针对非优惠性原产地规则。而优惠性原产地规则由 WTO 协议之后的非强制性共同宣言组成，因其非强制性，WTO 成员方可以自由选择规则条款的适用性。国际立法层面缺乏应有的统一和规范使得优惠性原产地规则得以发挥其贸易保护特性。另外，在欧盟原产地规则中的对角累积规则下，在欧洲获得原产地资格的货物几乎可以在任何一个与欧盟相关的区域性贸易安排中享受优惠关税待遇。区域贸易协议的影响力呈网格式扩散，而不属于泛欧模式下的第三国也因此遭受到更泛化的歧视。

（二）**非优惠性原产地规则**

非优惠性原产地规则本质上是一种贸易管理手段，不同国家依据自身经济实力以及利益需求自主立法确定，一般包括制定原则、适用范围、原产地标准、运输规则、书面证明要求、监督管理程序及主管机构等要素，但最为核心的是原产地标准。欧盟非优惠性原产地标准的基础性标准包括"完全取得标准"和"最终实质性改变"，在此基础上还有一个清单列表对具体产品的特殊规则进行进一步补充和细化规定。

在判断生产制造涉及多个国家的货物在某一国完成"最终实质性改变"而以该国为原产地时，欧盟海关在实务上通过税则归类改变、特定生产程序以及从价百分比三种标准进行判断。税则归类改变标准是指如果一种商品在一国的生产加工过程中发生税则分类编号的改变，则把该国视为货物的原产地。这一方式在认定货物原产地上较为准确、可预测，并且可以在进出口报关文件上明确税则分类信息，因此在实践中，被 WTO 用作判别商品是否发生最终实质性改变的首要标准。特定生产程序标准是指通过确认某一商品最重要加工工序的发生地，对商品原产地进行判别。根据列示的加工工序清单，可以方便地判别商品的原产地。但加工工序清单的制作容易受到相关利益集团的操纵，特别是国内相关生产者对于工序规定的参与更是为此判别标准留下了贸易保护的可乘之机。从价百分比标准是指若某一项商品在一国的生产加工过程赋予该商品的附加值超过一定比例，则该国可以被视为商品的原产地。从价百分比标准具体包括三种形式：最大进口成分标准、最低国内成分标准和零件价值标准。然而这种判断标准可能受到计算方法、国别劳动成本差异、汇率和相关价格变动的影响，存在一定的局限性。

除了基础性标准外，欧盟还制定了清单规则，即适用于具体产品的特殊原产地标准条例，条例主要集中在纺织品与机电类产品等涉及欧盟出口利益的产品领域。税则归类改变标准虽是确定非优惠性原产地的首要标准，但在实践中清单规则发挥着重要作用。例如，针对特定纺织品，欧盟在第 2454/93 号条例的附录中明确了各编号产品所需要经历的特定加工工序，以此作为确定其原产地的特殊标准。

非优惠性原产地规则在欧盟内部有两个特殊应用，包括商品在欧盟市场的自由流通以及与反倾销反规避的结合。在成员国与非成员国多国生产或加工制成的产品满足"当地含量要求"时，一般要求产品所采用的欧盟零部件价值只要达到整体商品价值的 50%，就可以在欧盟内部自由流通。在与反倾销反规避的结合上，规避行为的认定需要通过非优惠性原产地规则中的从价百分比标准对商品原产地进行判定。

三、从《新商业政策条例》到《贸易壁垒条例》

1994 年 12 月 22 日，欧共体部长理事会通过了关于在共同商业政策领域建立确保欧共体行使在国际贸易规则尤其是 WTO 规则下权利的共同体程序的第 3286/94 号条例，该条例又被称作《贸易壁垒条例》。新条例从 1995 年 1 月 1 日起生效，以 WTO《关于争端解决规则与程序的谅解》为依据，是欧共体回应内部有关实体投诉或请求而采取调查、国际争端解决程序直至最后诉诸报复的一种行政程序机制，同时是欧共体行使其根据国际贸易规则，特别是 WTO 协议所确定的国际贸易规则所享有的各项权利的保障。

《贸易壁垒条例》的前身是欧共体于 1984 年颁布的《新商业政策条例》，该条例是以美国 301 条款[①] 为样本，于 1984 年以欧共体理事会第 2641/84 号条例形式颁布的。其主要内容是授权欧共体内私人在出口产品遭受第三国阻碍时，可以针对第三国不正当的贸易做法向欧共体申诉，欧共体可以据此采取与第三国协商等争端解决方式。借助这一机制，欧共体可以反击第三国违反国际法、普遍接受规则的不正当商业行为，保障其自身利益不受损害。此外，该机制为欧共体充分行使其对第三国商业实践的各项权利保驾护航，是对其共同商业政策的外部市场保障与加强。

《新商业政策条例》以消除或减少贸易壁垒为最终目的，有以下三种救济手段：第一，第三国采取满意的行动。在发起贸易壁垒调查程序后，如果非欧共体国家采取消除贸易障碍的满意行动，以

[①] 美国 301 条款是美国《1974 年贸易改革法》中的第 301 条，其主要含义是保护美国在国际贸易中的权利，对被认为实施"不合理""不公平"贸易做法的国家进行报复。

消除对欧共体产业造成的损害，或消除给欧共体企业造成的不利贸易影响，则欧共体无须采取行动，调查程序可以终止。但欧共体仍有权监督第三国是否遵守承诺。第二，与第三国达成正式协议。在程序启动前后的任何时间，如果能以更改协议的方式解决因贸易障碍所产生的纠纷，则调查程序终止。第三，发起国际纠纷解决程序。如果纠纷无法得到友好解决，并查明为欧共体的利益采取行动是必要的，可将案件提交 WTO 纠纷解决程序或其他适当的国际机制。

《新商业政策条例》作为一种程序性机制，由磋商、对投诉的可接受性进行审查、内部调查、国际争端解决程序和报复等五个阶段组成，但其实际利用率低于欧共体原来对于行政性商业防卫机制的期望，这是因为该条例的一些重点概念被证明不足以有效地保护欧共体工业在第三国市场上的利益，同时其决策机制并不利于实施。

结合《新商业政策条例》暴露出的缺陷及乌拉圭回合谈判结束后国际贸易政策环境的变化，欧共体在《新商业政策条例》基础之上批判性地继承并建立起《贸易壁垒条例》，成为出口商开放市场的强大进攻工具。《贸易壁垒条例》主要针对非欧共体成员国政府贸易行为（主要是贸易政策行为）在欧共体进出口市场上对欧共体企业和工业造成不利贸易影响的各种贸易障碍。相较于《新商业政策条例》，《贸易壁垒条例》是维护欧共体在非欧盟市场上的利益，保障自由化与市场准入更为有效的武器：从针对非法商业实践到针对无论是否违法的贸易障碍；从最低标准要求实质性损害到只要求不利的贸易影响；从保护欧共体工业整体到保护微观的欧共体企业。此外，在程序与规则方面，在反击任何非法商业实践与保障对第三国商业实践中的各项权利基础上，进一步为欧共体企业提供了诉讼程序，并将规则范围从国际法和普遍接受规则聚焦到国际贸易规则；在与 GATT/WTO 争端解决机制的联系方面，从程序规则联系进一步扩大到实体规则联系。

《贸易壁垒条例》是 WTO 成立之后，欧共体实施全球市场准入战略过程中极具报复威胁性与主动性的贸易保护工具。不同于其他贸易保护工具更为被动地保护其内部共同市场，该工具在其国际合法外衣之下，进攻性地开拓国际市场，进一步扫除欧共体在全球更广阔市场中所面临的贸易壁垒。

四、数字贸易保护主义

根据美国国际贸易委员会的定义，数字贸易是基于互联网，互联网技术在产品和服务的订购、生产以及交付中发挥重要作用的国内商务和国际贸易活动。国际贸易的方式和载体发生了一定形式的变化，也应运而生了一系列国际贸易新规则，同时数字全球化时代新的贸易保护主义——数字贸易保护主义也在风云变幻的世界经济中席卷而来。

美国和欧盟作为主要数字贸易经济体，早已通过打造各自内部的数字贸易规则体系、构建双边和区域数字贸易协定，联合形成"数字利益圈"，积极抢占国际数字贸易规则主导权。WTO 框架下的电子商务多边讨论开始于 1998 年，后来由于多哈回合谈判中止而搁浅。2019 年 1 月，76 个成员方重启 WTO 电子商务的多边谈判，在此次谈判中，欧盟的提案可以总结如下：在关税方面，欧盟一直主张免征关税永久化；在数据跨境流动及本地化方面，欧盟禁止成员国限制跨境数据流动，成员国可采取措施确保个人数据不受侵犯。根据 OECD 对全球 50 多个国家数字服务贸易的监测与评价，从基础设施与连接、电子交易、支付系统、知识产权以及影响数字化服务贸易的其他障碍等五个政策领域对各国数字服务贸易限制程度进行量化，可以发现欧盟数字服务贸易限制程度为全球数字服务贸易壁垒的三分之一（见图 6.1）。

图 6.1　欧盟数字服务贸易限制指数及限制程度全球占比

资料来源：OECD 数字服务贸易限制指数数据库。

　　欧盟在数字贸易政策方面，从内部贸易自由化着手，致力于打造数字单一市场。从《欧盟数字议程》《数字单一市场战略》《数字贸易战略》到《一般数据保护条例》，欧盟从制定数字经济发展优先行动计划开始，逐步聚焦数字贸易，制定相关政策消除域内成员国间法律与监管障碍，同时辅以相关保障措施，促进跨境数据自由流动与内部数字经济无障碍快速发展。数字单一市场战略以保护数据隐私为核心，旨在为消费者和企业提供更好的数字产品和服务，为数字网络及服务发展创造合适环境，最终推动欧盟数字经济增长发挥最大潜力。

　　在内部数字贸易规则之上，欧盟积极通过构建双边和区域数字贸易协定，抢占国际数字贸易规则主导权，并不断强化自身主张。在早期双边协定中，欧盟关于数字贸易的态度为在跨境数据传输上以保护欧盟公民个人信息安全为主，以促进数据跨境自由流动为辅。之后在欧盟签署的一系列协定中，数字贸易条款的重要性不断增强，规则逐渐细化，逐渐凸显对于个人数据安全问题即"数据保护"的强调，数字贸易保护主义的特征显现。2018 年《欧盟－日本经济伙伴关系协定》更是以明确条款实现双方个人数据无缝自由传输、制定数据传输的全球标准以及维护数据保护基本权利，意图组建世界最大安全数据流。迄今为止，欧盟已签署数十个双边和区域 FTA，涉及跨境电商条款、外商投资准入、知识产权保护、个人信息保护等数字贸易相关条款。

在数字经济时代，税基侵蚀与利润转移问题引发对于"数字经济"是否应该征税以及如何征税的思考。关于"数字服务税"的讨论起源于 OECD，随后该组织于 2015 年给出了三个具体应对措施：全新的税收联结度规则、针对特定数字交易的预提税和数字衡平税。数字衡平税的立法实践始于欧盟，法国是全球首个开征数字服务税的国家。欧盟于 2018 年 3 月发布《关于对提供某些数字服务所产生的收入征收数字服务税的共同制度指令的提案》，以确保随着经济数字化转型的加速而实现公平、有效地征税的目标，缓解数字型企业与传统企业的税负不均。事实上，世界各国尚未就应对数字经济时代税收制度的相关挑战形成共识，这使得数字服务税成为一种应对数字经济的单边措施。尽管数字服务税是一种国内税，但推行国在单边措施的实施中可以改变数字经济时代的国际税收秩序，并掌握话语权，在一定程度上演化成一种新的贸易保护主义。对此，在法国政府通过数字服务税法案前，美国贸易代表办公室以法国数字服务税主要针对美国企业及其最新技术为由，对法国征收数字服务税发起"301 调查"。

数字贸易的非关税壁垒主要包括数据跨境流动限制、个人信息保护、知识产权侵权等方面。最早设置和最受关注的数字贸易非关税壁垒是本地化措施，主要包括设施本地化、服务本地化和数据本地化三种。欧盟认为数据及其流动具有强烈的主权属性，各国应尊重各个主权国家的网络自治权，不能任由数据流动到其他地方。在这一问题上欧盟的做法相对谨慎，为保障国家数据安全和个人隐私安全，对跨境数据流动做出了一系列本地化限制措施。在欧盟内部，法国、德国坚定支持数据存储本地化，并出台相关立法，在本地建立了数据存储服务器等设施。2018年，欧盟《一般数据保护条例》也提出将增强个人信息保护，且原则上禁止向欧盟外转移个人数据。该条例对跨境数据传输的规制主要体现在：一是白名单机制。欧盟委员会根据第三国的个人信息保护立法、执法以及救济机制等因素做出"充分性认定"后，才能允许进行数据跨境转移。二是充分性保障措施，包括标准合同文本机制和约束性公司规则。

对于个人信息保护，欧盟可谓发达国家中最重视个人隐私保护的经济体，制定了全面的个人隐私保护法律法规。2018年欧盟颁布的《一般数据保护条例》堪称史上最严格的数据保护法案，它规定凡是向欧盟境内提供数据产品或服务，或是处理欧盟境内个人数据的企业主体，无论其在欧盟境内还是欧盟境外，均受该法案约束。另外，该法案的"约束性企业规则"（BCR）要求欧盟境内企业与境外企业进行企业集团联合经济活动时，在将个人信息传输到一个或多个第三方国家的过程中要遵循个人数据保护政策，否则要承担相应的法律责任。

在数字贸易中的知识产权保护方面，源代码的问题在发达国家和发展中国家之间争议较大。以欧盟国家、美国为首的发达国家拥有着世界上绝大多数的专利，极其看重源代码保护，认为源代码是数字企业的商业秘密，是数字企业的正当竞争优势，而非市场准入条件，源代码泄露会破坏行业规则。为防止源代码泄露和被他国政府获取，发达国家颁布了一系列有关源代码保护的法律法规。《一般数据保护条例》在源代码和算法方面的相关规制在于，欧盟指出原则上禁止强制要求披露源代码，允许强制源代码披露的情形包括法院和行政机关对违反竞争法的裁决、保护知识产权以及对于保障国家安全必要的信息获取等。在 TPP 中，欧盟明确提出了不以要求获取或转移软件源代码作为数字服务市场准入的前提条件。

第五节　欧盟贸易保护有哪些特征？

一、"规范"导向下强调对消费者的保护

欧共体在创立之初所实施的贸易保护主要以保护域内生产者免受国际贸易竞争冲击为目标，欧共体保障措施条例、反倾销条例、反补贴条例等相关立法不断完善，构建了一套完善的贸易防御体系，为欧共体内部市场的建立与发展构建起坚固的"欧洲堡垒"。此外，值得注意的是，欧盟的治理理念是追求内部的持久和平，以和平、自由、民主、法治、人权和平等，积极寻求"善治"，在市场需求之外强调"规范"导向。就贸易政策来说，欧共体在成立之初就十分强调生产、贸易中的环境保护问题，以及技术与标准化等技术性规范与消费者权益的维护，保护消费者免于承担各种风险，并成为最早开始研究技术性贸易壁垒，也是实施技术性贸易壁垒最为频繁的经济体。后来，欧盟贸易政策逐步拓展到致力于促进可持续发展、人权和良治等价值观规范。

1994 年乌拉圭回合谈判结束后，欧盟开始积极倡导将规范性协议纳入 WTO 框架，包括环境保护、劳动标准、有价证券与外国直接投资、知识产权、公共采购以及竞争政策等领域。《里斯本条约》生效后，欧盟获得了更为可靠的贸易谈判优势以及在服务、知识产权和投资领域更广阔的专享权力，"价值观至上"更是促使大量规范性议题进一步介入欧盟贸易领域，技术性贸易壁垒以及针对新业态与新形式的贸易保护方式涌现，并成为欧盟贸易保护最为鲜明的特点。

2015 年 10 月，欧盟委员会发布新的贸易政策沟通文件《贸易惠及所有：迈向更负责任的贸易和投资政策》，其关键词是责任、价值观与透明度。欧盟在 2016—2020 年贸易战略政策文件中表示这五年内的贸易目标是巩固欧洲及全球的繁荣、团结与安全，强调贸易政策在促进经济增长、就业、投资和创新中的关键作用，最终致力于在坚持欧洲社会模式与价值观的基础上，推广欧盟的原则与价值目标。欧债危机爆发、TTIP 陷入停滞、英国脱欧、难民危机、疫情暴发等一系列挑战等均要求欧盟重视市场需求，制定激发共同市场活力并积极提升自身国际竞争力的政策，而与市场需求角力的规则导向也深刻地影响着欧盟贸易政策以及贸易保护的未来演进。

二、从贸易防御工具到"爬行贸易保护主义"

在这一阶段，欧盟与世界主要经济体都认识到，封闭和贸易保护主义无法保障本国利益，只会重蹈 20 世纪大萧条的覆辙。在此背景下，开放的世界经济体系未发生逆转，但欧盟在其贸易防御工具的修改和实施层面都出现了隐形的贸易保护主义势头。

首先，在反倾销和反补贴这一传统贸易防御工具领域，欧盟通过降低启动调查的门槛，达到增加针对相关国家贸易调查的目的。在 1994 年乌拉圭回合谈判完成时，欧盟将批准反倾销措施的理事会投票决策机制由特定多数表决制改为简单多数同意制。2004 年欧盟再次以理事会表决规则改变为由，将该表决机制由简单多数同意制修正为简单多数否决制，使在存在一定弃权票的情况下，虽然支持票达不到简单多数，但仍有可能批准启动反倾销调查。2011年，根据欧盟立法程序改革新规，欧盟委员会提议的反倾销调查在理事会批准阶段只有反对票达到有效多数时才能被推翻，这进一步降低了欧盟委员会发动贸易救济调查的难度。2013 年 4 月，欧盟委员会公布了贸易救济体系的修订方案，规定当欧盟产业存在威胁时，即使未有企业申诉，欧盟委员会也可绕过国内产业诉求直接自行依据职权展开调查。

其次，欧盟防御工具的现代化改革使得对欧盟企业的保护力度不断加大。2011 年，欧盟委员会启动了贸易防御工具的修改工作，相关修改建议如认定出口国存在由国家干预导致的原材料和能源成本扭曲将改变反倾销税从低征收的规则，适用以倾销幅度征税。此外，建议还包括欧盟委员会缩短征收临时关税的等候时间等。此前多数 WTO 成员方在多哈回合谈判中已基本达成从低征收规则以最大限度地维护自由贸易的共识。欧盟委员会的此次修订无疑是加强贸易保护主义的做法，德国、英国等北方成员国持反对意见，而南方成员国大多表示支持。2018 年 1 月，欧盟宣布此轮贸易防御工具现代化工作已基本完成，该方案对欧盟反倾销、反补贴条例的修改除涉及减小征税从低规则适用范围、缩短采取临时措施的等候时间外，还包括将社会和环境等可持续发展事项纳入调查范畴、增加透明度、支持欧盟小企业等。

再次，欧盟贸易防御法规过度使用 WTO "市场扭曲" 原则，不断扩大欧盟市场保护的范围。2017 年底欧盟通过的反倾销调查新方法修正案取消了非市场经济实体清单，转而针对 WTO 成员方引入 "市场扭曲" 概念。这一转变实质上是对原反倾销调查中 "替代国" 规定的延续，是对国际条约义务的无视。此外，在缺乏与各国的充分协商与共识条件下，该修正案还规定在市场扭曲认定、参照国家选择时将社会保障和环境保护水平纳入其中。

最后，自 20 世纪末以来，欧盟针对新兴市场国家，特别是中国的调查比例显著增大，调查领域由传统劳动密集型产业向高技术产业转移。从 2005 年纺织品贸易摩擦到 2012 年针对光伏电池提起有史以来对华最大规模的反倾销调查，欧盟对华 "双反" 调查的增多随着国际贸易格局的分化与中国的崛起而显现出其强烈的保护特性。其他受到欧盟贸易防御而被调查较多的国家还包括俄罗斯、印度、乌克兰、土耳其、埃及、阿根廷、巴西和越南等。

三、以"规则贸易"为特征的区域性贸易保护主义

进入 21 世纪以来，面对发展中经济体力量的整体崛起，全球化分工进程放缓，全球产业链收缩和产业布局加快重构使得全球化开始向区域化转变。多哈回合谈判屡屡陷入僵局，基于多边贸易框架的协议越来越难以达成，而发达经济体与发展中经济体之间、各自内部的贸易摩擦却日益增多，WTO 的多边贸易体制正遭受前所未有的挑战。

与此同时，欧盟涌现出大量双边贸易协定和区域性贸易安排。最初，欧盟广阔的市场吸引着前殖民地国家和邻国与其签订优惠贸易协定。在此过程中，欧盟以提供市场准入为筹码获取相关国家对其劳动者权利、知识产权和环境等方面规则的接受，在获取支持并增强在 WTO 中地位的同时还完成了自身规则的输出。

在 2009 年之后，欧盟积极探索与发达国家之间的区域合作道路，并在 WTO 规则未能充分实施的领域继续展开涵盖所有部门的、真正深入的自由贸易协定。相关谈判覆盖的议题快速拓展，美欧均侧重于推动深度区域贸易协定谈判，将其作为贸易规则制定的新平台，积极争抢国际贸易规则制定先机。贸易议题已经不限于贸易、投资与服务，还与政治、经济议题紧密相关。欧盟积极签订许多高水平自由贸易协定以推动规则贸易的发展，在抢占国际贸易规则制定权的过程中，在市场准入、负面清单、国有企业、环境劳工标准等问题上并未能充分考虑发展中国家的现实和经济发展传统，超出发展中国家承受能力与义务的相关标准已发展成为新型的区域贸易保护主义。这也使得欧盟与相关地区开展贸易合作、扩散地区

一体化的谈判进程大多被迫暂停，推进自由贸易协定的进程困难重重。

自由贸易协定和区域贸易协定针对签署协定成员国提供有指向性的歧视性优惠待遇，而对于非协定国则继续适用一般特惠及以自由贸易协定为基础的特惠待遇，且各个协定不同的优惠待遇和原产地规则错综复杂，"意大利面碗"效应更是放大了其中的贸易保护主义色彩，对全球自由贸易的开展产生了严重的负面影响。

四、"易守难攻"的"欧洲堡垒"

从《罗马条约》到《里斯本条约》，欧盟对外政策的实施具有强烈的制度依赖。超国家、成员国和次国家等不同层面相互重叠的治理体系使得多元主体介入下的欧盟决策机制更具独特性与复杂性。全球金融危机、欧债危机、英国脱欧、民粹主义风险的提升等因素使得主动深化欧盟一体化进程的努力让位于被迫对诸多经济、社会危机做出反应。由于受到内外部双重压力，欧盟作为一个贸易行为体的影响力和有效性大打折扣。

欧盟对外决策主体广泛分布在超国家层面和成员国层面，并且在不同的政策领域拥有不同的决策权力和影响力。欧盟共同贸易政策的演变中充斥着欧盟与成员国之间在贸易政策制定权与谈判自主权上的博弈，也包含着世界贸易体系变化与多边贸易谈判进程中的矛盾。在欧盟委员会、欧洲理事会和欧洲议会权力提升的同时，超国家机构依然受到各成员国的掣肘，其在贸易谈判中极易被内部分化的利益击破。但作为共进退的利益共同体，各成员国间密切的利益捆绑关系与合力足以压制第三国。

一方面，欧盟积极参与并受益于经济全球化、贸易自由化的发展，在多边框架下设置并主导参与各类贸易谈判议程。在 2017 年发布的《驾驭全球化反思报告》中，欧盟宣称将团结一致应对孤立主义、贸易保护主义的调整，承担起领导国际贸易和全球化发展的责任，坚定支持自由和进步的贸易，塑造全球化进程，使之惠及所有人民，将自身视为贸易自由化的推动者和国际贸易秩序的维护者。另一方面，欧盟委员会将贸易保护政策工具当作是维护对外贸易利益和秩序的合理手段，欧盟委员会对外贸易司官方新闻表述与相关政策文件称：贸易保护是自由贸易的另一面，只有反对不公正的贸易行为才能更加有效地应对全球化；反倾销不是贸易保护措施，而是用关税提高非法低价进口商品的价格，以更好地体现它们的实际价值。在内部传统贸易防御措施层面，欧盟在贸易自由与贸易保护之间的平衡出现了向贸易保护倾斜的趋向。欧盟的对外政策显现出较高的防守性，也造就了具有鲜明保护特性的"欧盟堡垒"。

全球贸易

HISTORY OF GLOBAL TRADE PROTECTION

保护史

|下卷|

王孝松 等 著

中国人民大学出版社
·北京·

目　录

第四篇　发展中国家贸易保护史

第五篇　总结与展望

第 12 章　全球贸易保护的未来发展与应对　/ 529

第 **7** 章

欧洲贸易摩擦的典型事件

　　欧盟与美国是世界上最为重要的发达经济体，在经贸领域，二者之间既有合作，又存在十分激烈的竞争，因此，在 WTO 争端解决机制下，美欧互为提起诉讼最多的经济体。

　　自 1975 年中国与欧共体建交以来，中欧经贸关系不断发生变化，中欧经贸合作也在不断取得进展，但同时也面临着种种挑战，近年来中欧贸易摩擦开始大量涌现，贸易摩擦不断发生。

　　历史上，日本经济高速增长的时期也是其出口大规模扩张的时期，日本产品迅速挤占欧洲及第三方市场的状况使得欧共体与日本之间在 20 世纪后期频繁发生贸易摩擦。

　　未来的中欧关系将会在求同存异的基础之上展开更深层次的经贸合作。欧方应抛弃零和博弈思维，平等互利，在全球治理领域为国际社会提供更多可行的公共产品，为新时代世界多边体系的构建提供出色的范例。

第一节　欧美贸易摩擦

　　欧盟与美国是世界经济中一对极为重要的贸易伙伴，无论是在 GATT 框架之下还是在 WTO 框架之下，它们都互为提起诉讼最多的经济体，因此本章的第一节将对自 GATT 时代以来欧美之间的贸易摩擦进行讨论。从框架出发，本节将历史划分为 GATT 时代、WTO 时代、特朗普政府执政时期这三个阶段。一方面，本节将呈现双方的部分贸易争端案例；另一方面，也会对这三个时期欧美贸易摩擦的原因、特征予以分析。

一、GATT 时代的欧美贸易摩擦

　　在 1948—1995 年间，美国和欧洲经济共同体（EEC）是发起贸易争端数量最多的两方。美国作为原告共发起了 93 次贸易争端，居所有国家和地区之首，而这 93 次贸易争端中，欧洲经济共同体、日本、加拿大、法国作为被告方的次数分别为 29 次、11 次、10 次、8 次。欧洲经济共同体作为原告方共发起了 50 次贸易争端，其中有 26 次被告方是美国，7 次被告方是加拿大。

　　而从被告方的角度来看，美国在 1948—1995 年之间受到起诉共 91 次，其中欧洲经济共同体发起了 26 次，加拿大和巴西分别发起了 17 次和 10 次。欧洲经济共同体共受到起诉 78 次，其中美国和加拿大分别发起了 29 次和 10 次。

　　1957 年 3 月，法国、联邦德国、意大利、荷兰、比利时和卢森堡六国于罗马签订了《欧洲经济共同体条约》，1958 年 1 月 1 日共同体成立，总部设在布鲁塞尔。到 1958 年，六国间工业品关税通过分期削减后，比原定计划提前一年半全部取消，农产品方面除实现关税同盟外，还实行共同的农业政策，统一价格，设立农业基金。1973 年 1 月 1 日英国、爱尔兰、丹麦正式加入后，共同体由六国扩大到九国，领土扩大到 153 万平方公里。自 1972 年 7 月 22 日起，共同体同挪威、奥地利、瑞士、瑞典、冰岛、葡萄牙、芬兰分别签订自由贸易协定，建立西欧十六国自由贸易区并与非洲、中东及其他地区的数十个国家签订了联系国协定或关税优惠协定。随着建立欧洲联盟的《马斯特里赫特条约》于 1993 年生效，欧洲经济共同体并入了欧盟，并更名为"欧洲共同体"。

对于欧洲经济共同体与欧盟的关系，可以理解为欧洲经济共同体是后来的欧盟的三支柱之一。根据《欧洲联盟条约》，第一支柱是欧洲各大共同体，涉及经济、社会、环境等政策；第二支柱是共同外交与安全政策，涉及外交、军事等政策；第三支柱为刑事领域警务与司法合作，涉及共同合作打击刑事犯罪，该支柱的前身是"司法与内务合作"。随着 2007 年签订、2009 年 12 月 1 日生效的《里斯本条约》对欧盟政治领域事务做了更紧密也更广泛的安排，欧盟三支柱的名称不再适合被用来描述欧盟的任务，因此不再被使用。

欧洲经济共同体的最初目标是实现经济一体化，包括一个共同的市场和关税同盟，根据 1965 年的《合并条约》（《布鲁塞尔条约》），它与欧洲煤钢共同体和欧洲原子能共同体共同成为欧洲共同体之一。1993 年，一个完整的单一市场得以建立，被称为欧洲内部市场，该市场允许欧洲经济共同体内货物、资本、服务和人员的自由流动。1994 年，内部市场在《欧洲经济区协定》下正式成立，该协定还扩大了内部市场的范围，形成了涵盖 15 个国家的欧洲经济区。值得注意的是，在 WTO 关于 GATT 框架之下的贸易争端报告中，欧洲经济共同体最终包含了 12 个国家，而包含 15 个国家的贸易争端已经被纳入 WTO 框架。

在欧洲经济共同体作为原告、美国作为被告的贸易争端中，关于农畜产品的贸易争端占了大部分，具体见表 7.1。

表 7.1　美国作为被告的欧美贸易争端

编号	原告	争端案例
GD/83	EEC-6	美国—所得税法
GD/104	EEC-9	美国—反补贴税的适用
GD/118	EEC-10	美国—维生素
GD/133	EEC-10	美国制造条款
GD/140	EEC-10	美国—对出口到埃及的小麦粉的补贴
GD/143	EEC-10	美国—对机压烟草的重新分类
GD/153	EEC-10	美国—葡萄酒和葡萄制品的行业定义
GD/154	EEC-10	美国对欧共体的钢管产品实施的进口禁运
GD/171	加拿大、EEC-12、墨西哥	美国—对于石油和某些产品的税收（超级基金）
GD/173	EEC-12	对客机的税制改革
GD/174	加拿大、EEC-12	美国—海关使用费
GD/178	EEC-12	针对美国《1930 年关税法》第 337 条
GD/182	EEC-12	机床采购
GD/203	EEC-12	美国—对糖以及含糖制品的进口限制，适用 1955 年关税豁免以及关税减让表
GD/210	EEC-12	美国—针对来自欧共体的特定产品提高关税水平（1987 年 12 月 24 日总统公告第 5759 条）
GD/216	EEC-12	美国—根据《1974 年贸易改革法》第 304 条和第 305 条的规定，就欧洲经济共同体对油料和动物饲料蛋白的生产者和加工者的补贴做出决定
GD/252	EEC-12	美国—声呐测绘系统的采购
GD/264	EEC-12	美国—港口维护费
GD/266	EEC-12、荷兰	美国—金枪鱼的进口限制
GD/269	EEC-12	美国—汽车税
GD/280	EEC-12	美国—关于来自欧共体多个成员国的某些碳素钢产品的最终肯定性损害判定
GD/282	EEC-12	对特定钢铁产品的确定性和临时性反倾销措施
GD/294	EEC-12	美国—关于来自欧共体多个成员国的某些碳素钢平板产品的最终肯定性反补贴税裁定
GD/295	EEC-12	美国—欧共体各成员国对某些钢铁产品（热轧、冷轧、耐腐蚀和定长剪切的产品）的反倾销税
GD/302	EEC-12	美国—欧共体若干成员国对某些碳素钢平板产品的反补贴税
GD/314	EEC-12	美国—对来自荷兰的相纸征收临时反倾销税

注：WTO 于 2018 年发布了 GATT 框架之下的贸易争端汇编，其中以向 GATT 发出争端磋商请求的时间顺序编号了 316 次贸易争端，GD 意为 GATT 争端（GATT Disputes）。EEC 表示欧洲经济共同体（European Economic Community）。

在美国提起的针对欧共体的上诉中，与农畜产品有关的案件也占了极高的比重，具体见表 7.2。

表 7.2 欧共体作为被告的欧美贸易争端

编号	原告	争端案例
GD/84	美国	EEC—进口补偿税
GD/89	美国	原产地规则—美国要求就第二十二条进行磋商
GD/94	美国	EEC—某些加工的水果和蔬菜的最低进口限价（minimum import prices，MIPS）、许可证和保证金制度
GD/96	美国	EEC—动物饲料蛋白质措施
GD/113	美国	EEC—英国按 EEC 指令从美国进口家禽
GD/114	美国	EEC—从地中海区域某些国家/地区进口的柑橘产品的关税待遇
GD/116	美国	希腊—出口补贴
GD/120	美国	EEC—增值税与采购合同价值标准
GD/122	美国	EEC—小麦粉出口补贴
GD/123	美国	EEC—家禽及家禽产品的出口补贴
GD/126	美国	EEC—食糖出口补贴
GD/127	美国	欧共体和巴西针对家禽生产和出口的补贴
GD/128	美国	EEC—面食产品出口补贴
GD/129	美国	EEC—桃罐头、梨罐头、水果鸡尾酒罐头和葡萄干的生产补贴
GD/157	美国	法国"计算机扫盲计划"
GD/175	美国	动物激素指令（85/649/EEC）
GD/176	美国	空客的政府补贴
GD/186	美国	EEC—第三国肉类政策
GD/191	美国	EEC—向油料种子和相关动物饲料蛋白的生产者和加工者支付的费用和补贴
GD/192	美国	EEC—希腊禁止进口杏仁
GD/201	美国	EEC—苹果的进口限制
GD/213	美国	德国空客的德国汇率计划
GD/214	美国	EEC—限制废铜出口
GD/218	美国	根据《欧洲跨界电视公约》将采取的措施
GD/240	美国	EEC—第三国肉类政策对猪肉和牛肉进口的限制
GD/248	美国	EEC—提供给空中客车联盟的补贴

续表

编号	原告	争端案例
GD/257	美国	EEC—影响进口玉米面筋饲料的措施
GD/262	美国	专家组报告"EEC—向油料种子和相关动物饲料蛋白的生产者和加工者支付的费用和补贴"的后续行动
GD/287	美国	EEC—与晶闸管生产相关的补贴

二、WTO 时代的欧美贸易摩擦

世界贸易组织（WTO）的建立是 GATT 最后一轮多边贸易谈判乌拉圭回合的结果。谈判于 1994 年 4 月 15 日结束，WTO 随之建立。

WTO 的争端解决机制是在 GATT 的基础上发展而来的，GATT 之下的最惠国待遇原则、国民待遇原则、关税减让、取消数量限制、透明度原则、一般例外同时也是 WTO 之下的基本原则，在这些基础上，WTO 相关协议和协定还包括《反倾销协议》《补贴和反补贴协议》《保障措施协议》《实施卫生与植物检疫措施协定》《技术性贸易壁垒协定》《与贸易有关的知识产权协定》《服务贸易总协定》等，拥有较为全面、系统的贸易协定体系，涵盖了货物贸易、服务贸易、知识产权三大领域。WTO 旨在通过推动各成员方进行多边谈判、达成多边贸易协定和解决各成员方之间的国际贸易争端，促进国际贸易的进行和发展。

总的来说，GATT 之下的贸易争端更多的是农畜领域的争端，目的大多是争夺国内市场。在 GATT 框架之下，国际贸易的发展得到了促进，世界经济经历了快速恢复，可以说，GATT 的争端解决机制是成果颇丰的一种国际治理制度。然而，GATT 也存在着诸多弊端，比如"协商一致原则"的应用，在这一原则下，一方可以提出反对来阻止协商达成一致，使得专家组的报告不能通过，或是某一方的话语权足够大，可向专家组施加压力，影响最终裁定。也就是说，GATT 框架之下的争端解决机制缺乏强制性，并不是一个具有强制执行力的国际法律程序。

相较于 GATT 框架下的争端解决机制，WTO 争端解决机制则具有很强的国际法律强制性，明确法定程序的运用，这使得多边贸易体制更加健全及具有可预见性，明确规定了结案时间表，由专家小组做出裁决，交由 WTO 全体成员方通过或否决。

三、特朗普政府治下的欧美贸易摩擦

2020 年 12 月 14 日，新一届美国政府领导人拜登确认突破 270 张选举人票当选门槛，正式在美国总统选举中获胜；2021 年 1 月 7 日，美国国会参众两院联席会议认证拜登当选，当月 20 日将完成新旧政府的过渡，特朗普政府治下的时期最终拉下帷幕。

特朗普政府自 2017 年上台以来，高举"美国优先"大旗，不顾全球经贸规则，与欧盟、中国等重要贸易伙伴在诸多领域都发生了众多的贸易摩擦，对全球一体化的国际生产体系造成了影响深远的冲击。本部分将对该时期欧美贸易摩擦的典型事件予以展示并总结特征。

在特朗普政府发起的诸多贸易摩擦中，直接涉及欧盟的领域包括钢铝、汽车和飞机制造等。此外，围绕农产品和能源的摩擦也贯穿其中。以下将对钢铝、汽车和飞机制造三个领域的摩擦时间线分别进行讨论，同时将欧盟之外其他受到波及的国家也纳入时间线进行梳理，以尽可能详尽地还原摩擦的始末。

（一）以国家安全为由的钢铝贸易摩擦

2017 年 4 月 20 日，美国总统特朗普指示部长罗斯以政府的名义自发进行两项调查来确认在《1962 年贸易扩展法》第 232 条下，钢铁和铝的进口是否对国家安全构成威胁。值得注意的是，自1980 年起，美国共进行了超过 2 000 次贸易调查，其中 99% 都是

由工人、企业或是行业组织提起的，上次美国政府自发进行贸易调查则是在 2001 年布什政府时期，并且调查范围同样涵盖了钢铁的进口。

2018 年 2 月 16 日，美国商务部发布国家安全调查报告，指出根据《1962 年贸易扩展法》第 232 条，钢铁和铝的进口对国家安全构成了威胁。虽然该调查开始于 2017 年 4 月，但这也是公众第一次意识到钢铝产品会成为潜在的加征关税对象。

2018 年 3 月 1 日，特朗普宣布出于国家安全的考虑，将对所有进口的钢铁征收 25% 的关税，对所有进口的铝征收 10% 的关税。这一关税超过了美国商务部的建议水平，涵盖进口产品约 480 亿美元，主要来自加拿大、欧盟、墨西哥和韩国。由于先前阶段美国对中国已经实施了反倾销和反补贴税，480 亿美元的进口中仅有 6% 来自中国。

2018 年 3 月 7 日，欧盟宣布如果美国政府的加征关税落实，欧盟将实施相应的报复措施，包括正式向 WTO 提起申诉要求解决贸易争端，启动紧急保障措施并立刻对价值 34 亿美元的美国产品加征 25% 的关税，涉及蔓越莓、哈雷戴维森摩托车、牛仔裤以及波旁威士忌等。

2018 年 3 月 8 日，特朗普政府宣布钢铝的加征关税将于 3 月 23 日生效，同时，由于对《北美自由贸易协定》的重新对话结果的保留态度，关税加征豁免了加拿大和墨西哥。豁免的部分约占 480 亿美元的三分之一（153 亿美元）。另外，美国的其他贸易伙伴可以与美国贸易代表进行谈判来争取豁免，相关企业可以同美国商务部提出请愿书以使特定产品不被加征关税。

2018 年 3 月 22 日，美国政府发布修订后的加征关税的正式声明，进一步豁免欧盟、韩国、巴西、阿根廷和澳大利亚的关税至 2018 年 5 月 11 日。这意味着最初将被加征关税的三分之二经济体都被暂时豁免。

2018 年 3 月 23 日，除被豁免的经济体之外，加征的关税开始生效，其中涉及钢铁产品 102 亿美元，铝产品 77 亿美元。

2018 年 3 月 28 日，韩国同意减少对美国的钢铁出口来换取永久性的钢铁关税豁免，减少比例约为 21.2%，其出口配额被限制在 268 万吨。

2018 年 4 月 2 日，中国采取回应措施，对美国出口的铝废料、猪肉、水果、坚果等其他产品加征关税，共涉及 24 亿美元的产品。在本轮贸易摩擦中，中国受到影响的钢铝贸易额为 28 亿美元。

2018 年 4 月 30 日，特朗普政府将对欧盟、加拿大、墨西哥提供的关税豁免延长至 2018 年 6 月 1 日。对韩国的铝关税豁免期结束。阿根廷、澳大利亚及巴西与美国敲定了双方都满意的替代方案来解决钢铝出口对美国国家安全的威胁，从而获得了无限期的钢铝关税豁免。

2018 年 6 月 1 日，美国正式对欧盟的钢铝进口加征关税，加拿大和墨西哥之前的关税豁免中止。这三个贸易伙伴的钢铝出口额几乎为美国 2017 年全年进口的一半。

2018 年 6 月 22 日，欧盟开始对美国进行报复，最初的报复清单涵盖了 32 亿美元从美国进口的产品，其中钢铝产品占比达 34%，剩余产品为农粮产品和其他消费品。具体来说包括波旁威士忌、摩托艇、游艇、摩托车、牛仔裤、玉米和花生酱等。同时，美国摩托车生产商哈雷戴维森于 25 日宣布将通过转移海外的生产工厂来规避欧盟的报复性关税。

2018 年 7 月 1 日，加拿大对来自美国的 128 亿加拿大元的产品加征关税，其中一半是钢铁和铝，农粮产品约占 19%，其他消费品约占 24%。在关税水平上，除钢铁产品加征关税率为 25% 以外，其他产品被加征 10% 的关税。

2018 年 7 月 16 日，美国贸易代表分别就加拿大、中国、欧盟、墨西哥和土耳其的报复性关税向 WTO 争端解决机制提起诉讼。从数据上来看，在 2017 年，特朗普政府挑起的钢铝贸易摩擦使得前面所提及的五个经济体对自美进口的 270 亿美元的产品实施了报复性关税。

2018 年 7 月 24 日，美国政府根据大萧条期间支持农民的法案，宣布将为因他国报复性关税遭受损失的农民提供高达 120 亿美元的补贴。根据数据，因为他国的报复性措施，美国约有 270 亿美元的农产品出口受到影响。

2018 年 8 月 10 日，特朗普宣布为应对土耳其货币里拉的贬值，对自土耳其进口的钢铁由原本 25% 的关税提升至 50%。他还在一条推文中表示，要将土耳其铝产品的 10% 的进口关税提升至 20%。在 2017 年美国所进口的钢铁和铝产品中，土耳其的出口占比分别为 4.2% 和 0.3%。此前，土耳其对自美进口的 18 亿美元的产品加征了关税。

2018 年 8 月 14 日，作为新的反制措施，土耳其宣布对自美进口的包括汽车、烟酒在内的产品施加新的关税。

2018 年 11 月是本轮贸易摩擦加征关税落实的第 6 个月，由于美国经济增长强劲，美国的钢铁进口实际上增长了 2.2%，但是这个数字的背后是小国和穷国钢铁出口量的大幅度下降，下降幅度分别为 12% 和 15.5%。由此可以看出，尽管特朗普政府所发起的贸易摩擦起初并无伤害发展中国家的意图，但是发展中国家利益的受损却是显著的。美国政府发起针对钢铝产品的贸易摩擦的根本意图是提振美国钢铁制造业。从表象上来看，美国的钢铁产品价格提升了近 9%，相应创造了 8 700 个工作岗位，但是美国的钢铁消费者却要为每个工作岗位额外支付 65 万美元。

2019 年 5 月 21 日，美国同意取消对加拿大和墨西哥加征的关税，这一举动有利于美墨加三国《美墨加协定》(USMCA) 的生效，加拿大和墨西哥随即也取消了之前的报复性关税。

2019 年 6 月 15 日，印度落实了其于 2018 年 3 月所声明的报复性关税，此举的导火索可能是同月 5 日特朗普政府决定将印度移出美国的普遍优惠制，在该制度下，美国对来自部分发展中国家的产品实施免税进口。

2020 年 1 月 24 日，特朗普宣布将对近 4.5 亿美元的钢铝产品施加新的关税来帮助因他国报复措施受到重创的行业，新的关税加征波及日本、欧盟、中国等经济体。

2020 年 8 月 6 日，特朗普宣布对加拿大的原铝产品征收 10% 的关税，于 8 月 16 日生效，随后，加拿大政府计划对美国向加拿大出口的一定比例的含铝产品进行报复。

2020 年 9 月 15 日，美国递延了对加拿大非合金、非锻造铝产品的免税待遇，但是也要求加拿大限制这些产品的出口，加拿大撤回了计划的报复措施，但同时也拒绝了美国要求的出口配额限制。

2021 年 1 月 19 日，特朗普政府任期的最后一天，其取消了根据《1962 年贸易扩展法》第 232 条对阿拉伯联合酋长国所加征的关税。2 月 1 日，拜登政府重新宣布对阿拉伯联合酋长国政府加征关税。

（二）以国家安全为由的汽车贸易摩擦

2018 年 5 月 23 日，美国商务部在特朗普的领导下对汽车进口发起了国家安全调查，这是继钢铁和铝的进口之后的第三次国家安全调查。公开听证会于 2018 年 7 月 19 日至 20 日举行。本轮贸易摩擦考虑将汽车进口的关税率提高至 25%。彼得森国际经济研究所的测算结果表明，如果这 25% 的关税率对任何国家不实行豁免，那么将为美国提供 19.5 万个工作岗位。从加征对象上看，关税的加征将影响到 2 080 亿美元的进口，且并不包括汽车零部件，几乎全部来自美国的关键盟友国。

2018 年 8 月 7 日，特朗普和墨西哥总统恩里克宣布达成初步的《美墨贸易协定》，这一协定可能会取代《北美自由贸易协定》。随后于 2018 年 11 月 30 日，美国、墨西哥、加拿大三国签署《美墨加协定》（《美墨加协定》于 2020 年 7 月 1 日正式生效），取代了《北美自由贸易协定》。

2019 年 2 月 17 日，美国商务部向白宫提交了《国家安全战略报告》，特朗普有 90 天时间（至 2019 年 5 月 18 日）来决定是否同意调查的结果，如果接受调查结果，那么特朗普将有 15 天时间限制进口，或与贸易伙伴寻求谈判并有 180 天时间来推迟新关税的落实。本轮汽车关税主要影响了日本、德国、韩国等美国的盟国。

2019 年 5 月 17 日，在美国商务部的调查报告建议采取汽车进口限制措施来保护国家安全之后，特朗普推迟决定关税是否会被征收至 2019 年 11 月 13 日，届时美国贸易代表办公室将与欧盟、日本等其他经济体展开谈判。如果谈判不顺利，特朗普可能会决定加征关税。

（三）缘于"波音客机"的美欧摩擦再起

1970 年，法国、德国、西班牙和英国联合成立了空中客车公司。1988 年，空中客车公司的 A320 单通道喷气式飞机开始显著挤占波音公司的市场。自此，欧美政府对飞机制造商的产业支持成为双方之间一个历时长久的争端来源。1992 年，双方在 GATT 时期签署了一份关于大型民用客机贸易的协定，该协定规定了双方的补贴上限。

对于欧盟，直接的政府补贴将以总开发成本的 33% 为上限，同时提供相应贷款时的利率需覆盖政府的借贷成本，并禁止进行生产补贴。对于美国，间接的政府援助不得超过民用飞机行业年营业额的 3%，或者不得超过每个民航公司年营业额的 4%，但双方并未就间接补贴的确切定义达成共识。

2004 年下半年，双方的贸易代表进行了谈判，试图修改协议但以失败告终。之后，美国单方面从大型民用客机贸易协定退出并向 WTO 提起上诉，拉开了持续至今的欧美针对民用客机市场的贸易争端。实际上在 2003 年，空中客车公司交付的飞机数量首次超过了波音公司，并且在之后波音公司的交付量并不对空中客车公司形成绝对优势（如图 7.1 所示）。

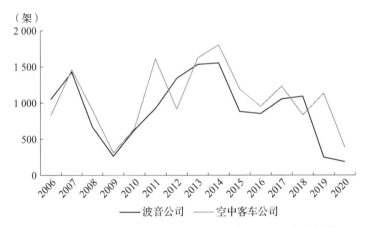

图 7.1　2006—2020 年波音公司与空中客车公司飞机年交付量

2004 年，双方就争端问题再次进行了谈判，但谈判失败。2005 年，WTO 对双方展开调查。

2006 年，空中客车公司发布了一款新客机 A350，并向政府寻求贷款。

2009 年，WTO 发布临时裁定，欧盟向空中客车公司提供的某些援助违反了出口补贴的禁令，这种援助被认为是非常有害的，理应被禁止。

2010 年，WTO 认为欧盟的一些政府贷款实际上是被禁止的出口补贴，要求空中客车公司停止对包括 A380 在内的客机提供不公平的援助，但其驳回了美国对 A350 补贴的申诉。

2011 年，欧盟上诉失败，但 WTO 撤销了 A380 所涉及被禁止的补贴的认定，之前的裁定有所削弱。另一个 WTO 的小组同意欧盟就美国政府、宇航局及各州当局向波音公司提供 190 亿美元的指控，并裁定禁止美国向波音公司提供至少 53 亿美元的援助。

2012 年，WTO 上诉法官大体上维持了反对美国向波音公司提供支持的裁定。实际上，美欧双方都在指责对方的同时声称自己遵守了 WTO 的裁定。

2013 年，波音公司宣布推出双引擎 777X 机型，并且在华盛顿州，当立法机构同意将给予 87 亿美元的产业税收减免之后，波音公司也同意将飞机的制造配置在华盛顿州。

2014 年，欧盟在之前的申诉之外，针对华盛顿州所给予的税收减免再次展开申诉，并在申诉中将美国的行为直接定义为"WTO 所禁止的补贴"。

2016 年，在长达一年的争端解决后，WTO 认为欧盟没能落实之前的裁定，也将 A350 所受补贴列入了审查范围，但是并未同意美国所提出的 A350 所受补贴应属于"被禁止的"类目。11 月，WTO 裁定美国对波音 777X 的补贴是"被禁止的"。

2017 年，WTO 上诉法官驳回了之前波音 777X 所受补贴是"被禁止的"的裁定，这使欧盟的第二条申诉线戛然而止。

2018 年 5 月，WTO 再次裁定欧盟并未停止对空中客车公司的补贴，这些补贴继续损害着波音公司的利益。美国威胁将对数十亿美元的欧洲输美产品进行制裁，双方进入了仲裁阶段来确定关税的范围。

2019 年 3 月，WTO 裁定华盛顿州并未停止对波音公司的税收补贴，美欧双方都公开表示拒绝认同 WTO 所认定的补贴程度，并且指责对方拒绝通过协商谈判来解决问题。此外，双方都表示将向

对方数十亿美元的产品加征关税。WTO 授予了美国对自欧进口的
75 亿美元的产品加征关税的权利。10 月，美国对空客飞机的进口
加征 10% 的关税，对自欧进口的奶酪、橄榄、威士忌等产品加征
25% 的关税。12 月，WTO 驳回了欧盟声称其已经不再向空中客车
公司提供补贴的抗辩，这促使美国表示将扩大加征关税的产品范围
来向欧盟施压。

2020 年，美国宣布将对自欧进口的飞机关税税率从 10% 提升
至 15%。3 月，华盛顿州立法机构投票通过了一项有争议的航空税
收减免政策，波音公司从中受益。10 月，WTO 批准了欧盟对自美
进口的 40 亿美元产品加征关税。

四、欧美贸易摩擦的原因分析

在 GATT 框架之下，欧美之间的贸易摩擦就在不断发生，从上
述分析中我们可以看出其中农产品的贸易摩擦占相当大的比重。实
际上，农产品贸易也是双方冲突最为激烈的领域。从历史上来看，
欧美双方都给予自身的农业以巨额补贴。

欧共体的第一个条约《罗马条约》中就规定了缔约国采取共同
的农业政策来协调成员国之间的利益，欧洲农业指导和保证基金自
1962 年设立以来一直是欧共体财政开支的最大部分，占其预算的
60% ~ 70%，这是欧共体共同农业政策能够落实的重要前提。在欧
共体重组为欧盟之后，共同农业政策和共同基金的核心并未发生变
化：对内实行价格支持，对外实行贸易保护。主要特点是即使欧洲
的农业生产水平较高，实现了大规模机械化生产，在此之上各国政
府对农业发展和农民的收入保障却仍然采取高度的保护，其中农民
收入的保障是农业补贴的重要目标。这样的农业保护使得农产品市
场价格扭曲，财政负担不断加大，对农产品的国际市场也产生了巨
大的影响。

在美国方面，自 20 世纪 30 年代以来，美国政府便一直对其农业实行巨额的补贴。2002 年 5 月 13 日，美国颁布农业新法案，提高了补贴水平，2002—2011 年政府补贴农业的预算为 1 900 亿美元，这一数字相比 1996 年的农业法增加了 830 亿美元，同时在该法案中，以不挂钩的直接补贴替代了生产灵活性合同补贴，并进一步扩大了补贴范围，将大豆、油料和花生也纳入了补贴计划，同时提高了大宗农产品的补贴率。

除了产业问题外，给予农民的补贴和所形成的收入保障更是政治问题。

在工业产品方面，涉及领域可以大致分为传统工业和高新技术产业。在传统工业领域，双方在 20 世纪 80 年代初就钢铁贸易产生过激烈的冲突，美国对欧共体的钢铁出口征收了高额的反补贴税，随后欧共体被迫实施自愿出口限制。1993 年，美国商务部对包括欧共体在内的 19 个国家和地区的钢铁征收惩罚性反补贴税，这一贸易限制措施影响到欧共体每年 200 万吨钢铁的对美出口。实际上，特朗普政府于 2018 年发起的贸易战也是以钢铁作为首要狙击对象的，因此，钢铁这一关乎国计民生的产业在不同时期都是贸易争端的爆发点。除此之外，从有线电视、半导体、计算机、民用飞机到医药行业，双方都发生过众多贸易摩擦。

2000 年以前与新世纪初期欧美贸易摩擦的动因如下：

欧美双方的贸易摩擦根源不仅来自内部经济结构，也来自世界经济、政治形势的变化。

首先，从双方内部经济发展来看，自 20 世纪 60 年代末、70 年代初以来，西方各主要资本主义国家出现了经济停滞或衰退、大量失业和严重通货膨胀以及物价持续上涨同时发生的情况。就美国而言，80 年代之后经济逐渐摆脱滞胀，但经济增速依然维持在较低水平。90 年代之后，美国经济陷入衰退，经济形势不容乐观。

欧共体在 80 年代经济状况曾有短暂的上涨，但 90 年代之后经济增长动能不足，1991 年欧共体经济增长率较 1988 年的 3.6% 下降至 1.39%，1992 年跌至 1.1%，总体经济形势也并不稳定。经济增长的乏力迫使双方都希望通过扩大出口、限制进口来提振本国的经济发展，争夺市场产生的摩擦不仅发生在两国境内，也发生在第三国的市场上。

其次，20 世纪 90 年代之后，世界经济运行状况不佳，新贸易保护主义思潮抬头。从欧盟的正式成立到《美墨加协定》的签署，两大区域性经济贸易集团对内实行自由贸易，对外则实行贸易限制措施，因而具有较高的封闭性和保护性，使世界市场被割裂开来，双方为了争夺自身在世界市场上的份额，势必会展开激烈的竞争，贸易摩擦的不断发生也就不难理解。

特朗普时期美欧贸易摩擦的动因如下：

第一，美欧贸易存在着明显的失衡。从货物贸易数额来看，欧盟长期维持着对美顺差，并且顺差不断扩大。2018 年，欧盟对美货物贸易顺差达 1 391 亿欧元，而 2020 年顺差近 1 500 亿美元，这相较 2003 年已经翻番。从贸易产品特征来看，美欧的要素禀赋和产业结构相似，产业内贸易特征显著。在工业产品方面，双方在汽车、医药、高端设备制造等领域有诸多交叉，这些领域成为贸易摩擦的重点领域，这一特征在近年来更为明显。

第二，双方针对第三国市场的争夺愈发激烈。在 21 世纪之前，欧美互为最大的贸易伙伴，很多贸易争端的发生都是以获得或保持自身在对方市场的份额为目的的，但近年来，全球化进程下发达国家根据各地区的要素禀赋将生产的不同环节通过国际投资的方式配置到全球，中间产品的贸易在国际贸易中的比重逐步提升，发展中国家在全球化之下嵌入了全球价值链中，越来越多地参与国际分工。与此同时，欧美国家面对这种传统制造业的外流选择以政府补贴等措施来维系产业发展，这种补贴一方面使得产品在国际市场中仍具有价格竞争力，另一方面可能也是政治因素使然。

第三，特朗普政府治下"美国优先"霸权概念的抬头为双方冲突提供了土壤。自 2008 年金融危机之后，美国的经济遭受重挫，加之服务业占比不断上升所导致的产业结构失衡问题使得社会不同层级之间的矛盾和摩擦日益增多，逆全球化的呼声愈发高涨，民粹主义之风逐渐蔓延开来。特朗普政府的上台也是彼时美国内部经济环境的一种体现，其在总统竞选期间最重要的主题便是"美国优先"，在当选成为总统之后，"美国优先"这一立场也成了彼时美国政府的官方外交政策原则。在这样的外交原则之下，美国希望自身主导贸易规则并成为利益的中心，这与欧盟所一直主张的多边贸易体系构建是背道而驰的，双方在全球经济发展核心价值观方面的不同不仅使得贸易摩擦频发，也使得双方在全球经济治理问题上产生了分歧。

第二节　中欧贸易摩擦

一、贸易摩擦概览

自 1975 年中国和欧共体建交以来，中欧经贸关系已经成为中欧关系中的压舱石。2020 年以前，欧盟连续 16 年成为中国第一大贸易伙伴和进口来源地，中国连续 14 年成为欧盟第二大贸易伙伴和第一大进口来源地，而在 2020 年及 2021 年，中国便成为欧盟第一大贸易伙伴。然而，在贸易往来增加的同时，受到欧盟贸易保护主义和中欧贸易结构不均衡等因素的影响，自 2010 年起中欧双方之间贸易摩擦频发，抑制了中欧之间贸易的发展。

中欧贸易摩擦背后的原因主要包括以下几个：

　　首先，中欧贸易长期失衡。中欧互为重要的贸易伙伴，欧盟曾连续 16 年保持中国最大贸易伙伴的地位。2010—2019 年，中国对欧盟贸易顺差均维持在 1 000 亿美元之上。

　　其次，贸易数据统计口径并不一致。欧盟将经过中国香港或第三方的转口贸易都计入中国对欧盟的出口贸易额中，但这一统计口径并不合理。

　　再次，欧盟无限期推迟承认中国的市场经济地位。欧盟以中国企业造成市场扭曲为由，不承认中国是市场经济体，不给予中国企业市场经济地位。在 2017 年，欧盟通过新发反倾销法，转而依市场扭曲程度决定惩罚性关税税率，在贸易保护措施方面获得了更大的操作空间。

　　最后，自欧债危机之后，欧盟各国发展动能不足，经济增长乏力，来自民粹主义的声音不断出现，各方面因素叠加，使得欧盟贸易保护主义行为增多。

　　2018—2021 年发生的中欧贸易摩擦主要有：

　　2018 年 3 月，欧盟对进口钢铁产品启动保障措施立案调查；2018 年 5 月，欧盟对中国热轧钢板桩发起反倾销调查。

　　2019 年 2—5 月，欧盟对中国玻璃纤维织物发起"双反"调查；2019 年 7 月，欧盟对中国不锈钢热轧板/卷发起"双反"调查；2019 年 12 月，欧盟对来自中国的订书针发起反倾销调查。

　　2020 年 2 月，欧盟对中国铝型材发起反倾销调查；2020 年 8 月，欧盟对中国平轧铝材发起反倾销调查；2020 年 10 月、12 月，欧盟分别对中国钢制风塔和钢铁紧固件发起反倾销调查。

　　根据中国贸易救济信息网的统计数据，2010—2020 年中国对欧盟发起的贸易救济案件立案数达 23 起（见表 7.3），由欧盟发起的贸易救济案件立案数则高达 73 起，其中 2020 年发生了 8 起。

表7.3　2010—2020年中国对欧盟发起的贸易救济案件

案件名称	案件类型	涉及行业
中国对欧盟间甲酚反倾销案	反倾销	化学原料和制品工业
中国对欧盟三元乙丙橡胶反倾销案	反倾销	化学原料和制品工业
中国对欧盟不锈钢钢坯和不锈钢热轧板／卷反倾销案	反倾销	钢铁工业
中国对欧盟苯酚反倾销案	反倾销	化学原料和制品工业
中国对欧盟卤化丁基橡胶反倾销案	反倾销	化学原料和制品工业
中国对进口食糖保障措施案	保障措施	食品
中国对欧盟取向电工钢反倾销案	反倾销	钢铁工业
中国对欧盟未漂白纸袋纸反倾销案	反倾销	造纸工业
中国对欧盟血液透析机反倾销案	反倾销	专用设备
中国对欧盟葡萄酒反倾销案	反倾销	酒、饮料和茶
中国对欧盟葡萄酒反补贴案	反补贴	酒、饮料和茶
中国对欧盟四氯乙烯反倾销案	反倾销	化学原料和制品工业
中国对欧盟相关高温承压用合金钢无缝钢管反倾销案	反倾销	金属制品工业
中国对欧盟太阳能级多晶硅反倾销案	反倾销	光伏产品
中国对欧盟太阳能级多晶硅反补贴案	反补贴	光伏产品
中国对欧盟甲苯胺反倾销案	反倾销	化学原料和制品工业
中国对欧盟甲苯二异氰酸酯反倾销案	反倾销	化学原料和制品工业
中国对欧盟乙二醇和二甘醇的单丁醚反倾销案	反倾销	化学原料和制品工业
中国对欧盟高性能不锈钢无缝钢管反倾销案	反倾销	金属制品工业
中国对欧盟相纸反倾销案	反倾销	造纸工业
中国对欧盟马铃薯淀粉反补贴案	反补贴	农产品
中国对欧盟己内酰胺反倾销案	反倾销	化学原料和制品工业
中国对欧盟非色散位移单模光纤反倾销案	反倾销	电气工业

在2010—2020年中国对欧盟发起的23起贸易救济案件中，反倾销19起，占比为82.61%；反补贴3起，占比为13.04%；保障措施1起，占比为4.35%。

仅2020年一年，欧盟就对中国发起了如表7.4所示的贸易救济案件。

表 7.4　2020 年欧盟对中国发起的贸易救济案件

案件名称	案件类型	涉及行业
欧盟对中国光缆反补贴案	反补贴	光伏行业
欧盟对中国钢铁紧固件反倾销案	反倾销	钢铁行业
欧盟对中国铝转换箔产品反补贴案	反补贴	有色金属工业
欧盟对中国铝转换箔产品反倾销案	反倾销	有色金属工业
欧盟对中国钢制风塔反倾销案	反倾销	通用设备
欧盟对中国光缆反倾销案	反倾销	光伏产品
欧盟对中国平轧铝材产品反倾销案	反倾销	有色金属工业
欧盟对中国铝型材反倾销案	反倾销	有色金属工业

在 2010—2020 年欧盟对中国发起的 73 起贸易救济案件中，反倾销 55 起，占比为 75.34%；反补贴 16 起，占比为 21.92%；保障措施 2 起，占比为 2.74%。

除了"双反"贸易摩擦，欧盟也以技术性贸易壁垒和绿色贸易壁垒为由对中国发起贸易摩擦。欧盟是世界上运用技术性贸易保护措施最频繁和最严格的地区之一，目前已经形成了一套完整的具有法律效力的欧盟指令和技术性贸易措施体系，分布在工业品加工、制作、生产、销售等各个环节。

在绿色贸易壁垒方面，欧盟在使用绿色贸易壁垒来对中国发起贸易调查的时候主要采取两套系统：欧盟食品和饲料类快速预警系统（RASFF）和欧盟委员会非食品类快速预警系统（RAPEX）。根据对中国贸易救济信息网数据的统计，2020 年 RASFF 通报中针对中国输欧产品共计 205 项，RAPEX 通报中针对中国输欧产品共计 1 127 项。

二、典型案例

（一）中欧紧固件反倾销案

本案件是中国在 WTO 框架之下应对反倾销胜诉的第一案。

中国是世界上最大的碳钢紧固件生产国，其中对欧盟的出口比重达 1/3。由于我国紧固件生产在中低端市场的同质化恶性竞争显著，出口的价格往往较低，这使欧盟认为中国的紧固件产品对于欧盟的同类产品生产造成极大损害，因此欧盟频繁发起反倾销调查。

2007 年 11 月 9 日，欧盟对中国的紧固件产品启动反倾销立案调查。2009 年 1 月 31 日，欧盟对中国紧固件产品做出了肯定性最终裁定，认为中国的紧固件出口构成反倾销，将对此征收 85% 的反倾销税。这一极高的关税率下的税费早已超过企业的利润，案件涉及的中国 1 700 多个紧固件的生产和贸易企业的生产经营受到严重损害。对此，中国紧固件企业要求政府采取措施来维护企业的合法权益。2009 年 7 月 31 日，中国要求与欧盟进行磋商，解决欧共体根据欧洲理事会第 91/2009 号规则对中国的钢铁紧固件实施最终反倾销措施的问题。由于双方磋商未果，经中国请求，WTO 争端解决机构（DSB）成立专家组。2010 年 12 月 3 日，专家组做出报告，裁定欧盟的反倾销措施违反了 WTO 的相关规定。2011 年 3 月，双方均提起上诉。2011 年 7 月 5 日，上诉机构做出裁定，仍旧裁定欧盟违反了《反倾销协议》的条款。同年 7 月 28 日，DSB 通过了上诉机构报告和专家组报告。中欧双方商定将于 2012 年 10 月 12 日之前执行裁决。2012 年 10 月 10 日，欧盟公布对中国紧固件企业根据裁定调整后的反倾销税率，税率范围为 22.9% ～ 74.1%，而修订后的税率仍在很大程度上限制了来自中国的紧固件进口。

2013 年 10 月 30 日，针对欧盟 2012 年 3 月对中国紧固件行业的新反倾销措施，我国政府申诉至 DSB 要求审查欧盟的新措施。2015 年 8 月 7 日，DSB 最终裁定欧盟对中国紧固件行业实施的反倾销复审措施违反 WTO 规则。2015 年 9 月，中国和欧盟再次分别提出上诉。2016 年 1 月 18 日，DSB 发布最终公告，第四次裁定欧盟对中国紧固件产品采取的反倾销措施违反 WTO 规则。2016 年 2 月 27 日，根据 WTO 争端解决机构的最终裁决，欧盟发布公告正

式取消对中国紧固件行业的反倾销措施，这距离争端最开始提出的
时间，已经过去了近 10 年。

在该贸易争端处理的过程中，值得注意的是，最开始欧盟对
中国实施反倾销措施的法律基础是其第 384/96 号法令，之后欧盟
将这一法令废除，取而代之的是第 1221/2009 号法令。在中国申
请成立专家组所提交的书面材料中所针对的法令是第 384/96 号法
令，欧共体随即认为之前的法令已然被废除，而第 1221/2009 号
法令并不是之前法令的修订版，因此 WTO 专家组并无职权对第
1221/2009 号法令进行分析来裁定欧盟是否违反了 WTO 的规定。
但实际上，前后两条法令在相关条款上并无大异，因此欧盟试图通
过以法令已废除这一借口来阻拦专家组工作的做法并未实现。

在第 1221/2009 号法令中，与本案相关的是第 9 条第 5 款，条
款规定在征收反倾销税的时候，对于非市场经济的不同类型的企业
有着不同的征收标准，如表 7.5 所示。

表 7.5 非市场经济下不同类型企业的反倾销税征收标准

企业类型	正常价值	出口价格	反倾销税率
企业符合市场经济标准	由企业提供的数据决定		各企业税率不同
企业符合单独处理标准	用替代国价值	由企业提供的数据决定	各企业税率不同
不符合上述两类标准的企业	用替代国价值	根据企业合作程度加权平均价格或可得事实	适用于针对出口国的统一税率

按照《反倾销协议》的第 6.10 条，一国应对每一个涉及的生
产商或者出口商确定单独的倾销幅度，如果出口商太多，允许调查
机构进行抽样，但须征得出口商的同意，且不得阻止未被抽样的出
口商自愿参加调查。为每一个出口商或生产者确定单独的倾销幅度
是必要的。

中方认为，在本案中，对于所有企业征收同样的 85% 的反倾
销税（即表 7.5 中的第三种形式）很明显违背了《反倾销协议》的
规定。在向所有厂商征收同一税额的反倾销税时，势必会使部分厂

商遭受不公平待遇。在这一点上，专家组裁定欧盟违反了《反倾销协议》的规定。

此外，中方还提出欧盟进行反倾销调查时应审查"同类产品"，而欧盟实际上还审查了特殊紧固件，这一点与《反倾销协议》中的规定相悖；中方还发现在欧盟最初进行抽样审查的 9 个企业中，有 2 个企业被认定为无倾销行为，但它们的出口量仍然被计算在倾销量中，而对于那些未被抽样的企业，全部按照倾销进口处理，显然这也不符合规定，这一点也在专家组报告中得以印证。在确认倾销和损害之间的因果关系时，专家组发现欧盟在对内部同类产品的出口情况进行审查时，所审查的内部生产者比其实际的生产者范围更广，这一点也自然与《反倾销协议》相悖。当然，本案涉及的法律问题远不止以上提到的这些，此处仅报告了其中的部分。

（二）中欧光伏贸易争端

2012 年 7 月 25 日，欧洲光伏制造商联盟 ProSun 正式对自中国进口的光伏产品及关键零部件提起了诉讼，理由是这些产品在欧洲市场的销售价格低于市场的平均价格。该联盟的主席兼德国光伏企业 Solar World 的副总裁表示："在过去的几年中，中国政府为其国内的光伏企业提供了近 2 000 亿欧元的补贴，使中国的光伏企业能够以低于产品成本的价格将这些产品'倾销'到欧洲市场。"

自进入 21 世纪以来，光电在全球能源结构中的占比越来越高，以光电、风电、水电为主的可再生能源在降低人类对石油和天然气的依赖方面起到了至关重要的作用。2009 年，欧盟可再生能源指令要求欧盟在 2020 年将可再生能源在能源消费结构中的比重提升至 20%。欧盟各国政府因此都采取并实施了相应政策措施，例如太阳能电力的电价补贴等。实际上，欧盟这样的政策创造出了一个对光伏产品需求较高的新市场，这使得中国的光伏产品得以大量出口到欧洲市场。当然，中国的光伏产品之所以能够具备足够的竞争优势，一定程度上源于中国在 2008 年将光伏产业定义为战略性行业，并开始大力发展。2012 年，意大利终止了光伏上网电价补贴，随后德国也取消了这一优惠政策，欧盟的光伏市场逐渐降温。然而，在欧洲市场对光伏的需求滑坡的背景之下，中国的光伏产品制造商纷纷通过各种方式尽可能地将产品出口到欧洲市场，这就形成了欧洲光伏市场严重的供过于求。2011 年，欧洲的光伏产品占全球份额的比重为 75%～80%；2012 年，这一数字开始下降并在 2013—2016 年跌至约 10%。德国的光伏制造商 Solar World 在这一场行业清洗中经历了数次严重的危机，除此之外的众多欧洲光伏企业也无力偿还债务，整个行业面临着多重压力，包括中国制造商的激烈竞争、过载的行业供给、逐渐减少的政府补贴和太阳能电价的猛跌。2011 年太阳能电价骤降 50% 并且在 2012 年又下跌了 24%。

2010 年初，欧盟贸易委员德古赫特宣告同意欧洲议会对中国的光伏产品采取更加强硬的态度。同年 8 月，在 Option（欧洲唯一的无线网卡、USB 闪存和嵌入式笔记本上网模块厂商）提出控诉之后，欧盟贸易总署发起了针对华为、中兴的三起平行调查。11 月 10 日，Option 宣布与华为正式签署协议，出售其子公司 M4S，Option 因此也要求欧盟贸易总署停止了正在进行中的反倾销调查。随后，在 2012 年 7 月 ProSun 提出申诉之后，2012 年 9 月 6 日，欧盟委员会发出通知，对来自中国的光伏产品启动反倾销程序；9 月 26 日，ProSun 向欧盟委员会就中国光伏产品提起了反补贴指控；同年 11 月，欧盟委员会就中国光伏产品的补贴问题展开调查；当月 6 日，中国商务部对欧洲的多晶硅展开调查，并就意大利和希腊的可再生能源政策向 WTO 提出磋商请求。

2013 年，中欧光伏贸易争端进入了决策制定阶段。

2013 年 5 月 8 日，欧盟委员会考虑对中国的光伏面板平均征收 47% 的反倾销税，这实际上也是本轮中欧贸易战爆发的开始。

另外，欧洲平价太阳能联盟（AFASE）这一非政府环保组织指出欧盟委员会的这一贸易限制措施将对欧洲的光伏市场产生巨大的冲击。5月15日，来自27个欧盟成员国的贸易专家就该问题展开了磋商，当日欧盟委员会还原则上同意依据职权所需开始针对中国电信产品的反倾销、反补贴调查。虽然局势看起来并不乐观，但是中欧之间的光伏贸易争端也反映出了欧盟内部的分裂，就如何应对中国的光伏产品的出口，并非所有的欧盟国家都支持对中国采取更为严格的进口限制措施。在2013年5月底的一场成员国投票中，大多数欧盟国家反对向中国的光伏产品额外加征关税，这主要是出于对中国可能会发起反制报复措施的担忧。在众多的欧盟国家中，德国和英国希望与中国达成贸易会谈来妥善解决问题而非单纯通过加征反倾销税这一手段粗暴地阻止进口，它们都声称反倾销税的征收会使其跨国公司在中国这一巨大市场上的经营受到一些阻碍。

2013年5月底，德国总理默克尔表示希望与中国就进口关税达成协议，避免征收反倾销税可能引发的破坏性贸易战，呼吁与中国进行"富有成效"的会谈，并将利用德国在欧盟的地位来确保会谈能够达成有效成果。在英国方面，时任英国首相卡梅伦在2013年底访问北京期间颇有条理地传达了其反对欧盟委员会反倾销措施的观点。值得注意的是，英国对中国的出口贸易是落后于其他欧盟国家的，伦敦方面非常希望能够通过双边谈判等方式促进对华的出口贸易。除了政府的态度，欧洲国家的企业也对反倾销税的征收持反对态度，例如德国就有超过1 000个光伏企业请求欧盟委员会放弃加征关税，德国的工业协会甚至立即呼吁结束这场"贸易争端"。除英国和德国之外，瑞典贸易委员会发布了一份题为《针对环境问题》的报告以谴责欧盟委员会的政策会使气候问题更加凸显。

不同于英国和德国，法国和意大利等国则认为中国的光伏企业接受了中国政府的补贴从而能够将产品以较低的价格出口到欧洲市场，这对欧洲同类产品的生产商的生产经营活动产生了极大的冲击。

即使大部分欧盟成员国对反倾销措施持反对态度，在欧盟的程序之下欧盟委员会仍旧可以实施其认为适当的应对措施，换言之，欧盟委员会并不一定会完全遵从成员国的意愿。2013 年 6 月 4 日，欧盟委员会在完成相关调查之后，认定来自中国的光伏产品在欧洲市场出售的价格应比公允价格高出 88% 且限制措施的实施从整体经济利益的角度出发是有价值的，因此决定实施反倾销措施。在中国方面，在欧盟本轮限制措施实施的几天前，国务院总理李克强与欧盟委员会主席巴罗佐进行了通话并表示，中国政府高度关注当前的贸易争端。从产业政策的角度来看，光伏产业已于 2008 年被列为战略性产业（在"十四五"规划中，由于"碳达峰""碳中和"目标的提出，光伏产业已然成为中国的核心产业之一），中国对欧的光伏产品出口如果受到限制，那么中国的产业发展也会因此受到严重损害，这不可避免地影响到中欧关系。中国政府坚决反对贸易保护主义和滥用贸易救济措施的做法，表示将坚决维护中方利益，希望中欧双方能够通过对话协商解决贸易争端，因为在贸易战中没有赢家。

对此，中方指责欧盟在开展反倾销调查的过程中也存在着不公开、不透明的情况，在进行第三方光伏产品比价的时候，欧盟选择了印度的产品，而印度光伏产业发展缓慢，技术创新和规模经济效应远不如中国企业，这使印度公司的光伏产品的价格显著高于中国产品，这样的选择于中方而言是不公平的。此外，欧盟并未披露其针对印度公司的调查情况。

彼时，中国对欧盟的行业出口额超过了 200 亿欧元，占出口总额的 7% 左右，这样大的比重使得双方之间的贸易摩擦不仅是一个技术、司法案件，更是一场政治博弈。欧盟发起反倾销调查的原因包括内部政治压力、产业层面的发展等。在博弈过程中，中国也以实际行动进行了反制：第一，中国在 WTO 发起了申诉，指控意大利和希腊的国内法律规定使用本国生产制造的光伏产品能够享受更优惠的太阳能发电上网电价补贴政策；第二，中国对德国、美国和韩国的多晶硅发起了反倾销调查，而德国公司 Wacker 是中国多晶硅的主要供应商之一；第三，中国政府表示或对欧洲的高档整车和汽车零部件提起反倾销诉讼，对华汽车出口对于欧洲而言自然是举足轻重的；第四，中方宣布对欧洲的葡萄酒产品展开反倾销、反补贴调查，法国、意大利与西班牙三国牵涉其中。在除上述反制措施之外，中方也在寻求双边谈判来以更为友善的方式解决问题。

关税的征收与争端的解决：

欧盟最终启动了一项分阶段征收的关税，税率达到 11.8%，期限为两个月，至 2013 年 8 月 6 日。在 2013 年 8 月至 2013 年底欧盟委员会完成反倾销调查以及欧盟共同部长理事会做出最终决定之前，欧盟将对中国光伏产品加征 47.6% 的关税。欧盟认为，这一关税水平将消除倾销本身对欧洲光伏产品所造成的损害。

2013 年 6 月初，欧盟委员会希望同中方就出口光伏产品的价格和数量达成协议。2013 年 6 月 21 日，在一次部长级会议之后，双方同意通过"最低进口限价"谈判解决冲突。援引欧盟高级官员的说法，欧盟委员会确实在施加关税和限价等多种贸易应对措施方面有选择空间，但这些应对措施最后都应该以消除贸易倾销行为本身所造成的损害为目标，并且于欧盟而言不同措施的利得应当是相同的。就进口限价而言，中国的光伏制造商向中国机电产品进出口商会进行授权，后者期望欧盟委员会做出承诺以期与欧盟达成和解。欧盟在此时也需要对自身监督价格承诺履行的能力和限价能否保证欧盟的利益做出评估。在这些出口产品中，多少比例应被纳入承诺范围也是一个双方需要商榷的话题，最终双方依据历史贸易模式，选择对 60% ～ 70% 的出口产品实施限制措施。

在欧盟的选择中，最低进口限价是更具性价比的选择，主要原因是欧盟内部在太阳能上的利益分歧过于显著，众多利益相关者都会受到高额关税的影响，这一原因使得限价这一处理方式成了最好的解决方案。

2013 年 7 月 27 日，经过六周的谈判，中欧双方最终化解了当时最大的贸易争端，达成了一项监管中国光伏产品出口的协议，避免了更大规模贸易争端的发生。在该协议下，同意这一协议的中国制造商将不再被征收高额的反倾销税。在欧盟方面，这一协议也获得了成员国的一致支持。之前持强硬态度的欧盟贸易委员德古赫特也称最低进口限价是一个友好的解决方案，且可以通过可持续的价格带来新的市场均衡。

最终，2013 年 8 月 2 日，欧盟委员会正式接受了最低进口限价的解决方案，并于 8 月 7 日宣布不会对反补贴实施临时限制措施。

2013 年 12 月 2 日，欧盟共同部长理事会就欧盟委员会对中国光伏产品实施最低限价措施表示了支持，欧盟委员会也对最低进口限价和数量限制措施予以确认。

在相关价格和数量限制措施开始实施之后，欧盟方面需要对措施的运作进行监控，包括形成产出季度报告、统计贸易数据以及进行现场核查，但受限于海关人手、预算等因素，海关只能尽可能多地完成工作。欧洲光伏制造商联盟 ProSun 也指出最低进口限价（MIP）本质上并不够高，作为中欧双方谈判协商之后的价格，自然要比被征收高额反倾销税后的完税价格更低。

在中国方面，部分出口商开始将工厂建立在中国境外，这样便可以合法地规避反倾销措施，同时，将光伏产品先出口至马来西亚或中国台湾再向欧盟出口的转口贸易也可以规避 MIP 或反倾销税的限制。2015 年 4 月 15 日，Solar World 正式请求对从马来西亚和中国台湾进口的光伏产品展开反规避调查。5 月 28 日，欧盟委员会就相关的规避情况展开了调查。除此之外，还有一种进出口商联合起来规避最低进口限价措施的情况：进出口双方会在合同上确定一个高于限价的价格，但是后续部分批次会产生退款，这样虽然明面上双方遵守了相关限制措施，但是最后的产品价格实际上还是要低于最低进口限价。针对这类情况，欧盟委员会于 2015 年 6 月 4 日实施了第 2015/866 号法令，撤销了三家中国进口商以最低进口限价维持出口贸易的权限。实际上，在最开始接受最低进口限价限制措施的 120 多个中国企业中，有数十个企业被欧盟撤销了权限，也有近 20 个中国企业自愿退出了。

就反倾销所达成的限制措施而言，有效期届满时需要进行复核，如果之前倾销行为本身立论仍然成立，那么反倾销措施的有效期将延长，否则措施将自动失效。2015 年 12 月初，欧盟委员会对原产于中国或从中国托运的进口晶体硅光伏组件和关键部件的相关销售措施展开了期限届满复核。2015 年底，欧盟委员会延长了此前的贸易限制措施。2016 年 1 月 7 日，反倾销与反补贴的中期审查中止。在 2017 年 1 月的欧盟成员国投票中，多数成员国对延长反倾销措施的议案表示反对，而与 Solar World 关系密切的德国社会民主党则表达了其支持的立场。2018 年 8 月下旬，欧盟委员会做出了不再延长针对中国光伏产品的贸易限制措施的决定，同时还驳回了 ProSun 这一光伏产业联盟所提出的期满审查请求。

在贸易限制政策实施阶段，从政治的角度出发，光伏产业和消费者两端的利益都需要调节。贸易限制措施能够对欧盟各成员国的光伏产业形成保护，但是光伏产品消费端用户的利益却因此受损。有趣的是，这一冲突也能从欧盟内部两个产业联盟所持立场的不同窥见一斑。ProSun 对委员会"取消"贸易限制措施的决定表示了反对，然而欧洲太阳能（光伏）产业联盟（Solar Power Europe）则为取消这一贸易禁令奔走了近 3 年，并表示这一新举措消除了太阳能行业增长的最大障碍。

自此,历时近 10 年的中欧贸易光伏争端告一段落,本节将双方的政策博弈与实施作为讨论的重点,实际上,每个阶段的贸易政策背后都会牵涉到诸多的利益相关方,贸易政策最终反映的不仅是中欧两大经济主体之间的博弈,欧盟内部针对光伏产品贸易政策也有较强的拉锯斗争。

从光伏产业链的角度来看,上游是晶体硅原料、硅棒、硅锭、硅片等产品的开采与生产,这一生产环节的 70% 以上都被欧美和日本的企业所占据;中游则是光伏电池和光伏组件的生产,这一环节是中国企业高度参与的部分;下游是光伏产品的应用,包括光伏发电系统等,其中欧盟光伏发电装机总量约占世界份额的 80%。本轮贸易争端的核心起因便是中国光伏企业崛起并占据了欧洲市场光伏产品供应的 70%,以 Solar World 为首的欧洲光伏中游企业难以维系生产经营,面临着裁员、停产、破产的窘境,希望寻求欧盟的政策庇护。当然,欧盟也不乏通过争端捆绑中欧投资协定、中欧自贸区协定并遏制中国在欧的进一步发展等诸多其他的政治意图。

第三节　欧盟同其他国家的贸易摩擦

前两节展示了欧盟与美国及中国之间的贸易争端,无论是在 GATT 框架之下还是在 WTO 框架之下,美国都是欧盟发起贸易争端数量最多的国家,同时在欧盟作为被申诉方的贸易争端中,美国作为申诉方的数量也是最多的。当然,除了中美两国,欧盟(欧共体)与其他国家之间也发生过众多的贸易摩擦:在欧盟发起的贸易争端中,主要的被申诉国还有阿根廷、加拿大、印度、俄罗斯、韩国、日本等;在向欧盟发起贸易争端的国家中,主要的申诉国有阿根廷、巴西、加拿大、印度、韩国、挪威、日本等。

本节将从历史进程角度入手，对欧盟与日本、拉丁美洲国家之间的贸易摩擦进行讨论。

一、欧日贸易摩擦

二战之后，日本经济经历了高速的增长时期。1968 年，日本成为全球第二大经济体，在此后相当长的一段时间日本均保持此地位，直至 2010 年被中国取代。回顾历史，日本经济高速增长的时期也是其出口大规模扩张的时期，日本产品迅速挤占欧洲、第三国市场的状况使欧共体与日本之间在 20 世纪后期频繁发生贸易摩擦，本节将就此展开讨论。

20 世纪 30 年代发生的大萧条是全球性的经济大衰退，也是二战前最为严重的世界性经济衰退。大萧条的开始时间在国家间具有明显的不同，但绝大多数自 1930 年起，持续到 30 年代末乃至40 年代末。全世界各大主要经济重镇均遭受重创，特别是高度依赖重工业的地区，许多国家实际上无法进行建筑工程。农产品价格下降约 60%，使农业遭受重击。但在这一时期，日本的出口却在全球范围内显著扩张，这成了贸易摩擦的爆发点。彼时，日本的商品出口市场广阔，包括美国、澳大利亚这些发达国家，但更主要的市场是不发达的殖民地，比如荷属东印度群岛、印度、中东和非洲。因此，这些殖民地的所属国——英国和荷兰——在二战后试图采取措施对日本进行贸易制裁。从 20 世纪 50 年代开始，欧洲和美国就日本的出口发生了部分冲突，美日纺织品贸易摩擦便始于此。但是，日本和西欧国家之间真正的贸易摩擦开始于 20世纪 70 年代。

（一）1970—1979 年：矛盾发展

1970 年前后，欧共体和日本之间的贸易摩擦较为频繁，可以视作之后全面冲突的先兆。在二战结束之后的一段时间内，美国和日本建立了牢固而亲密的关系，但在 20 世纪 50 年代中期，两国就棉纺织品产生了贸易摩擦。20 世纪 60 年代，欧洲与日本之间关于棉纺织品的谈判也随即开始，其中英国在 1933 年被日本夺走"棉纺织品最大出口国"这一称号之后，便一直忧心于日本的棉纺织工业的复苏，因此也一直反对日本加入 GATT，这使得日本经过 3 年时间才于 1955 年加入 GATT。但是，欧洲的缔约方并未给予日本最惠国待遇，而是根据诸多双边贸易协定对日本实施如数量限制等歧视性进口限制措施。

自 1971 年起，欧洲和美国受到日本钢铁产品出口的冲击。1972 年 6 月 1 日，日本 6 个钢铁生产企业对英国和欧共体 6 个成员国开始实施自愿出口限制。本来这一限制措施应该在 1975 年末终止，但实际上一直使用至 20 世纪 90 年代。除了钢铁产品，日本对本国出口的电视机、录音机等产品都实施了自愿出口限制。然而，日本在实施这些出口限制措施时的口径也只是这是"维持市场秩序之举"。

1976 年，在第一次石油危机之后，欧共体开始对来自日本的钢铁、汽车、船舶等产品的快速流入产生不满，欧日之间的贸易摩擦在日本实施自愿出口限制措施之后又开始重新激化。欧共体指责来自日本的产品高度挤占欧洲市场，要求日本废除诸如针对汽车尾气排放的化学物质检测规章等技术性非关税壁垒，以减小欧日的巨额贸易逆差。数据表明，此时日本对欧货物出口总值已超出自其进口总值的两倍，欧日之间的贸易逆差达到了 35 亿美元以上，此后，双方的贸易逆差不断扩大（见图 7.2）。1976 年 11 月，欧共体和日本外务省举行会议，日本政府提出将限制汽车、船舶等的出口数量，并就造船问题展开对话，同时增加日本从欧盟进口的农产品，如脱脂奶粉等。以上行动受到了欧共体的赞许。另外，日本政府还决定推迟 3 年实施针对汽车尾气排放的技术标准。

　　1977 年，日本通商产业省与日本对外贸易理事会合作，派出
代表团前往法国，旨在促进机械、化学品、消费品等的进口。在法
国，代表团会见了当地厂商，并参观了部分公司和工厂，调查了潜
在的向日本出口的产品。同年 2 月，在欧共体要求日本减少船舶的
出口之后，日本船舶制造商将销售价格调高了 5%，这一举措减缓
了欧共体的忧虑。

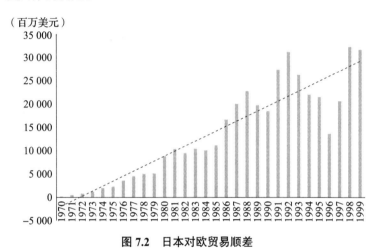

图 7.2　日本对欧贸易顺差

（二）1980—1989 年：矛盾激化

　　20 世纪 80 年代初期的欧洲由于第二次石油危机陷入了经济困
境，诸多工业停滞不前，失业率升高等社会问题凸显，这一阶段日
本对欧贸易顺差已经超过了 100 亿美元，远超 70 年代末的水平。
在 1980 年，日欧贸易顺差同比增长了 70%，据此，欧共体委员会
要求日本限制汽车的出口数量。另外，欧共体认为来自日本的制成
品激增，叠加欧共体自身的经济萧条，使得欧共体的关键产业受到
了严重损害。同年 7 月，欧共体委员会出版了《欧共体与日本贸易
政策：重新审视》，该报告提出欧共体应坚持使日本对其战略性产
品的出口实行 2 ～ 4 年的自愿出口限制，使相关的产业得以重建，

之后再向日本开放欧洲市场。

1980 年 10 月，作为对上述制裁的回应，日方就缩减差额与欧共体进行了磋商。11 月 17 日，日方声称纵使日本担心在欧共体的种种贸易保护行为之下，出口水平会有所下降，日本也仍旧不该受到制裁，要想使贸易更加平衡，欧共体也应该为增加自身的出口做一定努力。同年 11 月，欧共体外事理事会对日本产品的快速出口增长做出限制，同时强烈要求日本政府采取清晰明确、具有实质性、有效的措施增加对欧共体产品的进口。

1981 年 2 月，欧共体外事理事会紧急要求欧共体理事会对从日本进口的汽车、阴极射线管和数控机床等产品实施进口监测，这一监测随后维持了数年并日趋严格。

1981 年 6 月，日方承诺在关键产品的出口限制将落实到每个企业，但也要求之后日本谈判的对象应该是欧共体整体而不是欧共体的单个成员国；10 月，日本外派政府经济代表团访问欧洲，欧共体委员会要求日本开放市场并扩大进口；12 月，欧共体外事理事会给出了进一步要求日本开放市场的具体措施，包括降低关税、优化进口流程、改善融资服务和渠道以扩大进口。同一时期，英国展现出友好的态度，与日本签署工业合作协议，并鼓励日本汽车企业在英建厂，但意大利和法国对于日本的出口扩张显得非常抗拒，实施了比其他欧共体国家更为严格的进口限制措施。

1982 年 2 月，欧共体表示或将就日本市场的封闭性向 GATT 提起申诉；4 月，欧共体要求与日本政府就 GATT 第 23 条展开谈判；1982 年 12 月，欧共体延长了对日本的进口监测，并于 1983 年 3 月将录像机、商用轻型汽车、摩托车、高保真音响和石英手表等列入敏感物品清单，并在之后进一步扩宽了商品范围。

1983 年 1 月，欧共体要求日本对其给出的十种被列入敏感物品清单的产品实施自愿出口限制；2 月，日本同意了这一要求，并在 1983—1985 年期间每年向欧共体提交出口预测表单,实际上这是自愿出口限制措施的一种提前声明。

在 20 世纪 80 年代,欧共体经常对其他国家实施反倾销措施,1983—1990 年欧共体共对外发起了 235 起反倾销调查,其中对日本的调查达到了 27 起,占比 11.5%,其次则是对中国与韩国。

表 7.6 总结了 20 世纪 80 年代初欧共体委员会对日本产品实施的若干反制措施。

表 7.6　欧共体委员会对日本产品实施的反制措施

年份	月份	相应限制措施
1982	11 月	欧共体委员会对日本、民主德国和捷克斯洛伐克生产的玻璃纤维产品发起反倾销调查
1983	2 月	欧共体委员会对日本生产的过氧化物发起发反倾销调查;向 GATT 主席团宣布已要求日本就提高数字音频播放器关税展开谈判
	7 月	欧共体委员会对日本过氧化物征收临时倾销税,并对直径小于 30 毫米的日本微型轴承发起反倾销调查
	9 月	日本承诺保持舷外电机和部分玻璃纤维产品的价格;欧共体委员会对日本制造的重力仪和彩印纸发起反倾销调查,并对一些日本舷外发动机征收最终倾销税
	11 月	欧共体决定提高日本数字音频播放器关税税率
1984	1 月	欧共体提高了日本数字音频播放器关税税率;1989 年 1 月,该税率修正回增长前的水平
	3 月	欧共体委员会宣布对日本微型轴承征收临时反倾销税,对日本液压挖掘机征收临时反倾销税,并对电动打字机发起反倾销调查
	4 月	欧共体委员会对日本制造的滚珠轴承和圆锥滚子轴承发起反倾销调查
	7 月	欧共体委员会最终对日本微型轴承征收倾销税,并对日本液压挖掘发起反倾销调查
	9 月	欧共体委员会对日本钛产品发起反倾销调查
	10 月	欧共体委员会对日本甘氨酸发起反倾销调查
	12 月	欧共体委员会对日本打字机、滚珠轴承和锥形滚柱轴承征收临时反倾销税
1985	3 月	欧共体委员会对日本的耦合器发起反倾销调查,并对日本的液压挖掘机征收临时倾销税

除了欧共体委员会对日本发起的上述反倾销调查之外,1982

年法国政府的一项进口措施也格外显眼。

1982 年 10 月，法国政府规定所有的进口录像机在进入法国市场之前必须在法国西部的普瓦捷小镇中仅有 9 个人的海关仓库完成清关，而这一海关仓库离北部的港口有数百英里，这一程序使清关过程缓慢而烦琐，在一定程度上阻碍了录像机的进口。法国政府此举一方面是由于欧洲国家与日本之间的贸易摩擦加剧，另一方面则是由于从日本进口的录像机数量激增，仅 1980 年一年，法国就进口了近 17 万台录像机，且大多来源于日本。1981 年的进口量高达 22.5 万台，其中 68% 来自日本；1982 年前 10 个月的进口量达到了 64 万台，且 88% 来自日本。在新的清关程序启用后，12 月清关的录像机仅有 1 万台左右，在海关仓库中等待清关的录像机则有 12 万台。显然，法国政府的这一清关程序构成了新的进口壁垒，不仅日本，就连其他欧共体成员国也对此表示谴责。日本在应对法国政府的进口限制措施时，提出要实施自愿出口限制以及最低限价措施，法国随后也废除了上述清关程序，但在随后取而代之地采用了进口货物申报制度以实行进口限制，并将这一制度保留到了 1986 年。

有趣的是，当时法国海关对日本产品的识别代码是 732，公元 732 年正是普瓦捷之战发生的时间，该战役被视为世界历史的转折点之一，法兰克人抵挡了阿拉伯人对西方文明世界的入侵，直接保证了西方文明尤其是基督教文明的生存和发展。法国政府将这一战役发生的时间用作识别自日本进口产品的代码或有一定深意。

1983 年 3 月，欧共体对由荷兰飞利浦和日本索尼联合开发的音频光盘提高了进口关税。与以往不同的是，音频光盘并未与欧共体的同类产品形成明显的竞争关系，完全是由于欧共体期望通过进口限制措施来保护国内产业的发展，以在可期的未来能够有生产该产品的能力，之后日本也就此向 GATT 提起申诉。

1984 年 4 月，欧共体对日本提出了新的全面索赔清单，该清单不仅提出了扩大日本国内市场和促进进口的政策要求，还涉及政府采购、关税、进口配额、投资等方面。

可以看出，在 1980 年后，日欧贸易摩擦越来越频繁，领域不断延伸，而欧共体一方也在不断要求日本做出更多让步，不仅要求日本实施自愿出口限制，还要求日本不断扩大市场准入和进口规模。1985 年，在美欧压力下，日本政府提出了改善市场准入的行动纲要，并表示会尽可能加大进口力度。1986 年 2 月，欧共体委员会向理事会提交书面报告，要求进一步加强与日本的沟通和合作，推动日本进一步开放市场。同年 3 月，理事会制定了全面战略，要求日本明确进口目标值、扩大国内市场、推进金融市场开放并改善经济结构。同年 10 月，双方还就威士忌酒税率过高产生了新的贸易争端。

1987 年，欧共体通过了一项修订的反倾销法案，使其对来自他国的中间产品和原材料也能实施反倾销调查：若一个外国企业在法国生产某种产品的中间产品及原材料是从其母国进口的，且占比超过60%，则欧共体将这一行为视为倾销，对其征收反倾销税。日欧双方于 1988 年就这一法案是否违反 GATT 的相关规定展开相应谈判。

（三）1990—2000 年：争端缓和

20 世纪 90 年代初期，虽然欧日之间重大贸易摩擦的数量有所减少，但欧日的贸易差额在 1992 年达到了史无前例的 312 亿美元，因此，双方的贸易摩擦仍在持续。

实际上，从 20 世纪 80 年代开始，欧日双方也为加强产业合作做出了很多努力。20 世纪 90 年代日本经济泡沫破裂，经济增长放缓，陷入长期萧条，1993 年欧共体重组为欧盟，双方经济合作意向趋强，彼此之间的贸易摩擦有所减少。

相较于 20 世纪 80 年代，90 年代欧日双方的合作意向更加清晰。1991 年 7 月，双方达成的《欧共体及其成员国与日本在海牙对彼此关系的共同宣言》表明日本希望在共同的多元民主制度和市场化原则的基础下，与欧盟展开积极对话和合作建设，以便欧日可以解决世界的众多重大问题。1992 年 5 月，欧共体委员会向欧共体理事会提交了《一项长久和全球性的解决方案：欧共体与日本关系的审查》。随后的 6 月，欧共体理事会通过了对日政策的最后文件，在这份文件中，欧共体表示其与日本在政治、环境、科学和技术等广泛领域的合作正在得到加强，并摒弃了因日本市场封闭的单一原因而产生巨大贸易逆差的单方面批判，转而将努力增加对日出口。同时，该文件也对日欧的贸易顺差再次增加的事实表示了担忧，并建议欧共体与日本举行会议以审议差额的来源。日本政府也公开回应了上述文件。

1993 年，《马约》生效，欧洲经济共同体重组为欧盟。欧盟成立之后，欧日之间的合作有了快速的进展。在 1994 年，欧盟废除了对日歧视性贸易数量限制，并展开了"欧盟 – 日本监管改革对话"且签署了欧日互认协议。1995 年 3 月，欧盟议会通过了政策性文件《欧洲和日本：下一步》，表示希望在政治对话和合作的基础上建立友谊。2001 年 1 月，日本外相河野洋平在巴黎发表了题为《寻求千年伙伴关系：日欧合作的新维度》的讲话，指出自2001 年往后的 10 年，应该是"日欧合作的十年"。

二、欧盟与拉美国家的贸易摩擦

第二次世界大战之后，欧洲香蕉的进口来源于两个市场，分别是原海外殖民地和中美洲种植园。英国、法国和西班牙优先进口来自原海外殖民地的香蕉，对于其他国家的香蕉进口实行限制措施。英国鼓励牙买加、多米尼加、圣卢西亚的香蕉生产，法国对来自科特迪瓦、喀麦隆的香蕉进口实施优惠措施。在上述国家中，香蕉种植并未采用机械化等方式，因此产量远低于洪都拉斯、危地马拉、厄瓜多尔等国。受到英国、法国的优惠和鼓励的这些拉丁美洲和加勒比地区国家的香蕉种植成本要远高于中美洲的香蕉种植成本，因而仅在欧洲的优惠待遇条件下维持生产。1993 年，欧洲为保护本土香蕉生产者的利益以及向非加太地区的国家给予优惠待遇，颁布了第 404/93 号法令，拉丁美洲和加勒比地区国家的香蕉则不享受这样的优惠。于是，1995 年，部分拉丁美洲和加勒比地区香蕉主产国将欧盟上诉至 WTO。

香蕉贸易战同时也是 WTO 框架之下美欧之间一项具有代表性的贸易争端。双方的"战争"不仅是贸易上的，而且是金融上的，涉及进口配额、进口许可证、反倾销、反补贴等诸多非关税壁垒，双方也曾通过 WTO 的争端解决机制试图维护自身在 WTO 框架之下的利益。

欧盟是世界上最大的香蕉消费市场，1993 年，欧盟按照第 404/93 号法令通过进口配额、进口许可证等制度对香蕉进口进行限制，但非加太地区的原海外殖民地的进口却未受到限制，仍能享受优惠待遇，这使得美国认为自身的利益受到了损害，最终向 WTO 提起申诉。

美国并不是香蕉的主产国，向欧盟提起诉讼的主要原因是美国跨国公司金吉达（Chiquita）控制着拉美国家香蕉的出口，在欧盟实施新的进口措施之后，美国公司明显遭受了巨大损失：在新的进口限制措施之下，金吉达公司出口的香蕉在欧盟市场中的份额从 40% 跌至 20% 以下，拉美地区出口到欧盟的香蕉总量从 270 万吨减少至 220 万吨，就以巴拿马这一拉美地区的香蕉主产国来说，在欧盟的配额制度实施前，其每年香蕉出口 4 000 万箱中的 81% 进入欧盟市场，相应的收入为 210 亿美元，而在 1998 年，其收入水平则降至 120 亿美元。

在该争端的处理过程中，欧盟认为自身对于非加太地区国家的优惠待遇遵从的是《洛美协定》，并不违背 WTO 协定中的规定。1975 年 2 月，非洲、加勒比海沿岸和太平洋地区的 46 个发展中国家和欧盟 9 国在洛美召开会议，确定了经贸援助的框架，并规定了欧盟将在多个方面为协定成员提供便利。在此协定之下，欧盟对协定成员出口的香蕉实行免税政策，对来自其他地区的香蕉实行配额限制。

1996 年，美国连同厄瓜多尔、危地马拉、洪都拉斯等拉美香蕉主产国向 WTO 提起申诉，要求欧盟停止优惠待遇的实施。

在专家组成立之前，1995 年 10 月 4 日，申诉双方就争端问题进行了磋商，但并未达成共识。1996 年 4 月 11 日，专家组成立，美国一方认为欧盟的进口限制措施违反了 WTO 协定之下"不允许在对待进口产品时因原产国的不同而实施歧视，也不允许对不同的国家适用不同的规章和程序"的规定，而欧盟的进口限制措施明显区别对待来自不同国家的香蕉，形成了歧视。

在最终的报告中，专家组裁定欧盟的措施违反了 WTO 协定。随后欧盟向上诉机构提起上诉，同时要求核查美国最初提起上诉的资格。在最终上诉机构的报告中，欧盟仍被判定违反了相关规定。随后，欧盟认为报告中要求其执行的措施与 WTO 协定的规定并不一致，因此选择利用《关于争端解决规则与程序的谅解》（DSU）有关条款的模糊性进行程序上的拖延，同时迅速、及时、有效地反击美国根据《1974 年贸易改革法》301 条款采取的报复行动。为了应对欧盟的这种拖延，美国首先在 WTO 体制内拓展和扩大可适用于案件的 WTO 规则，使得欧盟更难以辩称自身进口限制的合法性。其次，美国利用 DSU 有关条款的模糊性和欧盟拖延执行裁定的机会，借助国内政治压力和 WTO 多边外交攻势，通过单方面的 301 程序对欧盟实行贸易报复。另外，美国将 WTO 争端解决机构授权的报复集中于 1994 年 GATT 之下的货物贸易和除荷兰、丹麦以外的其他欧盟成员国，不仅强化了对欧盟制裁的力度，而且迫使欧盟放弃了拖延战略。

1998 年，欧盟修改了香蕉进口政策。1999 年 1 月 1 日，欧盟提交了新的进口配额制度，但是美国仍旧认为欧盟的政策对他国的香蕉进口实施歧视，要求 WTO 争端解决机构重新审议并请求对欧盟进行报复。1999 年和 2000 年，WTO 争端解决机构先后授权美国和厄瓜多尔对欧盟的多项产品实行贸易报复。同时，欧盟也采取多种手段予以回应：1999 年，欧盟要求 WTO 成立专家组来干涉此案，就美国 301 程序是否违反 WTO 的有关规定进行审查，并得到日本等深受其害的国家的广泛支持。专家组之后给出的裁定是初步违反，尽管最终 WTO 仍然裁定美国有权施行惩罚性关税，但是裁定的报复金额远低于美国最先提出的 5.2 亿美元的水平，这在一定程度上是欧盟的胜利。

最终，WTO 总干事出面调解，双方达成和解。2001 年，欧盟与美国达成香蕉贸易的谅解协议，香蕉进口面临的限制从复杂的关税及限额混合限制转换为仅关税限制，美国则承诺在欧盟完成转变之后撤销报复措施。2012 年 11 月 8 日，欧盟和 10 个拉丁美洲国家终于在 WTO 总部签署协议，宣告长达 20 年的香蕉贸易战正式结束。

第四节　中欧贸易关系展望

一、双边关系的历史发展

自中华人民共和国成立以来，世界格局不断发生变化，在这之下，中欧关系自然也不断演进，从零星非正式接触到全面战略伙伴关系，大致经历了五个阶段：

　　第一阶段：1975 年，中华人民共和国与欧盟正式建交。在成立初期，我国奉行独立自主的外交政策，在和平共处等五项原则基础上与各国建立外交关系。1949—1975 年间，以苏联为首的社会主义国家阵营与以美国为首的资本主义国家阵营共存，彼时受制于中华人民共和国刚成立以及国际政治的影响，与中国建交的资本主义国家甚少。在这一基础上，当时的苏联和东欧社会主义国家同我国建立了外交关系，但是美国以及大多数西欧国家对我国采取打压孤立的政策。20 世纪 50 年代末，法国戴高乐将军上台执政，为了摆脱美国的控制，开始奉行独立自主的外交政策，同时，反霸权主义和发展国际贸易的诉求使得西欧国家与中国发展正常外交关系的愿望开始增加。1963 年，毛泽东主席提出"第二中间地带"的构想，希望同西欧国家发展正常的外交关系，争取国际话语权，使中国面对美国的封锁时具有抵抗力。在这之后，中国将与西欧国家建立外交关系提升到了战略层面，也发挥了显著的作用。

　　在这一时期，法国在中欧关系的正常化过程中起到了重要的作用。1964 年，戴高乐为打破两极格局，谋求独立的大国主权，在美国的压力之下仍与中国建立了大使级外交关系，这一建交也被视为"外交核爆炸"。中法的建交开创了中华人民共和国与西欧大国建交的先例，为之后的中欧关系正常化奠定了一定基础。1970 年 11 月，中国与意大利建立正式外交关系；1972 年，中国与联邦德国建交，中英、中荷代办级外交关系升为大使级外交关系；1973 年，西班牙与中国建交，此时，中国与大部分西欧大国建立了正式外交关系。在这一系列的建交事件中，欧共体曾主动与我国接触，1975 年 5 月派代表抵京谈判，双方建立了正式外交关系。

　　第二阶段：从 1975 年建交至 20 世纪 80 年代末。这一时期中欧关系呈现出中国 – 欧共体、中国 – 欧洲国家的双层结构。随着我国正式进入改革开放阶段，彼时我国在资金、技术和经验上都极为缺少，西欧国家则在石油危机之后缺少经济增长点，中国巨大的市场对其有着极强的吸引力，因而中欧关系迅速发展，政治对话日益密切，经贸合作不断扩大，达成了中欧经贸合作协定。对于中国而言，西欧的国际投资为中国经济不同领域的发展提供了资源，对中国改革开放的推进有一定帮助，为中欧良好的外交关系奠定了基础。

第三阶段：1989—1998 年。这一时期中欧关系的发展受到了政治因素的阻碍，双边关系陷入低谷。该阶段中国并未改变外交政策，并进一步深化改革、扩大开放，引进外资、先进设备与技术。1994 年，我国 GDP 总值达到 4.68 万亿元，较 10 年前的 7 278 亿元飞速上升，欧共体于当年宣布取消除军备出口限制之外的其他制裁，中欧关系重新走上正轨。

第四阶段：20 世纪 90 年代末到 2013 年。20 世纪 90 年代之后，正是新兴国家纷纷崛起的时代。入世之后，我国经济实力开始飞升，逐步建立起完备的制造业体系，在国际中的话语权不断提升。2010年我国 GDP 总量超过日本，成为世界第二大经济体，中欧之间的力量对比也发生了明显的转变。这一时期欧盟在国际金融危机和债务危机的冲击之下内外交困，一方面担心中国的崛起会损害自身利益，另一方面又担心美国霸权主义的不断发展。对此，在欧债危机之下，中国给予欧洲力所能及的支持。在我国的政策引导之下，欧盟在发展对话关系上采取主动措施：1998 年中欧建立面向 21 世纪的长期稳定的建设性伙伴关系，同年中欧领导人建立年度会晤机制，2001 年双方建立全面合作伙伴关系，2003 年中欧建立全面战略伙伴关系。以 2003 年中欧建立全面战略伙伴关系为标志，中欧关系进入了新的历史时期，中欧之间形成了宽领域、多层次、全方位的合作，经贸、政治、人文交流三大支柱推动着两方合作由量向质转变。另外，中欧关系呈现出中国－欧盟、中国－欧盟成员国、中国－欧盟次区域三层架构和互动模式。当然，这一时期也存在一定的阻碍中欧关系发展的因素，例如 2006 年，欧盟发表了两份对华文件，提出中国应承担更多责任、应更好保护知识产权等要求。2010 年时任欧洲理事会常任主席的范龙佩表示："欧盟担心欧盟对外政治活动受新兴力量挤压。基于这一忧虑，欧盟要在世界范围内在对等、互利原则下，以更加坚定的态度维护欧洲的价值观和利益。"

第五阶段：2013 年至今。随着中国经济实力、国际话语权的不断提升以及传统西方大国经济增长乏力、内部矛盾不断涌现，中欧关系呈现出既有各个领域的合作也有不同程度的竞争与摩擦的局面。当前世界经历着百年未有的变局，在这种变局之下，欧洲各国一方面希望和美国一起遏制中国发展，另一方面也担心中美开启合作使自身利益受损。2016 年 6 月 22 日，欧盟发布《欧盟对华新战略要素》政策文件，强调在合作的基础之上，维护欧方价值观和利益至上，在经贸、人权和钢铁产能过剩等一系列问题上对中国持消极态度。另外，欧盟同美国一样并不承认中国的市场经济地位。对此，中国的外交政策保持着稳定性，始终支持欧洲一体化进程，始终将欧盟看作平等的合作伙伴，不干涉其内政。

2014 年，习近平主席对欧盟总部进行正式访问，双方决定打造和平、增长、改革、文明四大伙伴关系，这是中欧关系中具有里程碑意义的重大事件，表明中国以实际行动把欧盟当作长期合作伙伴，而并非当作对手。此时欧盟需要与我国加强务实合作与协调，特别是对我国增大投资和市场需求，以摆脱经济低迷的困境。2015 年习近平主席对英国进行超级国事访问，双方建立面向 21 世纪全球全面战略伙伴关系，开启了中英关系"黄金时代"。习近平主席成功访英推动形成欧洲三大国竞相对华合作态势。法国总统对华进行第二次国事访问，习近平主席出席气候变化巴黎大会，中法两国总理实现年内互访，双方发表气候变化联合声明和第三方市场合作联合声明。德国总理任内第八次访华，中德启动首轮高级别财经对话及外交安全战略对话。我国同欧洲大国关系保持良好发展势头，使我国在国际体系演变中地位更加主动。欧洲 17 国加入亚投行，在德、法、英的明确支持下，人民币成功加入国际货币基金组织特别提款权（SDR）货币篮子，我国正式成为欧洲复兴开发银行股东国，国际货币基金组织落实份额改革进程加快。2012 年我国与中东欧国家成功建立的领导人会晤机制（即 16+1 合作）已举办了 8 次会晤，并随着 2019 年希腊的加入，成为 17+1 的合作机制。这不仅加强了政治互信，更契合了中国和中东欧国家各自的发展特点和合作需求，符合双方的根本利益，同时也缩短了中东欧与其他欧盟国家的发展差距，有利于推动欧盟一体化的发展。

在中国 – 欧盟领导人举行的第 17 次会晤中，双方同意加快"一带一路"与欧洲投资计划战略对接，建立中欧共同投资基金和互联互通平台并落实有关合作项目。双方努力尽快达成一个高水平、全面的投资协定，在条件成熟时，签订深入全面的自由贸易协定。中英同意将"一带一路"与英国基础设施升级改造计划以及"英格兰北部中心"对接。中法企业就英国欣克利角及后续核电项目签署协议。我国还与中东欧 7 国签署共建"一带一路"谅解备忘录。关于匈牙利、塞尔维亚铁路建设，我国已分别与匈、塞两国签署协议，塞尔维亚段已正式启动。这意味着我国实现核电、高铁项目第一次走进欧洲。此外，中欧金融合作取得重大进展。英、法、德等国发行人民币主权债券，中国同中东欧国家建立 16+1 金融公司，中瑞（士）、中德分别建设人民币离岸市场和人民币金融工具交易平台。

在重大国际问题上，中欧双方为以外交手段和平解决伊朗核问题做出了重大贡献。在应对气候变化问题上，中欧推动 2015 年巴黎气候大会达成具有法律约束力的协议。在国际事务层面，中欧都支持以《联合国宪章》为宗旨、致力于推进国际治理法治化，推动国际秩序朝着更加公正、合理的方向发展。

美国特朗普总统上台之后，强调"美国优先"的论调，推行单边主义和贸易保护主义，不仅对中国发起了贸易战，同时对欧盟也屡次挑起贸易摩擦。此时的欧洲态度左右摇摆，一方面希望中国迅速发展的国力受到制约，另一方面也希望中国的崛起限制美国的霸权主义行为。2019 年 3 月，欧盟出台了一份对华政策，该政策旨在限制中国投资进入欧盟战略性产业，限制关键高新技术的出口。这一举措体现了欧盟对华的警惕态度。在此关键时刻，习近平主席对意大利、摩纳哥和法国进行国事访问，并在法国举行了法德和欧盟领导人的多边小峰会，旨在缓和中欧关系。在峰会上，首先，意大利不顾美国压力，签署了"一带一路"协议，在欧盟大国中取得突破；法德两国领导人都对"一带一路"倡议做出了积极的表态。其次，通过四方会晤进行战略沟通，增强了政治互信。习近平主席同出席中法举办的全球治理论坛闭幕式的马克龙总统、默克尔总理、容克主席举行了四方会晤，围绕多边主义、中欧全面战略伙伴关系进行深入探讨，达成了进一步共识。习近平主席全面阐述了对欧政策，表示当前国际形势中不稳定不确定因素突出，贸易保护主义抬头。中方愿同各方一道，坚定维护多边主义，推进完善全球治理，共同应对全球性挑战，并强调指出，不管中美达成任何协议，都不会影响中欧关系的发展与合作。欧洲三方都主张坚持多边主义，反对贸易保护主义。马克龙总统指出，中方提出"一带一路"倡议意义重大，能够为世界和平、稳定、发展发挥重要作用；默克尔总理表示，欧方应加紧推动中欧投资协定谈判，积极探讨参与"一带一路"这一合作倡议，中欧应该合作维护多边主义；容克主席认为，中欧是重要战略合作伙伴，双方在平等基础上保持对话非常重要，应该积极推动中欧投资协定谈判，并就 WTO 改革等重大国际问题保持协调。

二、新冠肺炎疫情下的中欧关系

2020 年迅猛来袭的新冠肺炎疫情是人类发展史上最严重的公共卫生危机之一，成为影响范围最广、感染人数最多的全球性疫情。在疫情之下，世界经济的运行受到了极大的冲击，首当其冲的是各国因为疫情的不断蔓延所采取的不同程度的封锁措施，制造业、服务业均面临停工的困境，这对于全球贸易体系的损害自然是极为深远的。在国际经贸关系中，因为疫情导致全球物流不畅，贸易量同样出现显著萎缩。

国际贸易的发展受到了阻碍，但是在这样的情况下，中欧贸易有着向好的趋势。中国海关数据显示，2020 年中欧货物贸易额达 6 459.29 亿美元，其中中国出口 3 909.78 亿美元，进口 2 585.51 亿美元，三者分别同比增长 4.9%、6.7% 和 2.3%，按人民币计价分别同比增长 5.3%、7.2%、2.6%，这一亮眼的贸易数据表明，在新冠肺炎疫情暴发之后中欧仍然保持着极为稳定的经贸关系。同样是在 2020 年，中国首次超越美国成为欧盟第一大贸易伙伴，中德货物贸易额达 1 920.86 亿美元，同比增长 3.9%，按人民币计价同比增长 4.3%，占中欧货物贸易总额的 29.9%。另外，疫情之下中欧班列不仅为欧洲送去了急需的物资，同时这一纽带也已经成为中欧合作的重要载体之一。2020 年，中欧班列累计开行 1.24 万列，运送 113.5 万标箱，分别同比增长 50%、56%，综合重箱率为 98.4%，贯穿 21 个国家、92 个城市，通道作用显著，这为维护欧洲产业链安全与稳定提供了有力支撑。从投资角度来看，双方投资的热情和信心仍然走强，其中欧盟对华投资 57 亿美元，中国对欧投资达 47 亿美元。

2020 年 9 月 14 日，中欧结束了历时 8 年的谈判，双方正式签署了《中欧地理标志协定》(《中华人民共和国政府与欧洲联盟地理标志保护与合作协定》)，该协定是中国对外商签的第一个全面、高水平的地理标志双边协定，也是近年来中欧之间首个重大贸易协定，对深化中欧经贸合作具有里程碑式的意义。根据世界知识产权组织的定义，地理标志是在具有特定地理来源并因该来源而拥有某些品质或声誉的产品上使用的标志。它既指产品，也指区域，通常被用于农产品、食品、酒类和酒精饮料、手工艺品和工业品。安溪铁观音、四川泡菜、西班牙赫雷斯雪莉酒都属于地理标志的应用。这种基于原产地的命名保护最初起源于法国的葡萄酒酿造业，后来逐渐成为一种与地理标志相关的产权保护制度，为世界各国所认可。欧洲拥有目前世界上最发达的地理标志保护法律。欧洲国家，尤其是法国，是纳入框架内地理标志保护措施的最大受益者。这一协定将确保来自中欧的各 100 个地理标志在对方市场上得到保护。其中包括中国的郫县豆瓣酱、安吉白茶、盘锦大米、安丘大姜等，也包括欧洲的卡瓦酒、费塔乳酪、爱尔兰威士忌、慕尼黑啤酒、意大利熏火腿、普罗旺斯酒等。该协定于 2021 年 3 月生效。生效 4 年后，其范围还将扩大，届时将新增双方各 175 个地理标志。协定包括 14 条和 7 个附录，主要规定了地理标志保护规则和地理标志互认清单等内容；协定纳入双方共550 个地理标志 (各 275 个)，涉及酒类、茶叶、农产品、食品等。对于欧洲的食品、酒精行业来说，中国市场具有极高的增长潜力。毫无疑问，这一协定的签署将会为两国的经贸关系提供新的动能。

2020 年 12 月 30 日，习近平主席在北京同德国总理默克尔、法国总统马克龙、欧洲理事会主席米歇尔、欧盟委员会主席冯德莱恩举行视频会晤。中欧领导人共同宣布如期完成中欧双边投资协定谈判。中欧双边投资协定第一轮谈判于 2014 年 1 月 21 日举行。2014 年进行了 3 轮谈判，2015 年进行了 5 轮谈判，2016 年和 2017

年各进行了 4 轮谈判，2018 年进行了 3 轮谈判。进入 2019 年后，谈判的步伐明显加快，2019 年共进行了 6 轮谈判。到 2020 年的最后，中欧双方共经历了 35 轮谈判。中欧双方自第 4 轮谈判开始进入正式的文本谈判阶段。在第 9 轮谈判中对协定的范围达成一致，开始以合同文本为基础来推进实质性文本谈判。中欧双边投资协定（BIT）又称中欧全面投资协定（中欧 CAI），旨在构建中欧双边投资制度安排，改善欧洲公司在中国的市场准入，确保公平竞争并开拓新的商机，涉及从汽车到电信等多个行业。迄今为止，这是欧盟最全面的一次合作，旨在将与新兴的第二大经济体的经济关系置于新的基础之上。中欧双边投资协定的核心内容主要包括投资保护、市场准入、投资监管、可持续运营发展四个方面：（1）保证相互投资获得保护，尊重知识产权，确保补贴透明性；（2）改善双方市场准入条件；（3）确保投资环境和监管程序清晰、公平和透明；（4）改善劳工标准，支持可持续发展。中欧双边投资协定谈判的完成是中欧经贸关系当中的一个里程碑。这个投资协定是一个高水平、平衡、互利共赢的协定，也为双方的企业创造了很多的投资机会，打造了更好的营商环境，不仅有利于双边，同时也有利于世界经济的复苏和增长，形成多赢的局面。

　　然而，2020 年，欧盟在 12 月 7 日通过了全球人权制裁机制，该机制弥补了欧盟在人权领域行动能力不足的问题，赋予欧盟更具实质性的政策工具，欧盟借此能够以维护人权的名义对全球范围内的个人和实体实施制裁，包括冻结资产和限制旅行等手段。随后，12 月 17 日，欧洲议会通过涉疆决议，呼吁欧盟成员国和欧盟外交与安全政策高级代表尽快考虑对中国官员和实体采取制裁措施。2021 年 3 月 22 日，欧盟不顾中国政府的强烈反对和警告，执意对中国四名治疆官员实施了制裁。这是近 30 多年来，欧盟首次对中国实施制裁。对此，中国进行了严厉的反制，对欧方严重损害中方主权和利益、恶意传播谎言和虚假信息的 10 名人员和 4 个实体实施制裁。中国的报复性制裁超出了欧盟的设想。

2021 年 5 月 20 日，欧洲议会以 599 票赞成、30 票反对和 58 票弃权的结果，高票表决通过一项名为"中国对欧盟实体以及欧洲议会议员和国会议员的制裁"的决议，要求在欧洲议会批准中欧双边投资协定前，中国须先解除对欧盟方面的反制裁。中方对欧方有关机构和人员实施制裁，是维护自身利益的需要，也是对欧方制裁做出的正当回应，而中欧双边投资协定是一份平衡、互利共赢的协定，人权问题与经贸关系交织在一起，势必使中欧关系陷入困境。实际上，欧盟委员会以及德国、法国等主要成员国仍然希望协定得到批准，推进中欧建立起以互利共赢为基础的合作关系。从经济利益的角度出发进行中欧双边投资协定的谈判与从意识形态的角度出发对中国实施制裁看似矛盾，但同时也是欧盟内部机构协调、战略自主困境的体现之一。

新冠肺炎疫情仍在全球范围内肆虐，在贸易战、地缘政治紧张未见缓解的背景下，中欧双边投资协定的暂时搁浅使得本就愈发脆弱的全球贸易、投资环境更加具有不确定性，短期内中欧关系也呈现冷却趋势。

三、未来展望

总结过去中欧关系的发展历程，不难看出合作、竞争是中欧关系的主基调，这一基调也将在接下来的中长期内继续保持。

首先，中欧没有地缘政治的冲突，几十年的建交历程使得双方能够秉持互利共赢、平等相待的相处原则。

作为全球价值链中的两个中心，中欧在经贸合作上结构互补、利益相符，中欧经贸关系可以作为双边关系的压舱石，经济脱钩既不可取也不可能。现存的众多中欧双边合作机制可以从制度上保证双方通过相关机制和渠道保持频繁及时的沟通和反馈，及时解决问题和分歧，促进双方各领域不同层次的深度合作。欧盟是我国坚持多边主义、支持经济全球化、坚持以规则为基础的国际合作等方面的合作对象，中欧在维护多边贸易体系、加强气候治理、国际防扩散等议题上有着广泛的共同利益，理当相互合作。

其次，中国随着国力、科研水平的提升，在全球价值链中的地位不断上升。2020年爆发的新冠肺炎疫情使得部分国家开始审视自身的国内产业链，考虑是否应该扭转过度依赖来自中国的制成品的局面。在接下来的一段时间中，中欧势必也会由于种种因素而在部分领域处于竞争、对立的状态。如何应对中欧间的分歧和矛盾，中方已率先做出回应，为欧方树立了尊重对方、求同存异的榜样。如针对欧方对中国是否坚持开放政策的忧虑以及欧方在经贸领域提出的相关诉求与问题，不仅习近平主席在达沃斯世界经济论坛、博鳌论坛以及首届中国国际进口博览会的主旨演讲中均一再表达了中国支持多边主义与经济全球化、坚定不移发展全球自由贸易和投资、坚持改革开放的立场和决心，而且在具体的改革实践中已经做出了具体的落实：中国已经建立了十多个自贸实验区，制定了外商来华投资领域的负面清单，放宽了保险、银行等行业的准入限制，建立并完善了知识产权、海关等方面的制度与法律，修改了外商投资法，允许外商独资，重申不强制转移技术等，切实回应了欧方的关切问题，为欧方对华投资提供了与时俱进的保障。

2021年中欧因"人权问题"所产生的冲突使得达成谈判的中欧双边投资协定的推进暂缓，这一结果并没有使多边经贸利益最大化。在百年未有之大变局之下，未来的中欧关系必将建立在求同存异的基础之上，中欧将展开更深层次的经贸合作。欧方应抛弃零和博弈思维，平等互利，在全球治理领域为国际社会提供更多可行的公共产品，为新时代世界多边体系的构建提供出色的范例。

第

8

章

欧洲国家贸易保护的演进规律与应对方案

同美国一样，欧洲国家的贸易保护政策也具有多重目标，直接目标是维护本国贸易利益，与此同时，贸易保护还附着政治色彩，一方面为欧洲一体化服务，另一方面兼顾国内特殊利益集团的利益。此外，欧洲国家的贸易保护政策还兼顾产业目标、人文目标、财政目标及安全目标。

欧盟共同贸易政策是规范欧盟成员国统一执行的、针对第三国的贸易政策、共同海关税则和法律体系，其目标是促进欧盟成员国之间货物、人员、服务和资本的自由流通，加强欧盟作为集团在世界贸易中的地位，并贯彻实施欧盟的国别与地区政策。

英国脱欧会对欧盟贸易保护的权力重心及其贸易自由化进程产生深远影响，贸易保护主义极有可能加剧，欧盟贸易保护将长期存在，保护的领域将发生变化，贸易规则将成为未来欧盟贸易保护的主要形式。

在双边对话中，中欧双方高层所追求的不应仅仅是机制性会晤，而应是重点解决一些双边经贸纠纷和战略问题，中国应当进一步推动中欧自贸区建设进程，加强同欧洲贸易伙伴的经贸联系，坚定实施"自贸区战略"，深化与欧洲自贸伙伴的经贸合作。

第一节　多重目标下的贸易政策制定

随着贸易保护主义的发展，贸易政策制定已经不单单局限于为贸易目标服务，贸易政策越来越承担着更多使命，成为政治目标、产业目标、人文目标、财政目标和安全目标的承担者，欧盟贸易政策的制定是多重目标下的贸易政策制定。

一、贸易目标

贸易保护政策制定的首要目标是维护本国的贸易利益，目前发达国家贸易保护主义的上升可以看作是这些国家的产业部门在世界贸易体系中所受经济压力的政治反应。巴格瓦蒂（Bhagwati）把这种经济压力称为"双重挤压"。第一种挤压来自日本，而且扩大到了像中国台湾和中国香港这样一些新兴工业化地区，它们正在高技术制成品市场上进行竞争。第二种挤压来自其他新兴工业化国家以及发展中国家，如马来西亚和泰国，它们正在劳动密集型制成品市场上进行竞争。自 20 世纪 80 年代以来，这两股力量促进了发达国家的结构调整，使它们离开制造业而走向其他经济部门；而这反过来又激起了要求建立贸易壁垒的强大的政治压力。

从世界银行的统计数据来看，在货物出口方面，如图 8.1 所示，进入 21 世纪以来，欧盟的货物出口份额相对平稳，但相较于 1990 年极盛时期的 38.24%，到 2018 年已经下降了 6 个百分点；日本在 1980—1985 年占世界货物出口总额的比重还较低，在 2000 年达到 7.26%，在之后的年份稳定在 5% 左右；发展中国家的货物出口份额逐步攀升，由 2000 年的 48.04% 上升到 2010 年的 53.92%，再到 2018 年的 55.91%，从 2000 年到 2018 年上升了近 8 个百分点，其中，中国的份额增长尤为迅猛，由 2000 年的 1.78% 上升到 2010 年的 9.92%，再到 2018 年的 12.57%，从 2000 年到 2018 年上升超过 10 个百分点。

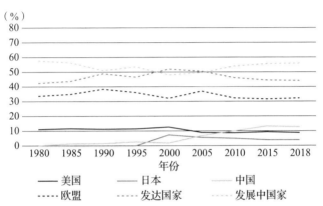

图 8.1 不同地区货物出口总额占世界货物出口总额的比重

资料来源：世界银行数据库。

为应对新兴工业化地区和发展中国家在世界贸易体系中的挤压，欧洲国家加快了贸易保护的步伐。在 WTO 成立前，传统的关税壁垒占据主要位置，欧洲国家充分利用关税保护产业发展和排除外部竞争威胁，其具体做法是设置共同对外关税和农产品差价税。WTO 在取代 GATT 后，开始着手约束各国的高关税以推动贸易自由化进程。经过多轮谈判，欧盟的平均名义关税水平从二战后的 40% 以上削减到现在的 3% 左右，关税壁垒逐渐削弱，但这并没有阻挡欧盟贸易保护的进程：欧盟通过制定苛刻的技术标准、法规以及严格的进出口商品检验检疫条款来限制外国产品的进口，技术性贸易壁垒和绿色贸易壁垒取代关税壁垒成为贸易保护的强有力手段，且由于形式合法和手段隐蔽而极易达到保护内部市场和贸易的目的。

二、政治目标

贸易保护往往附着政治色彩，尤其是对于欧盟这样的超主权联盟。欧盟贸易保护政策的政治目标主要体现在以下几个方面：

一是为欧洲一体化服务。自欧盟东扩以来，新老成员国的发展水平仍然存在较大差距，一体化进程受到阻碍，这不仅降低了欧盟各国之前的政治互信，也打击了民众的一体化信心。为了改变这种不利局面，部分成员国开始推行经济民族主义，采取贸易保护措施以促进欧盟内部贸易增长。

二是国内利益集团的政治施压。迫于产业组织和协会的施压，欧盟对一些缺乏竞争力的"夕阳产业"，如纺织业、鞋业等利用反倾销、贸易保障措施等贸易救济措施进行保护。由于中国是欧盟贸易救济的主要对象，从中国贸易救济信息网整理的 2016—2020 年欧盟对华贸易救济立案情况（见表 8.1）中可以看出，欧盟对华发起反倾销调查的机构主要是行业协会、个体公司等利益集团，即利益集团的申诉拉开了欧盟贸易救济调查的序幕。

表 8.1   欧盟对华贸易救济立案情况（2016—2020 年）

行业	案件	日期	申诉者	类型
有色金属工业	欧盟对中国铝型材反倾销案	2020 年 2 月 14 日	欧盟铝业（European Aluminium），代表铝型材产量占欧盟内同类产品总产量 25% 以上的生产商	协会
钢铁工业	欧盟对中国不锈钢热轧板 / 卷反倾销案	2019 年 8 月 12 日	欧洲钢铁协会（European Steel Association）	协会
化学原料和制品工业	欧盟对中国聚乙烯醇反倾销案	2019 年 7 月 30 日	欧盟企业 Kuraray Europe 股份有限公司	企业
非金属制品工业	欧盟对中国玻璃纤维织物反倾销案	2019 年 2 月 21 日	Tech-Fab Europe，代表玻璃纤维织物产量占欧盟内同类产品产量 25% 以上的生产商	协会
汽车工业	欧盟对中国钢制轮毂反倾销案	2019 年 2 月 15 日	欧洲车轮制造商协会（Association of European Wheel Manufacturers），代表钢制轮毂产量占欧盟内同类产品产量 25% 以上的生产商	协会

续表

行业	案件	日期	申诉者	类型
其他运输设备	欧盟对中国电动自行车反倾销案	2017 年 10 月 20 日	欧洲自行车生产商协会（European Bicycle Manufacturers Association）	协会
金属制品工业	欧盟对中国铸铁制品反倾销案	2016 年 12 月 10 日	Fondatel Lecompte SA、Ulefos Niemisen Valimo Oy Ltd、Saint-Gobain PAM SA 等代表铸铁制品产量占欧盟内同类产品总产量 25% 以上的 7 家欧盟生产商	企业
钢铁工业	欧盟对中国耐腐蚀钢反倾销案	2016 年 12 月 9 日	欧盟钢铁协会，代表耐腐蚀钢产量占欧盟内同类产品总产量 53% 以上的 8 家欧盟生产商	协会
钢铁工业	欧盟对中国中厚板反倾销案	2016 年 2 月 13 日	欧洲钢铁协会，代表中厚板产量占欧盟内同类产品总产量 25% 以上的欧盟生产商	协会

资料来源：根据中国贸易救济信息网资料整理而得。

　　三是为了缓和贫富差距过大造成的阶级矛盾。贸易全球化虽然带来了全球贸易的快速增长，但由于经济发展成果分配不均匀，越来越多的人开始抵制经济全球化，因此保守的贸易保护政策受到了更多的支持。欧盟统计局公布的数据显示，近年来欧盟多数国家基尼系数呈上升趋势，欧元区的平均基尼系数从 2000 年的 0.29 上升到 2010 年的 0.302，再到 2018 年的 0.306。在欧洲大陆，民粹主义政治家的成功体现在奥地利的自由党、德国的另类选择（AfD）、希腊的金色黎明、匈牙利的尤比克党（Jobbik）、意大利的五星运动、波兰的法律和正义党、瑞典的社会民主党和英国的独立党（UKIP）的崛起。民粹主义和贸易保护主义往往相伴相随，欧洲国家的贸易保护蔓延开来。

三、产业目标

　　早期欧盟贸易保护主要集中在汽车、钢铁、合成纤维、纤维衣料等传统工业，近年来保护领域进一步扩大到服务业、金融业、高科技产业等领域，保护对象也从单纯的产品扩大到服务、知识产权、行业和企业，从贸易保护转向产业保护。从中华人民共和国驻欧盟使团经济商务处的统计数据（见表 8.2）我们可以看出，欧盟的贸易保护广度和深度不断扩大。

表 8.2　2015—2019 年欧盟的贸易救济案件

	领域	对象	措施	属性
2019 年 1 月	农业	橄榄	保障措施	产品
2016 年 8 月	新能源产业	光伏	反倾销	产品
2016 年 8 月	传统工业	钢铁	保障措施	产品
2016 年 7 月	传统工业	金属和陶瓷	反倾销	产品
2016 年 6 月	传统工业	冷轧板卷	反倾销	产品
2016 年 4 月	传统工业	碳化钨和熔凝碳化钨	反倾销	产品
2015 年 12 月	传统工业	乙醇	反垄断	产品
2015 年 12 月	传统工业	未漂白纸袋纸	反倾销	产品
2015 年 12 月	金融业	投资银行	反垄断	企业
2015 年 11 月	传统工业	电解电容器	反垄断	产品
2015 年 10 月	传统工业	高性能无缝钢管	反倾销	产品
2015 年 10 月	传统工业	聚氯乙烯	反倾销	产品
2015 年 10 月	传统工业	聚酰胺-6，6 切片	反倾销	产品
2015 年 9 月	传统工业	冷轧不锈钢	反倾销	产品
2015 年 7 月	高科技产业	高通公司	反垄断	企业
2015 年 7 月	传统工业	进口腈纶	反倾销	产品
2015 年 7 月	金融业	跨境交易规则和交换费率	反垄断	知识产权
2015 年 6 月	传统工业	报废电池	反垄断	产品
2015 年 6 月	传统工业	碳钢紧固件	反倾销	产品
2015 年 6 月	传统工业	食品包装企业	反倾销	企业
2015 年 6 月	服务业	苹果音乐服务	反垄断	服务
2015 年 6 月	服务业	亚马逊公司	反垄断	企业
2015 年 6 月	传统工业	冷轧钢板	反倾销	产品
2015 年 6 月	传统工业	螺纹钢	反倾销	产品
2015 年 6 月	传统工业	阿斯巴甜	反倾销	产品
2015 年 5 月	服务业	电子商务行业	反垄断	行业

续表

	领域	对象	措施	属性
2015 年 4 月	传统工业	进口锦纶 6 切片	反倾销	产品
2015 年 4 月	传统工业	未漂白纸袋纸	反倾销	产品

资料来源：中华人民共和国驻欧盟使团经济商务处。

四、人文目标

　　近年来欧盟相继出台了一系列安全、卫生、环保等方面的技术性标准，这构成贸易保护的重要方式。从人文角度考虑，它是随着经济社会发展、科技进步和环境卫生问题凸显的客观要求，欧盟要求他国向欧盟民众提供符合安全、卫生和环保标准的产品，以保障民众的健康和生态环境的良性发展，这种技术性措施无疑具有进步的意义，但是这种"进步"同时也带来了"壁垒"：一方面，由于经济发展水平的差异，这些标准和法规对于发展相对落后的国家出口产品形成了贸易壁垒；另一方面，各国技术标准的差异在无形中增加了制造成本，降低了规模效益，出口欧盟的产品价格也相应提高，贸易难度增大。其所采取的技术性标准主要包含以下方面：

　　一是环境保护。欧盟制定了许多严格的环境标准，以保证流通到市场的产品符合绿色发展的要求。1995 年 4 月，由发达国家主导的国际标准化组织开始实施《国际环境监察标准制度》，要求产品达到 ISO9000 系列标准体系的要求。与此同时，欧盟也启动了一个名为 ISO14000 的环境管理系统，要求进入欧盟国家的产品从生产前到制造、销售、使用以及最后的处理阶段都要达到规定的技术标准。

　　二是人类健康保护。根据欧盟《通用产品安全指令》（GPSD），生产者和进口商有责任保证投放欧盟市场产品的安全，并采取适当的预防性措施，出现问题时有义务立即行动并通报主管机构。欧盟对食品、动植物及其产品和各种工业产品制定了严格的检验检疫管理法规和标准：在消费者保护方面，欧盟近年来建立了一系列快速预警系统，如欧盟委员会非食品类快速预警系统、欧盟食品和饲料类快速预警系统以及医疗器械和药品等专门系统；在食品安全方面，欧盟先后公布《欧盟食品安全白皮书》和关于食品安全基本原则和管理程序的《食品基本法》，强制推行产品安全标志 CE 标志；在动物卫生管理和动物福利方面，制定《新动物卫生政策》，要求食品和兽医办公室（FVO）定期对成员国或者第三国的食品安全管理体系进行检查、边境口岸逐批检验检疫、抽查检验检疫以及市场监督抽查等；在植物卫生管理方面，欧盟根据国际植物卫生标准和义务制定并实施预防性保障措施，对植物保护产品或农药的销售与使用进行监管，并专门制定标准对农药残留进行监控，对种子及繁殖材料的质量、植物新品种的知识产权保护及遗传资源保护和使用等进行管理。

三是就业保护。从图 8.2 中我们可以看出，欧元区的失业率从 2007 年 1 月的 7%增长到了 2013 年 7 月的 12%，在金融危机发生 12 年后的 2020 年，失业率依然保持高位，并且波动明显。为解决失

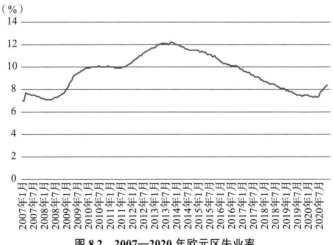

图 8.2　2007—2020 年欧元区失业率

资料来源：欧盟统计局。

业问题，欧盟国家在很大程度上会动用贸易保护措施。2019 年欧委
会发布的贸易救济年度报告称，欧盟通过贸易救济措施保护了欧洲
各地 32 万个直接就业岗位，使其免受来自盟外的不公平竞争影响。

五、财政目标

自 2008 年陷入金融危机以来，欧盟经济恢复缓慢，之后又受
到债务危机、恐怖袭击和难民危机等打击，本身的经济基础遭到削
弱，社会福利负担沉重，财政捉襟见肘。欧洲经济深受债务之累，
各国财政可用空间严重不足，为增加财政收入，从贸易中攫取更多
利益，推行贸易保护成为暂缓之计。

据欧盟统计局初步数据，2019 年欧元区政府财政赤字率为
0.6%，较 2018 年微升 0.1 个百分点。其中，法国财政赤字率最高，
达 3%；西班牙和意大利分别为 2.8% 和 1.6%；德国、荷兰、奥地
利、希腊等 11 国为财政盈余；欧盟 27 国整体财政赤字率为 0.6%，
上升 0.2 个百分点。数据还显示，截至 2019 年末，欧元区政府债
务余额为 10 万亿欧元，占 GDP 的 84.1%，较 2018 年下降 1.7 个百
分点。其中，希腊最高，为 176.6%，下降 4.6 个百分点；意大利、
葡萄牙、比利时、法国、西班牙分别为 134.8%、117.7%、98.6%、
98.1%、95.5%；德国和荷兰均低于 60%；欧盟 27 国负债率为
77.8%，下降 1.8 个百分点。根据欧盟委员会的测算，在欧元区主要
国家中，仅德国和荷兰在规则范围内有一定的财政空间（见图 8.3），
欧元区的财政自由度将难以应对经济的持续低迷。

2020 年 7 月 10 日，欧盟理事会主席米歇尔在介绍欧盟预算计
划提案时表示，拟通过征收塑料垃圾税、引入碳边境调整机制和数
字服务税、修订碳排放交易系统（ETS）、在预算中致力于引入其他
自有资源等手段增加欧盟财政预算收入，这些手段无疑将增加贸易
成本，但会提高欧盟的财政预算收入。

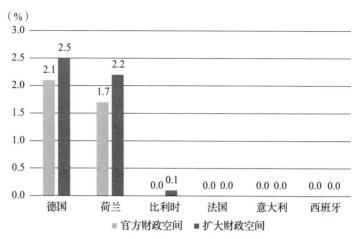

图 8.3　欧元区主要国家可用财政空间（占 GDP 的比重）

资料来源：欧盟委员会。

六、安全目标

欧盟的贸易政策不仅承担着为经济、政治和人文目标服务的使命，而且也为共同安全保驾护航。欧盟出口贸易限制政策属于欧盟共同外交与安全政策的一部分，如欧盟对中国的武器出口禁令。此外，欧盟还对军民两用产品和技术实行出口管制。

关于军民两用产品的立法最早出现于 1989 年，当时的欧洲经济共同体就颁布了关于限制某些化学产品出口的第 428/89 号条例。在此后的时间，关于军民两用产品控制的法律内容不断扩充和深化。1992 年，欧盟委员会建议在更为广泛的领域，而不仅仅是针对化学产品，采取立法措施对军民两用产品实行出口控制，并制定了两个法律文件，一个是根据《欧洲经济共同体条约》第 113 条制定的关于军民两用产品控制的第 3381/94 号条例，另一个是根据欧盟条约第 J.3 条对军民两用产品出口控制采取联合行动的共同外交与安全政策第 94/942 号决定。1995 年，欧洲法院在两个重要的案例中明确了对军民两用产品的控制权是欧盟的专有权能，各成员国不能在共同体授权之外缔结相关贸易协定。1998 年，欧盟委员会建议军民两用产品的出口控制应该统一到一个单一的条例中，而没有必要再通过共同外交与安全政策决定的立法形式。终于，在2000 年，欧盟理事会通过了关于军民两用产品和技术出口控制的第 1334/00 号条例，1994 年的共同外交与安全政策被废止，对于军民两用产品的出口控制进一步强化。2009 年 5 月 5 日，欧盟颁布了关于修改和更新第 1334/00 号条例的第 428/09 号条例。第 428/09号条例是调整欧盟军民两用产品出口控制的基本法律，不仅针对军民两用产品，而且可适用于军民两用软件和技术。由此可见，在军民两用产品贸易政策的制定上，维护经济和贸易利益是欧盟的首要但不是唯一目标，权衡贸易和安全的关系才是欧盟军民两用产品控制的核心。表 8.3 总结了欧盟军民两用产品的立法进程。

表 8.3　欧盟军民两用产品的立法进程

时间	条例	特点
1989 年	第 428/89 号条例	仅仅关于限制某些化学产品出口
1992 年	第 3381/94 号条例和第 94/942 号决定	领域扩展到对军民两用产品实行出口控制
1995 年	—	明确对军民两用产品的控制权是欧盟的专有权能
1998 年	—	建议军民两用产品的出口控制应该统一到一个单一的条例
2000 年	第 1334/00 号条例	关于军民两用产品和技术出口控制的条例
2009 年	第 428/09 号条例	扩充到军民两用软件和技术

资料来源：根据公开资料整理所得。

　　欧盟对华军售禁令是冷战时期的产物，但至今欧盟仍然放弃军售贸易带来的巨大利润，可见安全目标是其重要考量。军售禁令始于 1989 年，欧洲理事会单方面决定暂停与中国的军事接触，对中国实行武器禁运。2005 年初，在中欧两方的共同努力下，解禁问题出现了逆转,但是遭到美国的强烈反对,欧盟部分成员国忌惮美国在军事和贸易方面的双重报复,解禁之路受到阻碍。2005 年 3 月,中国人大通过了《反分裂国家法》,并批准 2005 年国防预算增加 12.6%。这两个决定受到了欧盟的强烈批评,欧盟迅速发表声明,坚决反对任何形式的武力使用,欧盟内部在解禁问题上的分歧也变得越来越难以调和。2005 年 4 月,欧洲议会以 431 票赞成、85 票反对、31 票弃权的结果通过了一项决议,敦促欧盟不要解禁对华军售。2005 年 6 月,欧盟外长会议在卢森堡召开,经过讨论,与会各方决定放弃原定于 6 月底取消对华武器禁运的计划,并表示将不在该问题上设置新的时间进程表。时至今日,欧盟对华武器禁运问题仍然没有实现任何突破。欧盟对华军售禁令历程如表 8.4 所示。

表 8.4 欧盟对华军售禁令历程

时间	事件
1989 年	欧洲理事会单方面决定暂停与中国的军事接触,对中国实行武器禁运
2005 年初	解禁问题出现了逆转,但是遭到美国的强烈反对
2005 年 3 月	中国通过《反分裂国家法》和批准增加国防预算的两个决定受到了欧盟的强烈批评
2005 年 4 月	欧洲议会决议敦促欧盟不要解禁对华军售
2005 年 6 月	欧盟外长会议决定放弃原定于 6 月底取消对华武器禁运的计划

资料来源:根据公开资料整理所得。

第二节 欧盟共同贸易政策的约束

欧盟共同贸易政策是在欧盟统一规范下、成员国共同执行的对外贸易政策、共同海关税则和法律体系。最初其内容仅涉及关税税率改变、关税和贸易协定缔结,在《阿姆斯特丹条约》《尼斯条约》《里斯本条约》相继发布之后,共同贸易政策的覆盖范围被扩充到服务贸易、与贸易有关的知识产权保护和外国直接投资等领域。

共同贸易政策具有专属性。欧洲法院的判例已经表明欧共体对自主性商业政策措施以及协定性商业政策措施都具有专属管辖权。事实上，在欧共体过渡时期之后，成员国在制定、实施商业政策之前必须经过欧共体的特别授权。在欧洲法院第 1/75 号意见书中，欧洲法院表述了共同商业政策专属性的理由。在该意见中，欧洲法院认为共同商业政策是在为了保护共同体共同的利益而运行共同市场的背景之下酝酿出来的。为此目的，各成员国的个别利益就必须互相适应协调。因此，各成员国自由主张"并行权力"，冒着牺牲有效保护共同体共同利益的危险来满足其在对外关系中个别利益的做法是与共同商业政策的概念不相容的。如果这种"并行权力"得到确认，就等于承认在对外关系中，各成员国可以采取与欧共体试图采取的立场不同的立场。这样就会扭曲组织框架，导致共同体内的相互信任危机，阻碍共同体履行其保护共同体利益的职责。

一、共同贸易政策的实质和特点

（一）共同贸易政策的实质

一是促进欧盟成员国之间货物、人员、服务和资本的自由流通。《欧洲经济共同体条约》规定：建立工业品关税同盟；实现共同体内部工业品、劳动力和资本的自由流通；规定成员国共同的农业政策，筹组农业共同市场；制定共同竞争规则，消除各种限制和歧视竞争的协定和制度；设置一整套具有一定权限的共同体机构；等等。

二是加强欧盟作为集团在世界贸易中的地位。欧盟作为世界上最重要的贸易集团之一，在世界经贸领域占据相当大的比重。世界银行数据库的统计数据显示，2018 年全球 GDP 总量为 85.8 万亿美元，欧盟 GDP 为 18.76 万亿美元，占全球 GDP 总量的 21.9%，2018 年欧盟货物出口总额占世界的比重为 32.1%。因此，欧盟的贸易政策不仅要保持和提高欧盟在世界贸易和经济事务中的份额，还要承担起保护欧盟内部大市场的重任。例如，作为欧盟重要贸易保护工具的反倾销政策主要是针对第三国产品的。

三是贯彻实施欧盟的国别与地区政策。在当今两极格局已经瓦解、多极化格局正在形成的发展形势下，作为具有最高经济一体化发展程度的区域集团，欧盟势必利用其经济实力谋求在国际事务中的更高地位，从而能够成为重要一极。这必然将同美国在各个方面展开既有合作又有争夺的竞争。为了不至于在这场竞争中落后，欧盟特别注意发展同世界其他类型国家的关系，实行差别化的国别与地区政策，而共同贸易政策就成为具体贯彻实施的重要手段。在欧盟与美国的经贸关系中，由于两国的经济渗透程度较高，妥协与合作局面将长期存在。在与其他欧洲国家的关系上，欧盟正努力将更多欧洲国家纳入其一体化进程，如欧盟东扩。1991 年欧盟与欧洲自由贸易联盟签订建立欧洲经济区的条约，实现货物、人员、服务和资本的自由流通。在与亚洲各国的关系上，欧盟努力加强同亚洲各国的经贸合作，如亚欧首脑会议的召开和各国领导们的定期会晤。在与发展中国家的关系上，如欧盟通过与非洲、加勒比地区和太平洋地区国家集团的一些发展中国家签订《洛美协定》以及《科托努协定》，加强对欠发达地区的援助，并使欧共体国家与发展中国家的经贸关系大大改善。

（二）共同贸易政策的特点

一是具有促进经济一体化发展的首要实质。欧洲一体化是欧洲几代政治家和思想家的共同愿望，这种愿望在二战之后有了有利的环境和条件。但是，欧洲各国巨大的差异性决定了欧洲一体化只能从更容易为各国接受的经济领域开始，对于贸易依存度高的欧盟成员国来说，贸易政策的统一有利于扩大本国市场，增强贸易竞争力，更易于被各国接受。对于欧盟来说，制定和实施共同贸易政策能促进各成员国经济的融合，促进经济一体化的发展。

二是具有兼顾各民族国家特殊利益的重要功能。欧盟各成员国经济结构的异质性决定了不同民族国家不同利益的存在，这种差异在欧盟创始成员国法国和德国之间表现得尤为突出。法国是世界主要农产品出口国之一，农业相对发达；德国是工业强国，工业发展位居世界前列，因此德国和法国的国家利益更偏向于自己的优势产业。如果共同贸易政策不把共同农业政策包括在内，那么德国的工业品可以进入法国市场，而法国的农产品不能进入德国市场，由此产生的成员国的利益不均衡无疑将会影响欧洲一体化的发展，甚至会威胁欧盟的生存。因此，即便德国不愿意他国的低价农产品同本国农产品竞争，但是为了经济一体化和利益平衡，它也不得不同意制定一项涉及农业发展和农产品贸易的共同农业政策，这种利益平衡同样也存在于其他成员国之间。

三是具有增强欧盟国际经济地位的作用。共同贸易政策不仅具有经济意义，还具有较强的政治意义。对于单个成员国来说，增强产品在国际市场上的竞争力无疑比较困难，但是欧盟作为一个集团发挥在全球经济与贸易格局中的重要作用，显然具有更大影响力和竞争力。同时随着欧盟一体化进程的推进，其政治意义不断凸显，欧盟在国际事务中越来越显示出作为一个经济政治集团所发挥的重要政治作用。

四是具有更好地实施欧盟对外政策的推进作用。欧盟是当今世界上一体化程度最高的区域利益集团，作为多极化世界中的重要一极，在全球事务中发挥着重要作用。在欧盟的政治、经济、文化和军事等对外活动中，对外贸易政策是欧盟对外政策总方针的重要贯彻者和承担者。欧盟根据对外政治、经济与文化交往的需要制定不同的国别与地区贸易政策。鉴于经济竞争在当今国际关系中的主导地位，不断提高经济实力成为各国竞相发展的目标。因此，为了维持和扩大其在全球事务中的影响力，提高经济竞争力必然成为欧盟对外总政策的重要目标，共同贸易政策也就必然成为贯彻此原则的有力工具。

五是国家贸易壁垒转向区域性贸易壁垒。作为一个排他性的区域经济集团，欧盟对内实现货物、人员、服务和资本的自由流通，对外作为一个整体建立共同贸易壁垒，排挤外部产品输入。这种从国家贸易壁垒向区域性贸易壁垒的转变对于提升欧盟整体在国际市场上的竞争力和地位，遏制集团外竞争对手起到了显著作用。在20世纪90年代前，欧共体成员国若要采取某种贸易保护措施，通常以各成员国国内政策措施的形式出现。到20世纪90年代，特别是1993年欧洲统一大市场启动后，许多原属于各成员国的对外贸易政策的职权被逐渐集中到欧盟一级，这样非成员国产品出口到欧盟面对的是统一市场的共同规则、标准和程序，由此引发的各种贸易纠纷和争端几乎都要集中在欧盟一级加以解决，而从欧盟成员国进口则仍维持在双边框架内。这一做法增强了欧盟作为一个整体的谈判力量，对非成员国来说构成排他性，提高了市场准入成本，贸易环境更加不稳定。这种贸易壁垒权限的转变在欧盟对外反倾销政策中表现得尤为突出：任何一个或几个欧盟成员国对非成员国提起的反倾销申诉只要在欧盟立案便会立即波及其他成员国，从而将反倾销调查从一国的贸易保护措施演变为整个集团的贸易保护措施。

六是双重技术壁垒、双重保护。为便利欧盟内部要素流通和建立统一市场，欧盟颁布了众多有关产品的安全、技术标准等方面的指令和法规，以遏制各成员国之间由于技术标准不统一造成的贸易障碍，但各成员国对于非成员国的贸易法规标准仍然存在。例如，《罗马条约》第36条规定，对于一些特殊商品的进口，各成员国可以继续实施本国的有关进口管理措施。因此，非成员国对欧盟成员国之间的贸易要面对欧盟标准及成员国各自制定的标准双重技术性贸易壁垒，双重技术性贸易壁垒形成了对整个欧盟市场的双重保护。

二、共同贸易政策的权限分配

欧盟共同贸易政策的最初内容仅涉及关税税率改变、关税和贸易协定缔结。进出口政策在 1999 年 5 月生效的《阿姆斯特丹条约》之前只包括货物贸易，《阿姆斯特丹条约》将其覆盖范围扩展到大部分服务贸易，2003 年 2 月生效的《尼斯条约》又将其扩及所有服务贸易和与贸易有关的知识产权保护。2009 年 12 月生效的《里斯本条约》则重点在外国直接投资领域进一步扩大了欧盟权限。

（一）《阿姆斯特丹条约》

为提高对外谈判效率，欧盟委员会在《阿姆斯特丹条约》的谈判过程中提出将欧盟的对外贸易权限延伸到服务、知识产权保护、投资等领域，但是遭到英法等成员国的强烈反对。最后在《阿姆斯特丹条约》的文本中，对共同贸易政策权限的内容并未做实质性修改，只是增加了一条抚慰性条款：根据欧盟委员会的提议，部长理事会将来可以在与欧洲议会协商后，以一致通过的表决方式决定将欧共体对外贸易权限扩大到服务贸易和知识产权保护领域。虽然这被看成是成员国意愿的一种宣示，但部长理事会此后几年内从未讨论过该议题，这令欧盟委员会的提议落空。

（二）《尼斯条约》

欧盟委员会在《尼斯条约》的谈判过程中再次提出扩大共同体贸易权限的问题，成员国对贸易权限"一体化"的态度也有些转变。尽管法国和西班牙仍持基本否定态度，但是两国也并非完全不愿意做出一定妥协。经过数轮艰难的磋商，各方终于在尼斯达成妥协。《尼斯条约》原则上将服务贸易归入共同体权限，但主要由于法国的"关切"，文化和音像、教育以及卫生服务的贸易活动仍属"共享权限"；与贸易有关的知识产权保护也仅将商业部分赋予共同体权限。在共同体尚未完成内部融合的政策领域，其所涉及的对外贸易部分不属于共同体权限，部长理事会不能批准完成谈判。从对《尼斯条约》第133条的解读中还可以推导出服务贸易的一个重要组成部分，即设立商务代表处问题，也尚未包括在共同体权限之内。此外，交通和对外投资仍不属于共同贸易政策范畴。

（三）《里斯本条约》

《里斯本条约》将"外国直接投资"引入《欧洲经济共同体条约》的共同贸易政策中。《里斯本条约》第3条规定：共同商业政策属于欧盟专属权能的特定范围，在该领域只有欧盟才可以立法和制定具有法律约束力的文件，成员国仅在欧盟授权或为实施欧盟法令的情况下才能立法和制定有法律约束力的文件。《里斯本条约》明确了欧盟在"外国直接投资"方面具有专属权能。相关的规定主要包含在《欧洲联盟运行条约》第206条和第207条中。具体如下：

第206条规定，根据第28～32条建立关税同盟，联盟应为实现共同利益而致力于世界贸易的和谐发展，逐步取消对国际贸易和外国直接投资的限制，以及削减关税及其他壁垒。

第207条规定，共同商业政策应建立在统一原则的基础之上，特别是应考虑关税税率的变化、涉及货物与服务贸易的关税与贸易协定的缔结、知识产权的商业方面、外国直接投资、贸易自由化措施的统一、出口政策，以及在倾销或补贴等情况下采取的贸易保护措施。共同商业政策应在联盟对外行动的原则与目标框架内实施。

《里斯本条约》确认欧盟对国际直接投资具有专属权能，这将对成员国现有的双边投资保护协议与欧盟的排他性权能之间的协调、成员国谈判和签订新双边投资保护协议资格的缺失等产生重要影响。

随着欧盟的扩大，欧盟内部成员国之间的双边投资保护协议数量不断增多，与欧盟的排他性职能之间的协调问题暴露了出来。在 2004 年之前这类协议仅有两项，但在 2004 年 10 个新成员国加入欧盟之后，这类协议的数量一下子上升到了 150 项左右。除爱尔兰和葡萄牙之外，所有老成员国都曾与这些新入盟的东欧国家签订了双边投资保护协议，并且大多数已经生效。不仅如此，欧盟的成员国特别是老牌的发达国家与其他国家尤其是广大发展中国家签订了大量的双边投资保护协议，欧盟认为应该终止原有双边投资保护协议，但遭到成员国和国际仲裁法庭的反对，对于协议的存废问题仍存在分歧。

三、共同贸易政策的权力机制

（一）行为主体及其权力关系

欧盟委员会所代表的是欧盟整体利益，部长理事会实际上是各成员国利益表达的场所，欧洲议会则代表了欧洲各政党党派的主张。欧盟委员会享有立法的权力，部长理事会享有投票的权力，而欧洲议会则享有审议的权力。

在共同贸易政策决策过程中，欧盟委员会承担对外贸易的提案及谈判工作。在草拟环节，欧盟委员会先向来自各成员国的贸易专家进行咨询，之后草拟基于欧盟全体立场的贸易决策。在与第三国谈判过程中，欧盟委员会根据部长理事会发布的指令框架代表欧盟全体与第三国进行谈判，并担当最后签约的主体工作。

部长理事会主要负责审议、表决欧盟委员会草拟的贸易政策。部长理事会是政府间组织，是各成员国政府博弈的平台。投票的过程即各成员国政府博弈的过程，由于欧盟在贸易领域的专属权能，一旦部长理事会表决通过了某项贸易政策，无论是否符合成员国的利益，成员国都不能再自行其是。

除部长理事会外，欧洲议会也同样具有是否批准欧盟委员会对外谈判的贸易协议的权力。欧洲议会及其下属贸易委员会综合各行业的专家、工会代表、环保团体和其他代表共同评估欧盟委员会提案并进行投票。一旦欧洲议会批准该协议，即被视为生效，对所有成员国均有法律约束力。

（二）共同贸易政策的决策过程

1. 授权阶段

在授权阶段，欧盟委员会就贸易谈判向部长理事会提出建议，各成员国常驻欧盟代表委员会进行商讨，认真研究修改欧盟委员会的建议，并将其列入部长理事会会议议程；之后部长理事会研讨决定是否启动此项贸易谈判；通过后的决议或纲要成为对欧盟委员会启动谈判的授权。

2. 谈判阶段

在谈判阶段，欧盟委员会在授权范围内代表欧盟全体进行对外谈判；在整个谈判进程中，欧盟委员会必须与 133 条款委员会[①] 保持沟通和商讨；当谈判进程受阻时，欧盟委员会可申请修改授权内容，以便进一步谈判。

虽然欧盟委员会通常是对外谈判中唯一的发言人，但在具体实践中常常受到干预而影响谈判进程。如在 1999 年 WTO 西雅图会议上，虽然生物技术和农产品两大议题本质上属于欧共体专属权限，成员国无权干预，但各成员国的相关部长在绝大部分时间内仍然坐在欧盟委员会首席谈判代表身边，在讨论一些关键问题时监督着欧盟委员会的行动，导致谈判进程受到影响。

3. 批准阶段

在批准阶段，如果相关谈判议题属于欧盟权限，则协议由部长理事会表决通过；如果涉及的议题属于"共享权限"，除部长理事会外，成员国议会还要分别批准才能使协议生效。随着欧盟的扩

---

① 监督欧盟委员会谈判活动并确保其遵循部长理事会的授权的机构。

大，成员国的利益协调难度加大，部长理事会和成员国达成一致意见的难度大大增加。

四、共同贸易政策的程序规则

（一）一致通过原则

在一致通过原则下，每个成员国均享有否决权，此原则在很长时间内一直是部长理事会基本的决策规则。但随着欧盟成员国的增多和一体化领域的扩大，一致通过原则的决策难度增加，不仅存在着部分成员国用一票否决权阻止共同决策形成的风险，还存在着为达成一致立场导致部长理事会内磋商艰难的情况。

（二）**特定多数表决制**

自 1970 年以来，欧盟在商品贸易协定方面一直使用特定多数表决制。《欧洲经济共同体条约》第 113 条规定部长理事会在共同外贸政策上做出双边贸易协定决策时采用特定多数表决制，第 228 条规定在多边贸易协定和与国际组织达成的协议上适用该规则。在《尼斯条约》后，这一表决制度的适用范围随着欧共体贸易权限的扩大而大大增大。由于国家利益和政策偏好的差异，部长理事会内对适用特定多数表决制的争论十分激烈。主张自由贸易的英国、德国和主张贸易保护的法国、意大利、西班牙、希腊形成两大集团，在贸易问题上的分化使得磋商依然艰难。如在乌拉圭回合后一阶段关于农产品的谈判中，欧盟委员会迫切需要与美国谈判达成一项协议，但是并未获得部长理事会的授权。该协议在上报给部长理事会批准时，遭到法国代表团的强烈反对。法国代表团威胁要采取一切措施抵制，并暗示要援引"卢森堡妥协"中关于重大国家利益的原则，因此该协议未进入投票议程。

（三）平行主义

《欧盟宪法条约》规定，平行主义是指当某国际贸易协议中涉及应以一致通过原则立法的内部政策内容时，整个贸易协议在决策时仍然适用一致通过原则。在欧盟获得更多贸易政策权限后，平行主义进一步成为成员国影响欧盟委员会外部行动的工具。该原则在《尼斯条约》第 133 条第 6 段中再次得到确认。首先，当国际谈判涉及的政策领域在欧盟内部立法要求以一致通过原则做决策时，一致通过原则同样适用于对该国际贸易协议的谈判授权和批准阶段。其次，当国际谈判涉及的政策领域尚没有欧盟内部立法时，该国际贸易协议的谈判授权和批准阶段适用一致通过原则。例如，欧盟在知识产权保护领域还有不少缺乏内部立法的内容，这就意味着涉及相关领域的国际贸易协议应在部长理事会内以一致通过方式进行决策。

根据平行主义的定义，共同体的对内政策不能与对外关系割裂开来，这也造成了欧盟内部的麻烦会波及对外关系。例如，在乌拉圭回合谈判中，欧盟与美国在农产品问题上的谈判受到欧盟内部农业改革进程影响，当法国和西班牙在内部制造混乱时，欧盟在国际上的谈判效果大打折扣，谈判被大大拖延。

（四）水平协议

《尼斯条约》首次界定了"水平协议"的定义，即在欧盟尚未享有排他性权限的政策领域，如交通、投资和环保行业，虽然理论上它们属于欧盟的权限范围，但是实际上部长理事会仍然采用一致通过原则表决。

多哈回合谈判涉及诸多贸易议题，如贸易与劳工标准、环保和可持续发展、竞争等。欧盟在这些领域的一体化程度不同，成员国内部具有极大的政治敏锐性。但是如今更多的贸易问题通过一揽子方式进行谈判，成员国会慎重处理这些传统上隶属一国内部管辖范畴的事务。

五、欧盟东扩与共同贸易政策演变

（一）《入盟条约》对共同贸易政策的安排

欧洲国家一旦加入欧盟，便要自动遵守欧盟的共同贸易政策，包括欧盟与第三国的双边贸易协定，其原有的贸易政策宣告废止。新入盟国家在享受成员国待遇的同时，也要承担义务。为兼顾新成员国的利益，欧盟在纺织品和钢铁领域设置了过渡期。

（1）数量限制。新入盟成员国需遵守欧盟与第三国签署的协定和安排，考虑到新成员国的特殊情况，欧盟对纺织品和钢铁进口的数量限制进行了调整。为此，在入盟日之前，欧盟与第三国谈判纺织品和钢铁双边协定和安排的修改；如果在入盟日之前该修改还没生效，欧盟将考虑新成员国入盟的因素调整规定。

（2）关税税率与关税配额。非合金铝和纺织品对匈牙利和马耳他的生产和消费至关重要，欧盟考虑其初始税率较低、配额较大的情况，对其进口关税设置过渡期安排，分别给予匈牙利和马耳他 3 年和 5 年的过渡期，来调整至与欧盟的税率和配额一致。

（二）共同贸易政策的贸易保护主义倾向加强

欧盟东扩后为了适应产业结构、贸易格局和新旧国家利益的变化，强化了对外贸易政策的贸易保护主义倾向。欧盟对外加强贸易保护主义的主要原因有：

第一，欧盟东扩扩大了其整体经济实力，具备了与美国竞争贸易地位、推行贸易保护的优势。随着欧盟成员国的增多，欧盟可以与美国平分秋色，甚至在某些领域比美国更有竞争力。实力的匹配和对利益的追求使得欧美贸易摩擦加剧，谈判和协商进程放缓。

第二，新入盟国家全面实施欧盟的共同贸易政策，如极具保护色彩的技术性贸易壁垒和反倾销措施。欧盟的技术标准以严苛性和隐蔽性著称，反倾销措施也是欧盟使用最多的贸易保护手段，这些措施极大地阻碍了发展中国家产品进入欧盟市场。新入盟国家自动实施这些贸易保护措施，进一步强化了欧盟的贸易保护主义倾向。

第三，为了照顾新入盟国家的利益，提高其抵御外来竞争的能力，欧盟在贸易政策调整过程中更多使用贸易保护措施。一方面，欧盟对与新成员国存在竞争的非成员国的行业如工业机械、交通设备、电子器件、皮革制品等在技术标准、商品流通与入关规定、卫生、安全标准等方面设置更高的进口门槛，从而削弱主要以亚洲发展中国家为主的制成品出口国的产品竞争力。另一方面，为了照顾新成员国在技术水平方面的差距，欧盟在环境保护标准、技术产品标准方面重新协调，设置壁垒的进程放缓。

(三) 欧盟东扩使贸易政策重心转移

每一次欧盟的扩张都会带来贸易政策重心的转移，欧盟东扩也不例外。1973年英国加入欧盟，由于英国的殖民地关系，欧盟贸易政策的地域也随之扩大到非加太地区，英国服务业发达，欧盟贸易政策重心也有所倾斜；1986年西班牙、葡萄牙的加入，使得欧盟贸易政策地域范围扩大到地中海，航运业的贸易政策也相应调整；1995年瑞典、芬兰和奥地利的加入，使得欧盟贸易政策地域范围扩大到原苏东地区，电信行业的贸易政策也相应调整。

欧盟东扩使得欧盟贸易政策的地域和部门重心转移。贸易政策的地域重心向东转移，部门政策也向着对新成员国有利的方向调整。新成员国支持制成品贸易自由化，但反对基础制成品如钢铁、化学品和纺织品贸易自由化。由于欧盟共同农业政策的扶持，新成员国主张在农业方面实施贸易保护，但由于其服务业发展较慢，新成员国反对服务贸易自由化。

总之，欧盟贸易政策的地域和部门重心随着欧盟的不断扩大而发生改变。在地域方面，欧盟为增进与新成员国的贸易关系，扩大了欧盟贸易政策的地域范围。在部门方面，基于比较优势的差异，欧盟老成员国在支持或反对自由化方面的平衡被加入的新成员国打破。

第三节　同国际环境的互动

欧洲国家的贸易保护会受贸易自由化、多边框架的制约，相应地，欧洲国家具有保护色彩的政策也会影响多边框架。

一、与多边框架的互动

（一）多边框架对贸易保护的影响

1.遏制贸易保护主义

关税是最主要的贸易壁垒，WTO 为降低关税壁垒做出了突出贡献。在 WTO 成立 25 周年之际，WTO 发言人基思·罗克韦尔采访了三任总干事。来自法国的帕斯卡尔·拉米（任期为 2005 年 9 月 1 日至 2013 年 9 月 1 日）在谈及过去 25 年里发生的与 WTO 有关的重大变化时表示：比较一下 1980 年的平均贸易关税税率和今天的平均贸易关税税率，今天的平均贸易关税税率可能只有 5% 左右，这与之前相比是很低的。WITS 的统计数据也显示，2000—2016 年，全球关税税率大幅下降。2000 年，全球平均关税税率仅略高于 8.69%，到 2016 年，这一数字降至不到 4.29%。其中，美国的平均关税税率为 1.61%，欧盟为 1.6%，加拿大为 0.85%，日本为 1.35%。

贸易自由化不仅发生在商品领域，欧盟参与的多边贸易自由化已经扩展到服务、技术、知识产权等新领域。在服务贸易方面，欧盟不仅自身共有 14 项综合后的承诺，还向 WTO 提交了要求第三国进一步开放市场的 100 多项建议；在投资方面，欧盟投资促进措施规定外国投资者在欧盟投资享受与本国企业一致的国民待遇；在知识产权方面，欧盟近年来进一步推进在欧盟层面的统一知识产权保护，单一专利、共同体商标等欧盟服务贸易的自由化取得了巨大进展。

多边框架对于贸易保护主义的约束还体现在 WTO 争端解决机制的运用上。争端解决机制是多边贸易机制的支柱，是各个协议得以切实执行、世界贸易体制安全和正常运转的基本保障。争端解决机制的基本原则是平等、迅速、有效、双方接受。这个原则是指经全体 WTO 成员方同意，如果它们认为其他成员方正在违反贸易规则，受到贸易侵害的成员方将使用多边争端解决机制，而不是采取单边行动，这意味着所有 WTO 成员方将遵守议定的程序和尊重裁决，不管是受到贸易侵害的成员方还是违反贸易规则的成员方。由于 WTO 争端解决机制具有统一性、效率性和强制性的特点，许多国家在面对欧盟的贸易保护主义时纷纷拿起争端解决机制来维护本国的利益。例如：2021 年 1 月马来西亚要求 WTO 与欧盟就欧盟及其成员国采取的影响棕榈油和棕榈作物生物燃料的措施进行争端磋商；2019 年 12 月印度尼西亚启动了针对欧盟措施的争议诉讼；从 2019 年 10 月开始，欧盟与美国在飞机补贴上的贸易争端升级，WTO 已介入解决。争端解决机制可以有效减少欧盟等发达成员方的贸易保护措施。

2. 贸易保护手段多样化

随着 WTO 多边框架的发展，欧盟贸易保护的方式日趋丰富，多种贸易保护手段相结合。在反倾销、反补贴、保障措施等传统手段被广泛运用的同时，技术标准、检验程序、国民健康标准等隐蔽性的技术性贸易壁垒成为新贸易保护主义的更好选择，动植物卫生检疫标准、社会责任标准、劳工标准等也逐渐成为贸易保护的重要手段。

GATT 第 20 条规定：为保护人类、动植物的生命及健康，为保存有限的天然资源，允许对贸易进行限制。WTO 在其宗旨中也明确了按可持续发展目标兼顾保护环境。欧盟以此为借口，依仗其在经济和技术上的先发优势制定一系列苛刻的环保措施作为市场准入条件，来保护其内部统一市场甚至一些夕阳工业，构筑起绿色贸易壁垒。

反倾销、反补贴和保障措施是贸易救济的主要方式。贸易救济措施不一定是贸易保护主义，WTO 是想通过贸易救济措施构造一套国际公平竞争的完整保护体系，使之成为有效实现贸易自由化、维护公平贸易的武器。但它实际上被很多国家利用，作为贸易保护主义的利器。根据 2016 年欧盟委员会发布的贸易救济年度报告，截至 2016 年底，欧盟委员会正在执行的反倾销措施有 90 件，反补贴措施有 12 件，总数相较上一年小幅提升 4%。涉及中国的反倾销和反补贴措施分别为 56 件和 5 件，占总量的比例分别为 62.2% 和 41.6%。

社会责任标准（Social Accountability 8000，SA8000）自 1997 年问世以来，受到了公众极大的关注，在欧美工商界引起了强烈反响。作为世界上第一个社会责任标准，SA8000 是规范组织道德行为的一个新标准，已作为第三方认证的准则。SA8000 认证是依据该标准的要求审查、评价组织是否与保护人类权益的基本标准相符，在全球所有的工商领域均可应用和实施 SA8000。SA8000 对于社会责任和劳工的关注无疑具有进步意义，但从当前国际贸易的实践来看，它常常成为发达国家针对发展中国家的新型贸易壁垒。

3. WTO 多边框架允许适当的贸易保护

WTO 的框架结构和具体协议凝聚了多边贸易体制的基本原则，其中也包含了适当贸易保护的原则。GATT 的很多条款都体现了贸易保护的思想，并规定了具体的贸易保护措施。对于欧盟等发达成员方来说，这些措施主要有以下两个方面：

一是 WTO 规则的例外条款。为了平衡一揽子接受的课加在成员方身上的严苛的义务，以及考虑到各成员方经济发展水平不平衡的实际，WTO 设置了许多 WTO 规则的例外条款，包括一般例外、安全例外、地区经济一体化、知识产权、边境贸易等。例外条款涉及每个贸易领域及每个协定，允许成员方在理由正当、确有困难的情况下免除部分或全部应履行的 WTO 规则设定的义务，以此平衡成员方相互间的经济利益。

二是贸易救济措施。反倾销、反补贴以及保障措施是 WTO 贸易救济措施的核心组成部分，对于维护 WTO 成员方合法的贸易权益发挥着重要作用。相关文件有《保障措施协议》《反倾销协议》《补贴和反补贴协议》。GATT 第 19 条规定：成员方在进口激增并对其国内相关产业造成严重损害时可采取进口限制措施，可以暂时背离义务以及对其面临困境的生产者提供更高的保护。GATT 1994 第 6 条、第 16 条及专项的《反倾销协议》和《补贴和反补贴协议》为各成员方提供了对付倾销性和补贴性进口产品可能对国内工业造成不公平竞争和损害的保障机制。欧盟充分利用贸易救济措施保护其利益。据机工智库统计，1995 年至 2018 年 6 月，欧盟共启动 416 起反倾销调查和 80 起反补贴调查，其中：涉及中国的反倾销调查 56 起，占各国之首；涉及中国的反补贴调查 12 起，仅次于印度，居第二位。

4. WTO 规则的软约束及条款漏洞

诺斯指出，制度是一个社会游戏规则，它是决定人们的社会关系、人为设定的一些制约，有利于创造公平竞争的环境。WTO 多边框架无疑是世界上覆盖范围最大的贸易游戏规则。自成立以来，WTO 始终倡导自由贸易、公平贸易，反对贸易保护，解决成员方之间的贸易争端。与过去相比，WTO 在贸易自由化和规则透明度方面取得了巨大进步，但是对于裁决的最后实施却写明允许成员方通过交叉保护手段对违反协议的行为进行惩罚，明显弱化了对贸易保护的制裁。例如 2020 年 10 月 26 日，WTO 争端解决机构正式授权欧盟就其诉美大飞机补贴案（DS353）向美实施每年不超过 39.93 亿美元的贸易报复措施，这无疑助长了贸易保护主义，不利于欧美贸易争端的解决。

在 WTO《关于争端解决规则与程序的谅解》中，第 23 条"多边体制强化"指出若各成员方须对有关义务违背，或者其他使之丧失或损害各有关协议规定的各项利益，或者对达到各有关协议任何目标设置障碍的行为寻求补偿，则它们应求助于并遵守谅解书的各项规则和程序。而在谅解书的四项规则和程序中却没有提到违背裁决行为的具体惩罚办法，提到的只是工作组处理各争端方进行接触性磋商行为的工作程序，在附录 4"专家评审小组"中更是强调参与争端解决的专家评审小组的最终报告仅仅是咨询性质的，这就造成 WTO 规则的软约束。

在 WTO 货物多边协议中，有一些专门处理可能对贸易造成障碍的非关税措施问题的协议，这些协议虽然条文细致、规定明确，但存在诸多漏洞，成为各国限制国外产品或服务进入本国市场的更具隐蔽性和合法性的贸易壁垒。例如《技术性贸易壁垒协定》第 2 条规定，成员方政府可以根据自己的地理、气候和其他理由，制定不同于国际标准的特殊标准；如果存在国际标准或国际标准即将完成，就应采纳国际标准，有基本气候或地理因素或基本技术困难，致使国际标准不足以实现其合法目标的例外。这为各国利用自己的技术标准阻止别国产品和服务进入本国市场提供了"合法性外衣"，如欧盟理事会于 1985 年批准并发布了《关于技术协调和标准化的新方法》，同时，欧盟还强行推行 CE 标志，只要是想在欧盟市场上自由流通的产品，就必须加贴 CE 标志，以表明产品符合欧盟《关于技术协调和标准化的新方法》的基本要求，为欧盟实施技术性贸易壁垒提供了便利。此外，该协议第 9 条还规定新的技术标准发布应履行通报制度，以便给贸易国一定的缓冲和调整时间，通常为 45 ～ 60 天，但是第 10 条又规定：如果某一成员方面临安全、健康、环境保护或国家安全等紧急情况或有此类问题威胁，则该成员方可省略第 9 条所列步骤中认为有必要省略的步骤。而 WTO 对安全、健康、环境保护或国家安全等紧急情况没有一个准确的定义，完全由成员方自行决定，这很容易造成出口阻碍，对一国起到临时保护的作用。

《实施卫生与植物检疫措施协定》规定：采取卫生检疫措施要以科学为依据，但第 5 条第 7 款情况属于例外。在科学证据不充分的情况下，某一成员方可根据获得的有关信息，包括来自有关国际组织以及其他成员方实施的动植物卫生检疫措施的信息，临时采用动植物卫生检疫措施。欧盟等一些西方国家打着所谓"绿色贸易壁垒""技术性贸易壁垒"的旗号来实行贸易保护，在很大程度上就基于此项规定。此外，该协议对保护水平的判定较为模糊，例如它规定在制定或维护动植物卫生检疫措施以实现适当的动植物卫生保护水平时，各成员方应保证此类措施对贸易限制不超过为达到适当的动植物卫生保护水平所要求的限度。这里的"适当的""所要求的限度"等词语都是不明确的，没有具体的比例、数量的约束，对于各成员方来说，由于经济发展水平和技术水平的差异，发展中国家和发达国家对于"适当的""所要求的限度"的要求不同，这给欧盟等发达成员方采用自己的技术标准和法律法规，打着卫生、健康和安全的幌子，任意对来自发展中成员方的产品和服务进行限制提供了机会。

（二）贸易保护对多边框架的影响

1."灰色地带"挑战 WTO 的权威

WTO 现有的贸易保护法律规则中存在着一些弹性过大和内容模糊的"灰色地带"，这些规则不仅为成员方出台本质上体现贸易保护主义但表面上难以界定的贸易保护措施提供了方便，而且也为WTO成员方以各种方式滥用这些规则提供了可能，从而对WTO框架下的适度贸易保护规则构成挑战。以反倾销为例，WTO《反倾销协议》在倾销认定、价格计算以及损害确定等关键问题上都存在着标准不够明确或者规定过于宽泛的问题，这些具体内容上的不确定性让执法者拥有了相当大的自由裁量空间，从而使主管当局能够相对容易地启动反倾销程序以及采取反倾销措施，因而造成反倾销措施被成员方频频滥用，成为新贸易保护主义的主要方式。因此，在贸易保护主义钻规则漏洞、挑战WTO现有规则的权威的情况下，WTO的贸易规则亟须做出以下完善：

第一，通过举行多边贸易谈判，逐步消除WTO贸易保护规则中的"灰色地带"。多边贸易谈判为WTO成员方相互协商修改完善现存规则、明确WTO框架下合法贸易保护措施的认定实施标准提供了平台，从而达到修补现存规则漏洞、遏制贸易保护主义的目的。

第二，通过WTO争端解决机制的个案判决，清除某些贸易保护规则的"灰色地带"。WTO争端解决机制的核心法律文件DSU第3条第2款规定：WTO争端解决机制不仅要保护各成员方在适用协定项下的权利和义务，而且还要依照解释国际公法的惯例澄清这些协议的现有规定。在WTO争端解决机制的实践中，WTO专家组和上诉机构的报告中的很大篇幅都是在分析和澄清现有WTO规则的内容以明确保护边界，且过往所做的适用性解释已经成为争端当事方、专家组和上诉机构裁决的依据。

2. 贸易保护主义凸显WTO争端解决机制的固有缺陷

自2008年金融危机以来，各国为恢复经济纷纷采取贸易保护措施，随之而来的是国家之间贸易摩擦频发，诉诸WTO贸易争端解决机制的案件也相应增加。根据WTO的统计，自2008年9月至2009年5月，在不到一年的时间里成员方共向WTO争端解决机制提起争端 15 起，内容涉及反倾销、经济刺激方案、限制进口、原产地规则等多种贸易保护措施。与 2007 年全年才 13 起的纠纷数量相比，这一数量显然有了明显增加。可以想见，随着金融危机、债务危机、难民危机和新冠肺炎疫情等突发情况的出现，欧洲国家乃至全球的贸易保护主义会持续泛滥，这都将对当前并不完善的争端解决机制提出更严峻的挑战。

在多年实践中，WTO 争端解决机制已经暴露出了诸多缺陷，DSU 规定的冗长的争端解决期限安排使得一个案件的解决通常需要至少两年半的时间，对于拖延执法缺乏约束机制，这使得贸易争端的解决效率极其低下，而贸易保护主义的蔓延则使其中一些不完善之处更加凸显。以厄瓜多尔诉欧盟香蕉案为例，据统计，厄瓜多尔在执行期间的损失达到了 1.61 亿美元，如果从成立专家组调查开始计算，损失将上升到 4.28 亿美元，如果按最初提出磋商请求到执行期结束计算，损失则高达 8.32 亿美元。虽然厄瓜多尔赢得了法律上的胜利，但长期拖延造成的不利影响却是不言而喻的。欧盟虽然输了官司，可是赢得了利益，成为真正的赢家。因此，在欧洲国家乃至全球贸易保护主义抬头的局势下，为更好地推进贸易自由化，WTO 争端解决机制应该适当缩短争端解决期限，加快建立拖延执法的约束机制。

3. 贸易保护主义要求强化贸易政策审议机制的作用

2008 年金融危机发生后，欧洲各国为恢复经济纷纷采取经济刺激措施，各国都面对着采取贸易保护措施的压力。为遏制贸易保护主义的蔓延，WTO 启动贸易措施监督机制审议贸易政策。2009年 1 月，WTO 启动特殊监督机制，对各成员方为应对金融危机采取的贸易措施进行集体审议，对遏制贸易保护主义起到了重要的预警和监督作用。2009 年 2 月 9 日，WTO 贸易政策审议机构举行非正式会议，审议自 2008 年 9 月以来 WTO 各成员方为应对金融危机采取的新贸易措施，这标志着 WTO 对各成员方在金融危机中所采取的贸易措施的定期审议机制正式形成。2009 年 3 月 27 日，WTO 秘书处发布了第二份《关于金融危机、经济危机及与贸易有关的发展情况向贸易政策审议机构的报告》。但是，由于 WTO 规则并没有授予贸易政策审议机构在紧急情况下启动贸易措施监督机制以及对贸易保护主义实施集体监督的权力，因此部分 WTO 成员方对贸易措施监督机制的合法性表示质疑，这种资格的缺失直接影响到其出具的贸易政策监督报告的效力和约束力。因此，WTO 贸易政策审议机制应当进一步强化，以便在防止贸易保护主义问题上发挥其应有的监督和预警作用。

因此，为进一步强化贸易政策审议机制在抵制贸易保护主义时的作用，贸易政策审议机构对贸易政策监督报告的发布应当常态化、机制化。一方面，赋予贸易政策审议机构在危机形势下审议各成员方的贸易政策且对其进行监督和评估的职能时，WTO 要获得全体成员方的授权，以使贸易政策审议机制发布的贸易政策监督报告具有合法性。另一方面，鉴于贸易保护主义迅猛的发展态势，贸易政策审议机构可以考虑缩短贸易政策监督报告发布的时间，改变一个季度发布一份贸易政策监督报告的频率。

二、贸易保护与贸易自由化的互动

贸易自由化是一国对外国商品和服务的进口所采取的限制性措施逐步减少，为进口商品提供贸易便利的过程或结果。贸易自由化是经济全球化的基础，是实体经济全球化进程的主要方面。贸易自由化有两个基本方面，即以"降低关税、拆除壁垒"为特征的货物贸易自由化和以"准许进入、减少限制"为特征的服务贸易自由化。从欧洲贸易发展的具体实践来看，贸易保护反复出现在贸易自由化进程中，贸易保护与贸易自由化是兼容的，贸易自由化是贸易保护的最终目的。

（一）贸易保护与贸易自由化兼容

虽然贸易保护和贸易自由化在理论与政策上有较大的分歧，但其目标是一致的，都是为了一国的利益与安全，力争使国家利益最大化和安全不受威胁。这种目标上的一致性决定了贸易自由化和贸易保护具有相互兼容的性质。

贸易自由化和贸易保护的相互兼容性在欧盟的政策与实践中有着突出体现。一方面，欧盟对内实行贸易自由、公平竞争的政策，对外则实行歧视性的贸易保护政策。自 1967 年欧盟的前身欧共体成立以来，以追求区域集团排他性利益为主的贸易战略在欧洲一体化的各项计划和行动中一以贯之。欧盟的贸易政策是欧洲经济一体化以及欧洲联合的附庸。欧盟制定进出口贸易政策的首要目标就是为内部产品流通消除障碍，并尽量阻止欧盟外产品进入，保证欧盟成员国的产品能够在欧洲市场上自由流通。典型的政策有共同农业政策、关税同盟政策以及对于特定产业的补贴政策等。战略性贸易政策理论被广泛应用，欧盟通过扩大本国厂商在国际市场上所占的竞争份额，将超额利润转移给本国厂商，以增加本国经济福利、提高其在国际市场上的战略地位。如 2018 年 5 月，WTO 发布上诉机构报告，裁定欧盟及其 4 个成员国未完全执行 WTO 争端解决机构之前做出的相关裁决，仍存在对空中客车公司进行违规补贴的行为。

另一方面，欧盟在积极推动贸易自由化的同时，仍在不断地针对其他国家大宗产品的出口设置贸易障碍。欧盟大力推行贸易自由化的领域通常是其具有绝对优势或至少具有比较优势的领域，如资本技术密集型产业、知识密集型产业和服务业。根据 2020 年欧盟统计局发布的《欧盟贸易协定执行情况报告》的数据，《欧盟 – 日本经济伙伴关系协定》生效后，2019 年欧盟 – 日本双边贸易增长 6%。关税降幅最大的产业贸易增长了 10%，如欧盟的优势产业葡萄酒和肉类，以及纺织品、服装和鞋类。欧盟与加拿大的《综合性经济贸易协定》（CETA）使双边贸易增长了 9%。该协定包含了非常雄心勃勃的服务条款。2017—2018 年，欧盟服务出口增长了 12.3%。相反，欧盟对其不具有比较优势的产业则通过放慢市场开放、开展反倾销调查，甚至上调关税税率等手段加强保护。值得注意的是，这种不公平的贸易保护行为主要是针对如中国等发展中国家所采取的，如对中国的优势产业光伏产业实行制裁。2012 年 9 月 6 日，欧盟正式宣布对华光伏组件、关键零部件如硅片等发起反倾销调查，涉及产品范畴超过此前美国"双反"案，涉案金额超过 200 亿美元，是迄今为止欧盟对华发起的最大规模贸易诉讼。

（二）贸易自由化是贸易保护的最终目的

贸易保护是一种手段，是实现贸易自由化的过渡，贸易保护是贸易自由化的准备阶段，其最终目的是实现贸易自由化。一国采取贸易保护措施是为了保护本国产业和内部市场，提高本国产品在国际市场上的竞争力。贸易保护的演变趋势是取消保护，最终走向贸易自由化；对外是阻止他国产品或服务在本国的不正当竞争行为，或是给本国一个过渡期来推动贸易自由化进程。

欧盟在经济全球化和贸易自由化方面走在世界前列，主要表现在两个方面：一是总体关税较低；二是与绝大部分贸易伙伴定有优惠贸易协定或安排。

在乌拉圭回合谈判中，欧盟在关税减让方面比美国、日本的力度要大，欧盟关税 100% 为约束税率。Statista 基于 2016 年商品进口数据中的全球各国加权平均关税税率分布图的统计结果也显示，大多数发达国家的关税已经到达较低水平，欧盟、日本均低于 2.5%，加拿大只有 0.8%，美国只有 1.6%。

欧盟是新一轮多边谈判的主要倡导者，主张合理规划进程，进一步实现货物贸易、服务贸易和投资自由化。从表 8.5 中我们可以看出，欧盟的自由贸易发展取得了突出成果。2009—2019年欧盟27国同其他成员国商品贸易有了显著增长，出口总量年均增长6.1%，进口总量年均增长5.0%。欧盟主张强化并完善WTO现行规则，推动新规则的制定和发展；发展中国家应全面参与多边决策进程，发达国家要帮助其融入世界经济；通过与其他团体和机构合作，确保WTO规则的开放性、可预见性和有效性。在产品市场准入方面，欧盟主张全面实现自由化，而不是个别领域率先开放；多边谈判应有助于发展中国家的产品更好地进入发达国家；发展中国家应当大幅度削减相互间的贸易壁垒。在农业领域，欧盟主张削减农产品进口关税，并降低农业补贴，取消与发展中国家利益相关产品的出口补贴，同时强调，农业谈判应考虑非农关注和地理标识的更好保护。在服务贸易方面，欧盟已向WTO提交了要求第三国进一步开放市场的100多项建议；其自身共有14项综合后的承诺，即1995年以前的12个成员国共同承诺、奥芬瑞3国及第五次扩大的10个成员国各自的承诺。欧盟倡导向最不发达国家全面开放市场，对发展中国家实行差别和特殊待遇，并向发展中国家提供与贸易有关的技术援助，帮助其更好地融入并参与多边体系，执行多边规则。

表8.5　2019年欧盟27国同其他成员国商品贸易统计

	出口				进口				贸易余额（10亿欧元）
	价值（10亿欧元）	总份额（%）	较上年增长（%）	复合增长率（%，2009—2019年）	价值（10亿欧元）	总份额（%）	较上年增长（%）	复合增长率（%，2009—2019年）	
总量	2 131.7	100.0	3.5	6.1	1 935.3	100.0	1.5	5.0	196.4
食物和活体动物	125.1	5.9	8.1	7.0	107.2	5.5	2.6	4.9	17.9
饮料和烟草	37.8	1.8	7.1	7.0	10.3	0.5	1.6	2.9	27.5
原油（燃料除外）	48.4	2.3	3.4	6.4	71.0	3.7	1.0	5.8	-22.6

续表

	出口				进口				贸易余额（10亿欧元）
	价值（10亿欧元）	总份额（%）	较上年增长（%）	复合增长率（%，2009—2019年）	价值（10亿欧元）	总份额（%）	较上年增长（%）	复合增长率（%，2009—2019年）	
矿物燃料、润滑剂及相关材料	103.7	4.9	-8.2	6.0	362.1	18.7	-7.6	2.2	-258.4
动植物油、脂肪和蜡	5.9	0.3	-3.1	5.7	9.5	0.5	-0.6	5.7	-3.6
化学品及相关产品	407.5	19.1	8.8	7.1	235.5	12.2	6.1	6.2	172.0
主要按材料分类的制成品	229.1	10.7	-1.2	4.2	197.4	10.2	-4.5	5.7	31.7
机械和运输设备	872.1	40.9	1.9	5.9	636.0	32.9	5.8	6.2	236.1
其他制成品	256.3	12.0	6.0	7.2	275.2	14.2	6.0	5.4	-18.9
大宗商品和交易等	43.2	2.0	25.5	3.2	28.7	1.5	-1.7	1.1	14.5
农产品	181.8	8.5	7.6	6.9	121.7	6.3	2.4	4.6	60.1
非农产品	1 950.2	91.5	3.1	6.0	1 813.7	93.7	1.4	5.0	136.5

资料来源：《欧盟贸易统计指南》。

第四节　欧盟贸易保护的未来发展

英国脱欧会对欧盟贸易保护的权力重心及其贸易自由化进程产生深远影响，贸易保护程度极有可能加重，同时也要认识到，由于欧洲的经济现状和未来战略，欧盟贸易保护将长期存在，但是欧盟贸易保护的领域将发生变化，贸易规则将成为未来欧盟贸易保护的主要形式。

一、英国脱欧的影响

（一）欧盟贸易保护的权力重心变化

英国脱欧后，欧盟内部力量失衡加剧，欧盟进一步成为德国的欧盟。欧盟传统权力三角"德法英"解体，欧盟的政治经济重心注定需要重新分配，比较大的可能是由意大利取代英国，和德国、法国组成欧盟的新权力三角，然而意大利国内政局方向尚未明确，意大利当前最受欢迎的政党五星运动党是一个反全球化党派，已承诺如上台执政，将退出欧盟。毋庸置疑的是，缺少英国制衡的欧盟内部力量的失衡将进一步加剧，德国的核心地位将得到进一步加强。

从李斯特贸易保护理论开始，德国的贸易保护传统便根深蒂固。德国《法兰克福汇报》2019 年 11 月 2 日刊登了中国驻德国大使史明德的署名文章，史明德在文中对德国日益明显上升的贸易保护主义倾向深表忧虑。英国脱欧后，德国在欧盟的核心地位进一步加强，成为欧盟共同贸易政策制定和实施的权力重心，德国历史上的贸易保护传统和近期上升的贸易保护倾向都有可能助推欧盟贸易保护的加强。

（二）降低欧盟财政预算导致贸易保护主义抬头

英国是欧盟财政预算的重要贡献国，英国脱欧将对欧盟的财政预算产生不利影响。英国作为欧盟中的领先经济体，对欧盟的财政预算贡献巨大，是欧盟的主要净供款国之一，2019 年承担欧盟预算比例约 14.05%，仅次于德国、法国和意大利，排在第四位（见图 8.4）。而且在之前欧盟 28 个成员国中，只有 10 个是净供款国，2 个是供款和受款持平国，另外 16 个则是净受款国。也就是说，欧盟的预算和财政一定程度上是依靠这 10 个净供款国支撑的。

英国脱欧以及其他因素已经给欧盟的预算造成了影响。成员国的供款负担增加，拨款项目的拨款额削减，在各成员国中引起反弹和批评。欧盟预算委员提出 50%/50% 解决方案，通过两个方面弥补英国脱欧后留下的财政空缺，其中的 50% 靠增加成员国的供款额来解决，另外的 50% 靠削减现有的欧盟拨款项目来解决。2018年 5 月，欧盟委员会提出 2021—2027 年的预算案，预算总额达到1.279 万亿欧元。为此，欧盟成员国对欧盟预算的供款额将由占国民总收入的 1% 提高到 1.1%，增加幅度为 10%。

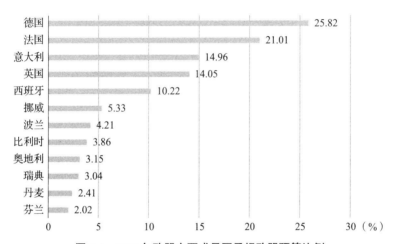

图 8.4　2019 年欧盟主要成员国承担欧盟预算比例

资料来源：Statista 全球统计数据库。

在欧盟财政预算受到英国脱欧影响情形下，贸易保护的势头正在滋生。2020 年欧盟理事会主席米歇尔在介绍欧盟预算计划提案时表示，拟分四个阶段增加欧盟预算收入。第一阶段，欧盟拟自 2021 年 1 月 1 日开始征收塑料垃圾税。第二阶段，欧盟将引入碳边境调整机制和数字服务税，欧盟委员会将在 2021 年上半年提出上述两税的具体措施建议，最迟于 2023 年开始征收。第三阶段，欧盟将修订碳排放交易系统，并可能扩展到航运和海运，暂无具体实施时间表。第四阶段，欧盟将在下一个七年预算中致力于引入其他自有资源，其中可能包括金融交易税。提案中 2021 年之后引入的任何新的自有资源产生的收入都将被用于支付 7 500 亿欧元复苏计划的本金和利息，但不包括塑料垃圾税的收入。

（三）欧盟自由贸易进程放缓

首先，英国脱欧将有可能延缓欧盟的自由贸易进程，因为英国在欧盟内一贯是自由贸易、开放经济的拥护者。一方面，英国是欧盟与美国、日本之间贸易投资协定的坚定支持者，英国脱欧将对TTIP 谈判产生影响。欧美原本有望建成世界最大的自贸区，涵盖全球 40% 的经济产出和 50% 的贸易活动。据欧盟估计，一旦欧美自贸协定生效，每年将分别给欧盟和美国创造 1 190 亿欧元和 950 亿欧元产值，同时也将对国际经贸规则制定产生深远影响，但由于受到英国脱欧公投结果的影响，TTIP 谈判的前景骤然变得黯淡。另一方面，英国脱欧后，欧盟其他成员国无法从英国拥有重要国际组织成员国身份中获益，欧盟的软实力和国际地位均会有不同程度的下降，欧盟对外进行贸易谈判的影响力也将大打折扣，欧盟推行自由贸易的进度将放缓，从而将为欧洲经济带来广泛而持久的不确定预期。

其次，英国脱欧后，其自由市场经济原则对欧盟的影响将不复存在，欧盟推进单一市场尤其是服务业单一市场的进程有可能受到延滞。欧盟的单一市场包括四大自由，即货物、人员、服务和资本的自由流动。早在 1985 年，欧盟委员会的英国委员科克菲尔德勋爵就撰写欧共体白皮书《完成内部市场》，着眼于消除三大内部障碍，大力推进和实现四大自由。这三大内部障碍为：贸易方面的实体障碍（欧共体的边境检查站、海关和相关的文书工作）、贸易方面的技术障碍（各成员国的不同产品技术标准、技术规章、商业法规和政府采购规定）、贸易方面的财政障碍（各成员国的不同增值税和间接税税率等）。为此，该白皮书出台了近 300 项措施。英国对单一市场的贡献在于英国决策的自由主义模式在欧盟得到了更广范围的推广。在四大自由方面，英国除了对人员自由流动方面持有保留意见之外，其余方面均持积极态度和促进立场。英国的退出可能使欧盟中主张自由市场经济模式的力量遭到削弱。

二、贸易保护将长期存在

　　贸易保护从来都是与国际贸易相伴而生的。以欧洲国家为例，英国从早期的重商主义政策到 1915 年颁布《麦克纳关税法》以及随后的《工业保护法》《保护贸易利益法》，时至今日贸易保护依然存在，并成为保护国家利益的利器。无论是自由贸易政策还是贸易保护政策，作为一国的对外贸易政策，贸易保护始终是为维护本国发展服务的。因此，贸易保护不会消失，在未来十余年中贸易保护仍会继续存在且有加强趋势。上述论断主要有以下几方面原因：一是受金融危机、欧债危机、难民危机和英国脱欧影响，欧洲近年经济表现不尽如人意，而随着新冠肺炎疫情带来的冲击，未来全球以及欧洲经济复苏乏力，贸易保护是保护国内就业与产业发展的政策，因此贸易保护将伴随着经济发展呈现波动趋势。二是当前欧洲许多可能造成贸易摩擦的措施在不断出台，如 2017 年欧洲议会和欧盟理事会相继通过了更为严厉的反倾销新方法提案。2018 年 6 月 7 日，欧盟委员会官方网站发布消息，欧盟新的贸易防御规则于 6 月 8 日正式生效，此项规则被认为是具有欧盟特色的贸易保护政策。2021 年欧盟拟陆续开征塑料垃圾税、碳边境税和数字服务税等，这些贸易保护法规和措施的影响范围仍在不断扩散，将会造成未来贸易保护持续增多。三是未来全球价值链面临重组，链条长度的缩短将引起全球各经济体的依赖性下降，这种联系的下降也将带来贸易保护的上升。

三、领域或发生变化

　　在制造业方面，随着未来高新技术和产业的迅猛发展，各国为抢占技术高地，将更趋向在高技术产品领域实施贸易保护，非关税贸易保护措施中技术性贸易壁垒和关于知识产权的贸易壁垒将扩大。表 8.6 显示了按制造业中先进数字化制造技术参与度划分的经济体。在欧盟国家中，法国、德国和荷兰处于领先经济体行列，奥地利、比利时、捷克等 14 国处于追赶经济体行列，保加利亚、爱沙尼亚、希腊等 5 国处于后发经济体行列，其他几个国家属于落后经济体行列。近年来，欧洲国家纷纷出台高科技战略以推动科技发展，英国推进工业化 4.0，德国提出"高科技战略 2025"，法国相继推出"法国研究与创新战略"和"法国 – 欧洲 2020"。欧洲各国抓紧利用科技革命和产业变革的趋势，推进价值链升级和产业结构调整，贸易保护涉及的领域也正随着各国发展重点的转移从低端向中高端转变。对于欧洲不同发展水平的国家来说，未来贸易保护的领域将有所差别，对于追赶经济体和后发经济体来说，随着其人民生活水平的不断提升，它们对于健康、环境和卫生方面的重视程度将加大，因此在健康、环境和卫生方面实施的贸易保护将增多，贸易保护手段也将从"两反一保"逐渐转向技术性贸易壁垒、卫生与植物检疫措施等。对于领先经济体来说，由于"制造业回流"和"再工业化"等政策的落实，贸易保护将更多地发生在投资领域。

表 8.6　按制造业中先进数字化制造技术参与度划分的经济体

领先经济体（10 个经济体）	追赶经济体		后发经济体		落后经济体（88 个经济体）
	作为生产者（21 个经济体）	作为使用者（17 个经济体）	作为生产者（16 个经济体）	作为使用者（13 个经济体）	
积极参与先进数字化制造技术的经济体					
中国	澳大利亚	阿尔及利亚	波黑	哥斯达黎加	其他所有 2017 年居民超过 50 万的经济体
法国 *	奥地利 *	阿根廷	保加利亚 *	科特迪瓦	
德国 *	比利时 *	孟加拉国	智利	厄瓜多尔	
日本	巴西	白俄罗斯	多米尼加	埃及	

续表

领先经济体 （10 个经济体）	追赶经济体		后发经济体		落后经济体 （88 个经济体）
	作为生产者 （21 个经济体）	作为使用者 （17 个经济体）	作为生产者 （16 个经济体）	作为使用者 （13 个经济体）	
积极参与先进数字化制造技术的经济体					
荷兰 *	加拿大	哥伦比亚	爱沙尼亚 *	萨尔瓦多	
英国	中国香港	匈牙利 *	希腊 *	埃塞俄比亚	
瑞士	克罗地亚	印度尼西亚	吉尔吉斯斯坦	马拉维	
中国台湾	捷克 *	伊朗	拉脱维亚 *	塞尔维亚	
韩国	丹麦 *	马来西亚	新西兰	突尼斯	
美国	芬兰 *	墨西哥	尼日利亚	土库曼斯坦	
	印度	葡萄牙 *	菲律宾	乌干达	
	爱尔兰 *	罗马尼亚 *	摩尔多瓦	乌兹别克斯坦	
	以色列	沙特阿拉伯	斯洛文尼亚 *	赞比亚	
	意大利 *	南非	乌克兰		其他所有 2017 年居民 超过 50 万的 经济体
	立陶宛 *	泰国	阿拉伯联合 酋长国		
	卢森堡 *	土耳其	委内瑞拉		
	挪威	越南			
	波兰 *				
	俄罗斯				
	新加坡				
	斯洛伐克 *				

资料来源：联合国工业发展组织发布的《工业发展报告 2020》。
注：* 标识的为欧盟国家。

四、制度型开放的双重作用

制度型开放实际上是从以往"边境开放"向"境内开放"的拓展、延伸和深化，在促进规则变革和优化制度设计中，形成与国际经贸活动中通行规则相衔接的基本规则和制度体系，是对新一轮高标准化的国际经贸规则调整和完善具有引领作用的先进制度安排。随着科技发展和国际分工深化，对于高标准的全球经贸规则和制度的需求日益增多，然而由于 WTO 主导下的经贸规则调整仍然主要局限在边境开放措施，而尚未涉及深层次制度型开放问题，越来越多国家转向区域性贸易谈判。当前，全球范围内自由贸易区的数量不断增加，自由贸易区谈判涵盖的议题快速拓展。

在新一轮国际经贸规则议题中，传统的关税、配额、许可证等边境开放措施已不再是焦点问题，取而代之的是以贸易和投资便利化、知识产权保护、政府采购、竞争中立、营商环境等新议题为特征的境内开放措施和规则问题。比如，《跨太平洋伙伴关系协定》就是朝着高标准化方向发展并代表未来国际经贸规则演进主要方向的区域协定。欧盟方面也加快了高水平制度型开放进程，如 2020 年 12 月 30 日，中欧领导人宣布，经过 7 年长跑、35 轮谈判的中欧投资协定谈判如期完成。中国商务部表示中欧投资协定对标国际高水平经贸规则，着眼于制度型开放，是一项平衡、高水平、互利共赢的协定，协定涉及领域远超传统双边投资协定，谈判成果涵盖市场准入承诺、公平竞争规则、可持续发展和争端解决四方面内容。中欧双方都做出了高水平和互惠的市场准入承诺，所有规则也都双向适用。

随着自由贸易谈判的开展，自贸区网络逐步扩大，尤其是高水平自贸区不断涌现，制度型开放将极大地加速贸易自由化进程，遏制贸易保护。以中欧投资协定谈判为例，中欧间签订的投资协定不仅可以使中欧双方企业从中受益，而且有利于加快双方产业链的衔接和构建，促进中欧双方投资和贸易往来。但同时也要看到，制度型开放对贸易保护具有双重作用，国际贸易新制度或将成为未来贸易保护的重要方式。一方面，新制度主要是以美国、欧盟为首的高收入国家为了促进本国或者地区经济增长与就业而推动建立的，适应了发达国家的需要，但是抛弃了 WTO 对发展中国家的优惠政策，很高的标准和很广的自由度远远超出了许多发展中国家的承受能力，也与发展中国家在全球经济中的责任及义务不相符，实质上成为一种变相的贸易保护主义，限制了发展中国家的出口贸易。另一方面，对于高水平自贸区，新兴经济体国家及多数发展中国家"被缺席"，发达国家对排除在外的国家形成了经济遏制。

第五节　中国的应对方案

根据中国贸易救济信息网的统计，1995—2020 年，在欧盟对全球发起的贸易救济案件中，反倾销 529 起，反补贴 88 起，保障措施 7 起，特别保障措施 10 起；其中，在对中国发起的贸易救济案件中，反倾销 147 起，反补贴 16 起，保障措施 5 起，特别保障措施 10 起。由此可见，中国已经成为欧盟贸易保护的最大受害国，如何应对欧盟贸易保护主义至关重要。结合中欧国情与实际，本节将从以下几个方面探寻解决方案。

一、政府层面

（一）加强与欧盟相关机构的交流与合作

欧盟理事会是欧盟主要的立法和决策机构，欧盟理事会由成员国政府的部长组成，代表其成员国的利益。欧洲理事会由各成员国国家首脑及欧盟委员会主席组成，实际上只是一个领导机构而非决策机构。由此可见，欧盟理事会和欧洲理事会虽然具有较高的权力，但是在贸易政策制定过程中主要代表本国利益，以维护本国权益为出发点和落脚点。我国政府相关部门在与欧盟理事会和欧洲理事会展开贸易交流与合作时，应主动了解和把握各部长和元首所在成员国在相关贸易政策方面的利益诉求，制定相对应的应对措施，对于在相关领域持贸易保护态度的国家重点应对，争取积极开展贸易交流的成员国的支持，从而做到积极准备、分别应对，提升对话与交流的效果。

欧盟委员会是欧洲联盟的常设执行机构，也是欧盟唯一有权起草法令的机构。它是独立于各成员国政府的欧盟超国家机构，代表和维护欧盟整体利益，类似于主权国家的政府。我国政府不仅要安排政府代表同欧盟委员会进行经常性会晤与协商，还要定期举办双边相应机构及部门之间的对话与交流活动，尤其是经贸领域的交流活动将直接影响欧盟层面对华经贸政策的制定。由于欧盟委员会主要以反倾销为由对中国出口产品进行调查，中国政府要积极帮助企业做好反倾销应对：一是要完善国内的反倾销法律，为我国企业提供反击的武器；二是要适度放宽政府对企业进行反倾销起诉的标准，以提升国内企业进行反倾销起诉的积极性和主动性，对欧盟企业采取对等的措施以增强威慑力；三是要利用 WTO 规则，要求严格规范反倾销标准，减少反倾销规则的不公正条款和弹性条款，加强对欧盟新出台的各类补贴政策的分析和监督，及时发起反补贴调查，增加我国贸易救济手段的选择，从而限制欧盟等发达成员方实施贸易保护的措施。

欧洲议会主要负责对欧盟其他机构和部门的监督工作，并与欧盟理事会拥有"共同决策权"。由于欧洲议会主要负责立法决策、监督以及预算决定，在共同贸易政策的制定与执行方面作用和权力比较局限，因此我国政府与欧洲议会开展各项交流对话活动，对中欧经贸关系的影响也有限。我国政府可以考虑将与欧洲议会的交流作为缓解欧盟贸易保护的辅助政策。

（二）推进中欧自贸区建设

在双边对话中，中欧双方高层所追求的不应仅仅是机制性会晤，而是要重点解决一些双边经贸纠纷和战略问题，因此双方不应受双边贸易失衡带来的情绪影响，而应认真研究中欧经贸失衡的本源，并对中欧双方当前和未来的经贸关系定位和可能出现的结果做出清醒的判断。同时，中国应当进一步推动中欧自贸区建设进程，密切我国与欧洲自贸伙伴的经贸联系，坚定实施自贸区战略，深化与欧洲自贸伙伴的经贸合作，这也是应对欧洲贸易保护主义的重要举措。

（三）加强与欧盟利益集团的沟通与交流

利益集团是指具有共同的政治、经济、社会目标的社会成员基于共同利益要求而组成的社会团体，其目的是维护自身的利益。事实上，欧盟对外贸易政策在很大程度上由包括利益集团在内的诸多势力经过博弈而最终形成。针对欧盟对华贸易保护主义，中国政府和企业对不同利益集团对欧盟重大政策的态度及施加的压力进行了解，有利于把握欧盟对华经贸政策实施的动机和预期效果。我国政府有关部门可以推动一些民间团体和利益团体、中国的商业和公益协会等与相应欧盟利益集团如欧洲商业联合会、欧洲企业家圆桌会议等开展交流与合作，增进了解和互信，并通过这些利益集团来影响欧盟对华贸易决策机构，使其减少对华贸易保护主义。这不仅有利于中欧经贸关系稳定健康发展，也有利于为中国对欧经贸政策制定提供重要参考。

（四）利用欧盟对发展中国家的优惠政策

从 2021 年 12 月 1 日起，包括欧盟成员国、英国等在内的 32 个国家正式取消了对中国的贸易普惠制关税优待。这意味着中国面临的欧盟标准提高，中国出口产品的贸易竞争力降低。虽然中国不再享受普惠制优惠待遇，但是可以利用欧盟对其他发展中国家的优惠政策，有实力的企业可以积极实施"走出去"战略，考虑在继续享受普惠制待遇的缅甸、老挝、柬埔寨等发展中国家和不发达国家投资建厂，将工业生产转移到这些地区，将本国的原料和零部件出口至上述国家，在那里深加工后再出口到欧盟和其他普惠制给惠国。这样不仅可以扩大我国的出口市场，同时也可以间接享受到欧盟普惠制带来的优势，应对欧盟对我国的贸易保护主义。

二、企业层面

（一）熟悉欧盟标准，获取行业认证

我国出口企业要熟悉欧盟标准，获取行业认证，避免产品因为不符合欧盟要求而遭遇限制。外国产品要顺利出口欧盟市场，必须依照欧盟相关法律规定取得一系列合格认证。在质量标准上，欧盟规定进口产品必须通过 ISO9000 国际质量标准体系认证，并且部分进口商品还需要符合欧洲标准（EN），取得欧洲标准化委员会（CEN）的认证标志。同时，欧盟还强行推行 CE 标志，只要是属于 CE 新方法指令范围内的产品，不论是欧盟内部企业生产的，还是其他国家企业生产的，要想在欧盟市场上自由流通，都必须加贴 CE 标志，以表明产品符合欧盟《关于技术协调和标准化的新方法》指令的基本要求。我国企业应该根据自身具体实际，按照欧盟的要求严控产品的技术标准、安全标准、卫生标准和环保标准，提高产品质量，在产品设计、材料选择、制造工业和安装上严格把控，建立符合现代可持续发展技术的生产与管理体系。

（二）提高产品科技含量

企业要加强产品研发和技术创新，提高产品附加值和技术含量，这是企业跨越技术性贸易壁垒的根本。低附加值的初级产品在我国对欧盟的出口产品中仍占据很大比例，很大一部分制成品达不到欧盟的技术标准。我国应采取以下措施：一是要改变长期以来以数量取胜的策略，转变为以质量取胜；二是要严控产品的技术标准，加强对欧盟国家的市场调研，把握其经济消长规律，不断提高产品质量，优化出口结构，及时调整出口产品的销售策略；三是要采取精细加工和提高商品附加值的办法绕过技术性贸易壁垒，如对于容易遭受欧盟检验检疫的生鲜产品，可以创新加工成熟制品，这样不仅

可以提高产品的附加值，还可以避开欧盟严苛的检验检疫程序。

（三）开拓新市场

企业要坚持扩大内需与稳定外需相结合。第一，扩大短期内需。我国经济增长不能完全寄托于国际市场，更不能寄希望于欧盟降低贸易保护力度，需要采取积极措施来缓解欧洲贸易保护主义对我国经济的中短期影响，因此，应该依托我国广阔人口市场和巨大需求潜力进一步扩大短期内需，消化一部分过剩产能。第二，加快进口替代步伐。如果我国在某些领域严重依赖欧盟进口的产品，我国就无法构建完整的产业体系，在经济上受制于人，因此，实施和加快进口替代战略就成为我国应对贸易保护主义的必要条件之一。第三，利用自贸区的优惠政策。除了欧盟、美国等传统市场外，企业还可以充分利用自贸区的低关税，将产品出口到与我国建有自贸区的国家和地区。截至 2020 年底，我国已与 26 个国家和地区签署 19 个自贸协定，自贸伙伴遍及亚洲、欧洲、拉丁美洲、大洋洲和非洲。此外，2020 年 11 月签署的《区域全面经济伙伴关系协定》（RCEP）是当前人口最多、经贸规模最大、最具发展潜力的自贸区，涵盖我国每年 1.4 万亿美元以上的进出口贸易额，约占我国外贸总额的三分之一，各成员国之间的关税减让以立即降至零关税、10 年内降至零关税的承诺为主，我国要充分利用这些自贸区开拓新市场，实现出口市场的多元化。

（四）提升出口企业环境竞争力

为应对欧盟贸易壁垒，必须提高我国出口企业环境竞争力。首先，企业要辩证地认识"绿色贸易壁垒"，判断其合理与否的依据是 WTO 规则。凡是符合 WTO 规则的"绿色贸易壁垒"，就要适应和改革；反之，就要有理、有利、有节地抵制、反对，通过磋商和谈判解决。其次，企业要改进产品包装，不仅要在包装设计上体现环保理念，还要尽量使用环保可降解材料。最后，企业还应该积极开发环保标志产品，适应欧盟有关环境标志制度的变化，按环境质量标准做到从设计到废弃的全流程开发，利用好我国科研机构的人才和技术优势，加快环境标志产品的开发进程，力争追赶上欧盟的步伐。

三、行业协会层面

（一）构建应对欧盟贸易救济调查处理机制

行业协会是我国政府和企业之间沟通的桥梁，相比于政府和相关企业，行业协会在贸易政策和风险应对方面具有专业优势。在欧盟对我国商品进行贸易救济调查和设置壁垒时，行业协会需要召集涉案企业，商讨应对方式，及时做好协调工作。行业协会作为保护我国企业的正式组织，同我国企业一样是欧盟贸易保护主义下的受害方，可以通过直接参与相关诉讼，争取我国的市场经济主体地位，为我国企业争取公平无差别的待遇。行业协会应当联合我国政府和企业建立并完善应对欧盟贸易救济调查处理机制，协助政府收集我国出口企业中相关行业产品在欧盟的销售情况以及对于进口地区产业损害的相关数据，协助检测对外出口数量和价格信息。

（二）为本国企业提供人才培训和技术指导

行业协会作为各企业组织的联合，应为企业提供应对欧盟贸易保护的人才培养和技术指导，组织优秀出口企业向落后企业开展经验交流，组织选拔优秀的外贸管理人才教授欧盟有关关税壁垒、非关税壁垒的政策和标准，如关于欧盟进口管理法规的《关于对进口实施共同规则的（EC）3285/94 号法规》以及《关于对某些第三国实施共同进口规则的（EC）519/94 号法规》，关于欧盟技术标准的《关于技术协调和标准化的新方法》，以及欧盟要求进口产品需要满足的 ISO9000 国际质量标准体系认证。此外，行业协会还可以利用中国国际贸易促进委员会经贸摩擦预警管理系统、贸易摩擦预警点以及《中国贸易安全报告》对出口企业进行预警培训和技术指导。

（三）与欧盟行业协会建立良好关系

我国的行业协会不仅要与欧盟行业协会保持密切联系，还应当努力加强对外交往能力，通过商业和谈与磋商的方式建立良好的双边贸易秩序。

欧盟的商业协会如欧洲商业联合会和欧洲企业家圆桌会议对于欧盟委员会的贸易政策具有重要影响。首先，我国行业协会应该加强与这些商业协会的交流以把握欧盟对华贸易政策的风向标，特别关注欧盟对华贸易逆差较大的行业如机械和运输设备、通信设备行业，通过交流和协商消融敌意和分歧，建立友好关系。其次，我国行业协会通过欧盟的商业协会加强对欧盟优质企业与资产的追踪与研究，鼓励有实力的中国企业以并购或参股的方式获得优质企业的品牌、科研技术、管理经验和营销网络，积极开拓欧洲市场。

为提升政策的民主性和公开度，欧盟委员会和理事会等机构鼓励有关公共协会为维护公共利益而发挥作用，并帮助这些集团进一步发展。鉴于欧盟公共协会的影响力，我国的行业协会应增加与其交流合作，了解公共协会的理念和需求，提升我国企业的环境竞争力，满足欧盟企业和民众对于健康、安全和环保的要求。国内的一些出口企业应当强化绿色观念，在管理上将环保与安全纳入决策；在生产上降低能耗、减少废物排放，增加对清洁和再生能源的使用。另外，应积极申请绿色认证，包括 ISO4000、世界卫生组织食品安全管理体系（HACCP）等认证，以提升产品的形象，赢得商家和消费者的信任。

第四篇

发展中国家贸易保护史

　　发展中国家占世界陆地面积和总人口的 70% 以上，拥有广大的市场和丰裕的自然资源，在世界舞台上占据重要地位。然而，发展中国家长期以来在世界贸易体系中扮演着"追随者"的角色，参与度低、获取利益少。二战之后，伴随着经济的起飞，发展中国家纷纷经历了从"进口替代"到"出口导向"的演进历程。

　　从本质上说，贸易保护政策为发展中国家开展工业化、实现经济增长起到了"保驾护航"的作用。因此，发展中国家实施的贸易保护措施逐年增加，而且相比于发达国家，措施和手段更为直接，发起国也主要集中于印度、阿根廷、墨西哥等具有一定地缘经济优势的国家。发展中国家贸易保护不断加剧蔓延也使世界贸易体系不断背离自由贸易。

　　在起步阶段，使用贸易保护政策具有一定的合理性，但长期来看，发展中国家还要重视扩大开放、不断降低贸易壁垒。在现代工业化进程中，进口替代和出口导向两种对外贸易战略都可以在不同条件下发挥自身的积极作用，同时也都存在着各自的弊端，发展中国家政府需要根据本国国情、当前经济发展所处阶段以及国际经济贸易形式做出正确的取舍和适时的转化。

第

9

章

发展中国家的贸易保护政策

　　印度独立后一直奉行贸易保护主义，尽管不同时期保护的措施和对象有所差异，但保护的目标从未发生变化，就是通过贸易保护使本国基础薄弱的工业得到充分发展的时间和空间，从而建立起完整的工业体系。

　　韩国建国之后经历了经济重建时期、发展时期、稳定增长时期和应对金融危机时期，不同时期它采取了不同类型的贸易保护政策，成为成功运用"进口替代"和"出口导向"战略的典范，推动了国民经济的稳定增长。①

　　墨西哥、巴西的贸易保护政策深受领导人执政风格的影响，不同领导人执政时期差异显著，在取得一定保护效果的同时，也对本国的一些经济部门产生了严重损害。

---

　　①　韩国在 1945 年摆脱日本殖民统治之后的五十多年仍是发展中国家，因此在探讨发展中国家贸易保护史时列入韩国。

第一节　印度贸易保护的发展历史

本节主要介绍印度贸易保护的发展历史，分别从英属殖民地时期和独立时期介绍印度的贸易保护政策，其中独立时期又具体划分为传统贸易保护阶段和新贸易保护阶段。

一、英属殖民地时期

从 16 世纪开始的殖民地贸易改变了西欧各国对印度的贸易性质，即从和平贸易变为掠夺性贸易。1599 年，英国商人自发集股，请求女王批准装备三艘船，输出金银，并授予特许状，成立东印度公司；1600 年，英国女王伊丽莎白一世颁发特许状，授予东印度公司贸易垄断权；随后，印度皇帝查罕杰颁发诏谕，准许英国东印度公司在印度建立永久性商馆。经过近一个世纪的发展扩张，东印度公司渐渐改变了早期的和平贸易政策，加快了对印度的掠夺性贸易进程。1757 年，英国通过普拉西战役占领印度。另外，为了争夺对印度的控制权，1746—1763 年间，英法进行了三次卡纳蒂克战争，最终英国战胜法国，获得了对印度贸易的垄断权。

在英国的殖民统治下，印度农民被迫改变了长期以来种植谷物和其他粮食作物的传统，转向种植鸦片、蔗糖、蓝靛和茶叶，用以满足英国的消费和再出口需求。同时，为了向印度倾销更多的英国工业品，1841 年，英国开始推行向印度人购买原料，以鼓励和保持印度人购买英国工业品的政策。1849—1858 年间，英国对印度原料的掠夺迅速增长，主要包括粮食、棉花、羊毛、黄麻等。最终，英国的工业品大举进入印度并占领全部市场，从而彻底摧毁了印度原有的十分发达的手工业。

此外，为了加强对印度的掠夺，英国还制定了一系列不平等的保护性关税制度。18 世纪初，印度皇帝奥朗则布去世，莫卧儿王朝处于崩溃的边缘，英国借机从继任的印度皇帝法鲁赫西亚尔那里获得了一系列特权。从 1717 年开始，英国每年只需向印度缴纳 3 000 卢比即可在西孟加拉邦自由贸易，每年缴纳 10 000 卢比就可以在古吉拉特邦免除一切关税。此外，东印度公司还获得了自制铸币、收税的特权。英国公司的货物只要有英国商站负责人签发的通行证就可以免交过境税。这一特权使英国公司大发横财，东印度公司的职员甚至将这种通行证倒卖给印度人从事非法的私人贸易。1762 年，范西塔特与米尔·卡西姆在班加罗尔达成协议，东印度公司的货物缴税率为 9%，而同期印度商人的货物要缴纳 25% ～ 30% 的过境税。

1813 年，英国开始在印度强制推行掠夺性关税制度。英国的大部分工业品出口到印度只需缴纳 2.5% 的关税，其中毛纺织品只缴纳 2% 的关税，棉纺织品、丝纺织品只缴纳 3.5% 的关税，某些工业品甚至享受免税或实质上免税的待遇。相反，印度出口到英国的商品则被征收高额关税，棉纺织品被征收 10% 的关税，丝纺织品被征收 20% 的关税，毛纺织品被征收 30% 的关税，最高时被征收高达 400% 的关税。这种不对等的关税政策造成印度出口到英国的商品量大幅度减少，而英国的出口量却激增。1813 年英国出口到印度的工业品总值 54 634 英镑，1829 年增至 165.6 万英镑，到了 1850 年已高达 1 370 万英镑。

20 世纪二三十年代，刚刚结束第一次世界大战的英国政府面对混乱不堪的全球经济，放弃了坚持已久的自由贸易原则。英国政府着手实施"帝国特惠制"，以保护英国市场免遭他国商品的侵蚀。印度的钢铁工业也因此受到了保护。塔塔钢铁工贸公司在一战期间为英国军队供应铁器，并因此得到了快速发展，但当时它因遭遇到来自比利时和德国公司的激烈竞争而陷入困境，英国政府及时对印度钢铁工业实施了保护性税则，使其抵御了外国产品的竞争。但与此同时，印度对英国钢铁实施优惠税率，这样印度就开创了"分占市场"的策略。

20 世纪 30 年代，印度的棉纺织业遭遇日本的激烈竞争，同样的保护性税则也被运用到绵纺织业。战争期间，英国需要大量采购印度工业产品，但采购的价格严格按照英国政府制定的"成本加成"法，即印度获得的利润是商品价格的 10%，这一比例保持不变，不随供求规律变动。这种定价采购的贸易保护方式虽然利润很低，但是风险不大，印度工业长期习惯于躲在英国安全舒适的束缚中，而不习惯于再面对市场本应面对的激烈竞争。

二、独立时期

1947 年印度宣布独立，距今已有 70 多年。独立后印度一直奉行贸易保护主义，尽管保护的措施和对象有所改变，但保护的目的没有改变，就是通过贸易保护使本国基础薄弱的工业得到充分发展的时间和空间，免受外国资本的侵蚀，建立本国完整的工业体系，做到自给自足、自力更生，从而创造更多的就业机会，造福民众。

印度经济的发展总体上分为两个大的阶段：第一阶段，1947—1996 年的传统贸易保护阶段，即进口替代阶段。此时印度经济呈现"半封闭、半管制"的内向型特征，总体上看经济发展缓慢。1991年印度开始实施经济改革，向着经济开放、自由化和出口导向战略方向转变，国民经济得到了较快发展，但总体上看国家发展战略仍然以进口替代为主，仍然主要发展内向型经济，贸易保护也仍然以关税壁垒为主。第二阶段，1997 年至今的新贸易保护阶段。印度加入 WTO 后，其经济发展战略发生了根本性转变：扩大对外开放，实施出口导向战略，贸易保护政策和手段也转变为以贸易救济为主的非关税手段。

（一）传统贸易保护阶段（1947—1996 年）

1947—1996 年是印度的传统贸易保护阶段，这一阶段贸易保护的目的是建立和完善民族工业体系，特别是重工业和基础工业，以提高本国经济的独立性。在这一时期，印度以进口替代战略为主，主要依靠本国资源和国内市场需求。这个时期的贸易保护属于传统贸易保护的范畴，以关税壁垒、进口配额制、许可证制度等为主要手段。同时各届执政政府根据经济发展的阶段性需要对进口替代战略做出调整，贸易保护政策逐步放松。根据这一特点，我们可将进口替代战略下贸易保护政策的演变细分为三个阶段：一是1947—1966 年进口替代战略初期阶段；二是 1967—1990 年进口替代战略向出口导向战略调整阶段；三是 1991—1996 年经济自由化与新贸易保护主义初期阶段。

1. 进口替代战略初期阶段（1947—1966 年）

二战后，为保护本国民族工业的发展，印度在很长一段时间内将进口替代战略作为其指导方针：一是因为印度在独立之初工业尤其是重工业基础薄弱，严重缺乏机械制造工业，工厂机械设备绝大部分依靠进口；二是为尽快建立完整的民族工业体系，采取高度保护市场的手段来保护民族工业的发展，为幼稚的民族工业提供生长的土壤；三是由于混合经济体制有助于实现国家对工业的严格管制，尼赫鲁政府在英属殖民当局各项立法的基础上制定和修改了一系列经济法规，对国民经济实施严格管理，确立了政府管制下的混合经济体制。

为推动工业发展，印度政府从 1951 年 4 月开始实施发展国民经济的三个五年计划，并建立了一系列与之相匹配的贸易保护措施：一是推行严格限制商品进口的外贸统制制度。该制度开始于1950 年，规定除由商务部通过制定对外贸易政策统一管理对外贸易外，印度还设立了专门机构，如资本货物委员会等，来负责统一管理与资本货物进口有关的事务。二是实行保护性关税制度。1962

年印度颁布关税法案，内容包括关税的征收、进出口程序、禁止进出口的商品、罚款、犯罪行为等。该法案规定中央政府有权制定与法案一致的法规和条例，自此印度开启了高关税制。为了限制进口，印度政府长期实行高关税制，商品进口关税税率长期保持在100%以上，最高进口关税税率达到500%。此外，印度还严格限制奢侈品的进口，对其征收极高的关税。三是推行进口许可证制。该制度是当时印度贸易保护主义采取的最具代表性的非关税手段，几乎所有的进口商品都受到许可证限制，或由政府垄断贸易组织来进口。四是实行严格的进口审批制度。印度政府对商品的进口申请实行严格的审批制度，如对机器设备等资本品的进口进行极为严格的审批，以确保进口替代战略的顺利实施。印度规定凡进口机器设备等必须在国内两种以上相关刊物刊登广告，除非在45天期限内没有任何一家国内厂商表示能够生产才可以进口，否则一律不准许进口。五是实行外汇管制。印度政府规定所有单位或个人获得的外汇必须按照国家外汇牌价卖给指定的银行，在使用时再向国家外汇管理部门提出用汇申请，并只能使用国家批准的外汇数量。印度政府通过严格的外汇管制来达到限制进口的目的。

2. 进口替代战略向出口导向战略调整阶段（1967—1990年）

到1967年，印度相继完成了三个五年计划，基本实现了自力更生的目标。但由于实施进口替代战略需要进口所需的原材料和生产设备，加上国内粮食危机需要大量进口粮食，印度的对外依赖程度加深，外汇短缺问题严重，新一届印度政府不得不调整国家经济发展的战略和贸易政策，由单一的进口替代战略转向严格限制进口与鼓励出口并重。

1967—1990年是印度经济发展的战略转型时期。1967—1984年英迪拉·甘地执政政府的政策调整是被动的局部调整，在进口替代战略下对进出口的严格管制不仅没有得到放松，反而更加强化。

1984—1989 年，在拉吉夫·甘地执政时期，印度政府才着手对经济发展战略和贸易政策进行较大调整，逐步放松贸易保护主义，放宽进口限制，积极鼓励出口，但此时发展战略仍然是以进口替代为主，印度经济的封闭性并未改变。

这一时期的贸易保护措施主要有：一是高筑关税壁垒。1975年，印度颁布关税税目法案，规定关税税种包括基本关税、附加关税、补偿关税、反倾销关税、保护关税、补贴关税和保障关税等类别。20 世纪 80 年代，印度所有商品的关税税率提高，尤其是资本品，如 1987—1988 年印度制造业的平均关税税率为 147%，多数关税细目集中在 140% ～ 160%。二是推行更加严格的进口许可证制度，以平衡贸易逆差。虽然部分产品放宽了进口许可，但主要是资本品和印度无法生产的进口产品，最终目的还是为了出口。三是实行一系列鼓励出口的政策，如放宽出口企业的进口限制、减免出口企业的进口关税以及实行出口补贴等。

3. 经济自由化与新贸易保护主义初期阶段（1991—1996 年）

1991 年 7 月，拉奥政府开始全面推行经济改革，印度逐步由过去的半管制经济体制转向自由经济和开放经济。拉奥政府重新确立了印度贸易政策的改革方向，从过去的进口替代与出口导向并重的发展战略转向外向型贸易战略。但印度的贸易自由化进程是谨慎和缓慢的，印度对国内的农业、制造业等仍然采取各种保护措施。1991 年全面经济改革开始，印度加快了降低关税的步伐。1995 年，印度成为 WTO 正式成员方，其贸易保护主义也开始进入以非关税壁垒为主的新贸易保护阶段。

这一时期的贸易保护措施主要有：一是继续对农业产品实行贸易保护。印度政府表示，印度农业改革需要较长时间，因此 15 年内印度将继续对进口的农产品征收高额关税。1991 年改革后，印度对多数农产品逐步取消量的限制，转为关税限制，对咖啡、

茶、腊肠的进口仍然征收高达 100% 的关税。小麦进口关税税率为
50%，面粉为 45%，糖类产品为 60%，其他农产品为 30%。二是继
续强化工业的贸易保护。在开放进口导致外国产品大量涌入之后，
印度政府不得不重新下令限制进口，以保护本国工业发展。1994
年，印度制造业的平均关税税率仍高达 73%，接近最高关税水平。
直至 2000 年，印度制造业一直保持在最高关税水平。

（二）新贸易保护阶段（1997 年至今）

印度于 1995 年加入 WTO，为了达到 WTO 关税减让和消除非
关税壁垒的要求，印度必须加快关税减让进程。由于 1996—1998
年印度政坛动荡不安，再加之 1997 年亚洲金融危机爆发，印度经
济直至 2001 年才逐步恢复，对外贸易才得以较快发展。

WTO 规则明确规定了对贸易保护主义的各种限制。印度必须
调整其传统的贸易保护政策，从以关税和非关税壁垒为主要手段的
传统贸易保护主义转变为以贸易救济措施和其他手段为主要手段的
新贸易保护主义。这一变化在印度加入 WTO 后对印度也有明显的
好处。一方面，它将不再因单方面实施贸易保护而受到他国报复；
另一方面，它可以利用 WTO 规则体系的相关规定实施贸易救济，
使印度的贸易保护主义更加隐蔽和有效。

这一时期的贸易保护措施主要包括：一是对扩大出口生产所需
的原材料有选择地降低关税，甚至免除进口关税，并提高国内生产
急需的原材料和中间产品的出口关税，限制出口，优先满足国内生
产需要。二是建立管理程序和通关壁垒。印度的贸易管理程序非常
复杂，变化频繁，经常导致进口商损失，通关周期长，效率低。三
是实施进口限制措施。例如，2004 年印度列入"负面清单"的产
品分为三类：禁止进口的产品（主要包括动物油脂产品）、需要进
口许可证的限制性产品（如畜产品）和政府管制的产品（包括石油
产品、散装大米、面粉等）。2005 年，印度颁布了严格的禁令，禁

止二手产品和各种类型车辆的进口。四是频繁运用贸易救济手段
实施保护。加入 WTO 后，印度贸易保护主义最明显的变化体现在
频繁地发起贸易救济调查。根据中国贸易救济信息网的统计（见
表 9.1），1995—2020 年，WTO 成员方发起贸易救济调查案件累计
6 924 起，其中印度对全球发起的贸易救济调查案件共 1 139 起，
占 16.5%，仅次于排名第一的美国（1 171 起）。1995—2020 年，
WTO 成员方发起反倾销调查案件累计 5 786 起（见表 9.2），由印
度发起的反倾销调查案件总共 1 050 起，高于美国（825 起），印度
成为 WTO 成员方中发起反倾销调查最多的国家。

表 9.1 WTO 成员方发起贸易救济调查案件情况统计（1995—2020 年）

排名	进口国家 / 地区	发起贸易救济立案数	占比
WTO 成员方发起贸易救济调查案件总数		6 924	100%
1	美国	1 171	16.9%
2	印度	1 139	16.5%
3	欧盟	630	9.1%
4	巴西	440	6.4%
5	澳大利亚	423	6.1%
6	阿根廷	409	5.9%
7	加拿大	351	5.1%
8	中国	315	4.5%
9	南非	282	4.1%
10	土耳其	252	3.6%

资料来源：中国贸易救济信息网。

表 9.2 WTO 成员方发起反倾销调查案件情况统计（1995—2020 年）

排名	进口国家 / 地区	发起反倾销调查立案数	占比
WTO 成员方发起反倾销调查案件总数		5 786	100%
1	印度	1 050	18.1%
2	美国	825	14.3%
3	欧盟	525	9.1%

续表

排名	进口国家/地区	发起反倾销调查立案数	占比
4	巴西	422	7.3%
5	阿根廷	399	6.9%
6	澳大利亚	367	6.3%
7	中国	296	5.1%
8	加拿大	272	4.7%
9	南非	260	4.5%
10	土耳其	208	3.6%

资料来源：中国贸易救济信息网。

无论是英国殖民统治时期的印度，还是独立之后的印度，纵观印度贸易保护主义发展的历程可以看出，贸易保护一直是印度贸易政策的主调，并且印度的贸易保护主义将在长期内存在。但是随着国际政治经济格局的变化和国内经济发展程度的变化，保护的领域和保护的程度会有所变化，但其内向性的经济特征很难转变，并且会一直影响贸易保护主义的发展。

第二节　韩国贸易保护的发展历史

本节主要介绍韩国贸易保护的发展历史，分别从经济重建时期、经济发展时期、经济稳定增长时期和金融危机时期四个不同的时期介绍韩国的贸易保护政策。

一、经济重建时期的贸易保护

1945年8月15日，日本宣布无条件投降，从此韩国人民摆脱了日本帝国主义的殖民统治，赢得了国家独立和民族解放。从朝鲜半岛光复到1961年，韩国经历了从摆脱殖民统治到建立独立经济体系的过程，经历了从朝鲜战争的严重破坏到战后恢复重建的过程。为了尽快恢复国民经济，韩国政府根据进口替代战略分别在不同历史时期相继实施了统制贸易政策、综合性计划贸易政策、出口振兴对外贸易政策等贸易政策。

（一）美国军政统治下的贸易保护

韩国的解放并不是依靠其自主力量实现的，而是以美国和苏联为首的同盟国对抗日本法西斯的结果。因此，1945 年 9 月 8 日，美国在朝鲜半岛南部设置了美军政厅。为保持韩国国内物资供应均衡，抑制日益严重的通货膨胀，美军政厅实行了统制贸易政策。1945 年 10 月，美军政厅规定，韩国与其他地区间的货币流通、物资交流、海外旅行等必须获得美军政厅的许可才能进行，这一时期韩国的贸易保护措施主要有以下三种：

一是贸易许可制。贸易许可制是根据《对外贸易规则》第 1 号实施的，它规定要对贸易从事者的能力和资格进行严格审核，只对具备条件的业主发放贸易许可证。这一制度意在强化对外贸易管制，防止贸易乱象。根据这一制度，1946 年 8 月至 1947 年 8 月间，获取贸易许可证的贸易业主人数共 543 名，其中韩国人 528 名，中国人 15 名。

二是对贸易商品种类的统制。1946 年 4 月，美军政厅正式将进出口商品种类的范围划分为进口的品种、鼓励出口的品种以及严禁出口的品种，并对其进行统制。1947 年 9 月 5 日，美军政厅又修订了贸易品种的许可范围，公布了进出口物资许可新目录。其中允许出口的品种有：海产品、水果、矿物、手工艺品、毛皮和人参等。允许进口的品种有：粮食、棉花、化肥、工业原料和生活必需品。这一时期对进出口商品种类的统制立足于韩国国民经济恢复，以初级产品的出口和紧急物资的进口为主。

三是对贸易商品的价格统制。为预防进出口商品价格波动对国内市场的影响，美军政厅依据 1947 年 7 月 20 日商务部令第 55

号设置了"进出口商品价格调整委员会"。1947 年 11 月，美军政厅制定了进出口商品价格标准表，并将进口物资划分为最紧急物资、紧急物资和准紧急物资三类，规定了各种商品的价格和利润的界限。通过这一价格标准表，美军政厅实现了对进出口商品的价格统制。

（二）从政府成立至朝鲜战争期间的贸易保护

1948 年 8 月，大韩民国政府成立。为恢复国内经济、稳固贸易秩序，韩国政府相继推行了一系列贸易措施，其中包括综合性计划贸易、建立关税法和转移贸易主管部门 ① 等贸易保护措施。

1. 出口奖励贸易政策

从政府成立到朝鲜战争期间，韩国实施的出口奖励贸易政策有以下三种：

一是推行出口市场政策和直接出口制度。1952 年 1 月，韩国政府为了促进本国产品的出口，明确规定在"清算协定地区"② 以外的广大地区大力发展出口贸易，并大力开拓亚洲、欧洲及美洲的新兴市场；1952 年韩国政府又修订了出口方针，开始实施由生产业主掌管的直接出口贸易制度，取代从前的贸易业主团体对出口的掌控。

二是推行特惠贸易制度。1951 年 6 月，政府规定从出口所得中提取一定比例的资金奖励进出口商，后者根据其所拥有的外汇来从事进口产品活动。

三是实施抵偿贸易制度。1952 年 5 月，韩国政府规定，从国外，尤其是没有开拓出口市场的国家和地区进口产品，必须出口同

---

① 转移贸易主管部门主要负责整顿在美军政统治下由朝鲜外汇银行管辖的贸易业主许可和进出口许可，并把管辖权移交给工商部。

② 清算协定地区是指日本。由于对日本进口的剧增，韩国的对外贸易出现了严重的赤字，对外支付能力不足，因此，为了减轻支付负担，有必要采用特别的决算方式，即韩日两国设置并实施在规定时限内延期支付的清算协定。

等金额的韩国产品才允许进口。这种贸易形式一律使用同时开户信用证或委托信用证，从而可以实施抵偿贸易制度。

2. 进口统制贸易政策

虽然韩国政府限制进口，但奖励对国内必需品的进口，同时实施相应政策以进口促出口。在这期间实施的进口统制贸易政策主要有：

一是进口定额制度。1949年韩国政府开始实施进口定额制度，限量进口韩国国内所需物资，并将其作为贸易统制强化政策的一个重要组成部分，通过控制物资供应在保证供需平衡的状况下保护国内产业。

二是进出口连锁制度。1952年5月，韩国政府开始实施进出口连锁制度，规定在重要产品出口时，作为其补偿，只允许进口国家重建所必需的物资，抑制非必需品的进口，侧重于机械产品及其零部件。1952年10月，韩国又扩大了补偿进口产品种类的范围。

三是贸易外获得外汇使用制度。1951年3月，韩国规定将贸易外获得的美元在韩国银行外国部设立特定账户，并将这些美元转移到出口账户用于进口，但由于它引起了外汇的买入增加，导致外汇价格大幅增长，1952年3月该制度被取消。

总体来看，这一时期韩国政府的贸易政策一直是一种消极的贸易政策，奖励剩余货物的出口，在大量出口的前提下允许适量进口，这反映了朝鲜战争给韩国带来了社会经济动荡的事实，韩国国内产业产量下降，设备短缺，外汇供应有限。

（三）**朝鲜战争后的贸易保护政策**

1. 限制对日贸易的措施

朝鲜战争后，由于地理条件、历史习惯的相似性和经济利益等原因，韩国对外贸易一直以巨额对日逆差为主。为了从世界市场进口大量优质廉价产品，实现经济产业结构国际化和国民经济增长，韩国政府努力改变对日进口的重心，加强与世界各国的贸易往来，鼓励进口优质产品。

1954年4月，韩国对日本采取国际收支平衡原则，规定从日本的进口额度仅限于出口到日本所获得的外汇数量；自1955年7月起，韩国禁止因特惠外汇而进口日本产品；1954年8月18日，韩国宣布与日本的贸易完全中断，这给两国的贸易业造成了巨大的损失；但在1956年1月，韩国根据驻日代表部的贸易承认制度，允许与日本进行贸易。

2. 实施出口奖励保障金交付制度

1954年11月，韩国开始实施出口奖励保障金交付制度，在政府年度支出预算中提取3 900万韩元作为出口奖励保障金，对出口状况不佳但对国民经济发展有利的产品实行奖励，政府补偿因出口产品购买原价和出口价格之差而蒙受的损失，这极大地促进了出口，扩大了外汇收入，振兴了出口产业，有利于韩国打好自主经济基础。

3. 制定和实施贸易法

1958年3月18日，贸易法实施法令发布；5月7日，政府发布了工商部令第45号贸易法实施细则，贸易法终于进入了实施阶段。贸易法的基本内容包括以下几方面。在工商部主管下简化贸易行政手续，制订贸易计划时实行经由贸易委员会的民主一元化措施。贸易交往一方面要体现自由化，另一方面要维持合理的统制。同时规定对外贸易的许可事项，尤其是重视贸易行政的一元化，将许可权委任给工商部长官。出口奖励贸易政策规定了出口奖金和其他优惠措施，这是贸易法的坚实基础。进口政策规定，在下列情况下可以进口：进口可保护国内产业时；利于振兴出口产业时；在产品质量上，国内产品质量差，无法满足国内的需求时；利于稳定物价时；利于巩固进出口产品的价格时。

二、经济发展时期的贸易保护

(一) 第一个五年计划期间

1962—1966 年是韩国第一个经济发展五年计划执行期间，这一时期韩国的贸易保护政策主要有出口贸易优惠政策、进口贸易限制政策等。

1. 出口贸易优惠政策

一是扩大出口金融支援政策。1960 年以前，为了弥补企业的出口损失，政府建立了出口补贴制度。1961 年 2 月，政府制定并实施了《出口融资条例》，扩大了援助范围。1964 年 5 月，政府新设了开具进口信用证规定，还规定了用于生产出口产品的进口原材料的国内汇票兑现期限，同时也筹集了出口振兴基金。1965 年 4 月，融资对象扩大到出口产品和原材料的生产者，并降低了贷款利率。1965 年，政府还实施了出口转换设施资金制度，同时为了奖励用本国原材料生产的出口商，还对外汇管理做了新规定，使其有资格发行国内信用证。此外，1965 年，政府还实施出口特殊产业资金制度，选定出口潜力大的行业予以资金支持。

二是给予税收优惠。为了促进出口，韩国政府对 1964—1966 年间出口和其他外汇收入减免 50% 的法人税和个人所得税，对于出口业主和出口商品全免营业税和物品税。1966 年 6 月，韩国政府将免税对象扩大到出口产品生产者。1966 年，韩国政府修订物品税法，规定已缴纳物品税的进口物品再出口或者作为原材料使用时，在一定期限内对同原材料和进口物品相等数额的商品税实行替代免税制度。为了保证出口用原材料的供给，政府除了对出口用原材料的进口免除关税以外，从 1966 年 9 月开始，对出口用产品生产所需的机械材料和设备的进口实行关税事前免税制度，使用已纳税的进口物品生产产品出口时，采用关税返还制度和关税替代免税制度。此外，为了促进保税加工企业的发展，对在缓缴关税税款的保税工厂里制造的出口产品实行保税加工制度。

2. 进口贸易限制政策

20世纪60年代，为改善国际收支，韩国政府将贸易政策的目标主要放在鼓励出口和限制进口上。1961—1963年间，韩国政府对进口的产品种类加以限制。1961年7月，韩国政府通过实施临时特别关税法限制非必需品的进口。1963年12月，由于美国援助资金和美国公法480号援助资金的支撑，韩国政府增收了临时超额所得税，限制了进口。1963年，韩国政府开始将进口资格与出口实绩联系起来，建立起进出口连锁制度，用以限制进口。

总体来看，为实现一五计划提出的"遏制社会经济恶性循环，建立独立经济基础"的基本目标，韩国政府在对外贸易政策中采取出口导向战略，并采取了鼓励出口和限制进口的贸易政策，为韩国经济的独立发展奠定了基础。

（二）第二个五年计划期间

1967—1971年是韩国第二个经济发展五年计划执行期间，此时韩国对外贸易政策的主调是出口第一、自由贸易、多样化出口。

在第二个五年计划期间，韩国政府继续推行出口导向型经济发展战略和出口第一的贸易政策。这一时期的贸易保护政策有：强化自1965年开始的青瓦台扩大会议上的出口振兴目标；1967年引进投资控制制度，对出口产业的投资给予税额优惠；1969年5月制定《出口原材料生产资金融资管理规定》，资金援助范围扩大到了出口用原材料生产者。在这些出口促进政策的支持下，韩国出口额由1967年的3.2亿美元增长到1971年的10.67亿美元，增长了2.33倍。

（三）重化学工业化时期

在第三、第四个五年计划时期，政策重点是通过重化学工业的发展优化工业结构。1973 年，国际油价波动，国际贸易环境发生了变化。为了适应国际贸易环境的变化，扩大出口，韩国政府实施了一系列出口贸易政策，如扩大出口产业基地、提高汇率、完善出口体系等。

一是扩充出口振兴体制。1972 年，韩国政府推进贸易商社大型化建设，旨在提高企业国际竞争力和推动出口。1975 年 4 月 30 日，韩国政府工商部发表了《关于综合贸易商社指定等要领的规定》，引进外国的综合贸易商社制度，以建立韩国综合贸易商社，对具有相应条件的贸易商社给予商业贸易行政、金融和外汇管理等各方面的支援。

二是加强贸易金融援助。1972 年 2 月，韩国政府将之前的进出口金融、出口优先及出口用原材料金融等多样化的出口金融制度综合并简化为《出口金融》，提高了金融制度的效率。1973 年，韩国政府设置和运营了出口产业设备资金。1976 年，依据《出口金融商品种类限度交易制度》，对于具有一定条件的出口商社根据上年进口实绩对所需生产资金进行融资。1976 年 7 月，成立韩国进出口银行，并确立了中长期延期付款出口支持体制。1978 年 1 月，韩国政府修订了《外汇贷款管理规定》，改善了外汇贷款条件。1978 年，韩国政府修订了《出口保险法》，由工商部执行和管理。由此，1972—1979 年间出口金融支持由 1972 年的 1 068 亿韩元增加到了 1979 年的 1.2 兆韩元。

三是实施税收优惠。1973 年 3 月，韩国政府取消了过去的出口、旅游等创汇企业的所得税和法人税的减免制度，同时补充了海外市场拓展储备金制度，新设了出口损失准备金制度和海外投资损失准备金制度。自此，出口支持制度从过去的直接减免转变为间接减免。1975 年 1 月，韩国政府将出口用原材料的关税事前减免制度转变为关税退税制度。

总体来看，20世纪70年代，为了实现重化学工业产业化的发展目标，朴正熙政府在对外贸易政策上实施了一系列出口贸易政策，如扩大出口产业基础、增加外汇、完善出口体制等。在复杂多变的国际国内环境下，这些措施为改善韩国重化学工业的产业结构、建立自主的经济基础提供了良好的条件。

三、经济稳定增长时期的贸易保护

20世纪80年代到90年代中期，随着国内外形势的变化，韩国采取了旨在提高进出口竞争力的贸易政策，如实施贸易复兴、恢复出口活力、实施外汇融资、实施关税贸易、应对新贸易保护主义等一系列贸易政策，实现了国民经济的稳定发展。

（一）20世纪80年代

一是简化进出口贸易程序。一方面，韩国政府每年都修订《贸易交易法实施令》，以推动贸易程序简化，减少进出口的限制条件。仅在1980—1982年间，韩国政府就对《贸易交易法实施令》进行了三次修订。另一方面，1980年8月，韩国政府在一般出口管理、出口检查、外汇管理、出口金融、关税退还等五个领域，也对进出口程序、手续等进行了简化。

二是实施外汇出口金融政策。实施出口援助制度，为韩国出口企业募集资金；实施出口金融延期付款，扩大出口援助范围；扩大出口保险，以增加保险额度，放宽人数限制；推进外汇管理自由化，1984年颁布《外资引进法》，极大便利了出口企业利用外汇资金，简化了境外投资许可程序，有效促进了境外投资。

总体而言，韩国政府在20世纪80年代初重视提高出口竞争力，并开始制定和实施扩大出口工业化等贸易政策，但在20世纪80年代末，由于出口的高速增长，摩擦频繁发生，政府重视消除国际贸易摩擦，制定并实施了进口自由化等贸易政策。

（二）20 世纪 90 年代

进入 20 世纪 90 年代后，韩国经济由于出口停滞和工人福利需求提高而失去了活力，为培育和增强产业竞争力，韩国政府针对贸易逆差采取了一系列旨在促进出口增长的措施。

一是强化产业政策。1992 年，韩国政府对外贸易的焦点放在了强化出口竞争力和稳定进口需求上。韩国政府每月组织召开各界代表参与的"克服贸易困难联席会议"，把各个行业的需求及时反映在政策上；为了促进机械类和部件的进口替代，1992 年韩国制定了"第二次国产化五年计划"，还通过告示把 1 023 类产品确定为国产化对象。

二是改革贸易金融制度。进入 20 世纪 90 年代以后，为了消除出口业主的资金瓶颈，韩国政府实施了贸易金融关联制度，即将中小企业融资单价从 1 美元兑换 550 韩元提高到了 660 韩元，非联营大企业从 300 韩元提高到了 400 韩元，同时实施了贸易金融的优惠措施，以便利中小贸易企业，即不分资金用途，以出口信用证可以贷款现金（1 美元兑 700 韩元）。1994 年 3 月 15 日，韩国银行变更了商业贴现期票和贸易金融的自动再贴现制度，确定了金融机构的总额限度，实施了在其范围内进行援助的总额限度贷款政策。

三是完善出口保险制度。1992 年 7 月，韩国出口保险公司设立出口保险制度，保险公司实施了独立承担出口保险事业的机构体制。1994 年 8 月 3 日，韩国政府修正了出口保险制度并坚决实行全面出口保险制度。

四、金融危机时期的贸易保护

进入 20 世纪 90 年代中期以后，韩国国内面临着外债逐年增多、对外收支逆差严重、大企业和中小企业处境艰难、社会动荡、经济发展不稳定等许多新的困难。在全球层面，随着经济全球化和国际金融资本流动的加强，金融风险也随之增加。这一系列原因最终导致 1997 年 10 月韩国金融危机的爆发。

为了克服金融危机，彼时金大中政府按照国际货币基金组织协议的要求调整了经济结构。韩国政府明确表示，克服金融危机的主要驱动力是出口贸易，为此需要大力发展出口贸易，创造外汇，力争在短期内克服金融危机。为发展对外贸易，金大中政府采取了对外贸易自由化的管理政策、保持顺差的贸易政策和积极参加多边贸易体系的通商贸易政策，韩国对外贸易得到发展，金融危机得以克服，韩国很快就摆脱了国际货币基金组织的管理体制。

一是提高中小企业的出口竞争力。韩国政府在金融、保险、海外市场开拓和工艺技术等方面给予了多方面的支持。1998 年 12 月，韩国在全国范围内成立了 11 个"中小企业出口支援中心"。大韩贸易投资振兴会社大力支持企业参加国外展示会，扩大出口保险数额和人数规模，以促进出口。2003 年 7 月 29 日，韩国政府通过韩国银行上调了地方中小企业及中小出口实体的贷款额度。此外，为促进中小企业的出口，政府选定一些战略性产品进行技术研发，设立了"信誉综合技术中心"，对企业进行市场准入的信誉认证。同时，为了将出口可能性大的新生中小企业或者内需企业培育成为出口企业，韩国政府推动成立了"出口企业化工作中心"，并计划到 2010 年培育 2 万个中小企业。

二是实施贸易金融，即银行给予出口商维持生产所必需的资金的援助制度。融资依据信用标准或以以往的出口业绩为准实施。同时，韩国还制定了出口银行金融援助制度，如贸易期票承兑及优惠制度，以及出口银行的出口援助、进口援助、外汇援助等进出口银行金融援助制度等。此外，还有针对发展中国家的产业发展和经济稳定而设的对外经济合作基金可供使用，该基金达 1.5 万亿韩元。

三是推行出口信用保证制度，即出口企业为了取得生产性资金，向外汇银行或出口银行提供出口信用保证书，以获得出口金融

的援助制度。出口信用保证分为贸易金融保证和出口关联进口信用
开设支付保证等。此外，它还包括银行的出口资金保证和信用保证
基金的特例保证等。

第三节　墨西哥贸易保护的发展历史

本节主要介绍墨西哥贸易保护的发展历史，分别从进口替代起
步阶段、"稳定发展"阶段、进口替代和鼓励出口阶段以及经济调
整阶段四个不同的阶段介绍墨西哥的贸易保护政策。

一、进口替代起步阶段

从 20 世纪 40 年代初到 80 年代中期，墨西哥进入了一个新的
经济发展时期。在此期间，历届革命制度党政府都大力实施进口替
代工业化发展战略。工农业生产稳定持续增长，经济结构发生了重
大变化，同时也逐渐暴露出许多问题。这一时期墨西哥的经济发展
可分为三个阶段。

1940—1956 年是墨西哥进口替代工业化发展战略的起步阶段。
这一时期历经三届政府：阿维拉·卡马乔执政时期（1940—1946
年）、米格尔·阿莱曼执政时期（1946—1952 年）和阿道弗·鲁伊
斯·科蒂内斯执政时期（1952—1958 年）。在此阶段，墨西哥推行
经济民族主义，采取严格的贸易保护政策来推动本国工业发展。第
二次世界大战的爆发使得墨西哥的工业产品进口锐减，而同时同盟
国需要大量的战略物资，这客观上刺激了墨西哥民族工业的发展。

卡马乔政府为适应战时国内外市场对制成品的需要，大力推
行进口替代工业化发展战略，在投资、税收等各方面为发展制造业
提供援助。1941 年，卡马乔政府制定了《工业加工业法》，新法规
定免除新办企业五年税收。同时，墨西哥政府通过国家开发银行全

国金融公司为私人中小企业提供资金。墨西哥在政府的鼓励和资助下，墨西哥民族工业，特别是食品、纺织、橡胶、化学等部门迅速发展。此外，卡马乔政府还大力增加公共投资，发展钢铁和机器制造等重工业部门，以政府投资为主兴建了墨西哥钢铁公司，并对原蒙特雷钢铁公司进行了扩建。

第二次世界大战结束之后，阿莱曼政府延续了卡马乔政府推行的进口替代工业化发展战略。1947 年，墨西哥政府有选择性地调整关税以促进本国工业发展，提高了本国能生产的消费品的进口税，降低了本国急需的机器设备和工业原料的进口税。1948 年，墨西哥政府开始实行进口许可证制度，限制国内已能生产的消费品和奢侈品的进口。同时，阿莱曼政府对外资实行开放政策。由于采取了这些措施，再加上朝鲜战争的爆发对墨西哥战略物资和制成品的需求增加，墨西哥工业得到了迅速发展。

科蒂内斯政府执政初期，朝鲜战争的结束加之发达国家战后经济基本得到恢复，墨西哥的工业发展受到影响，国际市场对墨西哥制成品的需求减少，中小企业经营状况不佳。同时，由于墨西哥政府公共投资增长过快，财政亏空加大，随之而来的货币贬值和通货膨胀影响了民众生活，墨西哥国内贫富差距进一步扩大。

总之，这一时期墨西哥经济发展高速增长，但也伴随着较高的通货膨胀。1940—1956 年，墨西哥国内生产总值年均增长 6.1%，农业年均增长 7.6%，制造业年均增长 8.2%，年均通货膨胀率达 10.4%。工业的发展并非由于技术创新和劳动生产率的提高，而是依靠增加劳动时间、提高劳动强度和发展中小企业来实现的，经济政策需要调整和改革。

二、"稳定发展"阶段

1957—1970 年是进口替代工业化发展战略的迅速发展阶段。

这一阶段包括科蒂内斯执政后期、阿道弗·洛佩斯·马特奥斯执政时期（1958—1964 年）和古斯塔沃·迪亚斯·奥尔达斯执政时期（1964—1970 年）。

科蒂内斯执政后期，墨西哥政府对经济政策做出了调整，1954年提出"稳定发展"计划，实行硬通货、低膨胀策略。一是通过货币贬值促进出口。墨西哥政府于 1954 年 4 月宣布比索贬值，把比索与美元的汇率从 8.65∶1 降为 12.5∶1，以此来促进出口。二是投资激励政策。墨西哥政府颁布《促进新工业和必需工业法》，为私人投资提供各种优惠，积极鼓励私人资本和外国投资，努力协调国家资本、本国私人资本和外国资本三者的关系。三是增加内需。科蒂内斯要求提高政府部门和私人企业职工的工资，增加民众的购买力，以刺激国内的消费和需求。四是降低出口成本。实行对工业原料和农产品的低价政策。由于采取了这些措施，自 1956 年起，墨西哥经济走上了稳定发展和迅速发展的轨道。

马特奥斯和奥尔达斯政府延续了之前的进口替代工业化发展战略，在基础工业如电力、钢铁和基础设施等部门加大公共投资力度，调整税收政策，鼓励本国私人资本和外国资本在耐用消费品、资本品和中间产品部门进行投资，以替代这些产品的进口。积极发展出口农业，通过农业技术推广、良种培育提高农产品产量。在这一阶段墨西哥的国内生产总值年均增长 6.8%，而通货膨胀率只有2.3%，为历史最低水平。1955—1970 年，制造业年均增长 8.6%，电力工业年均增长 11.6%，石油工业年均增长 9.2%，农业年均增长3%；美元与比索的汇率一直保持在 1∶12.5。这一阶段稳定高速的经济增长被誉为"墨西哥奇迹"。

然而，在 20 世纪 60 年代末，进口替代工业化发展战略的弊病日益暴露，一些新的矛盾和问题凸显。如政府对工业的保护导致工农业发展不均衡，私人资本从农业部门向高保护的工业部门转移，造成农业部门资金匮乏，增长率逐年下降，从 1950—1965 年年均 6.3% 降到 1965—1970 年年均 1.2%。到 20 世纪 70 年代初，农业开始陷入停滞状态，由于政府对工业的优惠和保护政策，工业则保持高速度的增长。由于对本国生产的消费品采取关税保护政策，不少工业产品缺乏改进成本和治理问题的动力，缺乏国际竞争力，对国外市场出口状况不佳，国际收支状况日益恶化，墨西哥国内通货膨胀加剧，贫富差距扩大，社会两极分化日趋严重，政局出现动荡。

三、进口替代和鼓励出口阶段

1970—1982 年是进口替代工业化发展战略向出口导向发展战略的转型阶段，这一阶段墨西哥经济发展波动较大。

（一）埃切维里亚执政时期

20 世纪 60 年代末和 70 年代初，世界经济危机爆发，墨西哥国内政局动荡，同时原有的进口替代工业化发展战略弊端显露。受国内外形势的双重威胁，墨西哥经济陷入困境。为克服"稳定发展"战略的弊端，埃切维里亚政府提出了"分享发展"战略，以实现对外经济独立和社会公平。"分享发展"战略强调政府主导国家资本主义的新经济政策，对外资的限制增强，努力提高就业水平和收入分配公平程度，保持经济的平稳增长。

"分享发展"战略包含的贸易保护措施主要有：

一是加强对外资的管理。埃切维里亚在就任总统时强调外国投资不应取代墨西哥资本，而是作为有益的补充，同墨西哥本国资本相结合。1973 年 3 月 9 日，政府颁布《鼓励向墨西哥投资和管理外国投资法》，对外资做了一些限制性规定，如规定在合资企业中外资所占比重一般不能超过 49%；不准外资投入石油、电力、铁路、电信等战略性部门；外国人购买墨西哥企业，需经全国外国投资委员会批准；等等。

二是促进出口，特别是制成品出口。政府专门成立墨西哥对外贸易委员会，加强对产品出口的帮助和管理，以促进出口。

三是减少对美国的依赖，发展多元对外经贸关系。埃切维里亚政府积极发展同加拿大、西欧、日本、苏联和东欧国家、中国以及其他发展中国家的经济贸易关系，开拓海外市场，扩大其工业产品和原料的出口。在埃切维里亚执政期间，他先后出访了 36 个国家，签订了 160 多项贸易和经济合作协议，并同亚洲、非洲、中东地区的 62 个国家建立了正式外交关系，使与墨西哥有外交关系的国家达 172 个。

"分享发展"战略关注就业和收入分配公平等社会问题，而不是片面追求国内生产总值的增长，具有一定的进步意义。但是，整体来看，在埃切维里亚执政期间，墨西哥的经济发展并没有较大改进，后三年经济形势逐步恶化，政府的主要战略目标未能实现。

（二）波蒂略执政时期

1976 年 12 月 1 日，波蒂略上台执政。为克服经济危机，恢复国内经济，其与国际货币基金组织签署了三年稳定经济计划，承诺实行紧缩政策、削减公共开支、减少预算赤字、限制外债规模、控制货币流通量、确定工资增加的最高限额和实现对外贸易自由化，以获取国际货币基金组织向墨西哥提供的 12 亿美元贷款，用以弥补国际收支和财政赤字。在执政的头一年，波蒂略的紧缩政策收到了明显的效果，财政赤字从 1976 年占国内生产总值的 12.1% 下降到 1977 年的 8.8%；同期，通货膨胀率从 45% 下降到 21%，出口增长了 33%，进口下降了 2.4%。

1978 年，墨西哥发现大规模石油资源，波蒂略政府迅速开发石油资源，采取依靠石油收入来推动经济发展的政策，放弃了按国际货币基金组织的要求实现贸易自由化的承诺，而是实行贸易保护政策。墨西哥不再削减而是扩大公共投资；不再减少而是加强国家对经济的控制。总体来看，波蒂略政府实行的是以石油工业带动整体工业发展，尤其是促进资本品和中间产品的进口替代工业化发展战略。为推行该战略，波蒂略政府制定了一系列经济和社会发展计划，如 1979—1990 年工业发展计划、1980—1982 年农牧业发展计划和 1980—1982 年全面发展计划。计划规定的目标是：1980—1990 年，经济年均增长率要达 8%～10%，工业年均增长率要达 11%～12%；1980—1982 年，农牧业年均增长率要达 4%；1982 年要实现玉米和菜豆自给；1985 年要实现基本粮食自给。

为实现上述战略目标，波蒂略政府制定了一系列政策措施，其中的贸易保护政策主要有：

一是加大对石油工业的投资力度，加速石油勘探和开采，以石油工业带动整体工业和经济的发展。1877—1981 年，墨西哥石油公司的投资达 270 亿美元。1981 年，政府公共部门预算开支的36% 用于墨西哥石油公司的投资。

二是倡议建立"生产联盟"，鼓励本国私人和外国私人投资。波蒂略政府倡议建立由政府、企业主和劳动者三方组成的"生产联盟"，政府给予经济和财政政策支持，以保证"生产联盟"生产目标的实现，在贷款、税收、设备和原材料供应、产品出口等方面给予一定优惠。政府鼓励私人资本向新工业区投资，并在税收、原料和燃料供应方面给予优惠待遇。政府还根据需要，放宽对外资的限制，在某些行业允许外国投资超过 49% 股份的限制，甚至可达 100%。

四、经济调整阶段

从 20 世纪 80 年代初至 2000 年，墨西哥革命制度党的三届政府即德拉马德里政府（1982—1988 年）、萨利纳斯政府（1988—1994 年）和塞迪略政府（1994—2000 年）都先后推行了以出口导向为主的新自由主义市场经济发展战略，对墨西哥的经济结构和制度进行了大刀阔斧的改革，墨西哥进入自由贸易发展阶段。

（一）德拉马德里政府的经济发展模式

德拉马德里于 1982 年 12 月 1 日上台，彼时墨西哥债务危机刚爆发不久，其当务之急就是调整经济发展战略。德拉马德里在就任总统时就宣布了经济应急调整计划，该计划包含的贸易保护措施主要有：削减公共开支，压缩贷款，增加消费税，限制进口，贬值本国货币，进行外债谈判以延期偿付债务和利息并获取新的贷款等。

德拉马德里政府的经济应急调整计划实际上采纳了国际货币基金组织和世界银行为墨西哥等拉美国家经济改革所提出的政策建议。国际货币基金组织认为，墨西哥等拉美国家的结构失衡的原因在于战后执行了进口替代工业化发展战略，把国家作为增长的主要发动机，致使国家对经济干预过多；为恢复经济增长和实现经济稳定，必须将经济发展模式转换成以市场为导向的外向型经济发展模式。

（二）萨利纳斯的新自由主义经济改革

萨利纳斯政府继续实行新自由主义市场经济模式。1988 年 12 月 1 日萨利纳斯就任总统后不久，就颁布了《1989—1994 年全国发展计划》，计划规定墨西哥现代化战略的主要目标是经济的增长、价格的稳定和实现实际工资逐渐的、坚定的增长。为此，墨西哥推动私人投资，扩大非石油产品出口，增加对基础设施的公共投资，逐步巩固国内市场和降低外债还本付息的比重。

这一时期贸易保护措施被贸易自由化措施取代。萨利纳斯政府加快贸易开放，签订《北美自由贸易协定》，将关税种类从 1986 年的 11 种减少到 5 种，平均关税税率从 1986 年的 22.6% 降到 1989 年的 13.1%。1993 年，只对 101 种进口商品征收关税，占进口商品总数的 5%；开放外资进入，允许证券资本进入墨西哥市场。在萨利纳斯任内，为吸引更多的外资，墨西哥多次放宽对外资的限制。1989 年，墨西哥对原有的外资法进行了修改，1993 年又颁布了新的外资法。

（三）塞迪略执政时期的贸易保护

1994 年墨西哥金融危机爆发，墨西哥经济陷入衰退。塞迪略政府为克服危机，采取了一系列措施，其中的贸易保护措施主要有：一是为稳定金融市场和减轻通货膨胀压力，政府削减公共开支，将增值税从 10% 提高到 15%，提高燃料价格；二是对制造业、旅游业、矿业和农牧业等关系国民经济命脉的部门实行特殊保护政策，以提高出口创汇能力，创造更多的就业机会；三是充分利用墨西哥作为《北美自由贸易协定》成员国的有利条件，扩大对美国、加拿大的出口，以出口为动力，促进经济的恢复和增长。

第四节　巴西贸易保护的发展历史

本节主要介绍巴西贸易保护的发展历史，分别从早期经济发展时期、工业基础建立和快速发展时期、债务危机与通货膨胀时期以及 21 世纪时期四个不同的时期介绍巴西的贸易保护政策。

一、早期经济发展时期

在 1930 年以前，巴西先后经历了葡萄牙殖民统治时代（1500—1822 年）、巴西帝国时代（1822—1889 年）、旧共和国时代（1889—1930 年）。在独立之前，葡萄牙对巴西实行殖民统治，这种殖民地地位决定了巴西将长期作为葡萄牙殖民者攫取各种资源和原材料的对象。在这一时期，巴西在对外贸易上主要是受控于宗主国的管制，依附于宗主国的殖民经济。独立之后，巴西并没有能力改变其对西方殖民者的依赖，而此后工业革命的发展则加强了这种依附性在拉美经济发展当中的地位。

　　巴西对外贸易的起步源于葡萄牙殖民者资本的进入，巴西逐步建立起了初级产品生产与出口的一整套体系。在殖民地时期，巴西经济先后经历了巴西木周期（1500—1550 年）、甘蔗周期（1550—1700 年）、黄金周期（1700—1775 年）等三个发展周期。

　　17 世纪 90 年代，在今米纳斯吉拉斯州一带发现了金矿，巴西经济增长的新动力被发掘。随着巴西殖民地的价值大幅提升，葡萄牙政府开始实施严格的经济与贸易管制：严格督管采矿区，确保葡萄牙王室能够从巴西全国的黄金产量中收缴五分之一的税额；严禁个人从事航运，所有船舶都必须登记在官方监管的护航队下；建立特殊贸易垄断权；严格限制本地加工业，能由大城市提供的产品绝不允许在巴西生产。

　　18 世纪中叶，英国率先开始在工业领域进行革命，标志着其生产迈入机器大工业时代。19 世纪，北美也进行了工业革命，巴西由此融入由英国主导的世界经济秩序中。英国当时用工业制品从外围经济体换取食品和原材料，外围经济体完全依靠此类产品的出口，巴西在这一时期就是这类外围经济体的典型代表。巴西经济依赖于初级产品咖啡、蔗糖、棉花和可可等的出口，在 19 世纪的大部分时间里，巴西经济都对外国（主要是英国）的工业制品和资本开放。

　　19 世纪末，巴西政府开始积极地保护本国主要的出口产业。政府通过担保收益和设备进口免税政策激励投资者投资高度资本化的蔗糖加工厂。20 世纪初期，由于巴西的咖啡供应量超出了国际市场的需求，咖啡价格大跌，于是圣保罗州政府颁布了一份五年禁令，禁止栽种咖啡新树。1907 年，圣保罗州启动了第一个物价稳定计划，尽管这是一份名为《陶巴特公约》的多方协议，但它在实施过程中基本全由圣保罗州一手主导。它最初使用出口税，后来又通过由中央政府担保的外国贷款融资，大批收购市场内积压的咖啡，以期稳定价格。

二、工业基础建立和快速发展时期

（一）工业基础建立时期

1930年，巴西亲美派支持者瓦加斯在参加选举后，以选票造假为由发动政变出任巴西总统，迫使巴西咖啡地主结束统治，带领巴西进入资产阶级统治时代。瓦加斯在其任期（1930—1945年、1951—1954年）内奠定了巴西工业化发展的基础。

瓦加斯奉行经济民族主义，瓦加斯政府代表民族资产阶级的利益，在经济发展上决心摆脱巴西对外经济的依附局面，大力推行国家资本主义和工业化发展战略，加强政府对经济的干预，将关系国计民生的资产逐步收归国有；在外资政策方面，瓦加斯政府逐步摆脱对外资的依赖，一方面鼓励外资进入，另一方面限制外资准入范围和利润输出比例，发放低息贷款培育民族资本。

（二）快速发展时期

巴西实施进口替代工业化发展战略始于20世纪50年代。由于巴西取消了对进口的种种限制，其在二战期间积攒的大量外汇储备消耗殆尽，因此，巴西面临着严重的国际收支失衡问题，1947年的收支赤字已经达到当年出口额的15%。为尽快改善国际收支失衡困境，巴西政府开始采取外汇管制等一系列措施。在进口替代工业化发展战略的指导下，巴西政府加强了对经济的干预，并采取了保护国内市场、扶持幼稚产业、大力投资基础设施建设、利用外资等一系列措施。

一是扶持本国幼稚产业，保护国内市场。为保护国内幼稚产业，巴西政府实行了高进口税率的保护政策。根据拉丁美洲和加勒比经济委员会1966年发布的《拉美的工业发展进程》的统计，这一时期巴西的关税水平高达 40%，远远高于德国、加拿大、美国、法国和英国（10% ～ 20%）以及丹麦和瑞典（不足 10%）。除设置关税壁垒限制外国产品进入国内市场外，巴西还采取各种非关税壁垒措施，如通过发放进口许可证减少进口商品的数量，削弱进口产品的价格优势，促进本国产品的生产。为了扶持本国进口替代企业，巴西政府实施了多重汇率并存制度，采用了外汇管制、高估本币等方式。1953—1961 年，巴西通过实施多重汇率并存制度，帮助本国进口替代企业以最优惠的汇率获得外汇。出口产品使用四种不同的固定汇率。政府允许进口的产品使用一种固定汇率，其他进口使用的五种汇率由外汇拍卖决定。金融交易使用浮动汇率。另外，巴西政府还采取了高估本币币值的方法来有效降低企业进口资本品、中间产品和工业原料的成本，同时还提高了本国出口品的价格。

二是吸引外资，大力投资基础设施建设。为推进基础设施建设，提高能源供应水平，美巴联合经济委员会对巴西的宏观经济和部门经济进行了长达两年的全面调查，提出把能源、交通、食物生产、基础工业和技术教育作为重点项目扶持。在美巴联合经济委员会报告的基础上，库比契克政府加快了引进外资的进程，外资的流入带动了巴西能源、运输的迅速发展。在巴西实施第一个全国交通运输发展计划（1956—1960 年）期间，全国共铺设公路 1.7 万公里，并修建了数千米铁路干线。

三是扶持重工业发展。美巴联合经济委员会给巴西政府提出的建议方案中还包括许多建设重工业产业的措施，包括基础工业建设，如钢、水泥、汽车、造船产业等用的重型机械以及化学品产业等，并对这些产业的进口制造机械、工业原料、零部件、中间产品给予优惠政策。

在政府的帮扶之下，巴西重工业逐步发展起来。巴西重工业的建成主要集中在瓦加斯时期和库比契克时期（1956—1960 年）以及 20 世纪 70 年代的军政府时期。其间，汽车产业得到了充分的发展。巴西的汽车产业起步较晚，1957 年巴西的汽车产量仅为 3.1 万辆。然而经过 20 世纪六七十年代的迅猛发展，到了 1980 年，巴西的汽车产量已经达到 116.5 万辆，在世界汽车产业的排行榜上位列第八，成为世界上重要的汽车生产大国之一。巴西汽车产业直接雇用的工人达到 10 万人，同时还带动了大批相关产业的发展，汽车产业的迅猛发展是"巴西经济奇迹"的重要原因之一。

在一系列政府工业帮扶措施的推动下，如保护国内市场、扶持幼稚产业、吸引外资和大力投资基础设施建设等，巴西的工业化进程得以加速。

三、债务危机与通货膨胀时期

1980—1990 年被称为巴西经济"失去的十年"，巴西在这一时期面临着诸多冲击。

首先是石油危机。1973 年 10 月，第四次中东战争爆发，石油输出国组织（OPEC）收回石油定价权，国际油价大幅度上涨。巴西石油严重依赖进口，比例高达 80% 以上，油价暴涨让巴西进口开支从 1973 年的 62 亿美元在一年时间内猛增到 126 亿美元，经常账户赤字则由 17 亿美元上升到 71 亿美元，经济发展受到严重影响。

其次是债务危机。1982 年 8 月，墨西哥中止偿还外债，导致拉美债务危机爆发，引起拉美国家连锁反应。国际市场停止向巴西贷款，最终巴西不得不向国际货币基金组织求救以应对债务危机。1985 年，巴西外债规模突破千亿美元，居世界第一。

最后是恶性通货膨胀。早在 20 世纪 50 年代，巴西的通货膨胀问题就已初现端倪，渐渐高于其他地区。如表 9.3 所示，1970—1981 年，巴西年均通货膨胀率达到 40.5%；1981—1984 年，巴西

年均通货膨胀率攀升至 142.2%。在整个 20 世纪 80 年代，巴西通
货膨胀率约为亚洲地区的 20 倍、中东地区的 7 倍，通货膨胀形势
普遍存在且持续恶化。

表 9.3　拉美国家 1970—1984 年通货膨胀情况

国家	通货膨胀率（%）	
	1970—1981 年	1981—1984 年
巴西	40.5	142.2
阿根廷	130.8	340.4
智利	42.7	18.8
墨西哥	17.5	74.4
秘鲁	33.8	94
委内瑞拉	9.1	9.3
平均	46.3	137

资料来源：根据萨克斯的《拉美和东亚的外债和宏观经济实绩》整理而得。

　　一系列冲击从 20 世纪 80 年代开始成为巴西经济发展的障碍，
这是拉美模式下巴西依附性发展所遭遇的重大危机。在危机中，外
债沉重、通货膨胀、货币贬值、经济衰退和外资撤退等问题源源不
断。在国际金融组织以及以美国为首的发达国家的施压下，拉美国
家被迫进入调整阶段，其发展的经济思想也面临转变。

　　美国等经济体介入巴西危机的调整，积极向巴西输出其新自由
主义思想。新自由主义理论指出巴西经济衰退及发生危机的根源在
于其内向型发展策略、对国内市场的过度保护以及政府对经济的过
度干预。内向型发展策略注重保护国内市场，政府给予国内产业较
大优惠，打击了出口，却无法有效替代进口，导致各种问题，政府
的干预也使市场的价格调节机制无法发挥作用。进口替代的一系列
弊端让新自由主义在拉美国家逐渐得到支持。

　　新自由主义在美国牵头的"贝克计划""布雷迪计划""华盛顿
共识"等方案中得到体现，它们都要求巴西等拉美国家提高开放程

度，取消贸易保护政策，实行贸易自由化、私有化和国际化，从内向型工业化转向出口导向经济发展战略。在内外环境的双重压力下，拉美国家逐渐接受新自由主义的调整，提高经济与贸易的开放程度，进一步依靠国际市场和外资来解决经济困境，取消或降低进口保护性关税，取消对本国工业的保护政策。

1980—1990 年巴西经济"失去的十年"与恶性通货膨胀率迫使巴西开启了 20 世纪 90 年代的经济改革。这一时期巴西的经济改革主要是在新自由主义思想指导下进行的。巴西经济改革主要涉及工农领域规划、对国企进行私有化改革、加大开放程度等方面。

第一，革新工农领域的规划。巴西在经济改革前的较长时间内都实行内向工业化，贸易保护力度很大，长期的贸易保护使其本国产品在国际市场上的竞争力不强，不利于巴西出口行业的长远发展和国际收支的改善。为此，巴西政府推出"新巴西计划"试图推进工农业加快发展，配合"工业品品质计划"以及"农产品品质计划"，旨在提升产品的国际竞争力。

第二，推动私有化改革。在这一时期，巴西国内大量的国有企业效益差且亏损严重，严重拖累了巴西经济，私有化被认为是解决这一问题的有效途径。1990—1996 年，巴西政府陆续批准各个部门的私有化改革，涉及钢铁、电力、铁路等多个部门。1997年 5 月 6 日，当时世界最大的铁矿石企业、巴西效益最好的国有企业——淡水河谷公司也被公开拍卖，成为私有企业。私有化进程不断展开，众多巴西国有企业陆续被私有化。

第三，对外开放。主要措施包括贸易自由化、放宽外资进出限制等。巴西的关税从最高关税税率 105% 下降到 35%。改革前巴西的平均关税税率为 32%，而改革后平均关税税率降至 21%。巴西对自身发展模式做出改变，外资被允许参股甚至收购巴西企业，一些相关的限制也陆续被取消。

四、21 世纪时期

在新自由主义思想指导下，巴西等拉美国家的经济在改革中迈入 21 世纪。在 21 世纪，巴西的主要贸易合作对象不再局限于美国。随着巴西加强与欧盟的贸易投资合作，以及与中国、日本、印度等国家的合作也取得进展，巴西经贸发展呈现多边化的趋势。

巴西 20 世纪 90 年代的经济改革并没有让巴西获得满意的发展。相反，经济改革在一定程度上加大了美国等发达国家对巴西的渗透和控制，巴西经济增长缓慢甚至停滞不前，且经济结构问题并没有得到解决，社会不公平、贫富分化问题仍然存在，巴西人民对新自由主义思想指导下的经济改革产生不满情绪。因此，与新自由主义立场不同的巴西左翼政党逐渐获得更多支持，美国支持的右翼政党逐渐失势。

巴西劳工党以"劳工社会主义"思想为指导，该思想在卢拉任期（2003—2010 年）内得以转化为具体措施。在经济和社会方面，巴西主张改变新自由主义政策，将发展重心转到"社会发展"上来，加大国家力量引导经济增长的力度并扩大范围，进行税制改革、金融改革、基础设施建设，同时注意合理改变对外资的依赖情况。在关系国计民生的教育、卫生、就业、安全和贫富差距方面，巴西推出了"零饥饿计划""家庭救助金计划"等惠及低收入群体的政策方案，主张社会公正。在对外关系方面，巴西坚持独立自主、和平友好，反对霸权主义。

第五节　贸易保护对各国的经济效应

本节主要介绍贸易保护对各国的经济效应，接下来将依次介绍贸易保护对印度、韩国、墨西哥和巴西的经济增长、贸易水平和产业结构的影响。

一、贸易保护对印度的经济效应

（一）经济增长与贸易水平

在进口替代战略初期阶段（1947—1966 年），经过第一个五年计划的经济复苏时期和第二、第三个五年计划的加速发展民族工业阶段，印度经济总体上升，但由于进口替代战略的实施，进出口增长缓慢，贸易逆差不断增大。

在经济发展水平上，贸易保护虽然在一定程度上推动了印度经济水平的提高，但经济总体上增长缓慢。根据印度统计局的数据，1950—1965 年，印度 GDP 累计增长 21%，年均增长率不足 1.5%，远低于世界平均 GDP 增长率 4.9%（1950—1973 年）。同时，由于人口增长过快，15 年间，印度人口由 360 万增至 487 万，增加了 35%，人均 GDP 增长率年均仅有 1%。

在贸易水平上，贸易保护并没有改变印度对外贸易逆差扩大的趋势，反而使得印度经济封闭性提升。根据世界银行数据库的统计，印度 1960—1965 年商品与服务进出口贸易总额由 41.8 亿美元增至 50.7 亿美元，年均增长率为 4%。其中，出口增长 3.17 亿美元，增幅达 19%，进口增长 5.73 亿美元，增幅约为 23%，进口增长速度快于出口增长速度。这表明在进口替代战略下，印度一方面严格限制进口，另一方面又不得不大量进口机械设备和原材料，而出口产品在国际市场上缺乏竞争力，因此进口大于出口，贸易逆差不断扩大。印度 1960—1965 年贸易逆差占贸易总额的比例年均达 19%，且呈不断扩大的趋势。1960 年印度贸易依存度为 10% 左右，根据国际货币基金组织的数据测算，1960 年全球外贸依存度[①]为 25.4%，印度不足一半，说明印度经济开放程度低，且进口依存

[①]　全球进出口总额与经济总量的比率。

度高于出口依存度，这就更加剧了印度经济的封闭。

在进口替代战略向出口导向战略调整阶段（1967—1990 年），第四和第五个五年计划由于自然灾害、印巴战争、石油危机和国内政局动荡等原因，基本以失败告终，印度经济陷入严重危机。

在经济发展水平上，根据印度统计局的数据，1966—1990 年，印度 GDP 累计增长 111%，年均增长率达到 4.5%，超过前三个五年计划时期 3 个百分点。

在贸易发展水平上，根据世界银行的统计，印度 1966—1990 年商品与服务进出口贸易总额由 49.6 亿美元增至 497.7 亿美元，增长了 9 倍，其中，出口由 19 亿美元增至 226 亿美元，增长近 11 倍，进口由 30.6 亿美元增至 271 亿美元，增长近 8 倍，出口增速超过进口增速，显示了印度第四个五年计划对贸易政策的调整有了成效，特别是在扩大出口方面效果明显。但贸易逆差也随着贸易总额的增加而增大，1966—1990 年印度贸易差额占进出口贸易总额的比例年均达 19%，且呈不断扩大的趋势。印度 1966—1990 年贸易依存度平均为 12%，根据国际货币基金组织的数据测算，1970年全球外贸依存度为 27.9%，到 1990 年时已升至 38.7%，印度经济的封闭性并未发生根本改变。

在经济自由化与新贸易保护主义初期阶段（1991—1996 年），拉吉夫·甘地政府全面推行经济全球化、市场化和自由化改革，贸易保护手段由关税壁垒转变为更为隐蔽的非关税壁垒。

在经济发展水平上，根据印度统计局的数据，1991—1997 年印度 GDP 年均增长率为 5.65%，首次超额完成了五年计划的目标。同一时期，印度人均 GDP 年均增长率为 3.55%，达到自印度独立以来经济增长的最高水平。

在贸易发展水平上，根据世界银行的统计，1991—1997 年，印度商品与服务进出口贸易总额增加了 481.82 亿美元，年均增长率达 10.14%。其中，出口增长了 93.78%，进口增长了 116.23%，这一时期由于放宽了进口限制，印度国内需求激发，但是出口产品的国际竞争力仍然不强，进口增长快于出口增长，贸易逆差扩大。1997 年，印度贸易依存度达到 23%，印度对外开放程度提高，但仍然落后于世界各国的平均开放水平，还达不到 1990 年时 38.7% 的平均水平，这正是印度长期实行贸易保护的结果。

（二）产业结构

在进口替代战略初期阶段（1947—1966 年），印度大力发展重工业，经过第二、第三个五年计划共十年的工业发展，印度的产业结构发生了较大的变化。

在进口替代战略向出口导向战略调整阶段（1967—1990 年），印度政府从第四个五年计划开始调整发展战略，更加注重农业发展和满足人民基本需求。因此，在 1967—1990 年间，印度的产业结构变化明显不同于前三个五年计划时期，第二产业比重增长缓慢，第一产业比重下降较快且与第三产业的增长持平。根据印度统计局的数据，1950 年印度的三大产业结构比例为 59∶13∶28，1965 年为 47∶20∶33，1990 年为 35∶24∶41。1966—1990 年间，第一产业的总产值由 10 505 亿卢比增至 22 311 亿卢比，增幅达 112%，年均增长率为 5.5%，第一产业的 GDP 占比由 47% 下降至 35%，降低 12 个百分点，下降了约 26%，其中，农业占到 89% 以上，高出 1950—1966 年 2 个百分点，种植业仍然占农业总产值的近 80%，反映出优先发展农业战略的实施成效，粮食自给程度提高。

在经济自由化与新贸易保护主义初期阶段（1991—1996 年），在第七个五年计划结束时，印度的三大产业结构比例为 35∶24∶41。从尼赫鲁开始，印度历届政府都高度重视科技对国民经济发展的贡献，因而加大教育和科技投入，重视科技人才的培育。20 世纪 80 年代中期，印度在原子能、空间等领域的研究已经达到或接近世界先进水平，高等教育的规模和技术人才的数量达 220 万人（1985年），仅次于美国和苏联，居世界第三位。到 1997 年，印度三大产业结构比例为 29∶25∶46，第一产业在国民经济中所占比重继续下降，第二产业增长缓慢，第三产业增长快速。

二、贸易保护对韩国的经济效应

在实现工业化发展目标的过程中，韩国政府根据国内外社会经济发展变化及时采取了有效的贸易保护措施，经济发展取得了举世瞩目的成果。贸易保护对于经济发展、国内生产具有正向促进作用，但同时也带来了对外贸易依存度深化、主导产业缺乏竞争力等诸多问题。

一是对出口的奖励性保护促进了整个社会经济发展。为发展国内产业，韩国政府制定了一系列配套措施，如建立行业保护法规、设定关税壁垒和进口限制、给予出口税制减免。20 世纪 60 年代以后，韩国出口贸易对经济增长的贡献率达到了 30% ～ 40%，极大地促进了生产发展，尤其是 1972 年、1973 年，出口贸易对经济增长的贡献率高达 50% ～ 60%。随后出口贸易对经济增长的贡献率有所下降。但到 20 世纪 80 年代，随着出口产品结构从轻工业产品转向重化学工业产品，出口贸易对经济增长的贡献率有了提升，维持在 40% 左右。进入 20 世纪 90 年代以后，出口贸易对经济增长的贡献率相比于 80 年代有所下降，但在 1999 年之后总体呈现增长态势（如图 9.1 所示），1999 年为 15.6%，2003 年达到 111.2%，达到历史最高值，其后虽呈现出下降的趋势，但维持在 60% 左右。出口贸易对于经济增长的贡献率虽然由于不同年份的商品结构差异而有所不同，但总体占据较大比重，经济增长的较大部分是由出口带动的。

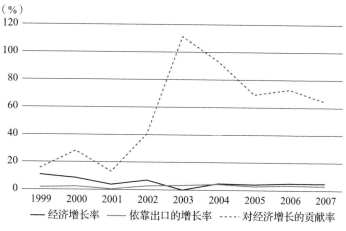

图 9.1　出口贸易对经济增长的贡献率

资料来源：韩国贸易协会 2001—2008 年统计资料。

　　二是贸易保护促进了本国工业发展和国民所得率提高。对于某一行业的保护不仅能够促进该行业发展，还能带动上下游产业发展，从而影响整个工业生产活动，带来就业和收入增加的连锁效应。20 世纪 70 年代，韩国出口贸易带动的生产额是贸易额的 1.8 倍左右，80 年代增长为 2 倍左右，90 年代下降为 1.8 倍左右，进入 21 世纪以后又增长为 2 倍左右，2005 年增长为 2.08 倍，2007 年增长为 2.12 倍。根据韩国贸易协会的统计数据，从整体来看，韩国出口带动的国民所得率维持在百分之五六十的较高水平（见图 9.2）。20 世纪 70—90 年代，韩国出口带动的国民所得率在 60% 以上。进入 21 世纪以后，出口贸易带动的国民所得率有所下降，2003 年为61.0%，到 2007 年则下降为 53.5%，但相对而言仍维持在高位。

　　三是贸易保护使得对外贸易依赖严重。为保护国内市场，韩国有选择地进口稳定且廉价的天然资源、中间材料及生产资料这些国内缺乏的资源，再利用这些资源发展出口贸易。1948—1960年，韩国贸易依存度仅为 17.4%，但是实施出口导向型经济发展战略后，因为出口贸易的扩大必然促进海外原材料和中间产品的大量进口，所以贸易依存度大增。根据韩国贸易协会的统计数据，1960 年韩国贸易依存度为 18.5%，1970 年为 34.8%，到 1980 年则为 63.9%。进入 20 世纪 90 年代以后，贸易依存度降至 50%，但到 2005 年增长到 68%，2007 年为 75.1%，创历史新高。由此可见，贸易保护虽然促成了经济的发展，但是带来了较高的贸易依存度，导致韩国自主经济基础并不牢固。

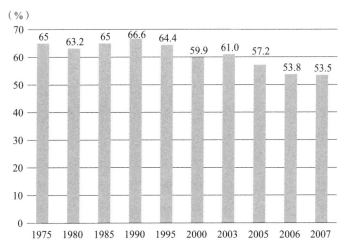

图 9.2 出口对国民所得的诱发效果

资料来源：韩国贸易协会 2001—2008 年统计资料。

四是长期贸易保护使得出口主导产业在一定程度上缺乏国际竞争力。为应对社会经济环境的变化，韩国在不同时期重点发展不同主导产业，但在这个过程中对出口主导产业的竞争力培育不足。如 20 世纪 70 年代，韩国大力扶持资本密集型重化学工业，但相对忽视了对轻工业部门的投资，轻工业部门的生产效率和价格竞争力下降，在发达国家中的市场份额逐渐下降。80 年代中期以后，轻工业产品出口减少，没有依据市场多样化需求做出调整，产品技术水

平不高，产品落后于中国等新兴市场。出口产品由于受到了国内政
策的优惠保护而缺乏在成本、技术等方面培育核心竞争力的激励，
在国际市场上竞争力略有不足。

总而言之，韩国的贸易保护政策虽然促进了国民经济的高速发
展，但是不可避免地带来了对外贸易依赖严重、产品国际竞争力不
足等弊端。

三、贸易保护对墨西哥的经济效应

在殖民统治以及独立后的一个相当长的时期内，墨西哥一直是
西班牙、英国等西方资本主义国家的矿产品和原料供应地。20 世
纪 30 年代以后，随着墨西哥进口替代战略的实施，其民族经济得
到较快发展，对外贸易额日益扩大，进出口商品的结构也发生了很
大的变化。

一是贸易保护促进了贸易商品结构的转变。二战之后，墨西哥
采取公私结合的方式，继续优先发展进口替代工业，贸易结构发生
了较大变化。在 1960 年的出口商品中，52% 来自农业部门，21%
来自采掘业（其中矿产品占 18.3%、石油占 2.7%），18.3% 来自制
造业（主要是食品、纺织品和化工产品）；而到了 1975 年，在出口
商品中，来自农业部门的产品下降到 20.8%。为了增加石油出口，
采掘业出口比重提升，来自采掘业部门的产品上升到 25.8%，来自
制造业部门的产品则猛增到 42%。为了促进本国工业的发展，墨西
哥大量从国外进口机器设备、工业原料和中间产品。1970 年生产
资料的进口占进口总额的 80%，其中原材料占 33.5%，机器和设备
占 46.5%；1976 年生产资料的进口上升到 86.5%，其中原材料增加
到 44.9%，机器和设备降到 41.6%。1974 年以后，墨西哥的贸易结
构发生了很大变化，由于国际市场上对石油的需求剧增，墨西哥加
紧开发石油，原油出口大增，成为主要的出口产品。原油出口收入

从 1974 年的 1.38 亿美元猛增至 1980 年的 92 亿美元, 从占出口总额的 4.8% 上升到 60%, 原油的大量出口使出口额大大增加。

二是贸易保护加剧了贸易逆差。20 世纪 60 年代末以前, 墨西哥商品贸易赤字不大, 基本上由劳务出口弥补。但是 70 年代以后, 贸易逆差逐渐加重。由于政府对工业的保护导致工农业发展不均衡, 私人资本从农业部门向高保护的工业部门转移, 造成农业部门资金匮乏, 增长率逐年下降。农业衰退使粮食由出口转为进口, 同时在进口替代战略下仍然大量进口机器设备和工业原料, 这导致墨西哥的对外贸易长期出现大量逆差。如表 9.4 所示, 1970 年, 墨西哥对外贸易逆差为 10.46 亿美元, 到 1980 年为 32.65 亿美元, 十年时间扩大了两倍多。1976 年墨西哥陷入严重经济危机, 政府采取了限制进口、鼓励出口等措施, 阻止了贸易逆差继续恶化, 使贸易赤字从 1975 年的 37.21 亿美元降到 1976 年的 27.14 亿美元和 1977 年的 14.71 亿美元。但是 1978 年以后, 政府为了恢复经济的高速增长, 放宽对进口的限制, 贸易赤字又重新上升, 到 1980 年已达 32.65 亿美元。

表 9.4　1970—1980 年的贸易趋势

年份	商品出口 (百万美元)	商品进口 (百万美元)	差额 (百万美元)	出口占进口的 比重 (%)
1970	1 281	2 327	−1 046	55.0
1971	1 363	2 254	−891	60.5
1972	1 665	2 718	−1 053	61.3
1973	2 071	3 813	−1 742	54.3
1974	2 850	6 057	−3 207	47.1
1975	2 859	6 580	−3 721	43.4
1976	3 315	6 029	−2 714	55.0
1977	4 418	5 889	−1 471	75.0
1978	5 823	8 139	−2 316	71.5
1979	8 798	11 985	−3 187	73.4
1980	15 307	18 572	−3 265	82.4

资料来源: 根据公开资料整理。

三是贸易保护加剧了墨西哥对外国经济的依赖。在墨西哥独立之后，英国资本最先侵入墨西哥，英国借助向墨西哥提供贷款的机会控制了墨西哥的大部分对外贸易活动，之后德国和法国资本也相继进入墨西哥市场，墨西哥沦为西方国家的原材料供应地，贸易活动也受到控制。19 世纪下半叶，美国逐步替代了英国、德国和法国，成为墨西哥的主要贸易对象。从这个时期开始，美国的商品价值在墨西哥的进出口总额中占一半以上。1940 年以后，墨西哥为实现工业化，大量从美国进口机器、设备和原材料，从美国的进口占进口总额的比重上升到 80% 以上，直到 1955 年以后才降到 70% 左右。

四、贸易保护对巴西的经济效应

（一）早期经济发展时期

在早期经济发展时期，巴西主要奉行初级产品出口驱动模式，该模式给尚处于殖民地统治时期的巴西带来了经济繁荣。在巴西的早期工业化期间，即 1891—1929 年间，巴西 GDP 增速出现了明显上升。初级产品出口驱动模式为巴西早期的工业化奠定了基础：第一，棉纺织品工业等轻工业利用咖啡农场主出资兴建的各项基础设施，包括铁路、供电站等，得到了初步发展。第二，在咖啡种植园工作的移民也为当地的工业制成品提供了一个广大的消费市场。第三，咖啡出口市场的繁荣使巴西 1860 年后国际收支连年盈余，为巴西进口机器设备、交通工具及通信器材提供了资金。到经济大萧条之前，巴西的棉纺织品工业已经能满足国内 90% 的织物需求。

虽然在初级产品出口模式的驱动下，巴西经济呈现出繁荣，但其弊端也是显而易见的。一是以殖民统治及初级产品出口为导向的发展模式造成了巴西严重的收入分配不公，直到今天，巴西都是世界上收入分配不平等最严重的国家之一。二是初级产品出口驱动的发展模式对国际市场具有较大依赖，而随着科技的发展，世界市场对初级产品的需求变少,巴西面临的贸易条件逐渐恶化。三是初级产品出口驱动模式导致了巴西经济的畸形发展,巴西的农业发展在1850 年后逐渐向单一的咖啡品种发展,咖啡出口成了巴西的支柱性经济产业,占巴西总出口金额的 10%。单一的经济发展模式使巴西经济极易受到国际市场供求和价格波动的冲击。

(二) 工业基础建立和快速发展时期

在工业基础建立和快速发展时期,巴西像大多数发展中国家一样,推行了进口替代工业化模式。伴随着进口替代战略下政府对经济强有力的干预和控制,在 1950—1980 年的 30 年间,巴西经济快速增长,年均增长 6.9%。其中在 1968—1973 年的"巴西经济奇迹"期间更是达到了年均 11.2% 的增速,工业、农业和交通运输业的平均增长率分别为 11.9%、5.9% 和 11.7%。巴西成为当时世界上经济增长最快的国家,经济规模发展迅猛,不断缩小与发达国家之间的距离。

对工业的保护促进了工业的迅速发展,优化了产业结构。在进口替代工业化模式的驱动下,巴西政府重点保护和发展工业。根据世界银行的统计数据,1932—1962 年间,巴西工业的平均增长率达到9.1%,而农业部门的同期增长率仅为 3.8%。工业的快速增长带来了巴西产业结构的优化调整。在进口替代战略的驱动下,巴西逐渐建立了完整的工业体系,完成了从传统的农业经济向工业 – 农业二元经济的转型。表 9.5 显示了 1939—1966 年巴西 GDP 产业比重的变化。

表 9.5　1939—1966 年巴西 GDP 产业比重的变化(%)

年份	1939	1947	1953	1957	1960	1966
农业	25.8	27.6	26.1	22.8	22.6	19.1
工业	19.4	19.8	23.7	24.4	25.2	27.2
服务业	54.8	52.6	50.2	52.8	52.2	53.7

资料来源:世界银行发展数据库。

(三) 债务危机与通货膨胀时期

在债务危机与通货膨胀时期，巴西奉行新自由主义，提高开放程度，取消贸易保护政策，实行贸易自由化、私有化和国际化，从内向型工业化转向出口导向经济发展战略。

虽然进口替代战略对于巴西的经济增长和工业发展发挥了积极作用，但是这一模式的弊端也成了巴西陷入"失去的十年"的导火索。一是这一模式违背了巴西的要素禀赋，为推动资本和技术密集型重工业优先发展，政府采取高筑关税壁垒、扭曲要素价格、压低利率和原材料价格、高估本国货币等措施保护国内市场，大量消耗了本国相对稀缺的资本和技术资源，闲置了丰富的劳动力和自然资源。二是保护幼稚产业，消耗了大量物质资源，但在高度保护下发展的工业制成品在国际市场上缺乏竞争力。三是对工业高度保护，不惜牺牲农业的发展，对农业部门造成了严重损害。

(四) 21 世纪时期

卢拉在其任期（2003—2010 年）内改变了使巴西经济陷入恶性循环的新自由主义政策，巴西的宏观经济形势明显好转。

第一，巴西贸易状况得到改善，国际收支扭亏为盈。如表 9.6 所示，2003 年巴西的贸易总额达到 1 213.37 亿美元，其中出口 730.84 亿美元，进口 482.53 亿美元；而到 2010 年巴西的贸易总额达到 4 782 亿美元，其中出口 2 337 亿美元，进口 2 445 亿美元，巴西的进出口总额增长明显。2003—2009 年巴西均为贸易顺差，巴西的国际收支状况整体上得到改善。

表 9.6　2003—2010 年巴西对外贸易情况　　　单位: 亿美元

年份	进出口总额	出口额	进口额	差额
2003	1 213.37	730.84	482.53	248.31
2004	1 592.36	964.57	627.79	336.78
2005	2 324	1 344	980	364
2006	2 778	1 573	1 205	368

续表

年份	进出口总额	出口额	进口额	差额
2007	3 424	1 846	1 578	268
2008	4 486	2 284	2 202	82
2009	3 554	1 807	1 747	60
2010	4 782	2 337	2 445	−108

资料来源：世界银行发展数据库。

第二，宏观经济的向好吸引了大量外资涌入巴西。随着巴西宏观经济形势趋于稳健，国际投资信用评级机构纷纷调高巴西的信用等级，大量外资涌入巴西。2008 年 4 月，国际投资信用评级机构标准普尔将巴西货币长期债券信用从 BBB 级提升至 BBB+ 级。随后，加拿大信用评级机构也将巴西的信用等级从 BB+ 级提高到 BBB– 级。这意味着巴西进入了低风险投资国家行列，大量外资涌入巴西。从表 9.7 可以看出，巴西是金砖国家中除中国外外资流入额较多的国家，2005 年巴西 FDI 流入额为 150.66 亿美元，到 2010 年增长到 484.62 亿美元，增长明显。

表 9.7 金砖国家 FDI 流入额 单位：亿美元

年份	2005	2006	2007	2008	2009	2010
巴西	150.66	188.22	345.85	450.58	259.49	484.62
俄罗斯	130.72	136.78	277.97	270.27	159.06	138.1
印度	89.61	228.26	348.35	378.38	377.63	303.8
中国	603.25	630.21	747.68	923.95	900.33	1 057.35

资料来源：世界银行发展数据库。

发展中国家贸易摩擦的典型事件

近年来，中国同拉美国家的贸易规模不断增长，与此同时，双边贸易摩擦也逐年增加。阿根廷频繁对中国实施贸易保护措施，其中最为重要的是反倾销措施。尽管阿根廷在 2004 年就承认了中国的市场经济地位，但在反倾销案件的实际处理中屡次在替代国上做文章，实现抑制中国产品进口的目标。

印度和南非都是重要的发展中大国，同中国既存在密切的经贸合作关系，又存在十分激烈的竞争关系，两国都对中国实施了较为严酷的反倾销措施，而印度又在出口管制、对外直接投资等领域阻碍中印经贸关系的正常发展。

尽管阿根廷和巴西同为南方共同市场的重要成员方，但两国之间也频繁发生贸易摩擦，双边关系日趋紧张，充分表明了以邻为壑的贸易政策会破坏互利共赢的局面，影响区域经济的健康发展。

发展中国家近年来也挑起了同发达国家之间的贸易摩擦，美国、欧盟都成为广大发展中国家进行贸易限制的对象。

第一节　发展中国家之间的贸易摩擦

发展中国家占世界陆地面积和总人口的 70% 以上，包括亚洲、非洲和拉丁美洲的多个国家，地域辽阔，人口众多，拥有广大的市场和丰裕的自然资源，在世界舞台上占据重要地位，也是拉动世界经济增长的重要引擎。随着国际贸易的不断发展，发展中国家间的贸易摩擦也经常发生。本节主要探讨发展中国家之间的贸易摩擦，选取中国同阿根廷的贸易摩擦、阿根廷同巴西的贸易摩擦和中国同南非的贸易摩擦三个案例进行分析。

一、中国同阿根廷的贸易摩擦

近年来，中国同拉丁美洲国家间贸易不断增长，同时，拉丁美洲国家对华贸易依存度也越来越高。自 2008 年全球金融危机以来，虽然在洛斯卡沃斯 G20 集团峰会上，成员方达成协议，承诺不采取贸易保护措施，避免增加新的贸易壁垒，但参与协议的阿根廷实际上并没有如约履行义务。全球贸易预警组织在 2012 年 9 月公布的报告称阿根廷生效的贸易保护措施数量达到全球首位，而中国在拉丁美洲各国出台的贸易保护措施中受到的损害高居全球首位。在 2012 年左右，拉丁美洲国家出现了严重的贸易保护主义抬头的情形。一方面，拉丁美洲国家由于经济动力不足，在金融危机中的复苏较为缓慢，国内市场情绪低落，消费不足，因而面临着较高的国内压力。另一方面，世界新兴经济体增加了对拉丁美洲国家的出口，导致其国内市场受到了更大的冲击，因此中国和拉丁美洲国家产生经贸冲突难以避免。

在 1995—2008 年间，阿根廷对来自国外的进口产品发起了 241 起反倾销调查，实施了 167 起反倾销措施。在这一时段内，遭受阿根廷反倾销调查最多的几个贸易伙伴分别为中国、巴西、韩国和美国等。中国以 61 起反倾销调查和 40 起反倾销措施高居遭受阿根廷反倾销手段的首位。自 2012 年以来，阿根廷对外采取了越来越多的贸易保护措施。阿根廷除了传统的反倾销手段之外，还采取了非自动进口许可证制度、参考报关价格制度等方式进行贸易保护。阿根廷采取的参考报关价格制度充分体现了该国对进口产品的歧视性以及经贸政策的随意性。阿根廷对进口产品设立相应的参考报关价格，只要进口产品报关价格低于这一参考报关价格，阿根廷海关就可以以涉嫌偷税漏税和倾销等理由对产品进行调查并加以限制。但事实上，阿根廷所谓的参考报关价格根本不具有参考价值，这一价格和国际市场的实际价格相去甚远，本质上只是阿根廷用以开展贸易保护的幌子。在市场经济地位的认定上，阿根廷早在 2004 年就承认了中国的市场经济国家地位，但是在实际的反倾销调查中，依然没有将中国视为市场经济国家，而继续选用第三国替代价格标准对中国产品进行价格评估，并且屡次选择欧美等国家作为替代国，利用发达国家的高劳动力成本、高生产资料成本特点来界定中国对阿根廷的国内产业造成了损害。2009 年，阿根廷就原产于中国的钢管产品开展反倾销调查，在调查过程中选择美国作为中国的替代国，进而对中国涉案产品征收了高达 98% 的临时反倾销税，这一举措明显带有极大的随意性和不合理性。

阿根廷和中国互为重要的贸易伙伴，但阿根廷对中国频繁实施贸易保护手段，中国成为阿根廷反倾销的首要目标。这一现象的原因可以归结为以下几个：第一，中国的市场经济地位问题。阿根廷早在 2004 年就承认了中国的市场经济地位，但在实际处理上屡次在替代国上做文章。第二，中国对阿根廷的出口贸易量较大，并且出口的机电产品、化工产品等产品类别对阿根廷的国内市场产生了一定的压力，阿根廷选择对中国采取一系列贸易保护手段是为了防止本国产业受到来自中国的冲击。比如贱金属及其制品作为阿根廷进口的大宗货物，对其国内产业具有较强的替代性。阿根廷作为拉丁美洲的发展中国家，出口以初级产品和资源产品为主，而进口工业制成品。包括中国在内的阿根廷的几大贸易伙伴往往在贱金属资源上和人力成本上相对于阿根廷具有比较优势，进而其出口的贱金属及其制成品对阿根廷国内市场的利益造成冲突，进而使得阿根廷采取了反倾销手段。第三，中国在面临来自阿根廷的反倾销调查时难以取得优势，对中国开展的反倾销调查成功率相对较高，进而使阿根廷可以对华征收高额反倾销税。反倾销成功率高使得阿根廷更倾向于对中国开展反倾销调查，进而实现贸易保护的目的。由于阿根廷反倾销政策规定的反倾销应诉期限短，应诉程序复杂，且中国企业在阿根廷市场上的涉案金额相对于其他中国贸易伙伴偏小，企业面临起诉时的应诉成本较高，应诉收益有限，因此中国企业受到来自阿根廷的反倾销指控后，往往采取的回应相对消极，进而应诉不利，最终形成了"对中国反倾销容易成功—倾向于对中国进行反倾销"的负反馈逻辑链条，进而导致中国利益不合理受损。

二、阿根廷同巴西的贸易摩擦

阿根廷和巴西两国既是同处于拉丁美洲的发展中国家，又是南方共同市场的重要成员。成立于 1991 年的南方共同市场，其成员国全部为发展中国家。南方共同市场成立的宗旨在于通过有效利用资源、保护环境、协调宏观经济政策、加强经济互补、促进成员国的科技进步和实现经济现代化，改善人民生活条件，推动拉丁美洲地区的经济、政治和文化一体化进程。在 2000 年左右，南方共同市场在内部贸易和争端解决机制上取得了一定的进展，并且实现了区域内大部分商品零关税或低关税。但随着世界经济格局发生改变，在 2008 年金融危机之后，南方共同市场内部的贸易保护主义和经济民族主义思想开始出现，成员方之间难以保持原有的零关税做法，反而开始在内部互相设立贸易壁垒。这也导致了南方共同市场内的经济一体化进程难以深入开展，关税同盟协议谈判进展缓慢。

在这样的背景下，南方共同市场成员间的内部摩擦也难以避免，其中的两大成员方巴西和阿根廷，在金融危机发生后的时间内，也频繁发生经贸摩擦，双边经贸关系日趋紧张。在 2008 年，阿根廷政府设立了进口产品的参考报关价格制度。2009 年初，阿根廷政府宣布加强对出口产品的控制，提高了该国 800 多种进口产品的参考价格，进而对其贸易伙伴产生了难以忽视的影响。除上文提到的中国之外，作为阿根廷第一大贸易伙伴的巴西也受到了这一政策的极大冲击。除参考报关价格制度之外，非自动进口许可证制度也对巴西对阿根廷的出口产生了极大制约。由于巴西产品不能获得贸易所需要的进口许可证而无法出口到阿根廷，巴西企业受损。此时的巴西和阿根廷两国都在金融危机中受到波及，国内经济情况恶化。巴西面临着贸易逆差扩大、经济中心城市失业增加和货币贬值的情况，而阿根廷也面临着经济增速大大放缓、出口下降、贸易顺差减少和货币贬值的不利局面。值得一提的是，巴西货币的贬值程度超过了阿根廷货币，因此阿根廷在两国贸易中处于更不利的地位。因此，阿根廷政府对巴西选择了采取贸易制裁手段。很快，巴西也对阿根廷采取了报复手段。巴西在不对阿根廷提前通知的情况下对阿根廷产品也采取了贸易限制措施，暂停了来自阿根廷的小麦、葡萄酒一类农产品的自动进口许可证，并计划逐渐扩大对阿根廷的限制进口产品清单范围。两国经贸关系一度恶化，甚至到了海关不能通关、大批货物滞留边境的局面。两国的经贸摩擦状态持续了两年多，其间一直处于偶有争端的不稳定状态，两国的磋商也一直在进行。直到 2011 年，在巴西工贸部和阿根廷工业部举行的会谈上，两国就存在的贸易纠纷达成妥协，接受依 WTO 的相关规定允许对方产品进入各自国家，并且就先有矛盾保持磋商，两国关系逐步缓和。

阿根廷和巴西的贸易摩擦充分展现了在发展中国家之间以邻为壑，试图采用贸易手段转移国内经济压力，破坏互利共赢局面的政策的局限性。巴西和阿根廷同为南方共同市场的重要成员方，在面临经济压力的时候选择将出口作为"解药"，而视邻国为本国国内经济压力的"减压阀"，无视此前南方共同市场在区域经济一体化和削减贸易壁垒上所做出的努力，看似祸水东引，实则两败俱伤。部分发展中国家常常由于经济韧性不足，国内市场相对有限，因而需要借助进出口手段调节国内经济，减轻可能的经济压力，在经济下行的背景下，不顾国际影响和区域发展的成果，选取粗暴的保护手段。

三、中国同南非的贸易摩擦

南非是中国在非洲最大的贸易伙伴国。2005 年，中国对南非具有贸易顺差，中国对南非出口的产品集中在机电、纺织、农产品加工、电子设备等领域，而南非向中国出口的产品集中在自然资源领域，包括矿石、纸浆等，并且南非和中国间存在着大量的国际投资。而在 2006 年，南非屡次同中国发生贸易摩擦，人为构造贸易壁垒，使得中国同南非的经贸关系之间出现了不和谐的杂音。

首先，南非在同中国的贸易中构造技术性贸易壁垒。机电、电子设备是中国向南非出口的重要商品，南非在 2006 年发布了关于煤油炉、加热器和电流断路器的新的强制性技术法规和销售管理法规，以"保护消费者安全"为由，主动提高了上述产品的性能指标和安全合格标准。其中，电流断路器的性能指标要求已经在一年内两次改变，极大地影响了中国企业对南非的出口，致使中国企业因这一标准调整而蒙受损失。在建筑材料领域，同年南非要求进口销售的水泥必须达到南非的产品标准[①]才能得到认证标识上市销售。南非的基础设施建设规模正在大幅扩张，而水泥在南非自然具有广阔的市场，此时南非对进口水泥增加技术标准，无疑为打算向南非出口水泥的中国企业增添了市场进入成本，从而影响了中国同南非贸易的正常进行。在农畜产品领域，南非禁止经过辐射处理的肉类进口，在农畜产品杀菌消毒方式上，辐射处理在世界上已经成为常规的灭菌技术，因此南非的这一限制在科学性上缺少必要的支撑。南非还禁止所有鸟类及其制品进口。当时禽流感在世界范围内只是区域性流行，而南非选择了"一刀切"的管理办法，也对没有禽流感疫情的国家存在不公，实质上构成了变相的贸易保护。

其次，南非对中国实行部分产品的出口限制。南非作为世界上重要的矿产出口国具有大量的矿产资源，拥有包括金、铂、铬在内的大量矿石材料。南非政府声称为了创造就业机会和增加出口产品附加值，减少对上述矿石产品的出口。南非政府限制对中国出口铬矿，并对出口的铬矿征收出口税。这一做法引起了中国的关注。

最后，南非对中国发起了大量反倾销调查。在 2006 年，南非发起了针对中国的玻璃纤维短切纤维席的反倾销调查，但最终以倾销行为没有造成南非市场损害和产品进口量较低而结束反倾销调查。同年，南非对原产于中国的大蒜发起反倾销日落复审，裁决继续向中国企业征收反倾销税。此外，南非对来自中国的轮胎进行反倾销调查，在接受调查的十余个中国轮胎企业中，只有四个取得了市场经济地位，而其他轮胎厂商生产的充气轮胎仍然被征收了

---

①　南非标准局（SABS）SANS50197/1 和 SANS50197/2 标准。

3%～22% 的反倾销税。除了已经做出判决的现有案件，2016 年南非国际贸易管理委员会接受了对原产于中国的柠檬酸产品进行反倾销调查的申请，也决定对从中国进口的门锁、门把手、机织织物等产品进行反倾销日落复审。南非对中国发起的大量反倾销调查同两国的双边贸易额相比，并不相称。在一定程度上，这一现象也表现了南非对中国的贸易态度。

南非和中国的贸易摩擦在一定程度上是中国和非洲国家贸易摩擦的缩影。中国和南非的贸易摩擦金额在总数上同中国的其他大贸易伙伴相比较少，但贸易争端案件数量多，应诉复杂，因而造成了中国企业应诉不积极的情况。截止到 2005 年，中国企业因没有应对南非的反倾销调查而被征收了高额的反倾销税，进而在许多领域不得不退出南非市场。由于南非并非中国的大出口目的国，参与同南非的贸易的中国企业往往体量较小，个体力量不足，对反倾销调查重视程度不够，并且在国外市场上处于相对无序的市场竞争状态，因而在较高的应诉成本面前难以做出有效回应。除此之外，以南非为代表的部分国家国际贸易规则管理混乱，政策具有相当大的自由性和不确定性，当地政府的自由裁量权较大，导致中国企业即使应诉也难以胜诉。因此，中国和以南非为代表的部分非洲国家的贸易摩擦在一定程度上对于评价发展中国家间的贸易摩擦具有典型意义。

就本节选取的发展中国家间的贸易摩擦的案例而言，发展中国家由于产业发展水平有限，通常不具有市场地位，因而发生的贸易摩擦情形相对简单。大多数发展中国家都会基于进口产品可能对本国市场造成较大冲击，或者国内经济压力较大需要贸易顺差以减轻国内压力等动机开展贸易保护，而同发展中国家产生贸易摩擦的保护手段也表现出简单、直接、随意的特性。

第二节　龙象之争：中印贸易摩擦

一、中印贸易摩擦的背景

中国和印度的崛起对当今世界经济格局产生了难以忽略的影响，两国在各个领域的合作和竞争关系并存，但就历史发展的角度来看，印度和中国之间的竞争关系一度强于合作关系。印度曾多次谋求利用贸易保护措施在经贸领域对中国施加压力。近年来，中国同印度的双边贸易往来一直处于迅速发展之中。2020年，中国再次成为印度第一大贸易伙伴国。在过去相当长的时间内，中国和印度经历了自身经济的高速发展。作为金砖国家中经济体量最大的两个国家，中国和印度在世界舞台上表现出了自己的强大生命力。由图10.1可见，印度经济从2000年之后迅速起飞，常年保持着较高的经济增长率。然而作为亚洲的两大发展中国家，中国和印度的贸易摩擦却一直未曾断绝。1996—2001年，中印两国贸易额均保持两位数增长。在2005年前，中印贸易差额相对平衡，而自2006年起，中印贸易局面发生改变。自2006年至今，印度对中国贸易出现赤字，并且赤字一直呈现扩大趋势。印度对华贸易赤字十年间增长了近十倍。[1] 这一愈演愈烈的贸易失衡使得印度国内为之忧心忡忡。"中国龙"为印度带来的经贸冲击难以被印度当局忽略。2007年，时任印度驻华大使拉奥（Rao）称："印度不能永远是中国的低级产品出口国，印度对（对华）贸易赤字的忍耐是有限的。"印度取消了进口数量限制之后，随即成为WTO成员方中使用反倾销手段最为频繁的国家之一。印度在1992—2002年间共发起反倾销调查121起，其中中国占51起，达到总数的近一半。[2] 而在2009年

---

[1]　印度对华贸易赤字2006年为43.04亿美元，2016年为466.34亿美元。

[2]　赵建军.印度对中国反倾销及对中印贸易的影响.亚太经济，2003（1）：32-34.

一年里，印度一共发起涉及中国的贸易摩擦 25 起，其中 10 起为反倾销案件，1 起为反补贴案件，另有保障措施和特别保障措施案件总共 14 起。印度是对华立案数最多的发展中国家，一直以来也对给予中国企业市场经济待遇等问题持消极态度。从中方视角看，印度占中国对外贸易出口的份额相对有限，但是产生的贸易摩擦数量与此极不相称。因而，梳理中印贸易摩擦对洞悉发展中国家贸易保护手段特点，推进互利共赢、开放并包的经贸新局面具有重大意义。

（万亿美元）

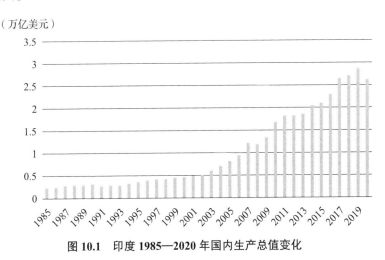

图 10.1　印度 1985—2020 年国内生产总值变化

资料来源：世界银行数据库。

二、中印贸易摩擦的表现

中印贸易摩擦表现为以下两大方面：

第一，印度对华采取反倾销措施。反倾销措施的本意是如果一国将产品以低于其正常价值的价格出口到另一国家或地区并对其产业造成实质性损害，那么它可以采取对这一产品征收反倾销税的措施来进行保护。但是事实上许多国家将反倾销措施作为了贸易保护的工具。印度在反倾销调查和征收反倾销税方面是以本国的 1975 年《关税法案》和 1995 年《关税规则》为依据的。印度实施反倾销调查的流程包括：由反倾销调查局根据相关申请开展立案调查。立案后，将立案事实通知出口国，并在规定时间内对这一事实进行初步认定，征收临时税，在初裁后 150 天内做出终裁，将结论交给政府，由政府做出征收反倾销税的决定。这也就意味着，同许多国家的"调查在先，保护在后"的工作模式不同，印度采取的是借助征收临时税以实现"保护在先，调查在后"的做法，对我国出口具有较不利的影响。

从以上流程可以看出，在印度采取的反倾销认定流程中，反倾销调查局在其中具有极高的自由裁量权。在界定倾销要件时，反倾销调查局可以根据需要对相似产品在印度的实际支付价值进行调整，因而也就使得反倾销调查局对倾销事实的界定具有极大权力。此外，基于印度的《关税规则》，反倾销调查局对疑似倾销案件具有自行立案权。值得一提的是，在重新界定非市场经济国家这一议题上，反倾销调查局对很多关键问题具有最终裁量权。例如，当一国的产品价格不能合理反映价值时，该国的市场经济国家认定申请就由反倾销调查局最终裁定。综上，反倾销调查局在印度做出反倾销调查决定的过程中具有极高的权力，印度的制度为印度轻易地采取反倾销这一贸易保护手段提供了足够的支持，以至于印度一度成为对华采取反倾销措施最多、实施征税措施最严厉的国家之一。

第二，印度拖延同中方签订自贸协定。作为亚洲经贸关系迅猛发展的发展中国家，为了满足两国经济发展和经贸合作的需求，中国一直以来期待同印度开展更深层次的经贸合作，通过建立自由贸易区的形式为两国经贸关系开创新局面。2005 年，时任中国国务院总理温家宝访问印度，同印度总理辛格签署了《联合声明》。《联合声明》提出：中印双方同意指定一个联合工作组，对中印区域贸易安排的可行性及其带来的利益进行详细研究，并提出建议。2006年，时任中国国家主席胡锦涛访问印度，发表《联合宣言》，称研究中印区域贸易安排可行性和收益的联合研究小组将于 2007 年 10月前完成有关工作。但是，这一安排并没有得到印度的大力支持。印度相关部门透露，印度并无同中国和海湾国家签订自贸协定的计划，而倾向于同欧盟、韩国、日本等签订自贸协定。在一定程度上，印度视中国为贸易竞争对手，因而在推动双边经贸关系迅速发展的道路上屡屡搬起绊脚石。印度的贸易保护手段为中印贸易关系带来了客观的不利影响。

事实上，除反倾销税这一保护手段之外，印度也对中国采取过其他手段来阻碍双边经贸关系的健康发展。2007 年，印度对对外出口的铁矿石额外征收出口关税。2007 年 2 月 28 日，印度政府宣布对所有出口的铁矿石额外加征每吨 300 卢比的关税。中国作为印度铁矿石的进口大国，国内的冶金、化工等行业受到较大影响。一直以来，中国贸易商选择印度矿石往往是由于看中了其价格低廉、运输便捷的优点，然而印度加征关税使印度铁矿石价格迅速走高，对我国铁矿石供给产生了影响。印度出口的铁矿石大部分流向中国，因此此举往往被视为印度利用卖方市场地位的恶意行为。

在商品贸易领域之外，印度对我国对外投资领域也曾多次实施保护手段。印度于 2006 年发布外国直接投资政策，规定电信设备制造领域和集装箱港口货运领域都允许 100% 的外国直接投资，并且无须政府审批。印度的港口、通信等基础设施建设领域又一直是印度长期想做出提升改进的领域，印度总理辛格多次向美国和欧洲发出呼吁，期待引进外国对印度的投资。然而中国企业在尝试进入印度的时候，却遭受了一次又一次的抵制。2007 年中集集团下属天达空港设备有限公司参加了印度 41 架登机桥的国际竞标活动，以 7.9 亿卢比的标的参加竞标，但是最终以 18.9 亿卢比的标的参加竞标的西班牙公司竞标成功。印度方给出的原因是"安全问题"，而事实上，在此之前中国的天达空港设备有限公司已经为印度机场管理局提供了很多登机桥。相似的案例还发生在通信领域。2005年，印度以担心印度战略电信网络的安全无法保证为由，拒绝了华为在印度修建新的生产基地并且扩展印度子公司的业务的相关请求。在此之前，华为位于印度的研发中心已经成为华为在中国之外最大的软件开发中心。印度在投资领域的一次次消极举措已经充分展现了印度的贸易保护特质。

三、中印贸易摩擦的原因

中印贸易摩擦频发的原因何在？我们可以将中印贸易摩擦的原因归结为以下四个方面：印度经济民族主义色彩浓重、印度贸易壁垒较高、中印投资领域重叠、中印地缘政治关系复杂。

其一，印度经济民族主义色彩浓重。就印度国情而言，自印度独立以来，印度选择了一条相对内向的经济发展道路，受到物质资金短缺、人力资本不足、技术水平有限、政治治理结构不够先进等常见于发展中国家的因素制约。印度于 1947 年独立，在自此之后的 30 余年中，一直采取严格管制下的计划经济模式，直到 1981 年才开始逐步向市场经济体制过渡，在现有的经济管制体制框架下逐步放宽外来投资准入限制，在贸易上从传统的进口替代体制逐步向进口替代和出口导向相结合的新体制转变。即便如此，在 20 世纪70 年代末，印度的半管制混合经济日益明显。公有经济部分活力不足，私人经济在各种管理限制下不再景气。自 1991 年起，印度的改革更加深化，开放程度越发提高，但即使如此，印度一直以来的贫困率、产业失衡、分配不公等问题也一直困扰着印度政府。一段时间以来，印度大力投资的软件服务业并不能为底层劳动人民提供足够的就业机会，城市化水平低、工业化水平低的印度必然有庞大的贫困底层人口。基于这一国情现状，印度在国际交往中不得不祭起民族主义的大旗。在中国加入 WTO 之前，由于中国尚未入世，因而同印度开展贸易时存在一定的不便。而在 2001 年，中国加入 WTO 这一事实对印度国内造成了一定的冲击。印度十分担心中国的产品以廉价而量足的特点击垮印度国内本不发达的产业，占据印度国内的低端市场，因而印度在相当长的时间内对中国的产品持疑惧态度。

其二，印度贸易壁垒较高。印度自 20 世纪中后期开始实施以市场为导向的经济战略，但即使如此，印度在 21 世纪初仍然对许多普通产品施加了禁止进口限制。2007 年，基于印度贸易分类 ITC①，包括丝纺织品、石油气、斜纹布在内的基础产品都被禁止进口，而食盐、化肥等产品被限制进口。此外，印度的总体关税水平也较高，在 2007 年时关税水平高达 37.5%，并且除关税外，还有种类繁多的附加税、增值税等税种和进口许可费、基础设施建设费等费用需要缴纳。除印度自身的高税率等保护措施之外，由于自 2006 年以来，印度对华始终表现为贸易赤字，并且赤字一直处于增长态势，印度对华的不满情绪始终存在并且愈演愈烈，限制中国产品进口、对中国出口到印度的产品施加各种规则上的限制的做法也随之而来。

除印度方面的原因之外，中国对印度的一些出口行为也使得印度对中国产品的接受度有限。在一段时间内，中国的个别出口企业存在着粗放化经营的特点。个别企业在从事出口贸易的过程中，为

---

① ITC（HS）是印度贸易和进出口业务的主要分类方法。它是由印度外贸总局发布的一种 8 位字母数字编码，代表某种类别的货物，并且要求进口商遵守与这些货物有关的规定。

了达成交易不惜采取恶意压价的手段，在一定程度上导致了出口秩序的混乱，也为印度留下了不好的印象。

其三，中印投资领域重叠。中国和印度同样是亚洲的两大发展中国家，同样面临着人口基数大、贫困人口多的发展困境，因而印度和中国都形成了在基础领域需要投资的情形。在 20 世纪末 21 世纪初，中国和印度在农业、基础设施建设等方面都面临着需要外来投资的局面，因而在国际市场上形成了某种程度的彼此竞争的关系。而随着中国经济迅猛发展、不断取得重大成果，中国在国际市场上的地位逐渐提高，并开始向国外进行投资。印度出于本国利益的考虑不愿让中国过多涉足其国内的农业和基建等重要领域。除此之外，印度本国的政治经济政策在一定程度上也具有"摇摆"的属性。印度政府时常以"平衡者"自居，根据不同领域，在中国和西方国家之间摇摆，因而中国对印度的投资在这一不确定性的影响下自然难以一路顺风。

其四，中印地缘政治关系复杂。基于国际政治理论，两国之间的经济关系往往和政治关系密不可分，而中国和印度在地缘政治上的争端由来已久。自 21 世纪以来，中国和印度两方都有过推动解决两国边境问题的努力，中国和印度的最高领导人也多次互访。但是即使如此，双方也未最终妥善解决边境问题。另外，印度染指中国西藏问题也对印度和中国的关系具有相当大的负面效应。在中国和印度的政治关系时有摩擦的背景下，中国和印度的经贸关系自然难以保持长期的良好状态。这一情况不但损害了两国关系，也无益于中国和印度健康的双边经贸关系的发展。

四、中印贸易摩擦的应对之策

综上，印度同中国产生贸易摩擦的原因是多方面的，既有国情原因，又有经济特点原因，还有历史和地缘政治原因。那么，基于中国和印度产生贸易摩擦的背景和原因，中国应该如何正确处理摩擦，争取建设和谐经贸关系呢？

作为世界上最大的两个发展中国家，中国和印度的经贸发展速度与两国迅速的经济增长速度是不匹配的。中国现在已经实施市场多元化发展模式，印度是亚洲市场的重要部分，中国深化同印度的经贸关系有着发展的基础，也有打造"一带一路"、建设人类命运共同体的重大使命。解决中印贸易摩擦问题，对于帮助两国开创互利共赢新局面具有深远意义。解决这一问题可以从以下几个方面入手：

第一，加大对外开放程度。虽然印度国内政治经济情况复杂，仍然面临着分配不均、存在大量贫困人口等急需解决的问题，但就经济总量而言，印度的发展前景仍然可以说是乐观的。随着印度不断推动自身开放，不断改进外贸体制，在出口补贴、出口手续、关税、许可证制度等方面加以改进，并且进一步为外国投资者提供制度保护，进一步削减禁止进口和限制进口清单，印度将逐渐展现出越来越大的贸易前景。

第二，充分利用两国不同领域的优势。中国和印度具有相似的投资领域，产业结构在一定程度上也具有相似性。但实际上，随着两国经济发展和产业结构升级，两国的产业结构和投资领域已经产生了一定程度的差异。印度在农业技术、计算机软件等领域取得的成果可以转化为印度在贸易中的比较优势，而中国的出口产品也可以不再拘泥于低端制造业，可以更多地出口具有更高附加值的产品，这使得两国的贸易结构不再是"针尖对麦芒"，而是产生了一定程度的互补，为两国产品开拓了广阔市场。

第三，尝试推动自贸区合作。在过去一段相当长的时间内，中印两国的自由贸易区尝试难以取得突破性进展。在互相尊重主权和领土完整、不干涉别国内政的前提下，中国和印度可以建立双边对话合作机制，依托中国－东盟自由贸易区等已有的成熟基础，探索中国和印度深化合作的可能性，坚定树立双赢观念，将寻求共同利益的双赢原则作为发展两国关系的准则，妥善解决由于人为限制而产生的贸易保护问题，帮助双边贸易趋于平衡稳定、健康发展。

第三节　发展中国家同发达国家之间的贸易摩擦

作为发展中国家贸易保护发展史的重要部分，发展中国家同发达国家间贸易摩擦的典型案例对于了解发展中国家同发达国家产生贸易摩擦时涉及的贸易保护问题研究很有意义。本节选取了墨西哥美国玉米糖浆案、阿根廷欧盟瓷砖贸易案、巴西翻新轮胎案作为发展中国家同发达国家之间的贸易摩擦的典型案例进行分析。

一、墨西哥美国玉米糖浆案

1997 年 1 月，墨西哥糖酒生产商协会向墨西哥商业部提起关于美国的高糖玉米糖浆反倾销调查申请。该协会声称美国生产的玉米糖浆在向墨西哥出口的过程中存在倾销行为，对墨西哥产生了实质性损害威胁。

墨西哥是北美地区的一大糖类产品产地，糖类是墨西哥国内最大的农产品种类之一，其中蔗糖占据了本国甜味剂生产的较大比例。美国的甜味剂则是以玉米糖浆为主，因而向墨西哥出口的软饮料甜味剂也是玉米糖浆产品。美国于 1991 年开始同墨西哥就签署《北美自由贸易协定》进行谈判。美国政府在谈判草案中允许墨西哥的蔗糖产品按照一定的比例免税进入美国市场，但这一内容在现实中却被美方一再拖延阻拦。由于美国不执行这一协定内容，因而墨西哥蔗糖进入美国市场困难重重，反而是原产于美国的玉米糖浆大量输入墨西哥市场，对墨西哥市场产生了较大的冲击，在一定程度上影响了墨西哥本国的蔗糖产业。1997 年 2 月，墨西哥商业部通过公报的形式公布了对美国有关产品开展反倾销调查的通知。1997 年 6 月，墨西哥商业部做出初裁，决定对美国的涉案产品开始征收临时反倾销税。1998 年 1 月，墨西哥商业部发布终裁结果，对美国产品实施最终反倾销措施，实施保护手段，依据调查部门对涉案产品的肯定性终裁结果，对两种原产于美国的不同等级玉米糖浆征收每吨 64 ～ 101 美元和 55 ～ 176 美元的反倾销税，授权财政部收取税款，并对临时税期间产生的反倾销税进行追溯。

美国于 1997 年 9 月针对墨西哥的反倾销调查向 WTO 争端解决机构提出诉讼，又于 1998 年 5 月 8 日针对墨西哥的反倾销终裁提起诉讼，认为墨西哥采取的措施不合理，请求争端解决机构组成专家小组，对墨西哥的相关行为进行审查，以确认墨西哥是否违反了《反倾销协议》的义务。墨西哥方败诉后，于 2000 年撤销了对美国产玉米糖浆的反倾销措施，但随后在 2002 年开始对不含蔗糖的饮料额外征税。美国因此再次对墨西哥提起诉讼。

关于美国和墨西哥贸易争端的初次审查历时一年多，WTO 争端解决机构成立的专家组认为应该支持美国的主张，认为墨西哥所采取的贸易保护手段证据不够充分，违反了《反倾销协议》。墨西哥接受裁决结果并承诺退回征收的税款并为此支付利息，但在随后的过程中墨西哥并没有实现其承诺，因此美国再次申请对墨西哥执行裁决的情况进行审查。2001 年，专家组做出的第二次审查维持了初次审查的基本结论，并且认为墨西哥确实没有切实执行原有裁决，亦否决了墨西哥针对法律和流程问题提出的上诉，并在 2001 年 11 月发布终裁报告。

而关于墨西哥后续采取的对不含蔗糖的饮料额外征税的举措，

美国也向 WTO 争端解决机构提起了相关诉讼。在磋商未果情况下，WTO 再次设立专家组介入这一冲突。2005 年，专家组发布报告，认为墨西哥采取的征税措施违反了 WTO 国民待遇原则，墨西哥的上诉并没有推翻此前的结论，最终墨西哥于 2006 年 4 月表示决定执行最终裁决，在合理期限内修改其税收政策。至此，墨西哥同美国的玉米糖浆贸易摩擦告一段落。

墨西哥和美国间的贸易摩擦对于发展中国家和发达国家间的类似案件具有较大的参考价值和典型意义。近些年来，在经济全球化和贸易自由化的背景下，国际经贸竞争日益激烈，部分国家开始滥用反倾销程序、任意扩大反倾销调查范围、降低调查立案标准，以求达到保护本国国内产业的目的。在开展诉讼的过程中，WTO 的实体规范和争端解决机制的程序规范都十分关键，对相关条文的理解不能只停留在字面意思，当事方的运作和专家小组的裁决往往会对文本条例赋予新的解释和含义，因而，充分理解相关规则对于在国际经贸摩擦中维护自身利益意义重大。

二、阿根廷欧盟瓷砖贸易案

1998 年 1 月，阿根廷国内瓷砖制造商向阿根廷经济部非公平贸易调查局提起了关于原产于意大利的地板瓷砖的反倾销调查申请，声称地板瓷砖产品正在以倾销价格向阿根廷出口。1998 年 9 月，阿根廷经济部发表公告，声明对来自意大利的进口地板瓷砖立案发起反倾销调查。非公平贸易调查局选取 1997 年和 1998 年两年作为调查时间范围，将被调查的进口自意大利的地板瓷砖按照尺寸分为三种型号，分类开展倾销幅度确认工作。

阿根廷经济部非公平贸易调查局根据两个途径计算每一种类型产品的出口价格：其一是基于申请人处得到的进口贸易单据计算；其二是基于非公平贸易调查局自身依据阿根廷官方的贸易统计计算

得到的平均价格计算。

意大利地板瓷砖行业协会对阿根廷经济部非公平贸易调查局提出了不同意见，要求调查机构对进口自意大利的涉案产品根据市场份额，选取主要出口商单独确定倾销幅度。1998 年 12 月，阿根廷方接受了这一申请，但是在 1999 年 3 月发布的初裁结果中，并没有将意大利企业提供的相关信息纳入倾销幅度的计算中。实际上，调查机构选择了申请人和进口商的价格清单以及销售发票中的平均国内价格计算商品的正常价值，选择官方贸易统计计算出口价格。1999 年 9 月，调查机构发布了肯定性终裁，对于相同尺寸的产品，阿根廷经济部宣布了两个不同的倾销幅度，二者的出口价格相同但正常价值的测算结果存在差异。阿根廷方给出的第一种正常价值计算方式是基于价格清单和销售发票计算的国内价格平均值；第二种正常价值计算方式则引入了出口商提供的价格信息，是基于价格清单、销售发票和出口商价格信息三者共同计算出的结果。但是即使如此，在仲裁报告中，出口价格的计算并没有用出口商价格信息计算相关指标。1999 年 12 月，阿根廷经济部决定对来自意大利的进口地板瓷砖采取反倾销措施，但是在涉及反倾销的关键问题即正常价值和最低出口价格的确定上却含糊其词。

2000 年 1 月，欧盟提起同阿根廷开展磋商的请求，但是磋商未果，因而在 2000 年 11 月请求 WTO 成立专家组介入。双方就此次反倾销措施的展开和执行进行了一系列辩论，专家组最终认为，阿根廷在确认正常价值和出口价格时没有正确地使用出口商价格信息，以产品尺寸而非不同出口商作为分类标准并不符合《反倾销协议》的规定，并且在事实披露等方面的做法存在问题。

就《反倾销协议》关于证据的相关条款内容而言，证据问题在整个反倾销调查中都具有较高的优先级和重要性。专家组会审查调查机构对证据的评估，并且重新推导国内调查机构确定的证据能否推出原有的结论，结论能否得到证据的逻辑支撑。因此，在反倾销调查中，事实的提供、核实以及关于事实本身的论辩是必须受到关注的重点。涉案国家的反倾销机构有义务向各利害关系方通知反倾销裁定所依据的基本事实，并给予双方充分的时间来开展辩护，但这恰好是阿根廷方面没有做到的。除此之外，阿根廷也没有对来自出口商的信息予以足够的尊重，因此在后续的专家组判决中失利。阿根廷经济部不能只基于当事方中的一方进行裁决。

三、巴西翻新轮胎案

巴西作为拉丁美洲重要的发展中国家，每年进口相当数量的轮胎。巴西政府认为，废旧轮胎很可能会滋生致病蚊虫，并且在燃烧时会生成有害的化学物质，因而对翻新轮胎自 2000 年起下达了进口禁令。2002 年，巴西允许从南方共同市场缔约国进口翻新轮胎，但仍然禁止原产于其他国家的翻新轮胎进口、销售、运输和储存。欧洲是翻新轮胎重要的出口地，这一调整对欧洲的翻新轮胎生产商带来了严重的负面影响。欧盟主张巴西限制翻新轮胎的进口行为违反了 GATT 第 11 条第 1 款和第 3 条第 4 款有关不得设立或维持配额、进出口许可证或其他措施以限制或禁止其他缔约方领土的产品输入，或向其他缔约方领土输出或销售出口产品的相关规定，而巴西则以 GATT 第 20 条作为主张。巴西政府认为，进口翻新轮胎的使用寿命相较于正常轮胎较短，进而会加快废旧轮胎的累积。欧盟认为巴西的这一进口禁令意图不在于保护环境而在于保护本国的轮胎翻新行业。在初次判决里，专家组裁定巴西的措施依据 GATT 第

20 条①可以取得正当性。而欧盟随即依据 GATT 第 20 条的相关内容对进口禁令的必要性检验的裁决提出上诉，认为初次判决专家组的分析存在问题。巴西和欧盟在 GATT 第 20 条的要求判断上存在争议，因而专家组转向对措施执行的审查。在初次裁决中，专家组认为：第一，巴西允许进口南方共同市场国家的翻新轮胎是出于完成巴西本国作为南方共同市场的一员对其他成员国应尽的义务；第二，巴西从南方共同市场国家进口的翻新轮胎数量并不大，对限制进口禁令影响有限。而上诉机构驳斥了以上说法。上诉机构认为，相比于关注数量角度的评价，对这一措施的目的的评价意义更加重大。在上诉过程中，上诉机构专家组的重点转向了合目的性审查，初次裁决的理由并不能支持禁止进口翻新轮胎的目的——最大限度地减少由于废旧轮胎堆积而导致的人类和其他生物的健康和生命风险。上诉机构裁决巴西构成了"武断且不合理"的歧视，认为巴西构成了对正常国际贸易隐蔽的限制。

　　在 WTO 体制内经常出现成员方为了实现贸易价值之外的其他政策目标而对国际贸易进出口加以干涉的现象。同传统的经济发展模式相比，一个更合理、更全面的贸易规则体系对于建立起一个自由贸易和环境保护互相支持的贸易环境，实现不会为了促进和实现贸易自由化而牺牲环境，也不会抬出环境保护作为借口而限制正常贸易的目的而言意义深远。GATT 第 20 条的内容就是出于协调WTO 成员方对境内政策的目标和国际贸易的冲突影响的目的而设立的。而关于 GATT 第 20 条的相关内容，在 GATT 和 WTO 早期，由于参与国际贸易的各经济体分工情况不同，发展情况亦不同，更多的发达国家出于保护本国环境而选择制定一系列的环境标准来限

---

　　①　GATT 第 20 条是一般例外条款，规定了成员方为实施某些自己的政策，可以背离 GATT 一般义务和纪律的例外情况，包括为维护公共道德所必要的措施，为保障人民、动植物的生命或健康所必要的措施等十种情况。

制其他国家低于本国环境标准的产品进口，以此保护本国环境不受低于环境标准的外国产品的损害。在相对较早的时期，在由于环境保护和国际贸易产生冲突提请仲裁的案例中，发达国家作为当事国的情况更多，而少见发展中国家援引环保例外条款进行抗辩。自海龟海虾案以来，越来越多的发展中国家选择援引环保例外条款为自己论辩。而在产生贸易纠纷的过程中，除常见的最惠国待遇、国民待遇和非歧视性原则之外，环保例外条款的争议也越来越多。关于仲裁中的被诉方，其涉案措施是否完全符合 GATT 第 20 条的例外规定，以及针对这一条款是否可以提供出逻辑自洽的解释与证据，进而证明涉案方相关措施的非正当性在事关环保例外条款的争端中十分重要。

在巴西同欧盟的贸易摩擦中，在上诉的第二次裁决里，合目的性审查在其中非常关键。巴西的经验教训说明，在同贸易限制相关的立法方面，直言环境保护意图而规避流露产业保护意图是贸易仲裁中支持本国的重要依据。目的论和结果论的观点在贸易仲裁中都可能成为评价某一贸易政策是否造成贸易保护的依据。

本节列举墨西哥美国玉米糖浆案、阿根廷欧盟瓷砖贸易案和巴西翻新轮胎案作为发展中国家同发达国家之间贸易摩擦的典型案例进行分析，案件涵盖了欧洲、美洲的国家范围，亦涵盖了各种贸易保护手段和经济目的。从这一系列发展中国家和发达国家的贸易摩擦中我们可以看出以下特点：首先，环境议题成为越来越多贸易摩擦的诱导因素。越来越多的发展中国家和发达国家会从环境议题入手开展贸易保护措施。随着保护环境成为越来越多国家的共识，自然环境和国际贸易的联系也越来越紧密。这一趋势引起了越来越多以环境为由的贸易保护措施，因此必须理性看待经贸关系中的环境问题。其次，发展中国家和发达国家的贸易摩擦所在的领域同发展中国家本身的产业结构高度相关。由于多数发展中国家国内产业结构往往发达程度较低，国内生产的产业链低端产品比重较大，因而会对这一类产品来自国外的压力和竞争较为敏感，也更倾向于用贸易保护手段维护自身在这些行业的利益。最后，发展中国家和发达国家的经济发展程度和产业水平差异客观存在，但部分发达国家在贸易领域的经济霸权行径务必引起重视。发达国家利用本国的先进产业和市场优势地位影响发展中国家的发展的现象屡见不鲜，拿发展中国家对本国产业的保护手段做文章，以"自由贸易"之名，行政治目的之实。国际贸易规则的出发点是建立互惠互利、合作共赢的国际贸易秩序，它并非发达国家对发展中国家"割韭菜""扼喉咙"的工具。正因如此，理性看待发展中国家和发达国家之间的贸易摩擦，对于我们维护国际经贸秩序、打造人类命运共同体的伟大使命具有深远意义。

第四节　发展中国家贸易保护的主要手段

基于之前对发展中国家间的贸易摩擦案例以及发展中国家和发达国家间的贸易摩擦案例的梳理，可以总结出发展中国家采取的主要贸易保护手段的一些共同特点。

发展中国家往往需要充分发挥自己经济的比较优势才能实现其竞争优势[①]，进而促进本国经济状况改善，保证本国经济得以快速健康发展。同发达国家不同，发展中国家往往面对着产业水平低、法制法规不够健全、产品技术水平不高等国内问题，且在发展战略上更多地倾向于进口替代战略，因而在贸易保护手段上也同发达国家存在较大差异。发展中国家的贸易保护手段主要集中在反倾销、反补贴措施，以及关税、许可证、外汇和进口限制等手段。

---

① 林毅夫，李永军 . 比较优势、竞争优势与发展中国家的经济发展 . 管理世界，2003（7）：9.

一、贸易救济手段

1. 反倾销

反倾销主要指对外国商品在本国市场上采取远低于正常价格的价格销售的倾销行为所采取的抵制措施，具体常常表现为对相应产品征税，进而防止其廉价出售。倾销行为的特征是一国商品的出口价格低于其正常价值水平，并且在一段时间内贸易量剧增，进而对另一国的经济有造成实质性损害的威胁。进一步地，可以就开展倾销的形式将倾销区分为偶然性倾销和间歇性或掠夺性倾销两种方式。基于这一概念，反倾销手段的根本目的在于增加倾销商品的成本，抬高进口价格，从而救济本国产业。在 WTO 中有关于反倾销的相关协议文本。[①] 反倾销的经济影响最直接地体现在贸易领域，通过对进口的调剂作用对本国经济产业产生影响。但随着国际市场日趋复杂化，对国际通用的 WTO《反倾销协议》的解读也更加复杂化。各国反倾销的流程大致都包括发起反倾销调查申请、反倾销调查立案、征收临时税、调查初裁、调查终裁和正式征收反倾销税几个重要环节。在反倾销的裁断中，对正常价格水平、是否造成了实质性损害以及倾销行为和损害之间是否存在因果关系的界定是反倾销裁决的重点。在贸易实践过程中，很多发展中国家在上述流程的执行中具有较大的随意性，往往做出的裁断也不够公允。比如在对正常价格水平的界定中，在一国是否具有市场经济地位的问题上做手脚，刻意将正常价格水平同人力资本成本等生产成本较高的发达国家看齐，进而裁定国外进口产品构成倾销，或者在实质性损害的部分小题大做，在进口产品对已建工业造成实质性损害、对已建工业构成有实质性损害的威胁和对新建工业有实质性阻碍三个方面（见图 10.2）夸大进口产品对国内的影响，进而裁定进口产品构成倾销。

[①]　鲍晓华.反倾销措施的贸易救济效果评估.经济研究，2007，42（2）：14.

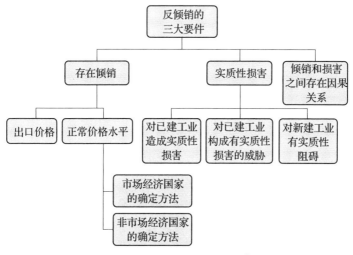

图 10.2　反倾销的三大要件[①]

2. 反补贴

反补贴主要指对外国产品的生产国为了鼓励出口，降低出口商品的价格，加强其在国际市场上的竞争力而采取的对出口品的现金补贴或优惠待遇的反制措施。一国政府可以利用征收反补贴税的手段抵消进口商品对本国产业的相关影响，进而打击不公平竞争的出口行为。国际贸易中常见的几种补贴包括：红箱补贴（又称禁止性补贴），包括进口补贴和进口替代补贴，任何成员不得实施或者维持此类补贴；黄箱补贴（又称可申诉补贴），包括不是一律被禁止但又不能自动免于质疑的补贴；绿箱补贴（又称不可申诉补贴），包括不具有专向性的补贴和符合特定要求的专向性补贴。由于补贴的种类和性质具有复杂性，因而各国在对补贴的裁决和判断上也存在差异。一国商品往往由于可以得到相关的补贴，进而使生产成本得以减少，因此可以以更低的价格获得更强的出口竞争力。但是事实上，参与国际贸易的发达国家和发展中国家在产业水平上的差异

是客观存在的，这也是国际贸易规则对补贴进行分类处理的原因。对于产业链仍在建设之中的发展中国家，带有正外部性和积极取向的研究开发补贴、环保补贴和贫困补贴等具有实施的合理性，也是帮助发展中国家的部分行业取得发展的通用手段。但在贸易实践中，往往难以对一国采取的补贴政策进行完全准确的目的评估，再加上发展中国家的补贴调查机构可能在专业性上有所欠缺，因此反补贴手段也屡屡沦为一国进行贸易保护的方式，以反补贴的名义对进口产品征收税款，增加其成本。同反倾销相似，在反补贴调查中往往也需要存在补贴、实质性损害以及补贴和损害之间有因果关系三大要件，而在要件的裁断上，亦存在着很大的商榷空间。

二、关税壁垒

关税是最直接的贸易保护方式，通过对特定商品的进口关税进行直接调整，打击外来的进口商品。关税作为一种间接税，名义上由进出口商支付，实际上最终由商品的消费者承担。作为传统而古老的国际通行保护手段，关税往往构成了一国财政收入的一大来源，在征收上具有强制性、无偿性和预定性。因此，关税也成了一种保护性极强的贸易手段。调整关税相比于征收反倾销税和反补贴税而言具有更烦琐的流程，而且关税是针对所有的贸易伙伴的，并且直接调整关税过于明显地构成贸易壁垒、破坏自由贸易，因此虽然关税手段是发展中国家采取的贸易保护手段之一，但由于其影响的复杂性，往往并不常用。

三、非关税壁垒

1.许可证手段

在发展中国家的国际贸易活动中，许可证制度是一种常见的进口管理制度。进口国家规定对于某些商品的进口必须获取当局颁发的进口许可证才可以开展进口行为。^① 进口许可证又可以分为有定额的进口许可证和没有定额的进口许可证。WTO 在《进口许可程序协议》中规定了进口许可证的管理和发放手续、进口许可证的可用种类、设立进口许可证委员会的制度以及有关发展中国家的优惠待遇规定等相关内容，而在实际中，许多发展中国家以进口许可证做文章，在国外产品申请许可证的时候推诿阻挠，或者停发对某特定国家的进口许可证，进而实现对本国的贸易保护。

2. 外汇手段

发展中国家采取的外汇手段一般是指一国政府利用法令对国际结算和外汇交易等行为进行管制，进而达到平衡国际收支、维持本国汇率水平，乃至实现影响本国贸易经常账户差额的目的，利用货币这一宏观手段对国际贸易进行调控。但由于 IMF 和 WTO 明确禁止汇率操纵国的存在，防止一国政府通过人为手段操纵汇率，使得本币贬值进而促进贸易出口，发展中国家一般会规避被认为是汇率操纵国，进而避免受到国际货币基金组织的制裁。

3. 进口限制手段

常用的进口限制手段包括最低进口限价制和进口禁令。最低进口限价制是指一国政府规定某种产品的最低进口价格，凡是低于此规定的价格者就会被征收进口附加税或者限制进口，进而实现限制低价产品进入本国市场造成不利影响。而进口禁令则是更严格的进口管制措施，由政府部门开具禁止进口的产品清单，不允许进口清单上的产品。这类保护手段往往基于行政指令的方式执行，因此在实际操作中也难免在部分国家体现出随意性的特点。

4. 技术性贸易壁垒手段

技术性贸易壁垒是指超越了工人的不合理的和非科学的强制

---

① 对于部分国家还建立了进口白名单制度，即对于特定国家的进口商品可以免除相关申请。

性或非强制性确定产品的某些特性的规定、标准和法律法规，以及旨在检验产品是否符合这些技术法规和确定产品质量及其适应性能的认证、审批和实验程序所形成的贸易障碍，常见于为了限制进口所规定的复杂苛刻的技术标准、卫生检疫规定以及商品包装和标签规定等。依据概念，可以将技术性贸易壁垒区分为狭义和广义两种形式。狭义的技术性贸易壁垒主要指 WTO《技术性贸易壁垒协定》规定的技术法规、标准和合格评定程序，而广义的技术性贸易壁垒还包括动植物及其产品的检验和检疫措施、包装和标签及标志要求、绿色贸易壁垒等内容。在贸易实践中，很多贸易摩擦的参与国会从技术法规、技术标准、合格评定程序、卫生与植物检疫措施以及绿色贸易壁垒等方面入手，构造技术性贸易壁垒实现贸易保护。具体采用强制执行有关产品特性或相关工业和生产方法的规定，对专门术语、符号包装、标识标签的使用提出具体要求，对动植物产品的工序和处理方法、检测检验技术做出规定等手段，限制外国产品的进口。技术性贸易壁垒手段往往以行政管理手段的方式展开，政府的相关机构对某种产品的技术标准相关内容具有极高的自由管控权，也因此导致了部分国家的技术标准轻易多次改变，极大地影响了国外企业的生产经营环节，对外国产品进口造成阻碍。

5. 特别保障措施

特别保障措施是基于 WTO 体制，在过渡期内，进口方政府为了防止来源于特定成员方的进口产品对自身相关产业造成损害而实施的限制性保护措施。以中国为例，针对中国的特别保障措施本质上是发达国家把中国当作非市场经济国家对待的结果。特别保障措施由于适用对象具有歧视性和选择性，在适用条件上具有和其他手段相似的随意性，因此也构成了实施贸易保护的可能性。

以上列举了诸多发展中国家采取的贸易保护手段，而发展中国家采取贸易保护手段的目的，和发达国家的动机往往并不相同。发展中国家的经济水平和经济结构同发达国家具有客观的差异，在外贸依存度和产业发展路线上也同发达国家具有较大的差别。很多发展中国家坚持进口替代战略，选取了内向型经济的发展路线，在国际贸易上也更多地采取来料加工和来件加工的加工贸易方式，而并非选取出口导向型经济的发展路线。发达国家在贸易保护的目的上，更多是维护自身国际市场优势地位，遏制潜在竞争对手的发展，在形式上则更多地选取方便、快捷而符合流程的做法；发展中国家的贸易保护则往往目的相对简单，更多是为了保护国内产业、促进出口缓解国内经济压力，在流程上也具有更多的随意性。

第五节 中国拓宽同发展中国家之间贸易的策略和方案

进入 21 世纪以来，中国经济表现了昂扬的增长态势，并且取得了举世瞩目的成绩。随着中国对外开放进程的不断推进，中国也遭遇了越来越多的贸易摩擦，其中相当一部分贸易摩擦也同发展中国家相关。中国同其他发展中国家的贸易摩擦具有金额小、数量多的特征，因此处理好中国同其他发展中国家的贸易摩擦对于帮助中国企业和中国品牌"走出去"具有重大意义。

在历史上，中国同其他发展中国家在政治、经济等方面有着充分的交往经验，同很多发展中国家也达成了良好的经贸合作关系。就中国对外经贸发展史的视角而言，中国在早期同发达国家的贸易往来比较多，涉及的贸易额也更大，随之而来的也是更多的来自发达国家的贸易摩擦。随着中国对外贸易的快速发展，中国在世界市场上积极扩展贸易伙伴，同越来越多的发展中国家建立了经贸往来。但同发达国家不同，中国对发展中国家出口的产品，与许多发展中国家本国的产品具有高度的相似性，因此产生了更加激烈的市场竞争环境，也有越来越多的发展中国家对中国发起了制裁手段，同中国开展了贸易摩擦。以反倾销案件为例，自 2003 年以来，中国遭受的反倾销调查中发展中国家开始占半数以上，并且来自发展中国家的反倾销诉讼数量还在日益增长。随着 2008 年全球金融危机对国际市场造成巨大冲击，中国出口到世界市场上的产品，尤其是出口到发展中国家的产品，由于同外国产品本身具有较高的相似性，并且拥有成本上的优势，被很多发展中国家视为"威胁"。来自发展中国家的越来越多的贸易摩擦对中国的对外贸易形成了一定的障碍，也对中国经济的发展以及中国和平崛起的发展规划的实现具有负面作用。

中国的发展中国家贸易伙伴主要集中在拉丁美洲、非洲和亚洲部分地区。中国和拉丁美洲的贸易一定程度上带有互补的色彩。中国向拉丁美洲出口工业品、生活用品、机电产品，而拉丁美洲向中国出口农产品和工业原料较多。在中国和拉丁美洲双边关系稳步推进的过程中，越来越多的国家承认中国的市场经济地位。虽然在拉丁美洲，"中国威胁论"的观点逐渐抬头，但随着南方共同市场建设的日益完善，中国和拉丁美洲开展公平贸易、开创互利共赢局面大有可为。

中国和非洲的贸易建立在良好的外交关系基础之上。中国和非洲国家在历史上就是良好的伙伴关系，中国在政治上对非洲给予的大力支持对中国和非洲的贸易发展也很有帮助。近年来，中国在非洲的投资也呈现了增长态势。中国对非洲基础设施和农业领域的大量投资帮助非洲利用本身的资源优势发展经济提供了良好契机。在和平共处五项原则之下，中国和非洲不断在各行各业深化合作，双边贸易额迅速增长，合作水平不断提升，合作基础更加扎实，合作机制日趋完善。而随着中国"一带一路"倡议的提出，许多非洲国家纷纷加入中国的"一带一路"建设之中，同中国签订合作协议。相信随着"一带一路"建设的全面推进，中国和非洲的经贸合作将会迈上新台阶。

中国和亚洲国家的国际贸易占据了地理位置上的优势，中国周边的亚洲发展中国家约有 26 个，同周边国家建设良好的经贸关系，对于中国建设开放型经济十分重要，对中国创建和平发展的周边环境亦意义深远。中国同东盟之间建立自由贸易试验区就是中国积极探索同周边发展中国家经贸往来的新模式，而中国同邻国印度在区域合作和经贸关系上也展现了很大的诚意。中印双方做出了元首互访、签订经贸协议、设立通商口岸等有利于双边贸易发展的一系列努力，即使中国和印度两国之间偶有摩擦，但和平和发展才是当今世界发展的主旋律。在多方的不懈努力下，中国和亚洲发展中国家的经贸关系终将取得新进展。

就中国面临的贸易摩擦而言，可以认为具有以下几个特征：第一，涉案金额小，但涉及国家多；第二，隐形摩擦少，但显性摩擦多；第三，资本密集型产品少，劳动密集型产品多。首先，在中国的贸易伙伴中，发展中国家占有的贸易额相对较少而发达国家占有的贸易额相对较多，但从中国受到的贸易调查数量来看，中国受到的来自发展中国家和发达国家的贸易调查数量比例却和来自二者的贸易额不成比例。其次，在中国面临的外国贸易保护面前，发展中国家会更多地采取配额、进口限制以及关税等传统手段，以及反倾销、反补贴等显性贸易保护手段，而发达国家则会更多地采取基于技术标准、知识产权、环境保护等角度开展的贸易保护手段。最后，在中国的出口结构中，劳动密集型产品占据较大比重，中国出口的较多劳动密集型产品对产业结构相似的发展中国家市场造成了冲击，因此也遭到了较多的贸易限制。

结合中国同发展中国家的贸易发展现状，以及发展中国家采取的贸易保护手段的特点，中国应该如何拓宽同发展中国家之间的贸易，同发展中国家建立互利共赢的经贸合作关系？笔者认为可以从以下一些方面考虑。

1. 积极参与国际经贸规则的制定和维护

作为"经济联合国"，WTO 具有调节成员方之间的贸易纷争、维护世界贸易秩序的重要作用，是国际贸易协定的管理者，也是成员方贸易的监督者，更是成员方之间贸易争端谈判的场所。中国可以在国际贸易规则方面做出引领，为中国产业和贸易发展创造有利的外部环境。在政府层面，中国政府可以进一步推进 WTO 相关谈判，开创互利共赢的多边关系，在包括知识产权、国际货币等领域发出中国声音，积极引领世界贸易规则向更公平的方向发展；在企业层面，中国企业应该抓住机会"走出去"，积极增加中国行业协会和代表性企业发出的中国声音，牵头制定标准，掌握中国在国际经贸规则制定和维护过程中的主导权。

2. 加强同发展中国家的经济合作

中国作为世界上最大的发展中国家，同其他发展中国家和则两利，斗则俱伤。发展中国家是中国推动公平正义的全球化治理的战略盟友。习近平主席指出："国家不分大小、强弱、贫富，都是国际社会平等成员，理应平等参与决策、享受权利、履行义务。"① 发达国家在国际市场上具有更强大的市场地位，因此发展中国家必须加强联系，互壮声势，才能推动国际秩序向着更加公正的方向发展，才能为发展中国家的发展之路提供保障。当今世界正处于大发展、大变革、大调整时期，面临百年未有之大变局。这使发展中国家既面临重大机遇，又遭遇严峻挑战，加强全方位、宽领域、多层次的团结合作愈显重要。在第四次工业革命迎面而来的大背景下，世界经济新旧动能转换的时机已经出现。大数据、人工智能、量子信息等新一轮科技革命和产业变革正在积聚力量，在全球范围内催

---

① 习近平主席在世界经济论坛 2017 年年会开幕式上的主旨演讲（全文）. 人民网，2017-01-18.

生了大量的新产业和新模式，给全球发展和人类生产生活带来翻天覆地的变化，使各国利益和命运紧密相连、深度交融。广大发展中国家面临着实现跨越式发展的重大机遇。在世界经济格局深刻演变之中，即使发展中国家的发展水平、自然条件和利益诉求存在差异，但只有更大范围的合作，才能保证广大发展中国家抓住机遇，跟上世界前进的步伐。

3. 优化市场策略，提升技术，打造品牌，注重知识产权

中国作为世界最大的发展中国家、世界经济的新增长极，必须合理调整对外贸易结构。中国对外出口必须进行从劳动密集型产品到技术密集型产品的转变，而在这一过程中，对知识产权的保护和中国品牌的塑造非常关键。长期以来，中国出口结构与目的国的产业结构具有较高的相似性。以 2007 年为例，中国 2007 年的出口产品中加工贸易所占的比重超过 50%[①]，对外出口了大量生产过程技术含量低、附加值低的劳动密集型产品。这也是中国在过去某些时间受到部分发展中国家的敌意，进而导致发展中国家对中国出口的劳动密集型产品采取制裁措施的一大原因。因而，为了实现从贸易大国到贸易强国的转变，在技术和品牌上的投入不可或缺。在知识产权方面，建立完善的知识产权制度是更高水平对外开放的有力支持。近年来，基于"一带一路"倡议的知识产权合作取得越来越多扎实的成果，《中欧地理标志协定》谈判顺利进行，中国的国际专利数也在稳步增加。除了推动科研创新之外，建立必要的法律法规体系也十分关键。

4. 面对争端科学应对，加强预警

正如前文所述，中国企业在面对来自部分发展中国家的贸易摩擦时并没有做到积极应诉，进而导致了恶性循环。中国企业面对来

---

① 刘伟，蔡志洲，苏剑．贸易保护主义抬头的原因、后果及我国的应对措施．金融研究，2009（6）：23-30.

自发展中国家的贸易摩擦时也应该积极面对，实施维权战略，在保护自身利益的同时，应该采取更加灵活多样的手段，在维护发展中国家的团结和共同利益的前提下，实现自身目的。我国驻外商务机构也可以在贸易摩擦的快速反应机制建设下做文章，随时跟踪我国出口产品的被立案情况，及时向国内反馈相关信息，避免和防止中国企业受到不公平对待。

5. 加强区域经济合作

过去一段时间，亚洲地区经济发展迅猛，已经成为世界经济增长的重要引擎。在此情况下，进一步促进区域经济一体化，发展开放、自由的贸易与投资，对未来的世界繁荣发展至关重要，意义深远。2020年11月，包括中国在内的15国正式签署《区域全面经济伙伴关系协定》，这体现了包括中国在内的各个地区成员追求自由贸易、维护多边体系、建设开放型世界经济的共同意愿，标志着亚太区域经济一体化迎来了一座新的里程碑。东亚是世界上国际贸易和生产网络最为活跃和发达的区域之一，《区域全面经济伙伴关系协定》将充分提升包含中国在内的东南亚区域经济一体化水平，促进区域产业链、供应链和价值链融合，强化成员方之间的分工合作。在当前世界出现逆全球化思路抬头的背景之下，亚太区域经济一体化的发展让人看到了亚洲统一大市场的美好前景，也增强了人们对全球化的信心。中国必须在货物贸易、服务贸易和投资方面全面做好协定生效实施的各项准备。在货物贸易上，地方政府和海关需要建立紧密合作关系，以服务者的姿态为企业提供平台，架起联通世界市场的桥梁；在服务贸易和投资方面，要切实深化现有对外服务和投资开放的政策，利用好各国依托《区域全面经济伙伴关系协定》而打开的良好局面，做好知识产权、著作权、地理标志和专利的保护和应用，优化营商环境。在全球经济受疫情影响出现下行表现时，《区域全面经济伙伴关系协定》对中国展现出了挑战和机遇并存的一面。在全世界共同面对的难题面前，中国应该更注重区域经济合作，和衷共济，共克时艰。依托区域经济合作领域的成果切实提升中国国内生产总值和社会福利水平。

6. 积极推进"一带一路"和人类命运共同体建设

"一带一路"建设是我国扩大对外开放的重大举措，是当今世界规模最大的国际合作平台和最受欢迎的国际公共产品，更是构建人类命运共同体的伟大实践。自 2013 年提出以来，"一带一路"倡议从愿景到行动，从理念到共识，实现了国际影响力不断提升。"一带一路"倡议为参与国创造了实在的发展红利，为各国带来的贸易增长、就业岗位增加、经济发展水平提高都是对这一倡议的最好注解。在"一带一路"倡议共商、共建、共享的原则之下，沿线区域的基础设施建设更加完善，交通更加通畅便利，贸易条件得以改善，跨国投资渠道也更加顺畅，贸易壁垒得以缩减。"一带一路"倡议参与国之间的经济联系日益紧密，政治互信日益深入。面对新冠肺炎疫情的威胁，"一带一路"倡议所支持的多边贸易体制对于维护全球产业链稳定、努力恢复受到疫情冲击的产业、促进中国和沿线的发展中国家开展良性互动合作具有重大意义。在经济合作和政治互信的基础上，中国坚持对外开放的战略拥有坚实的保障，同广大发展中国家的经贸关系也向着更加健康、更加稳定、更加可持续的方向发展。

在 2018 年博鳌亚洲论坛上，习近平主席指出："中国开放的大门不会关闭，只会越开越大。"[①] 面对广阔的发展中国家市场和数量广大的发展中国家贸易伙伴，要解决好发展中国家存在的问题，解决好复杂的地区冲突和单边主义挑战，根本出路在于谋求和平和实现发展。作为世界上最大的发展中国家，中国同广大发展中国家的

---

① 习近平出席博鳌亚洲论坛 2018 年年会开幕式并发表主旨演讲. 人民网，2018-04-11.

紧密团结合作是中国对外关系中的重要基石。广大的发展中国家和中国有着相似的历史，面临着相似的问题，处于相同的发展阶段，有着一致的发展目的，同呼吸，共命运，在长期的相处中保持了互相支持、紧密合作的传统。中国一直致力于对外开放和削减壁垒。中国不但为自己的发展创造了机遇，更为所有发展中国家创造了共同的发展机遇。在当前新冠肺炎疫情肆虐、单边主义及霸权主义抬头的国际局势面前，中国要继续巩固同发展中国家的经贸关系，共担风险，共创收益，共享福祉。

第

11

章

发展中国家贸易保护的演进规律与应对方案

　　进口替代战略是指发展中国家采取各种措施，限制某些外国工业品的进口，为本国工业发展创造有利条件，促进国内有关工业品的生产，逐渐在国内市场上以本国产品替代进口品的战略。

　　出口导向战略是指发展中国家通过促进本国产品的出口来积累资金并发展经济的战略。出口导向不等同于自由贸易，在一些实施出口导向战略的发展中国家，政府干预仍相当严重，该战略归根结底是为本国工业化发展服务的。

　　历史经验分析表明，出口导向战略的经济实绩优于进口替代战略，经济学家从资源配置、政策过度实施、不完全竞争、突破需求约束等角度进行解释。实际上，虽然鼓励出口导向战略能帮助消除产业进一步发展的约束，但是如果没有进口替代战略，产业的最初升级难以成功。因此，不能简单地把出口导向战略与进口替代战略对立起来。

第一节   国家独立、经济改革与贸易竞争

根据经济学家托达罗的界定，发展中国家是严重依赖农产品和初级产品出口、劳动生产率低以及劳动力大量非充分就业的国家。总体经济结构单一，严重依赖对外贸易是其显著特征，其出口收入占国民总收入的比重一般高于发达国家。因此对于发展中国家而言，如何根据一国经济与贸易的发展阶段以及所面临的贸易环境选择贸易战略至关重要。本节从发展中国家走向独立，贸易保护应运而生开始介绍，后续对发展中国家的经济状况与战略选择以及发展中国家的贸易竞争地位进行分析。

一、国家独立——贸易保护的兴起

二战之前，发展中经济体包括亚洲、非洲和拉丁美洲的广大殖民地、半殖民地和附属国，其自身经济运行往往无法满足自身发展需要。受制于西方发达国家建立的世界市场体系，广大殖民地、半殖民地和附属国处于长期的穷困与落后中。二战后，世界殖民体系趋于瓦解，亚非拉国家纷纷通过不同方式取得独立，开始为巩固政治独立、争取经济独立而斗争。

政治的独立使发展中国家在经济建设上表现出极大的热情，取得了一系列成就。一方面，经济增长速度显著加快。1960—1970年，发展中国家国民生产总值每年平均增长 5.6%（按不变价格计算）。1970—1980 年，在世界经济增长放缓的背景下，发展中国家国民生产总值年增长率仍为 5.3%，比发达国家高 3.1%。另一方面，发展中国家在世界经济中的地位有所提高，如发展中国家占世界国民生产总值的比重从 1950 年的 9.1% 提升到 1978 年的 15.1%；发展中国家占西方社会工业总产值的比重在 1978 年高达 15.2%，而在 1960 年仅有 11.1%；1970 年发展中国家占世界进口和出口总

额的比重分别为 19.7% 和 18.2%。

此外，发展中国家的出口能力和市场容量不断扩大。20 世纪 70 年代，随着石油价格大幅提升以及发展中国家制成品出口增加，世界贸易格局发生了改变，发展中国家的出口贸易额从 1970 年的 565 亿美元增加到 1980 年的 5 671 亿美元，为原先的 10 倍左右，年均增长率高达 26.1%；其制成品占世界制成品出口总额的比重由 1960 年的 3.9% 上升至 1980 年的 9.2%；部分工业化进程较快的国家逐渐从出口初级产品转向出口附加值较高的初级产品加工品，轻工、纺织、电子等行业在国际市场上已具有一定竞争力。

但值得注意的是，发展中国家的经济发展仍具有较强的不平衡性，多数发展中国家仍无法抵御外部力量的冲击，经济增长常为世界经济的变化所左右。同时随着发展中国家国际竞争力的相对增强（发展中国家生产能力、产品质量以及技术含量提高），发达国家感受到了竞争压力，凭借其在国际贸易中的垄断地位再次推行新殖民主义政策，发展中国家的开放经济面临着发达国家的贸易打压成为客观现实。在需要妥善处理国际经济贸易关系问题以及尽快发展民族工业的背景下，发展中国家选择采取贸易保护措施，贸易保护随着政治的独立逐步兴起。

二、经济状况与战略选择

（一）发展中国家的基本经济特征

虽然发展中国家具有明显的多样性，但是它们存在着区别于发达国家的共同基本经济特征，主要有以下几点：第一，产业结构低度化，即在产业结构从低水平向高水平转化和升级的动态过程中处于较低水平，表现为第一产业在国民经济中占比相对较大，第三产业占比相对较小，与发达国家有较大差距，如表 11.1 发展中国家产业结构表所示。

表 11.1　发展中国家产业结构表（各部门产出百分比）(%)

国家		高收入	中等高收入	中等低收入	低收入
农业	1965 年	5	16	23	41
	1999 年	2	6	14	26
工业	1965 年	42	36	33	29
	1999 年	32	33	39	30
服务业	1965 年	54	47	44	30
	1999 年	66	60	46	44

资料来源：根据公开资料整理所得。

第二，收入水平低，贫困问题严重。据世界银行《2001 年世界发展报告》，高收入国家的人均国民总收入是中等收入国家的 14 倍，是低收入国家的 66 倍，收入差距悬殊；同时收入分配两极分化，极不平等。低收入和两极分化严重使发展中国家处于贫困状态的人口数量巨大，如在非洲有一半的人口在饥饿中挣扎，在拉丁美洲有近 2 亿人口生活在贫困线以下。

第三，人口增长过快，失业率高。1980—1994 年发展中国家平均人口增长率为 1.9%，而同时期发达国家的人口增长率仅为 0.5%，人口增长过快是发展中国家经济发展的重大障碍，带来了一系列社会和经济问题。人口的快速增长使失业问题进一步恶化，发展中国家约有 35% 的城乡劳动力处于未充分利用的状态。

第四，存在二元经济结构，即规模小的先进工业部门和规模大的传统农业部门并存，由此导致城乡收入差距大，农村人口大规模向城市流动的现象，而发达国家一般不存在二元经济结构。

第五，在国际关系中处于弱势地位，发达国家掌控国际分工、国际贸易以及国际生产要素流动体系的支配权等，世界货币金融体系和机构也被发达国家支配，发展中国家的汇率常常受发达国家金融危机和币值波动的威胁，就连发达国家提供的援助和贷款往往也附带着严苛的政治经济条件。

（二）发展中国家经济发展的阶段性

发展中国家的经济发展大致可分为三个时期：经济发展初步成效期、经济建设困难期与经济调整转型期。从二战结束到 20 世纪 70 年代中后期是经济发展初步成效期。在这一时期，在政治上独立的发展中国家取得了较快的经济增长，在世界经济中的地位有所提高；工业发展较为迅速，改变了过去畸形的经济结构；对外贸易蓬勃发展，出口能力增强。

20 世纪 70 年代末及整个 80 年代是经济建设困难期。在这一时期，随着发展中国家自身经济发展战略、政策和体制的失误，诸多问题逐渐暴露，经济发展遭遇挫折，经济增长速度大大减缓，如 20 世纪 80 年代成为非洲"失去发展机会的十年"；工业化生产停滞不前甚至恶化，矿业和制造业受到巨大影响；通货膨胀严重，外债负担沉重，脱离实际的庞大的经济发展计划使国家陷入恶性通货膨胀。

20 世纪 90 年代至今是经济调整转型期，发展中国家开始迈出经济调整和改革的步伐，如拉美国家把平衡宏观经济、结构改造和体制改革结合起来进行综合调整，使经济摆脱危机。发展中国家所进行的经济调整和改革虽付出了较大的经济代价，但大多数国家开始从困境中摆脱出来。

由于经济发展具有阶段性，贸易政策的选择必然具有阶段性，处于不同发展阶段的国家应该采取不同的贸易政策，结合面临的贸易环境做出最正确的判断。

（三）经济改革与贸易战略转变

从贸易战略转变的内在要求来看，内部经济若不先行改革或者至少同时改革，贸易战略的转变将难以取得成功。以进口替代战略向出口导向战略转变为例，如果没有先行或者同时的贸易改革将产生如下问题：在要素市场方面，进口替代战略下要素相对价格扭曲（表现为劳动力价格偏高），要素不能自由流动，这时如果转变贸易战略，放松对进口的控制，进口产品就会冲击国内市场，难以出口，也会带来失业加剧、资本外逃的现象；在产品市场方面，在政府对价格进行管制的前提下，厂商没有生产和投资的积极性，企业缺乏效率，黑市猖獗，一旦进口放松，国内产品经不起进口产品的冲击，黑市也会使国内产业难以生存。

对于政府而言，如果不先调整国内经济政策，贸易战略的改变会加重其财政负担，如给出口企业的出口补贴和激励原进口替代战略所保护厂商的生产补贴。财政困境归根到底是由微观资源配置效率低、企业缺乏竞争力导致的。

所以要调整贸易策略，需要调整国内经济政策，把市场真正培育起来，发展市场经济，然后逐步对外开放国内市场，引进国际竞争机制，增强国内产品竞争力。内部经济改革先于贸易改革最成功、最典型的例子就是中国。中国在农村经济改革成功的基础上进行城镇改革，下放权力以及进行价格改革，让市场机制逐步发挥作用，企业生产积极性和生产效率不断提高，工业生产和国民经济迅速发展，在此期间对贸易改革进行试验。直到 1991 年中国才进一步完善贸易体制，此时经过十几年的经济改革，市场机制已经发挥较大作用，乡镇企业、三资企业纷纷建立，国有企业转型，企业竞争力大幅增强，效率显著提高，此时进行贸易战略的转变一举成功。

综上，贸易战略必须按照宏观经济的内在要求制定或选择，随客观经济发展而调整；同时贸易战略转变需要比较稳定的宏观经济环境，改革应先从内部经济开始，让国内市场先发展起来，使得国内企业可以在较为公平的条件下开展竞争，使对外贸易改革得以实现；最后，贸易领域的改革还应持续稳定地与国内其他领域的改革协调一致。

三、发展中国家的贸易竞争地位

是否进行贸易保护，选择何种贸易保护方式，不仅取决于一国绝对实力高低的较量，还取决于国家间在不同阶段、不同产业领域实力的相对强弱情况，也就是一国所处的贸易竞争地位。

发展中国家的贸易竞争力相比发达国家处于弱势地位。二战前，发达国家在国际关系中拥有向外侵略和殖民扩张的能力，在对外贸易中处于绝对优势地位。二战后，发展中国家仍未摆脱对发达国家的依附关系。发达国家掌控国际贸易、国际金融、国际分工以及国际生产要素流动体系的支配权，大多发展中国家处于国际分工体系的底层，只能生产和出口初级产品和附加值低的制成品。西方发达国家制定世界贸易体系的"游戏规则"，掌握世界市场上绝大多数产品的定价权，使发展中国家居于国际贸易的不利地位。

此外，沟通资金流通的世界货币金融体系和金融机构也都被发达国家支配，发达国家拥有决定以什么条件向发展中国家转移技术、私人资本以及提供外援的专断权，发达国家的巨额资本随时会给发展中国家的金融和经济造成毁灭性打击。发展中国家在经济上受发达国家支配，对外贸易的开展不得不依附于发达国家。根据阿根廷著名经济学家劳尔·普雷维什的观点，当今发展中国家和发达国家之间初级产品与制造品的交易、发展中国家贸易条件的恶化将成为一种历史趋势。

发展中国家在对外贸易竞争中的弱势地位符合普雷维什的"中心–外围"论，发展中国家应当实行贸易保护主义以解决这一问题。在作为中心国家的发达国家和作为发展中国家的外围国家按照比较优势理论开展国际贸易时，大多数利益都被处于中心地位的发达国家占有，技术进步的成果以利润率和工资水平提高的形式转移到发达国家，初级产品和制成品之间价差的周期性扩大使发展中国家处于不利地位，发展中国家在这种贸易中失去了本国工业发展的机会，此时采取贸易保护政策可以帮助发展中国家实现本国经济的工业化。

综上，发展中国家所处的贸易竞争地位决定了其贸易政策，采取贸易保护政策，摆脱长期不利的、建立在比较优势基础上的贸易关系，有助于发展中国家经济发展。

第二节　进口替代战略的实施

进口替代战略是一种贸易保护措施，即可贸易品的生产主要是为了取代进口品以满足国内市场的需要，在市场不完善的情况下，发展中国家采取进口替代战略保护民族工业，为本国工业发展创造有利条件。本节首先论述发展中国家选择进口替代战略的原因，接下来具体介绍进口替代战略的定义、细分、政策手段及理论基础等，最后以拉美国家为例分析进口替代战略促进工业化的特点。

一、为何选择进口替代战略？

既然绝大多数发展中国家最初都采用了进口替代战略，并且直到现在真正推行出口导向战略的发展中国家仍旧不多，那么为什么要有进口替代的过程？当一个发展中国家由农业社会向工业社会过渡的时候，为了尽快实现工业化，就必须用本国工业产品取代进口产品，进口替代战略应运而生。也就是说，必然会有一个进口替代的过程，结合上节对发展中国家国际贸易竞争地位的分析，发展中国家在对外贸易中处于弱势地位，本国工业产品在最初往往竞争不过进口品，替代过程就会自然而然地发生，因此实施进口替代战略，采取一些贸易保护措施是不可避免的。

以加快工业化进程为目的，多数经济学家赞成进口替代战略。根据利特尔的归纳，我们可以从四个方面论证进口替代的必要性：第一，限制消费品进口可以加快资本的形成；第二，在高速发展的要求下，会产生投资超过储蓄的现象，发展中国家国际收支的压力倍增，对进口进行控制势在必行；第三，出口收入的波动和贸易条件的不断恶化也需要对进口进行相应控制来解决；第四，发展中国家的幼稚产业必须得到保护。综上，利特尔的政策性结论就是发展中国家需要采取进口替代战略来发展本国工业，用本国产品取代原来需要进口的产品。

二、进口替代的含义

如本章开头所述，进口替代战略是指发展中国家采取各种措施，限制某些外国工业品的进口，为本国工业发展创造有利条件，促进国内有关工业品的生产，逐渐在国内市场上以本国产品替代进口品的战略。这里需明确一点，区分不同战略的标准主要是看生产活动是导向国内市场还是国际市场的。

进口替代战略可以根据所替代的产品种类的不同进行细分，当主要被替代的产品是劳动密集型的、一般的日用最终消费品时称为初级进口替代或第一阶段进口替代；当主要的被替代产品是资本相对密集型的中间产品或机器设备等投入品时称为高级进口替代或第二阶段进口替代。

（一）进口替代下的政策手段

当国内经济处于相对不开放状态时，政府有必要大力采取措施来影响国内生产者的决策，因此发展中国家推进进口替代战略的政策手段包括对经济活动全方位实施直接的数量限制和定价措施以及两者的混合。

数量限制的方式多种多样，但每种方式的限制程度不同。不准进口产品的否定名单相对比标明准许进口产品的肯定名单受到的限制要少；有些产品的进口许可证是自动批准的，且可以避免官僚主义的染指，而在另一些情况下，一切进口许可证申请都会被逐一仔细地检查，显然后一种体制比前一种体制限制更多；许可证批准程序，即递交申请与批准申请之间的时间间隔也会影响数量限制体制的运转。

另外一种政策手段是定价措施。除关税外，入港费、印花税、手续费以及若干其他非关税措施一直都在实行。它们的实施显著依赖于价格，但有时也会像其他任何进口禁令一样禁止一些产品的进口。上述两种手段相结合实施几乎能为任何产业提供充分的保护，国内能够进行有利所图的生产，但是这忽略了国际市场成本。许多资本货物、中间产品被进口的事实意味着政府能够通过进口许可证制度来影响或者控制资本在不同产业中的配置。

(二) 进口替代的理论基础

进口替代的理论基础主要包括二元经济结构理论、不平衡增长理论、"中心－外围"论和幼稚产业保护理论。"中心－外围"论已经介绍过，在此不再赘述。

二元经济结构理论出自《劳动无限供给条件下的经济发展》，刘易斯在书中首先提出"两个部门结构发展模型"的概念，说明发展中国家并存着两种不同的经济体系，即传统的自给自足的农业经济体系和城市现代工业体系，这两种经济体系构成了"二元经济结构"。发展中国家农村劳动力的供给是无限弹性的，只有通过政府计划和贸易保护主义干预，农村的剩余劳动力才能被吸纳，替代以前需要进口的物品，民族工业不断发展。

不平衡增长理论出自《经济发展战略》，赫希曼在书中提出主要稀缺资源应得到充分利用的观点。这一理论的基本内容包括三部分：引致投资最大化原理、联系效应理论和优先发展进口替代工业原则。其主张发展中国家应集中有限的资金，选择具有较强产业关联度的生产领域来投资，通过其外部经济效应使其他部门（生产领域）逐步得到发展。也就是说，发展中国家采用贸易保护措施，在制造品和中间产品部门实现进口替代，后续可以带动一系列上游和下游产业的发展，最后实现工业化。

幼稚产业保护理论出自美国建国初的重要文件《关于制造业的报告》，美国第一任财政部部长汉密尔顿指出，国家富强的根本道路在于发展商业和制造业，报告提到面对英国这个强大的竞争对手，美国必须实施贸易保护政策，促进新兴制造业的发展。李斯特进一步完善了幼稚产业保护理论，在分析德国历史和现实的基础上，结合经济发展系统地解释了贸易保护的观点。他强调在农工时期，为了促进和保护工业、渔业、海运事业和国外贸易的发展，必须实施商业限制政策。

三、拉美国家的进口替代工业化

拉丁美洲的代表性发展中国家是阿根廷、墨西哥和巴西，这些国家早在 20 世纪三四十年代就开始了进口替代工业化的浪潮，主要通过吸收外国资本投资于本国矿产和农产品的生产，主攻的发展领域是资源产业，如石油的生产。

拉美国家工业化的起因是欧洲国家间的战争，战争导致欧洲国家工业品的供给量减少，无法满足拉美国家的需求，促使拉美国家不得不开始思考如何构建本国的现代化工业体系。正因如此，拉美国家选择采取进口替代战略来发展本国工业。

在进口替代工业化的初级阶段，拉美各国的主要政策手段如下：一是构建贸易壁垒；二是为本国制造业部门提供包括税收政策在内的各种激励政策；三是鼓励进口结构的变化，减少消费品的进口，增加资本品的进口；四是引进美国和欧洲的资本投资于本国产业。政策主要集中于发展一般性的消费品产业来供给国内市场。

截至 20 世纪 50 年代，拉美国家逐渐走向政治独立，此时国内的普通消费品制造能力达到一定规模而国内人均收入并没有大幅增加，国内消费品市场逐渐趋于饱和。同时，在生产和供给方面，由于制造业规模不断扩大，对资本、原材料和技术的需求量大幅增加，新兴发展中国家面临的外汇压力越来越大，不得不步入进口替代工业化的第二阶段。

20 世纪 60 年代后，拉美国家正式进入进口替代工业化的第二阶段。该阶段主要促进生产耐用品和资本品，替代原进口产品，减少外汇压力，建立起资本密集型、技术密集型的相对先进工业部门，如汽车、机械、化工和制药等工业。拉美发展中国家采取各种保护措施，到 20 世纪 60 年代末，阿根廷的进口关税税率已高达 47%。

进口替代工业化确实促进了拉美国家的产业升级，原因在于拉美国家的资源禀赋结构，这些国家幅员辽阔，资源丰富，有能力生产更多的初级产品。但这种模式也随着时间的推移暴露出了越来越多的问题。过多地限制出口而没有适时鼓励进口导致拉美国家的经济越来越内向化，如仅对进口替代产业给予补贴及多种优惠政策，出口企业得不到应有的优惠待遇等。这种片面强调进口替代的做法使这些工业难以在国际市场上形成竞争力，同时对出口的忽略进一步导致本国企业不能长期适应国际市场，最终造成拉美国家经济体系脆弱，难以承受国际经济波动的影响。

四、进口替代战略有何弊端？

对拉美国家进口替代工业化的分析发现进口替代战略确实有助于民族工业的发展，但是不可避免地存在着一些弊端。

第一，进口替代战略下工业面向国内市场，它们的发展难免受到国内市场相对狭小的限制，极易造成工业成本偏高，因此这些工业进一步求助于政府加强贸易保护；贸易保护的加强反过来又对本国工业结构造成不利影响，削弱了发展中国家引进现代技术的刺激，生产率的提高被延缓。

第二，政府对进口替代工业所需资本设备和生产资料进出口的优惠政策，抑制了本国可以替代使用的原料、半制成品或资本品产业的发展，并且导致发展中国家对外汇的需求大幅度增加。

第三，进口替代战略的实施导致本币币值高估，高估的汇率对本国出口产业极为不利，进口替代产业过多吸引、使用了本国出口产业所需的原料、资金和劳动力等资源，使本国出口产业成本不断上升，国际竞争力下降，外汇收入逐渐减少，与对外汇需求的大幅度增加形成矛盾。

第四，进口替代战略下的数量限制等保护措施限制了外来竞争，削弱了市场对经济的调节和刺激作用，减少了提高产品质量和降低生产成本所必需的刺激，进一步削弱了企业的核心竞争力。

第五，初级进口替代阶段在一些发展中国家已经发展到了极限，需要进入技术上更加复杂的高级进口替代阶段，这通常需要大量的资本和庞大的市场作为支持，但发展中国家对初级产品的出口仍然存在很大程度上的依赖性，而且随着进口层次的不断提高，其依赖性增强，最终导致国际收支进一步恶化。

第六，在发展中国家相关政策不协调以及政府部门管理效能不高的现实背景下，进口替代战略真正的得益者往往是那些具有政治手腕、能够有效地影响主管进口配额和决定关税税率高低的管理层，最终导致进口替代工业通常不是计划的产物，也不是最优的经济选择，而是各方政治利益平衡的结果。

第三节　出口导向战略中的贸易保护

出口导向不等同于自由贸易，在一些实施出口导向战略的发展中国家中，政府干预仍相当严重，该战略归根结底是为本国工业化发展服务的。本节分析出口导向战略中的贸易保护，首先讲述出口导向战略的含义、类型以及政策手段等，随后分析东亚经济体出口导向工业化的特征，总结出口导向战略相比于进口替代战略的优越性，最后通过主要发展中国家不同时期的平均有效保护率（EPR），以及区分最终使用类别的有效保护率来分析进口替代战略和出口导向战略的有效保护程度。

一、出口导向战略的含义、类型及政策手段

出口导向战略是指发展中国家通过促进本国产品的出口来积累资金并发展经济的战略。其可以根据所出口的产品种类的不同进行细分：当鼓励出口的主要产品是初级产品时被称为初级产品出口战略；而当鼓励出口的主要产品是制成品时被称为出口导向战略。本书所提到的出口导向战略一般指制成品的贸易。

进口替代下的政策手段不再适用于出口导向战略，它们与出口导向方针不协调。关税不能再作为促进出口的手段，即使是关税返还也不过抵消了征收关税对出口的限制。而且，由于出口补贴的费用可观以及数量控制与促进出口的不协调性，在采用出口导向战略的发展中国家中很少有长期高估汇率的现象存在。

在上述背景下，出口导向的政策手段主要是定价刺激，且对于出口活动中的不同刺激程度存在着显而易见的限制，这些限制代替了真实汇率。如韩国采用如下做法：出口补贴，通常表述为当地货币支付给每单位国外货币的汇价高于官方汇率；对出口者有关税收的优惠待遇；可获取的低于市场利率的信贷。而在巴西，国内税收

豁免是鼓励出口的主要政策手段，它已胜过实际的滑动钉住汇率政策。这些刺激方式被用于任何出口者，它们造成了有关出口活动的统一的偏差程度。

出口导向战略与进口替代战略不同，不是在有意识的理论基础上形成的。传统的国际贸易理论主张自由贸易，是一种静态分工理论，以资源配置为基础，重点强调分工给各国带来的利益。但事实上，二战后的发展中国家所采取的贸易战略，无论是出口导向战略还是进口替代战略，都是为本国工业化服务的，都同时伴有政府干预，所以自由贸易理论不能作为出口导向战略的理论支持，出口导向战略不等同于自由贸易，更不能完全解释出口导向战略的成果。

二、东亚经济体出口导向工业化

（一）出口导向工业化模式

东亚新兴经济体总体上采用的是出口导向工业化模式，是一种外向型经济发展模式。"亚洲四小龙"的工业化起始于 20 世纪 50 年代，也是从进口替代战略开始的，但与拉美国家的不同点在于，在 20 世纪 60 年代，当拉美国家进行进口替代升级的时候，韩国、新加坡、中国香港以及中国台湾等经济体开始由进口替代战略转向出口导向战略，将原来准备供应自身市场的非耐用消费品供应到国际市场上。

到了 20 世纪 70 年代，东亚新兴经济体开始对出口导向工业化模式进行升级，生产同时供给自身和国际市场的资本品和消费品，采取出口导向与进口替代兼顾的战略，并取得了显著成功。

在此期间，东亚新兴经济体尤其注重重化工业如钢铁、石油化工及汽车等产业的发展，正是由于重工业的适时发展，这些经济体没有遇到像拉丁美洲国家一样的外汇短缺，它们的国际收支账户记录良好，且在这段时间里积累了充沛的外汇。

值得注意的是，"亚洲四小龙"（中国香港除外）以及随后的其他新兴发展中经济体在工业化的进程中都或多或少受到当局的积极干预，如在某个时期因扶植某些产业的发展而对其给予税收和利率上的优惠，以及当地行政管理机构出面对相关产业进行投资等等。这说明出口导向工业化模式中仍存在贸易保护行为，且通过出口导向使本国出口产业在国际市场上具备一定竞争力也是一种特殊的贸易保护，有利于促进出口产业的国内国际发展。

（二）拉美模式与东亚模式的区别

值得肯定的是拉丁美洲国家和东亚新兴经济体在推动工业化方面都取得了一定成绩，但东亚地区的工业化看似更加成功，导致两大发展中经济体工业化模式和结果差别的原因主要有以下三个：

第一，工业化模式的不同与两地区自身市场规模的不同有关。拉美地区的主要发展中国家地广人多，资源丰富，有着广阔的国内市场，这使得这些发展中国家倾向于面向国内市场的工业，对工业品的出口存在一定忽视。而东亚新兴经济体中有些经济体幅员狭窄，自身市场需求有限，如果贸易战略只倾向于自身市场，工业化就会受到限制。此外，东亚新兴经济体意识到现代化的大工业呈现出很高的规模经济效应，因此面向国际市场、扩大生产规模是获取规模经济的最佳途径。

第二，两地区自然资源禀赋的差异是关键因素。拉美地区地域辽阔，农业资源和矿业资源都相当丰富，这使得拉美发展中国家可以通过出口初级产品或者能源产品来换取外汇，发展出口导向工业化的必要性似乎不那么迫切。而对于东亚新兴经济体来说，情况恰恰相反，这些经济体必须通过出口工业品换取所需要的外汇来发展自己的工业。在它们的工业结构中，重工业领域的附加值更大，生产效率更高，重工业的比重代表着工业化水平，因此东亚新兴经济体发展出口导向工业化，并且不断地对之进行升级。

对比两地区的做法，拉美地区的农产品在国际市场上本就是高度竞争的，在换取外汇上远不如制造业。农产品市场波动幅度大，西方发达国家在农业市场上采取了严密的贸易保护措施，这些都极易导致拉美发展中国家国际收支的巨大波动。

第三，两地区的政治、经济体制和社会结构存在差别是根本原因。体制与结构的不同影响政府对经济发展战略和工业化模式的制定。在拉丁美洲，地主阶级，即大庄园主和从第一轮工业化中获利的工商业主代表影响着政府的经济决策，任何有关经济结构、体制的调整往往都会触及他们的利益，招来他们的坚决反对。最重要的是他们有强大的实力来说服政府制定能维护他们既得利益的政策。因此，当政府想要从进口替代战略转向出口导向战略时，这对地主阶级不利，必然受到他们的阻碍。相反，在东亚新兴经济体中，大垄断财阀对政府的影响相对有限，政府可以制定符合经济发展规律的政策。此外，拉丁美洲地区发展中国家的工会力量也比东亚新兴经济体强大得多。数据表明，巴西工人参加工会的比率为 29%，阿根廷为 36%，而东亚国家的代表例如韩国仅有 7%。显而易见，拉丁美洲发展中国家在制定经济发展战略时，必须慎重考虑地主阶级、工会等的立场和维护其利益，政府想要调整政策大受掣肘，而东亚新兴经济体不存在这些问题，经济政策的转变更加灵活。

此外，根据上述分析，出口导向战略有如下几个优越性：第一，国际市场为实施出口导向战略的发展中国家提供了贸易竞争机会，竞争会激励发展中国家的出口企业加强对质量的控制、不断引进新技术和研发新产品、不断提高企业管理水平。第二，发展中国家政府为了鼓励出口往往会用多种多样的方式为出口企业提供补贴，因此实施出口导向战略所需的额外成本相比进口替代战略更加明显。第三，在出口导向战略下，效益高的企业和相应产业能够得到迅速成长的机会，不会受到国内需求增长的限制，无论存在何种规模的经济效应或是经济不可分性，有效益的企业都会得到发展。

三、不同贸易战略的有效保护程度

　　既然进口替代战略是一种高度的贸易保护战略，伴随着较高的平均进口关税税率，那么它对国内市场销售产品的有效保护程度如何？它主要对哪些产业提供贸易保护？再看出口导向战略，发展中国家在实施出口导向战略时往往对幼稚产业进行保护，且大多发展中国家实施的是温和的出口导向战略，所以在出口导向战略下，国内外市场的产品保护程度又会发生怎样的变化？出口导向战略和进口替代战略对不同产业的有效保护究竟有哪些差异？本部分通过搜集历史经验数据，对比分析不同贸易战略的有效保护程度，逐步解决上述疑问。

　　表 11.2 展示了不同发展中国家在特定时期的贸易战略选择以及该战略背景下的国内市场销售产品的所有制造业活动的平均有效保护率（EPR）的估计值，所研究的国家包括巴西、智利、哥伦比亚、印度尼西亚、科特迪瓦、巴基斯坦、韩国、泰国、突尼斯以及乌拉圭共 10 个国家。

表 11.2　贸易战略与出口增长（%）

国家	时期	贸易战略	制造业的平均 EPR	EPR 的范围
巴西	1958	IS	104	17～502
	1963	IS	184	60～687
	1967	MIS	63	4～252
智利	1967	IS	175	−23～1 140
哥伦比亚	1969	MIS	19	−8～140
印度尼西亚	1971	MIS	33	−19～5 400
科特迪瓦	1973	EP	41	−25～278

续表

国家	时期	贸易战略	制造业的平均 EPR	EPR 的范围
巴基斯坦	1963—1964	IS	356	−6 ～ 595
	1970—1971	IS	200	36 ～ 595
韩国	1968	EP	−1	−15 ～ 82
泰国	1973	MIS	27	−43 ～ 236
突尼斯	1972	IS	250	1 ～ 437
乌拉圭	1965	IS	384	17 ～ 1 014

资料来源：根据公开资料整理所得。
注：EP 为出口导向；IS 为进口替代；MIS 为温和的进口替代。

观察对比制造业的平均 EPR 和 EPR 的范围两列数值，我们可以得到以下几个主要结论：第一，实施进口替代战略的发展中国家的平均有效保护率最高，采用温和的进口替代战略的发展中国家的平均有效保护率居于其次，推行出口导向战略的国家拥有最低的平均有效保护率。第二，乌拉圭、巴基斯坦和突尼斯这三个发展中国家的平均有效保护率最高，都在 300% 左右，说明这三个国家在进口替代战略下对国内市场销售产品的保护程度极高。第三，韩国在出口导向战略下平均有效保护率为负值，科特迪瓦则不同，虽然它也推行出口导向战略，但其平均保护程度仍较高。

此外，相关数据显示，韩国的出口产业在对外贸易过程中得到了相当大的鼓励，其出口产业在国内市场的有效保护率为 −18%，在出口市场的有效保护率为 5%，说明当韩国出口企业向国外销售它们的产品时受到的刺激相当于 5% 的附加值，而在国内市场销售时它们受到的抑制相当于 18% 的负有效保护率。

表 11.3 根据所有产品的最终使用类别提供了不同于平均有效保护率的另一种表明有效保护结构特征的方式，即通过不同发展中国家在特定时期下分别对消费品、中间产品以及资本品的有效保护率分析有效保护的结构特点。据对表 11.3 的分析，有如下几个结

论：第一，采用进口替代战略的发展中国家主要保护生产消费品的
产业。例如，巴西无论是 1958 年采用进口替代战略还是 1967 年推
行温和的进口替代战略，对生产消费品的产业给予的保护程度相比
于其他产业都更高。根据巴基斯坦 1970—1971 年的数据也可以得
到相似的结论。如果能够得到智利或者乌拉圭的数据，相信结果也
会十分类似。第二，由于出口导向战略在韩国居主导地位，其总体
受保护程度在所有国家中是最低的，甚至有正有负，韩国政府对生
产中间产品的出口产业的保护程度相对较高，对生产消费品和资本
品的产业保护程度为负。对于韩国仅向国内销售的企业而言，情况
则相反，生产资本品和消费品的企业受保护程度高，生产中间产品
的企业基本无法获得来自政府的保护。第三，巴西在 20 世纪 60 年
代的改革和哥伦比亚在 60 年代后期的相当温和的改革在本国温和
的保护程度中得到了反映。突尼斯受数据来源限制，反映出对消费
品和资本品生产者有较高程度的保护。

表 11.3　根据最终使用类别划分的有效保护率（%）

国家	时期	贸易战略	消费品	中间产品	资本品
巴西	1958	IS	65	42	53
	1967	MIS	52	36	39
阿根廷	1969	IS	26	127	162
哥伦比亚	1969	MIS	33	15	80
巴基斯坦	1970—1971	IS	77	158	200
韩国	1969	EP	−2	9	−9
		IS	16	0	56
泰国	1973	MIS	19	25	77
突尼斯	1969	IS	74	29	104

资料来源：根据公开资料整理所得。
注：EP 为出口导向；IS 为进口替代；MIS 为温和的进口替代。

　　最后，通过观察分析表 11.2 和表 11.3 的数据，可以发现无论
是使用平均 EPR，还是使用区分最终使用类别的有效保护率，不

同产业受到刺激程度的标准差在进口替代战略下都要比在出口导向战略下大得多。刺激结构的不同必然对生产结构有着深刻影响，当有效保护率非常强大时，可以肯定绝大多数在进口替代战略下受保护的企业，如果不彻底改变它们的成本结构，就不能够在其他不同的贸易战略下存活下来。此外，假如在更为极端的进口替代制度下（对出口采用高度抑制措施），进口替代战略必然会损伤许多潜在出口产业的扩张以及未来发展，那么这些差异也许正是发展中国家采取不同贸易战略时国家经济增长率不同的原因。

第四节 贸易保护方式的变迁

发展中国家的贸易保护政策需要根据本国的经济、贸易发展阶段以及国际贸易环境而定，具有明显的阶段性特征，也就是说，站在全球视角，发展中国家的贸易保护政策需要随着其经济、贸易发展水平和国际贸易环境的变化而演变。二战后，随着发展中国家政治独立、经济水平提升和国际贸易环境不断改善，发展中国家的贸易保护政策选择整体上呈现出从高度贸易保护的进口替代战略向更为自由的出口导向战略演变的态势。本节首先介绍发展中国家贸易保护政策的演变历程，分析其变化趋势，然后根据历史经验数据对进口替代战略和出口导向战略的经济增长实绩进行比较分析，最后分析经济增长实绩差异的背后原因。

一、发展中国家贸易保护政策的演变历程

经过两次世界大战的剧烈冲突，殖民主义和帝国主义统治体系在世界范围内逐渐趋于瓦解，广大的亚非拉国家或地区陆续走上了政治、经济独立的发展道路，采用何种贸易保护政策成为广大亚非拉国家或地区经济发展的自主选择，本部分将大洲作为总体划分标

准，先后介绍拉丁美洲、亚洲和非洲的发展中经济体的贸易保护政策变迁历程。

（一）拉丁美洲发展中国家的贸易保护政策演变

拉丁美洲的大多数发展中国家在 20 世纪 30 年代实施以初级产品出口导向为主的贸易战略，其中少数国家在二战期间开始推行进口替代战略。二战后，在拉丁美洲经济委员会经济思想的指导下，绝大多数国家形成了进口替代型经济发展模式，直到 20 世纪 80 年代受拉丁美洲债务危机的影响，大多数国家的贸易政策转向了不偏不倚的中性刺激。贸易保护政策的变迁深刻地影响着拉丁美洲地区发展中国家的经济发展，下面将按照国别分别介绍贸易保护政策的变迁。

1. 巴西的贸易保护政策演变

巴西是拉丁美洲最大的发展中国家，19 世纪后半叶至 1930 年，巴西都推行自由贸易政策，奉行经济自由主义，利用本国自然资源的比较优势，出口工业国需要的农产品（咖啡是最具比较优势的农产品），从工业国进口本国需要的工业品，形成以咖啡为主的对外贸易体系。然而，1929 年爆发的世界经济危机对巴西咖啡业造成了致命的打击，凸显了巴西单一产品经济结构的脆弱性。

1930 年上台的瓦加斯政府开始了带有进口替代性质的贸易政策改革，通过汇率限制进口、扩充信贷、加强基础设施建设等一系列措施进一步强化了进口替代战略。到 20 世纪 50 年代末，巴西生产的耐用消费品已基本实现自给。军政府上台后对宏观经济政策做出了全面调整，出台了一系列鼓励出口的政策措施，如对出口工业品免征关税等。到 20 世纪 60 年代末，立足于本国的经济发展思想被抛弃，巴西开始采取外向型经济发展模式，将重点转向国外市场，通过对外贸易的发展带动整个国民经济的进步，有力地推动了电力、能源以及新兴工业等的快速发展。

　　但是政府大幅举债，大力兴建投资额巨大、收益期长的工程项目导致国内资源配置极其不合理、消费膨胀，最终导致 1982 年巴西债务危机。直到 1988 年，萨尔内政府才开始贸易政策改革，实施新的对外开放的贸易战略。图 11.1 展现了巴西贸易保护政策的变迁过程。

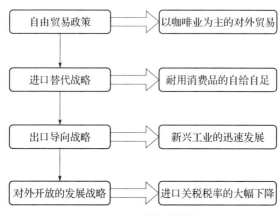

图 11.1　巴西贸易保护政策的变迁过程

资料来源：根据公开资料整理所得。

2.墨西哥的贸易保护政策演变

　　墨西哥贸易保护政策的演变主要分为两个阶段，第一阶段推行严格的进口替代战略。19 世纪墨西哥脱离西班牙独立后实施了高度贸易保护政策，平均实际进口关税税率超过了 50%，对民族工业进行保护，逐步实现了非耐用消费品、耐用消费品、中间产品和部分资本品的进口替代，建立起了比较齐全的工业体系，这一进口替代战略一直持续到 20 世纪 80 年代。

　　过分严格的贸易保护措施使墨西哥的贸易逆差不断扩大，1982 年债务危机爆发，墨西哥政府经过深刻的总结和反思决定进行对外贸易改革，加入《北美自由贸易协定》和 GATT。1989 年，墨西哥 98% 的商品实现了自由贸易，平均进口关税税率下降到了 9%。

3.阿根廷的贸易保护政策演变

阿根廷自然条件优越，经济基础良好，二战结束时，阿根廷的经济发展程度与加拿大、澳大利亚等国家相似，人均国内生产总值居拉丁美洲国家之首，而到了 20 世纪 90 年代，其工业发展水平却落后于巴西和墨西哥，为何会产生这种变化？贸易保护政策的演变或许可以给出答案。

1860—1929 年间，阿根廷的贸易政策基本上是出口导向型的。1929 年在资本主义经济危机和以邻为壑的贸易保护主义背景下，阿根廷确立了高度贸易保护的进口替代战略，通过信贷政策、汇率政策和关税政策等保护幼稚产业。1976 年，阿根廷禁止了 734 种产品的进口，对多种产品规定了进口限额，还制定了极高的进口关税税率，一些主要产品的平均进口关税税率高达 181%。20 世纪 80 年代的债务危机爆发后，阿根廷的对外贸易改革相比其他拉丁美洲国家要晚，直到 1991 年梅内姆政府才开始减少进口数量限制，降低平均进口关税税率。

（二）亚洲发展中经济体的贸易保护政策演变

除中国香港外，大多数亚洲发展中经济体在第二次世界大战后都先后采取了时间长短不一的进口替代战略。1959—1964 年，"亚洲四小龙"中的韩国和中国台湾先后从进口替代战略转向出口导向战略。"亚洲四小虎"贸易战略转型稍晚，马来西亚、泰国、菲律宾和印度尼西亚先后于 1968 年、1972 年、1973 年和 1976 年转向出口导向战略。越南则不同，直到 20 世纪 80 年代仍在实施进口替代战略。南亚四国（印度、巴基斯坦、孟加拉国和斯里兰卡）也长时间采用进口替代战略，设有高进口关税税率。其他南亚诸国更是内向，直到 20 世纪 90 年代初仍在实施封闭经济。

1.韩国的贸易保护政策演变

朝鲜战争结束后，韩国采用了内向型进口替代战略，进口替代产业主要是制造业和原材料业。韩国政府制定了复杂的进口关税体系，对 1 675 种进口产品施加关税，平均关税税率达 25%，且随着进口替代政策的深化，平均关税税率不断提高，截至 20 世纪 50 年代末期，平均进口关税税率已经高达 64%。

由于国内市场狭窄以及本国自然资源匮乏，韩国现有工业原料已经无法满足日益增长的消费品和部分资本品生产的需要，韩国政府必须将进口替代战略转向出口导向战略。1961 年韩国采取了刺激出口的措施，逐步放开对产品进口的限制，不断降低进口关税税率，到 1984 年，平均进口关税税率已经下降到 22%。值得注意的是，韩国政府在开启贸易自由化进程的同时仍然通过提高关税税率对国内的幼稚产业进行保护。

2. 菲律宾的贸易保护政策演变

同其他东盟邻国类似，1964—1972 年菲律宾实施的是内向型进口替代战略，在这一时间段菲律宾的经济高速增长，尽管平均进口关税税率高达 84%。20 世纪 60 年代末，随着菲律宾的经济陷入低迷，菲律宾政府开始将对外贸易政策偏向出口导向战略。1980 年，菲律宾农业和制造业的平均进口关税税率相比 1975 年分别下降了 62% 和 39%。1985 年，菲律宾已形成完全外向型出口导向战略。

3. 新加坡的贸易保护政策演变

同其他亚洲发展中经济体不同，在 20 世纪 50 年代，新加坡是一个"自由港"，没有任何贸易保护，经济发展主要依赖于再出口贸易。1959 年新加坡获得充分自治权后，先后于 1960 年和 1963 年引进了保护关税制度和配额制度。截至 1965 年，新加坡受到进口关税保护的产品有 230 种。1965 年，新加坡获得完全政治独立后，开始加强进口关税制度，不断削减进口配额制度。1968 年，新加坡政府开始走上贸易自由化道路，取消了所有进口配额制度。

值得注意的是，即使存在保护关税制度和配额制度，新加坡的平均进口关税税率也很低。

4. 中国台湾的贸易保护政策演变

中国台湾的贸易保护政策的演变同韩国类似，是 20 世纪 60 年代前进口替代战略成功的典范。1949—1957 年，中国台湾实施了针对本地市场的全面进口替代战略，着重推进以非耐用品为中心的面向内部市场的轻工业的发展，推动了当地经济的稳步发展，在此期间平均进口关税税率达 47%。

到 20 世纪 60 年代初期，中国台湾已经不再进口主要消费品，开始小量地向外销售本地制造的工业品。由于本地市场狭窄，中国台湾出现了工业品过剩的现象，经常账户赤字增加、经济增长率下降的现象随之而来，贸易政策开始转向出口导向战略，到 20 世纪 60 年代中期，出口导向战略已经全面展开。

5. 印度的贸易保护政策演变

印度在进行贸易政策改革前是一个典型的实施封闭经济的发展中国家，进口数量限制十分严重，进口关税税率极高，最高时高达 200%，其中中间产品平均关税税率达 110%，资本品平均关税税率接近 100%。到 20 世纪 90 年代，印度才开始进行对外贸易体制改革，开始实施汇率并轨制度，逐步走向贸易自由化，中间产品、资本品以及总产品的平均进口关税税率都大幅下降。

（三）非洲发展中经济体的贸易保护政策演变

与拉丁美洲和亚洲发展中经济体相比，非洲发展中经济体的贸易政策由进口替代转向出口导向的时间更晚。直到 20 世纪 80 年代，绝大多数非洲发展中经济体实施的仍然是初级产品出口政策或者贸易保护程度极高的进口替代战略，政策手段主要为数量限制和外汇管制，实施高度贸易限制，如尼日利亚。尼日利亚自 1960 年 10 月 1 日获得独立后便选择实施进口替代战略，到 1980 年进一步深化了进口替代战略，采取了极具代表性的外汇分配措施，提高了平均关税税率，扩大了关税税目。同尼日利亚一样，许多非洲发展中经济体直到 20 世纪 80 年代末仍推行进口替代政策。

　　20 世纪 90 年代初，由于非洲经济形势严重恶化，这些发展中经济体为了获得发达国家的贷款，不得不接受西方新自由主义经济学的观点，采纳了世界银行提出的"结构性调整方案"，开始了贸易自由化进程。马里最先开始了贸易自由化进程，喀麦隆紧随其后，它们都以消除对进口的数量限制、降低关税为最终目标对高度保护的进口替代战略进行调整。南非的转型相比其他非洲国家更晚，直到 1994 年以曼德拉为首的非洲人国民大会取得胜利后南非才开始发展外向经济，实行贸易自由化政策。

二、进口替代战略与出口导向战略的经济增长实绩比较

1. 代表性学者的研究

　　安妮·克鲁格采用巴西、智利、哥伦比亚、印度尼西亚、科特迪瓦、巴基斯坦、韩国、泰国、突尼斯和乌拉圭共 10 个发展中国家的数据资料，对比分析不同发展中国家采取不同类型的贸易战略对相应的经济增长绩效的影响，研究得出出口导向下经济增长的实绩要比进口替代下经济增长的实绩好的结论，具体结果见表 11.4。

表 11.4　贸易战略以及出口收入增长率和实际 GDP 增长率（%）

国家	时期	贸易战略（1）	年均增长率	
			出口收入（2）	实际 GDP（3）
巴西	1955—1960	IS	-2.3	6.9
	1960—1865	IS	4.6	4.2
	1965—1970	EP	28.2	7.6
	1970—1976	EP	24.3	10.6
智利	1960—1970	IS	9.7	4.2

续表

| 国家 | 时期 | 贸易战略（1） | 年均增长率 | |
			出口收入（2）	实际 GDP（3）
哥伦比亚	1955—1965	IS	-0.8	4.6
	1965—1970	IS	-1.9	1.9
	1970—1976	EP	16.9	6.5
印度尼西亚	1965—1973	MIS	18.9	6.8
科特迪瓦	1960—1972	EP	11.2	7.8
巴基斯坦	1953—1960	IS	-1.5	3.5*
	1960—1970	IS	6.2	6.8
韩国	1953—1960	IS	-6.1	5.2
	1960—1970	EP	40.2	8.5
	1970—1976	EP	43.9	10.3
泰国	1960—1970	MIS	5.5	8.2
	1970—1976	MIS	26.6	6.5
突尼斯	1960—1970	IS	6.8	4.6
	1970—1976	MIS	23.4	9.4
乌拉圭	1955—1970	IS	1.6	0.7

资料来源：根据公开资料整理所得。

注：EP 为出口导向；IS 为进口替代；MIS 为温和的进口替代；GDP 为国内生产总值；* 指 1950—1960 年的增长率。

表 11.4 中先后列示了 10 个发展中国家不同时期的贸易战略、出口收入增长率和实际 GDP 增长率。据表格有如下分析结果：

智利、科特迪瓦和乌拉圭这三个国家的贸易政策相对稳定。智利在 1974 年前始终奉行进口替代战略，其进口替代偏差程度的波动主要与铜的价格波动以及国际收支的波动呈负相关关系。乌拉圭同智利一样，一直强烈地偏爱进口替代战略，仅在近年才转向较高程度的出口导向战略。科特迪瓦则自政治独立以来一直奉行出口导向战略。

巴西、韩国以及哥伦比亚这一组国家的贸易政策频繁改变。这些国家至少经历过三次从进口替代战略向出口导向战略的改变。此外，印度尼西亚也曾急剧改变过国家的贸易政策。1965 年前，因其极端限制性的体制，印度尼西亚的通货膨胀率高达 100%，严重影响了出口收入。比特研究发现，自 1965 年以来印度尼西亚从外汇控制转向货币完全自由兑换，尽管其放松了对外汇的控制，但国内的许多产业仍然受到贸易政策的保护。综合来看，自 1965 年以来，印度尼西亚的体制在进口替代偏差方面最具有"温和"的特征。

除上述国家外，突尼斯自 20 世纪 60 年代以来在其贸易体制以及国际支付体制中有强烈的进口替代偏向，直到 70 年代早期开始将进口替代战略转向出口导向战略。然而纳布里的研究表明在 70 年代早期，进口替代的刺激与出口导向的刺激相比仍是非常强烈的。所以，站在分析贸易战略与就业关系的角度，突尼斯可大体上被划分为进口替代型发展中国家。

泰国的情况与突尼斯类似，只是在进口替代上的倾向没有突尼斯那么强烈，表现为温和的进口替代战略，艾卡拉塞尼的研究表明 20 世纪 60 年代适度的刺激结构可能仍然对产出的产品构成和贸易格局起到决定性的影响。直到 1973 年泰国政府的干预才增加，更多的措施被用于鼓励产品的出口和进一步完善进口替代。

最后分析巴基斯坦。它是一个从 20 世纪 50 年代极端偏向进口替代到 60 年代转向较少不平衡刺激结构的发展中国家，基辛格把巴基斯坦定义为具有更大程度自由化体制的国家。

观察 10 个代表性发展中国家的出口收入年均增长率和实际 GDP 增长率可以发现：实际 GDP 年均增长率和出口收入年均增长率之间存在一种特殊的关系。例如巴西在 1955—1960 年间出口收入下降而实际 GDP 大约以每年 7% 的速率增长；韩国在 1953—1960 年间的情况与此相似；智利在 20 世纪 60 年代存在着相当高的出口收入增长率，然而实际 GDP 并未迅速增长；等等。

观察出口收入年均增长率这一列可以发现，从进口替代战略转向出口导向战略时，国家出口收入增长率提高，表明经济实绩很大程度上得到改善了。例如哥伦比亚和韩国，贸易战略的转变带来了出口收入增长率的大幅转变，甚至从负数转为正数，对这些国家的经济发展有重要意义。此外，印度尼西亚较大正值的出口收入年均增长率（18.9%）代表了结束苏加诺统治后经济的迅速好转。突尼斯在1970—1976年间出口收入年均增长率的上升反映了制造业产品出口的迅速增加，特别是磷酸盐业。

2.《世界发展报告》

《1987年世界发展报告》首先把41个发展中经济体的对外贸易战略分1963—1973年和1973—1985年两个时间段划分为坚定内向型、普通内向型、普通外向型和坚定外向型四种类型，具体分组情况见表11.5。划分标准如下：第一，有效保护率。有效保护率越高，认定为越偏向进口替代战略。第二，考察诸如进口许可证和限额等措施对进口直接控制的程度，程度越高，贸易战略类型越偏向内向型。第三，出口奖励情况。出口奖励程度越高，贸易战略越偏向外向型。第四，汇率定值情况。汇率定值越高，贸易战略越偏向内向型。

在贸易战略分组完成的基础上，《1987年世界发展报告》进一步分析了四组发展中经济体的经济绩效情况，见表11.6。研究结果发现：在一般意义上来讲，采用外向型贸易战略的发展中经济体的经济绩效优于采用内向型贸易战略的发展中经济体，且采用坚定外向型贸易战略的发展中经济体经济表现最好，而采用坚定内向型贸易战略的经济体表现最差。《1987年世界发展报告》提出了有关发展中经济体贸易改革的建议，即建议发展中经济体将内向型贸易战略转变为外向型贸易战略。

表 11.5 41 个发展中经济体根据贸易战略的分组情况

时期	坚定外向型	坚定内向型	普通外向型	普通内向型
1963—1973	中国香港	苏丹	喀麦隆	塞内加尔
	韩国	孟加拉国	危地马拉	尼加拉瓜
	新加坡	加纳	哥伦比亚	马达加斯加
		印度	科特迪瓦	萨尔瓦多
		赞比亚	马来西亚	洪都拉斯
		乌拉圭	哥斯达黎加	玻利维亚
		秘鲁	印度尼西亚	菲律宾
		智利	泰国	肯尼亚
		埃塞俄比亚	以色列	突尼斯
		斯里兰卡	巴西	尼日利亚
		坦桑尼亚		墨西哥
		巴基斯坦		南斯拉夫
		阿根廷		
		布隆迪		
		多米尼加		
		土耳其		
1973—1985	中国香港	苏丹	智利	墨西哥
	韩国	孟加拉国	乌拉圭	哥伦比亚
	新加坡	加纳	以色列	南斯拉夫
		印度	土耳其	斯里兰卡
		赞比亚	巴西	巴基斯坦
		玻利维亚	突尼斯	印度尼西亚
		秘鲁	泰国	喀麦隆
		阿根廷	马来西亚	尼加拉瓜
		埃塞俄比亚		萨尔瓦多
		布隆迪		科特迪瓦
		多米尼加		危地马拉
		坦桑尼亚		哥斯达黎加
		马达加斯加		塞内加尔
		尼日利亚		洪都拉斯
				肯尼亚
				菲律宾

资料来源：世界银行。

表 11.6　贸易战略分组经济绩效：年均增长率（%）

贸易战略	实际人均 GDP		实际 GDP		制造业实际附加值	
	1963—1973	1973—1985	1963—1973	1973—1985	1963—1973	1973—1985
内向型平均	6.8	4.3	5.2	3.7	2.7	1.0
坚定内向型	5.3	3.1	4.1	2.5	1.6	-0.1
普通内向型	9.6	5.1	6.8	4.7	3.9	1.8
外向型平均	10.3	5.2	7.9	5.0	5.2	2.5
普通外向型	9.4	4.0	7.6	4.3	4.9	1.7
坚定外向型	15.6	10.0	9.5	7.7	6.9	5.9

资料来源：世界银行。

日本、"亚洲四小龙"等经济体实施出口导向战略取得极大成功证实了这一建议，世界银行也于 1933 年出版《东亚奇迹：经济增长与公共政策》来加强促进外向型出口导向战略的观点，认为对其他发展中国家具有重要的借鉴意义，推荐外向型出口导向战略为发展中经济体的首选贸易战略。

然而，外向型出口导向战略也有其局限性，20 世纪 90 年代亚洲金融危机的爆发展现出了该战略的缺点。相比于进口替代战略，出口导向战略通过撤销各种政策限制，充分发挥发展中经济体低工资劳动力的比较优势，不断促进劳动密集型产品的出口，推进经济市场化进程，以此带动本国的经济发展。但这种外向型贸易战略过分地追求出口，极易造成对发达国家市场的依赖，并且造成本国工业体系出现"双重化"问题，即出口产业过度膨胀而内需产业相对萎缩，国家经济体系逐渐变得十分脆弱。例如，20 世纪 80 年代韩国半导体产业在国际市场需求的刺激下飞速发展，但随着 90 年代国际半导体市场的萎缩，韩国庞大的半导体业迅速陷入困境，为该产业提供大量资金支持的金融机构接连倒闭，韩国金融危机爆发。

三、经济增长实绩为何存在差异？

历史经验分析表明出口导向战略的经济绩效优于进口替代战略

的经济绩效，不同经济学家对此提出了不尽一致的解释性假说，本部分从四个角度分别进行讨论分析。

第一个角度是资源配置理论。该理论认为没有干预的自由贸易最有利于经济发展，政府应当选择自由贸易，既不偏向出口导向战略，也不偏向进口替代战略。两种对外贸易战略中出口导向战略相对自由贸易偏离得更小，这是因为出口导向战略对政策制定者的制约力比较大，政府无法对贸易加以过分干预。

出口导向战略的主要措施是提供出口补贴，这一补贴的成本是清楚可计算的，因此过高的补贴往往不会得到政府批准，因其会给财政造成沉重的负担。此外，采取出口导向战略就不会对进口实施过于严重的控制，因为一旦进口的机器设备、原材料等因严重的贸易保护而成本过高，用它们生产出来的出口制造品就难以在国际市场上形成竞争力；出口产品的国际市场价格是一国政府无法控制的，这对该国的政策制定者和企业家构成制约，同时完善的价格机制能将有关供给、需求、技术、管理等各方面的信息迅速反馈给该国政府，使国家政策制定者的失误减少，企业的生产效率和竞争力提高。

相反，对于进口替代战略而言，政府通过关税、配额以及冗长繁杂的海关手续等对本国产业和市场实施高度保护，将带来一系列隐含成本，不容易被察觉，却有极其高昂的代价。因此，出口导向战略的国内边际转换率更接近于国际边际转换率，更符合资源合理配置的要求，经济增长率自然更高。

第二个角度是一些发展中国家过度实施进口替代战略。一些采用进口替代战略的国家将贸易保护措施用过了头，贸易保护程度十分严重，导致了企业生产活动低效率甚至无效率，带来低经济增长率。实际上，一国政府要想推行进口替代战略，既可以用 10% 的进口关税税率来实施保护，也可以用 100% 甚至更高的关税税率来实施保护。较低的实际保护率在保护民族产业的同时还可以促进本国工业的发展，但是极高的关税税率会损伤发展中国家新建立起的工业体系，因为高关税导致本币币值被严重高估，同时过多的数量控制加上复杂的海关手续以及不可避免的官僚主义政府干预等使在进口替代战略下建立起来的民族产业代价过大却没有强大的国际竞争力，这也警示发展中国家采用进口替代战略要适度适时。

第三个角度是不完全竞争理论。该理论重点关注建造工厂时的最低投资额、企业生产过程中的不可分性以及规模报酬递增原理。不完全竞争理论认为，绝大多数发展中国家的内部市场都很小，如果仅仅从发展中国家的内部市场出发来考虑替代进口品，所建造的工厂就会小于最佳有效规模，并极有可能导致寡头垄断的出现。进口替代水平的不断升级意味着所替代的产业资本密集度越来越高，这也就说明这一产业发展所必需的最低投资额越来越大，不可分性和规模报酬递增问题越来越突出，狭小的内部市场已经成为该行业继续发展的严重阻力。

此时，通过有效的出口导向战略就可以克服这些问题，让市场规模不再成为制约因素，产业发展的规模经济效应得以发挥。此外，企业通过出口导向战略加入国际市场参与贸易竞争，国际市场的压力会迫使企业寻找有利可图的生产活动并不断改进技术、提高生产率和国际竞争能力，同时在国际竞争中，信息流通速率快，发展中国家企业可以通过模仿学习来改进技术、改善经营，促进企业的发展，进而促进发展中国家经济的进步。

第四个角度是突破需求约束角度。出口导向战略在突破市场规模和要素投入两方面的约束上具有优越性。发展中国家资本不足、外汇短缺、技术落后、人才缺乏等构成了经济发展的诸多障碍，面临着严重的生产力水平低下、供给不足问题，也就是说，产业的发展往往会遇到市场规模和要素投入两方面的约束，且越是资本与技术相对密集的产业，约束就越紧，此时鼓励出口导向战略有助于突破这种约束，不断地促进生产力的提高（生产力的不断提高就是不断突破约束的过程），提高产品的国际竞争力，从而有利于推动工业化进程和经济发展。

此外，必须明确，虽然鼓励出口导向战略能帮助消除产业进一步发展的约束，但是如果没有进口替代战略，产业的最初升级难以成功。因此，不能简单地把出口导向战略与进口替代战略对立起来。事实上，在实践中也没有一个采取进口替代战略的国家不采取一些鼓励出口措施的，同时也没有一个推行出口导向战略的国家不实施一些贸易保护政策的，问题在于谁为主，谁为辅。

第五节　应对方案探究

发展中国家的贸易战略制定需要综合考虑一国的基本经济状况和贸易的发展阶段以及面临的贸易环境。本节首先总结发展中国家贸易保护的现状，据此提出发展中国家的贸易保护具有长期趋势的观点，其次就发展中国家的贸易战略应当如何选择展开论述，并总结说明了贸易战略制定过程中发展中国家政府和企业的高度依赖关系，后为发展中国家政府、企业两个主体提出了应对贸易出口壁垒的方案，最后综合本节的研究分析，给出几点关于发展中国家贸易战略选择的启示。

一、贸易保护的现状

从历史的发展角度来看，贸易保护一直伴随着国际贸易的发展。在当今复杂的经济背景下，新兴发展中国家的贸易保护尤为重要。首先，开创贸易保护主义先河的西方发达国家不断增强对发展中国家市场的"绑架"，发展中国家在很大程度上只能做被动的选择。其次，发展中国家也像发达国家一样有着实施贸易保护的内在冲动，如保护本国幼稚产业等。

此外，当今国际经济形势瞬息万变，全球经济危机仍未见底，发展中国家完全消除贸易保护政策的可能性不大，但或许可以通过借助外界权威性干预以及各国间不断谋求新的合作来达到缓解的效果。例如：一方面，可以在全球范围内强化权威机构的协助和监督能力；另一方面，发展中国家可以主动采取措施来规避纠纷和摩擦去寻求共同合作发展的可能。发展中国家可以以共同原则为基础联合起来制订地区经济刺激计划，在区域范围内成立"反对危机基金"，加强抵御危机和国际贸易波动的共同外汇储备库，主动协调进程，利用本国特有的技术和资源禀赋弥补产品需求，等等。

总的来说，如今发展中国家的贸易保护主要有三个明显的特点：第一，欧美等发达国家多采取较为隐蔽的技术性贸易壁垒，发展中国家的贸易保护主义相对更加直接；第二，平日经常制造贸易摩擦和纠纷的发展中国家是阿根廷、印度以及墨西哥等，中美之间的贸易摩擦正在持续升级；第三，发展中国家的贸易保护具有扩大和蔓延的趋势。

二、贸易保护的长期趋势

发展中国家贸易保护的长期趋势体现在两方面：一是国际贸易制度中的政治因素为贸易保护的长期存在提供制度基础；二是发展中国家的弱势产业必须不断寻求贸易保护。

国际贸易制度在提倡国际贸易自由化方面做出的贡献有目共睹，但是也不能否认WTO的贸易制度是脆弱的，即在国际贸易制度背后有挥之不去的贸易保护主义的阴影，全球贸易自由化难以一步成功，贸易制度的设定为贸易保护主义留有一定的余地，助长了贸易保护主义势力的不断发展。这种制度基础使发展中国家的贸易保护将在相当长的历史中继续存在。

此外，无论是农产品领域、发达国家的夕阳产业还是发展中国家的新兴工业，都有其自身的特殊性，但其相关贸易政策背后也有一些共性的政治因素，同时产业的发展又都受到各国贸易政策与国际贸易体制变化的制约与影响，决定了这些领域中的贸易保护措施在相当长的时间内无法消失。所以，主要有两方面结论：其一，多边贸易体制的一个显著特征是它受权力平衡关系的广泛影响，它并非一个慈善机构，西方发达国家从来都是在赤裸裸地追求并且维护自身利益；其二，无论是发展中国家还是发达国家，都必须参与到多边贸易体制的制定中，才有可能发挥积极的影响，将发展中国家自身的利益与意志写入多边贸易体制中。

三、贸易战略选择

发展中国家的贸易战略制定需要综合考虑一国的基本经济状况和贸易的发展阶段以及其面临的贸易环境。的确，发展中国家的贸易战略选择是量身定制的方案。以发展中的大国为例，最优的贸易战略就是有选择的自由贸易，对于生产技术水平达到一定程度的产业采用相互自由贸易政策，即外向型出口导向战略，帮助这些产业融入国际市场，获得更多发展机会；而对于那些生产技术还没有达到一定水平的幼稚产业应推行贸易保护政策，尽量把握住基本尺度，即不出现劳动力非充分就业的现象。如中国作为发展中大国，结合劳动力市场就业情况（存在大量非充分就业，总体生产技术水平相对落后）、不同产业的发展水平、贸易结构（出口主要集中在低技术含量制成品上，但其出口比重不断下降）以及当前面临的进出口贸易环境，中国的贸易选择应该是有选择的自由贸易，即针对不同的贸易伙伴实施不同的贸易政策，针对不同的贸易产业实施不同的贸易政策，原因如下：

　　一方面，相同的生产技术水平对于不同的国家或者地区的相对技术水平是不同的，加上不同国家的生产要素报酬存在差异，一国的同一产业在某些国家市场上具有比较优势，而在另一些国家市场上则不具有明显的优势。如中国的纸张和卡纸制品出口在美国市场上具有比较优势，在世界市场上不存在比较优势。所以，中国有必要对不同的贸易伙伴实施不同的贸易政策。

　　另一方面，中国有多种产品在世界市场上具有比较优势，对于这些产品，中国应该采用与其贸易竞争格局相匹配的贸易政策，即实施相互自由的贸易，尽力争取自由的贸易环境。然而对于那些不具备比较优势的产业，政府就应当根据其产业特性选择采用相对严格的贸易保护政策，如制船业等。同时也需要注意贸易保护政策的适度性，在合理范围内进行贸易保护。所以，在产业层面的贸易选择取决于该产业的相对技术发展水平，对于有比较优势的产业争取较为自由的贸易政策，而对于不具有比较优势的产业，则应该以贸易保护为主。

四、如何协调企业与政府的关系？

　　认清并处理好企业与政府的关系是发展中国家制定贸易战略的关键。任何政府执政的稳定都需要建立在经济的稳定和发展的基础上，而对外贸易是发展中国家经济增长的动力源泉之一，所以发展中国家政府致力于推动对外贸易的发展来维持政权的稳定。

　　经验表明，政府在对外贸易中扮演着重要的角色。首先，政府是一国经济利益的代表，政府任何对外贸易战略的制定都需要秉持本国经济利益最大化的原则；其次，政府在制定贸易战略时应充分反映本国主要经济利益集团的利益；再次，政府在国际贸易交往与谈判中，应为本国企业争夺最大限度的利益，以最小成本换取其他国家市场的准入机会；最后，政府为保护本国利益不受侵害，应当及时采取一系列贸易政策措施，努力寻找各种刺激手段使本国在对外贸易中获取最大限度的利益。

进出口贸易对企业而言是所生产的产品和服务的交易机会，因此发展中国家企业在提升自身经营管理效率的同时，希望最大限度地借助本国政府的支持在国际市场上占据有利地位。在国际市场的激烈竞争中，特别是在不完全竞争市场架构下，企业在国际市场上的综合竞争力在很大程度上依赖于本国政府的支持。总的来看，有三方面原因驱使发展中国家企业与政府紧密地联系起来：第一，企业在处于成长期时，需要借助政府的政策快速成长起来；第二，企业在遇到竞争压力或者生存困难时，需要借助政府的能力缓解压力，减少外部竞争的优势；第三，即使企业在当前政策中如鱼得水，它们也离不开政府，它们要阻止政府改变或者调整先行的政策来保证企业可以长久地获得既得利益。

综上，企业与政府在对外贸易战略制定中是紧密联系的经济实体，处理好企业与政府的关系将有助于对外贸易的发展和国家经济的进步。

五、发展中国家应对贸易壁垒的方案

综合前四节的分析我们可以发现，对发展中国家而言，出口导向战略相比进口替代战略有更优的经济绩效，越来越多的发展中国家已经或逐步转向出口导向战略，随之而来的贸易壁垒问题亟待解决。下文有针对性地给出了发展中国家政府和企业的应对方案。

（一）政府的应对方案

在任何一个发展中国家，政府都是贸易政策的制定者，应为对外贸易的蓬勃发展而努力。

第一，为防止贸易摩擦升级，保护已有市场，发展中国家政府应当加快构建多层次、全方位、多渠道的贸易壁垒预警机制。可以欧美国家为模板，建立行业协会，明确行业协会的定位，加大统计力度，让行业协会为政府提供合理化建议。同时，政府应当鼓励企业以市场为导向进行产品的生产，积极研究市场的动态，对市场的变化做出迅速的反应。此外，发展中国家政府理应组建专门的人力、物力来研究贸易壁垒体系，在预警信号出现后及时调整出口行为。最后，应当建立双边甚至多边的救济机制，保护国内企业利益，不断提高企业通过救济机制保护自身的能力。

第二，发展中国家可充分利用 WTO 争端解决机制，维护本国产业部门的利益。如印度在对欧盟出口的反倾销案中，利用《关于争端解决规则与程序的谅解》《反倾销协议》等文件获得有利的裁决。所以，作为发展中国家成员，应当充分理解并应用反倾销、反补贴与保障措施等贸易救济措施，力争为本国产业建立公平贸易秩序，并且要努力在贸易谈判中利用参与国际反倾销规则修订与完善的机会，联合其他发展中国家，修改不合理条款，维护本国利益。

第三，产品认证在国际贸易中的地位越来越重要，发展中国家应加快进度建立统一规范的产品认证体系。在准入程序中产品认证、管理体系认证以及质量认证等都是发展中国家企业通向国际市场的许可证，现实中很多企业出口产品就是因缺乏认证而被国际市场拒之门外。所以，发展中国家政府须建立起统一规范的产品认证认可体系，同时确保认证机构的公正性与权威性。坚决取缔不严肃的认证机构，鼓励国内认证机构建立起与国际权威机构接轨的认证认可机制，通过认证认可提高本国产品声誉，节省出口产品在重复认证中的巨额花费，形成并建立有绿色屏障的技术队伍。

（二）企业的应对方案

第一，推进产业结构调整，促进国际竞争力提升。首先，企业应当推行出口品牌战略，政府加大扶持力度，对采用品牌战略的出口企业给予资金支持。此外，企业自身更要加大对新产品的研究开发力度和一定的资金投入，不断优化、调整出口产品结构，开发有自主知识产权的品牌。其次，企业应加快加工贸易的转型升级，以质取胜，不再盲目扩大产量，同步追求效益最大化与能源资源利用最小化，提升企业管理运营质量。最后，企业还应提高引进外资的能力，优化资金结构，加速技术转移进程，最终促进产业结构的升级。

第二，发展中国家企业要降低对特定贸易伙伴的依赖，降低依存度，不断推进市场多元化。一方面，应大力拓展美、日、欧以外的市场，提高全球市场占有率；另一方面，应深度开发本国的传统市场，凭借进出口贸易渠道进入市场的深层营销网络，不断开发新产品、新品种，紧随市场需求的变化。

第三，发展中国家出口企业要不断规范出口行为，谨防恶性竞争的发生。发展中国家的进出口领域经常存在秩序混乱的现象，一些混乱无序的价格战只会不断地消耗出口企业自身与行业的国际竞争力，削弱行业整体的保护力度。所以，为了减少恶性竞争，出口企业应当有序地进入国际市场，遵守已经建立起的政府、行业组织以及企业三元化的反倾销机制。同时，企业应当进一步加强行业自律，不断协调和调整产品在国际市场上的价格，改善企业低价竞销现状。

六、发展中国家贸易战略选择的几点启示

综合本章的研究分析，给出如下三点有关发展中国家贸易战略选择的启示。

第一，发展中国家需要重视经济的开放性，但在国家经济起步阶段采用严格的贸易保护战略是必不可少的。历史经验表明，当今的发达国家，在由传统农业社会向现代工业社会转型的经济发展时期，都无一例外地推行了严格的贸易保护制度，只有当它们成为世

界经济强国后才开始鼓吹自由贸易的优越性，英国、法国、美国等皆是如此。

在如今复杂多变的国际市场上，垄断与不完全竞争现象层出不穷，发展中国家的现代跨国企业面临着严肃的规模经济问题，扩大企业的国际市场份额和大规模降低生产成本至关重要，一国政府应当正确选择那些有发展前途并能充分发挥本国竞争优势的产业，通过政策帮扶使它们达到一定的生产规模，这种贸易保护是着眼于一国长期经济发展的，被保护的不一定是幼稚产业，保护手段也不一定是绝对的贸易壁垒，是一种积极有前途的贸易保护。

第二，在现代工业化进程中，进口替代和出口导向两种对外贸易战略都可以在不同条件下发挥自身的积极作用，同时也都存在着各自的弊端，发展中国家政府需要根据本国国情、当前经济发展所处阶段以及国际经济贸易形势做出正确的取舍和适时的转化。

进口替代战略的成功实施使得绝大多数发展中国家顺利地从殖民地经济结构中摆脱出来，但是当经济发展到一定阶段时，进口替代战略边际报酬递减，弊端不断显现。东亚新兴发展中经济体在20世纪60年代适时地将进口替代战略转变为出口导向战略，取得了快速的经济增长；而拉丁美洲国家继续实施进口替代战略，经济非但没有取得增长反而陷入停滞。上述两个案例对比说明了适时转换的重要性。此外，仍需注意出口导向战略也有一定的负面影响，使有些国家或者地区的出口产业严重依赖世界市场，极易受到国际市场的冲击，同时出口导向战略还受到一国资源、技术、投资以及人力资源等国内条件的约束和限制。

第三，比较优势并不足以成为贸易推动经济发展的基础，因为比较优势是随时间推移而变化的，推动经济发展的关键在于把不同时期的比较优势转化为国际贸易中的竞争优势。绝大多数发展中国家在政治独立初期，经济发展依附于单一的农副产品，民族工业有深刻的殖民地烙印。为了快速实现工业化，发展中国家政府最大限度利用本国资源优势，在此基础上开展对外贸易。然而历史事实证明，除澳大利亚等国依靠本国资源优势迅速开展对外贸易，取得经济快速增长外，绝大多数发展中国家的资源优势带给它们的竟是一场"资源灾难"，资源越是丰富的发展中国家，经济增长越为缓慢。

其实，在历史上没有一个真正依靠本国的资源禀赋所形成的比较优势开展对外贸易并且取得成功的国家。英国、法国等发达国家对外贸易的成功依靠的是在产业革命中技术进步所带来的竞争优势，且随着产业革命的不断深入，技术逐渐深化，这些发达国家不断地把拥有竞争优势的产品从技术含量低的制造品转变成技术密集型制造品。也就是说，对经济增长起决定作用的资源是物质资本、企业家能力、劳动技能等，最重要的是技术创新能力，这些决定性资源随着经济的发展而不断积累变化。

所以，导致发展中国家落后的根本原因是产品的技术含量太低，缺乏一定的国际竞争力，发展中国家要想以对外贸易推动经济发展，就要认识到竞争优势的重要性，不断地将生产低技术产品的竞争优势转变为生产高技术产品的竞争优势。

第五篇

总结与展望

　　长期以来，国际贸易促进了世界经济的健康发展，贸易已成为经济增长的发动机。贸易不仅能使各国以更低的成本生产产品，从而更为合理地配置资源，而且能带来规模收益和消费者可选择产品的增加，从而提高生产者和消费者的福利水平。进一步地，国际贸易可以带来技术溢出，从而促进世界各国的技术水平提高，为各国经济长期增长提供基础。

　　因此，尽管本书以贸易保护为研究对象，探究了世界主要经济体实施贸易保护的动因、目标、方式、效应，并肯定了一些情况下贸易保护的积极作用，但我们仍要强调：自由贸易是大势所趋，符合全球经济发展的根本利益，贸易保护只是特定情形下的次优选择，贸易保护措施的实施者在提升自身福利的同时损害了贸易伙伴的利益，未来会招致报复，在保护了国内某些行业的同时，会损害其他群体的利益。

　　在逆全球化盛行、国际贸易规则面临重构的关口，各国要坚持合作共赢、开放包容的理念，摒弃以邻为壑的思想，维护多年来经济全球化的发展成果，以自由贸易增进全人类的福祉。

全球贸易保护的未来发展与应对

2008 年全球金融危机后，传统贸易保护措施重新受到各国重视，全球贸易保护程度不断加深，贸易保护措施种类更加多样化、精细化，手段也更为隐蔽。

贸易保护和经济发展密切相关，当前经济复苏较为乏力，贸易易保护是各国用于复苏国内产业、稳定就业和恢复经济较为重要的措施之一，只要各国的经济会出现波动，贸易保护就会随着波动变化。就世界贸易保护总趋势而言，贸易保护不会消失，甚至会在未来波动上升。

毫无疑问，贸易战中无赢者，但部分国家希望借助贸易战对自身进行贸易保护，因此贸易战仍会频繁发生，只是参与主体会随着世界各国经济发展实力的变化而变化，所涉对象会在不同行业间进行转换。贸易谈判一直充当国际贸易的润滑剂，也将成为国际贸易发展中最重要的手段与方法之一。国际贸易格局也会在贸易谈判中通过各方的博弈在均衡趋势附近波动。

中国各界需要不断努力以应对贸易保护、促进贸易健康发展。政府要合理运用并完善 WTO 协议框架，重视海外投资并推动市场多元化，加强"一带一路"和自由贸易区建设，不断推进产业链升级。企业要合理运用国际规则，加快调整产品结构并加大科研投入，培育自主品牌意识，利用已有平台积极拓宽市场。行业组织要充分发挥自身职能，不断发展和完善联动应对机制，辅助企业积极应诉。

第一节　世界贸易体系中的利益格局变迁

获得贸易利益的主体主要表现为国家、行业和要素。在传统贸易分工模式向价值链分工模式转化过程中，利益的表达主体也从国家扩展至行业和要素方面。

一、国家利益格局的变迁

国家是国家利益格局构成的基本主体，随着各国的实力不断提升，国家与国家之间对于自身的维护也不断加强，实力提升加上自身维护使得国与国之间的竞争加剧，从而导致国际利益格局也产生变化。国家利益格局变化的主要原因是国家间的实力结构变化，实力强则维护利益的能力强，实力弱则维护利益的能力弱。各国的实力与各国的经济、科技密切相关，早期几乎是哪个国家掌握了贸易主动权，哪个国家就能成为强国，后期在各国工业发展并且经受战争的洗礼后，强国与国家前期资本积累及科技实力相挂钩。

（一）从地理大发现至美苏冷战：利益主体频繁更替

地理大发现使得各国打开了世界贸易的大门。葡萄牙和西班牙均派出航海家探索新航路，意外发现了新大陆，在贸易的同时掠夺新大陆的资源，为本国的崛起提供了经济基础。葡萄牙及西班牙与东亚地区频繁贸易，用从美洲大陆掠夺的贵金属交换东亚的香料，欧洲等地内部商业也不断兴起。荷兰自身航海技术超前，利用频繁的贸易，逐渐崛起成为"海上马车夫"。这种强国主动和新大陆被动的不平等贸易使得这一时期贸易中心从地中海转向大西洋沿岸，西欧国家完成了资本的原始积累。

英国在内外部原因结合的情况下，成为继西班牙、葡萄牙和荷兰之后崛起的大国。内部原因：英国通过圈地运动和海外掠夺贸易完成资本积累，通过制度改革建立资本主义制度，通过工业革命推动工业技术发展等。外部原因：1588 年英国派出无敌舰队获取海上霸权，从而拥有强大制海权，同时不断扩张殖民地。内外部原因结合使得英国成为日不落帝国，而贸易在英国崛起中起到了重要作用。在该时期，英国要求实行自由贸易，自由贸易是英国全球贸易治理的核心。

后续法国和德国也通过自身的改革和革命陆续崛起。经过二次工业革命，世界陆续成为一个经济整体，形成了一个西欧和北美国家生产和出口制成品，其余国家生产初级产品的世界贸易格局。在这一时期，西欧和北美国家通过对贸易的掌控成功进入世界利益格局的中心。

（二）从二战结束至金融危机前期：以美国为主导的贸易体系形成

二战期间，西欧国家丧失了往日的辉煌，而美国却因战争经济实力迅速增强，开始绘制全球贸易体系的版图。美国以非歧视原则作为其设计的贸易体系的核心原则，也为后续美国推行多边主义奠定了基础。1944 年，布雷顿森林会议召开，确立了以美元为主导的国际货币金融体系，其确立的国际货币基金组织和世界银行支撑了战后世界经济。1947 年 GATT 签订，以美国为主导的贸易体系正式形成。1948 年，美国贸易总额占全球贸易额的 17.2%，欧共体暂未形成，没有任何经济体能够与美国相抗衡，美国占据核心利益。

从冷战到美苏争霸期间，美国以多边贸易及自由贸易与苏联对抗，美国希望通过建立自由贸易体制帮助欧、日崛起以对抗苏联，20世纪五六十年代欧共体崛起，20世纪六七十年代日本崛起。各发达国家开始向世界贸易格局的中心靠拢。在该阶段，美国仅仅将多边主义作为其实现国家利益的手段。20世纪70年代，美国出现滞胀问题，其在全球贸易中的地位下降。此时美国开始求诸贸易保护措施，利用单边主义冲击多边主义。1986年乌拉圭回合谈判启动，目的是改善进入市场的条件，扩大世界市场，将更大范围的世界置于多边规则之下。乌拉圭回合谈判将发展中国家卷入了世界贸易体系。1991年苏联解体、东欧剧变，一超多强的国际格局形成，多数发达国家共同成为世界贸易的中心。同时，自20世纪90年代以来，全球化步伐加快，发达国家凭借其早期的资本积累和工业技术的发展所占据的优势，占领了全球贸易的有利地位。以美国为主导的发达国家崛起，发展中国家被卷入世界贸易体系，并且被要求承担相关规则下的义务。因生产力落后和基础设施不完善，发展中国家的供给能力和技术水平均弱于发达国家。此外，发展中国家还需在发达国家主导的规则下进行贸易。例如农业协定规定，发展中国家需要将非关税壁垒转化为关税壁垒，并在10年内使税率下降24%，而发达国家的税率削减却是微不足道的；知识产权的相关规则是发达国家所主导的，发展中国家面临被调查的风险和重重困难。各种贸易限制使得发展中国家被放置在世界贸易格局的边缘，而美国和众多发达国家（欧盟成员国、加拿大和日本）则位于世界贸易体系的利益格局中心。

（三）后金融危机时代：新兴发展中国家崛起

由美国经济危机导致的全球性经济危机反而加快了新兴发展中国家崛起的步伐。欧美日等发达经济体受到金融危机和欧洲债务主权危机等的冲击，经济发展面临停滞甚至衰退。而在这种不景气的世界经济背景下，金砖四国（中国、俄罗斯、巴西和印度）对经济增长的贡献率超过 45%，新兴经济体在世界贸易格局中的地位上升，逐渐动摇了以发达国家为核心、以发展中国家为边缘的经济格局，发展中国家正在快速向世界贸易体系的中心区域靠近。

新兴经济体在保持自身经济快速增长的同时稳定了世界经济发展。2008 年 11 月，G20 金融峰会在美国华盛顿举行，此次会议肯定了新兴经济体对经济危机带来的正面影响，它们为世界经济复苏做出了重要贡献。2009 年第三次 G20 金融峰会融合了发达国家和新兴经济体的国际经济合作与治理机制，代替了原来由发达国家组成的七国集团的机制，且新兴经济体在国际货币基金组织中的份额提高了至少 5%，并且获得了至少 3% 的世界银行投票权。新兴经济体被给予在全球治理中拥有更大话语权的承诺。

此外，新兴经济体在进入 21 世纪后抓住了国际分工的机遇。全球价值链替代了传统的国际分工形式，将产品以技术分离的生产环节分配到各国。新兴经济体迅速参与了全球价值链的分工与合作，各经济体在全球价值链中的参与度都非常高，如中国 2008 年的全球价值链参与指数为 46.6% 左右。新兴经济体在价值链分工中主要从事中间产品的加工组装、最终产品的加工制造等等。正是因为对中间产品的加工，新兴经济体在出口市场的份额和在进口市场的份额均高于欧盟和美国等发达经济体。

新兴经济体利用各国的资源禀赋优势促进制造业和国内产业结构升级，并凭借资源和劳动力成本优势促进出口，拉动国内经济发展。中国的发展以制造业为支柱，采取出口导向型经济发展模式，俄罗斯以资源型产品和能源产业为支柱，印度以服务外包为支柱，巴西则以农业和自然资源等农牧业为支柱。金砖四国的发展也带动了其余发展中国家的发展，如 2011 年南非加入了金砖国家，南非利用自身资源优势，吸引了大量来自其他金砖国家的投资。此外，中国的"一带一路"倡议使得中国等新兴经济体在世界上的话语权逐渐增强，同时也维护了发展中国家在世界贸易格局中的利益。

二、行业和要素利益格局的变迁

（一）自由资本主义前期

在该阶段资本主义还未形成，社会生产从以家庭手工业为主不断发展成简单协作劳动形式，再发展成工场手工业形式。就家庭手工业而言，以个体自我雇佣为主，劳动和资本并不分离，劳动所有者就是资本所有者，两者具有同等地位。

随着协作和分工的发展，逐渐产生了简单的雇佣。此时主要以简单协作劳动为主，即较多的工人在统一资本家的指挥下工作，听指挥生产一种产品，这便是资本主义的开端，社会生产力开始发展。在该阶段，资本整合生产要素的能力得以体现，资本将分散的劳动力整合成一个有机整体。但是因为此时更好的技术还未出现，生产单纯依靠劳动所有者的个人经验和判断，因此资本所有者对劳动所有者还存有必要的尊重。此时，劳动和资本仍然相对独立。

简单协作在生产过程中逐渐发展成以工场手工业形式生产。在该阶段劳动对资本的依附形成，资本所有者属于获得较大利益的一方，而劳动所有者只能依靠贩卖劳动获得报酬。在该阶段工场内专业化分工形成，劳动力被分配来生产自己擅长的部分，生产效率大幅上升。资本所有者不断把剩余价值转化为资本，这就使得资本快速积累。劳动分工意味着单独的个体劳动者无法掌握全面技术，丧失了掌握技术的主动权，劳动开始依附资本，劳动所有者开始贩卖劳动获得相应的报酬。在这个阶段，工场手工业的发展使得有更多的剩余产品被用于国家与国家之间的交换，资本原始积累加速，资本所有者掌握主动权的趋势开始显现。

（二）自由资本主义时期

18 世纪后期到 19 世纪中叶，自由资本主义时期到来，欧洲产业革命爆发，机器大工业成为主要生产方式。劳动所有者较资本所有者更加被动。

技术随着时代在进步，机器大生产的出现使得劳动力的操作更加简单化，劳动者个人掌握的经验和方法等对资本所有者的重要性显著下降。同时由于机器大生产的出现，资本所有者需要的劳动力数量逐渐减少，此时劳动力价格贬值，个体工人无法成为独立的生产单元，劳动对资本产生了绝对依附。

（三）垄断资本主义时期

19 世纪末 20 世纪初，第二次产业革命爆发，机器大工业变迁为电气发明重工业，进入私人垄断资本主义时期。垄断资本家凭借对市场的垄断，既获得劳动者创造的剩余价值，又获得垄断利润。资本家对劳动力的剥削既包括在生产过程中对劳动力的剥削，又包括在产品流通环节对劳动力的剥削。

1929 年世界性经济危机爆发，国家对经济的干预出现，进入了国家垄断资本主义阶段。垄断资本与国家政权相结合，国家因与资本相结合，难以保障劳动者的合法权利，劳动者更加沦为弱势群体，劳动力迅速贬值，工人们只能在小范围内反抗。

（四）全球化时期

20 世纪 90 年代初，全球化程度加深，以全球价值链为基础的国际分工出现，劳动力随着价值链高低端的不同分为高技能劳动力和低技能劳动力，资本对高低技能劳动力的影响开始出现差异。全球化使得各国为吸引资本展开竞争，提高了资本在国家与国家之间的流动性，资本更灵活，主动性增强，讨价还价能力增强，而劳动力则因为流动性较资本差，谈判地位有所下降。资本地位进一步强化。但是在全球化过程中，高技能劳动力较低技能劳动力而言逐渐拥有更多主动权，更有资格与资本进行谈判，讨价还价能力增强。

就发展中国家而言，全球价值链的出现让发展中国家主要承接了中间产品贸易加工的环节。整体上，贸易加工使得发展中国家对高技能和低技能劳动力的需求逐渐上升，两者的报酬都出现上升趋势。发达国家主要是通过外包的方式将相对于发达国家技术密集度较低的中间产品交予发展中国家生产，但是这部分产品相对于发展中国家而言技术密集度较高，发展中国家此时就需要更多的高技能劳动力，高技能劳动力的报酬相对于低技能劳动力较高。就外资对发展中国家的作用而言，外资对于高技能劳动力的需求更强，外资进入后能够对劳动力进行职业培训，通过技术溢出提高对高技能劳动力的需求，推动劳动力对自身的提升和培训。高技能劳动力较低技能劳动力更具有选择权。

就发达国家而言，国内劳动力价格较高，使得发达国家的资本持有者前期为了利润，将产业转移到海外发展中国家，海外发展中国家主要从事简单的加工制造工作，发达国家通过节省这部分劳动成本提高了利润。而发达国家的劳动力则主要位于价值链的始端和末端，从事生产设计、研发和营销推广工作。发达国家将需要低技能劳动力生产的环节转移给发展中国家高技能劳动力生产后，发达国家和发展中国家高技能劳动力的报酬率都会上升，高技能劳动力具有更高的与资本所有者议价的能力。

此外，一国劳动所有者和资本所有者的议价能力与一国的资本密集水平也有重要联系。根据要素禀赋理论，一国应该出口密集使用其丰裕要素生产的产品，进口密集使用其相对稀缺要素生产的产品。当一国的资本密集水平较低时，劳动力占比较多，全球价值链的生产方式对劳动力收入起到负面影响。当一国的资本密集水平上升时，劳动力占比较少，劳动力开始稀缺，全球价值链的生产方式对劳动力收入的负面影响变弱。

同时，在经济发展的不同阶段，资本和劳动的报酬也出现不同。2008 年金融危机之前，全球价值链分工对劳动的报酬可能起到了一种挤压效应，进口中间产品并未改善总体劳动力的分配地位，劳动替代现象反而越来越严重，低端劳动力不断遭到打压，并且由于资本的扩张和引进，企业均乐意使用劳动力替代型技术，劳动力更加被动。但是自 2008 年金融危机之后，全球资本受到冲击，大部分新兴发展中国家开始调整产业结构，劳动密集型产业开始加快转型升级，低端劳动力通过自我培训和教育投资，逐渐向高技能劳动力转变，较资本而言，议价能力大大提升。

通过以上分析可知，在全球化盛行之前，资本对劳动处于支配地位，资本掌握主动权；在全球化之后，全球价值链分工形式出现，资本仍然起主导作用，但是高技能劳动力具有更强的议价能力，低技能劳动力则较为被动。

第二节　世界贸易保护的发展趋势

一、世界贸易保护的现状

（一）传统贸易保护措施复苏

自 1964 年肯尼迪回合一直到 2001 年的多哈回合，随着经济全球化的推进，全球关税水平呈现出总体下降趋势。但是自 2008 年金融危机之后，全球的关税政策开始调整，全球经济复苏乏力，危机后时代来临，发达国家失业率居高不下，债台高筑，工业倒退，贸易赤字严重。金融危机从发达国家蔓延到发展中国家，在对发展中国家产生或多或少的负面影响的同时也带来了机遇。各国受到危机的影响后，为了本国经济复苏，在不同程度上采取关税对国内产业进行保护，关税成为金融危机时期各国最主要的贸易保护措施。

表 12.1 统计了 2007—2019 年部分具有代表性的发达经济体和新兴经济体的平均关税税率。美国和欧盟在 2007 年时平均关税税率较低，分别为 3.01% 和 2.53%。2008 年金融危机后，欧盟开始有小幅增长，在波动中最终趋于平稳；美国则是在波动中上升，到 2019 年甚至达到 8.7%，高出 2007 年 5.69 个百分点。中国则是一直遵守 WTO 的关税减让原则，平均关税税率从 2007 年的 8.93% 下降到 2019 年的 5.39%；其余发展中国家，如巴西、印度尼西亚、南非的平均关税税率则是在 2008 年后在波动中上升；印度、墨西哥和俄罗斯的平均关税税率则是在 2007—2019 年间波动下降。总结而言，受经济危机的影响，无论是发达国家还是发展中国家，对关税的运用有或多或少的增加。

表 12.1　部分发达经济体与新兴经济体的平均关税税率（%）

	2007	2008	2009	2010	2011	2012	2013	2014	2015	2016	2017	2018	2019
巴西	12.15	13.08	13.32	13.34	13.47	13.75	14.81	13.74	13.66	13.56	13.41	13.46	13.43
中国	8.93	8.70	8.09	8.09	8.13	—	—	7.74	7.82	7.88	8.46	7.56	5.39
欧盟	2.53	2.37	2.44	2.78	2.30	2.28	2.21	2.76	2.73	2.48	2.48	2.46	2.55
印度	14.66	9.98	10.28	8.88	10.56	10.71	10.59		9.75	8.91	8.88	9.03	10.21
印度尼西亚	5.57	6.84	4.96	5.18	5.30	5.43	5.37	—	6.31	5.86	6.25	6.71	
墨西哥	6.40	6.25	5.28	7.73	7.49	6.82	6.50	3.02	6.07	6.17	2.97	3.28	—
俄罗斯	9.97	9.94	9.99	7.11	8.59	8.28	8.05	7.34	5.33	5.34	5.06	4.92	6.86
南非	8.06	7.62	7.53	7.31	7.11	7.12	6.40	6.31	6.35	6.48	6.67	6.76	8.37
美国	3.01	3.10	3.00	2.96	3.03	2.99	2.87	2.93	2.80	2.76	3.36	3.25	8.70

资料来源：世界银行。

（二）保护程度加深

就保护程度而言，世界贸易保护措施数量逐渐增多，全球贸易保护程度加深，贸易保护更为普遍。

就全球贸易预警数据库统计，2020 年全球贸易干预措施总数为 4 991 件，较 2009 年上涨约 117.3%，较 2019 年上涨约 74.2%。2020 年全球贸易干预措施中有害措施总数为 4 215 件，较 2009 年上涨约 126.7%，较 2019 年上涨约 74.8%。从图 12.1 可知，2009—2018 年全球贸易干预措施和有害措施均具有波动上升的趋势。有害措施总数占全球贸易干预措施总数的比重处于 78.61% ～ 84.45% 区间且呈现波动上升趋势。2019 年全球贸易干预措施总数稍有下降，但在 2020 年快速反弹，且有害措施占绝大多数。

图 12.1　2009—2021 年实施的贸易干预措施

资料来源：GTA 数据库。

（三）贸易保护的实施对象

贸易保护大多由发达国家和新兴经济体实施，且发达国家实施数量较新兴经济体更多。

从图 12.2 可知，2009 年至 2021 年 8 月实施贸易干预有害措施总数前 25 个国家中大部分为发达国家以及新兴经济体。在排名前 10 的国家中，有 9 个国家都是发达国家，只有印度一个国家为新兴经济体。在排名后 15 的国家中，新兴经济体占大多数，发达国家较少。这说明发达国家实施贸易保护措施较发展中国家更多、更频繁，运用也更为熟练。

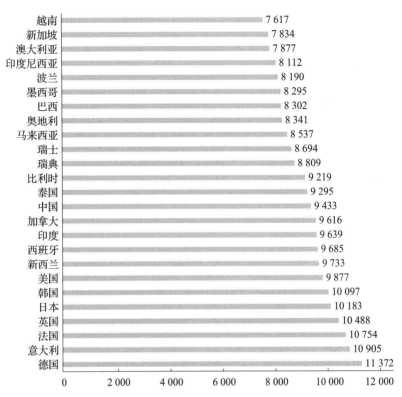

图 12.2　2009 年至 2021 年 8 月实施贸易干预有害措施总数前 25 个国家

资料来源：GTA 数据库。

25 国中排名前 3 的均为欧盟成员，分别为德国、意大利和法国，排名第 4 的为英国，是欧盟原成员国。在金砖国家中，中国、印度、巴西均有上榜。由上可以总结出，随着各国经济的发展，贸易保护措施的实施数量也会随之上涨。

（四）贸易保护措施

就各国实施的贸易保护措施而言，贸易保护措施种类更多样化且更加细化，同时手段也趋于隐蔽。

从表 12.2 可知传统的关税措施已经不是占比最高的措施，占所有措施数量的 9.540%。补贴和出口相关措施在所有措施中的占比分别排名第 1 和第 2，分别为 51.607% 和 19.722%，说明各国较为喜欢通过补贴的方式对出口产品进行支持，该措施较其他措施而言实施较为便捷。

表 12.2 2009—2020 年各国实施的贸易干预措施数量及占比

贸易干预措施	贸易干预有害措施数量（件）	占比（%）
补贴（不包括出口补贴）	15 656	51.607
出口相关措施（包括出口补贴）	5 983	19.722
关税措施	2 894	9.540
或有贸易保护措施	2 119	6.985
政府采购限制	909	2.996
《与贸易有关的投资措施协定》	908	2.993
非自动许可、配额等	716	2.360
外商直接投资的措施	449	1.480
措施（未明晰）	253	0.834
移民措施	229	0.755
价格控制措施，包括附加税费	106	0.349
资本控制措施	91	0.300
财政措施	17	0.056
知识产权	4	0.013
技术性贸易壁垒	2	0.007
卫生与植物检疫措施	1	0.003

资料来源：GTA 数据库。

从种类上看，贸易干预措施不仅涉及进出口，还涉及投资和资本、移民以及知识产权和技术，贸易保护措施所针对的领域不断从传统的货物商品扩展到中高端产品甚至是要素上。对比传统对贸易保护的认知，贸易保护措施所针对的方面更加多样化，投资和技术成为各国新关注的重点，国家之间开始注意投资和资本安全以及技术安全问题。

贸易干预措施的手段更加隐蔽，比如知识产权、技术性贸易壁垒以及卫生与植物检疫措施，主要依靠各国所制定的标准，若进口产品不符合标准，则会被实施这些贸易保护措施。这对发达国家等进口国家是有利的，因为发达国家在技术方面较为成熟，也是制定规则和标准的一方，对发展中国家而言可能就较为吃亏。此外，这些措施很难被认为是恶意的贸易保护措施，所以更加隐蔽。

（五）保护目的

就保护目的而言，现阶段的保护不仅是为了保护国内产业竞争力和市场，而且是为了保护国内就业，使制造业回归。

金融危机对发达国家的冲击是长时间和难恢复的，制造业不断外流、国内产业空心化、失业率居高不下是目前欧盟和美国等发达经济体的常态问题。对于此类问题，美国政府也推出相关制造业回归的规划，想要重构世界制造业的竞争格局，比如重视投资现代制造业的研发，通过各种税收优惠发展新兴产业，优化投资环境，简化审批流程，吸引美企回归等。欧盟也推出互相帮扶就业的政策，比如欧洲投资银行专门向中小企业提供 2 000 亿欧元资金，通过资金支持保住就业，同时欧盟也推出"欧洲工业复兴"的再工业计划。

这些措施的目的都是为了促进国外投资回归，如果这些措施被运用在贸易领域，则必然会导致贸易保护措施增加。

二、世界贸易保护趋势分析

（一）贸易保护总趋势

就世界贸易保护总趋势而言，贸易保护不会消失，甚至会在未来波动上升。

贸易保护与贸易相伴而生，存在贸易就会存在进口和出口，必然会出现难以平衡的状态，某些国家出口较多，进口相对较少，而某些国家进口较多，出口相对较少，摩擦和矛盾也就会存在。多数国家都希望本国的产品在各方面出口或者说在关键领域出口能占优势，那么相对"落后"的国家可能就会采取贸易保护措施，或者对于某些"后来居上"的国家采取贸易保护措施。此外，现阶段贸易保护措施仍在不断出台，并且现阶段贸易保护措施具有扩散效应。由于现阶段各国贸易因全球化更加频繁，因此，通常一个国家的贸易对象包括众多国家，比如美国的贸易对象就是全球。但是近年来由于新兴经济体的快速发展和发达国家的激烈竞争，美国对中国、俄罗斯以及欧盟等均实施了贸易保护措施，美国贸易保护的对象出现了全球化和不断扩散的趋势，由此导致的扩散效应会使贸易保护措施数量只升不降。

贸易保护和经济发展密切相关，当前经济复苏较为乏力，贸易保护是各国用于复苏国内产业、稳定就业和恢复经济较为重要的措施之一。只要各国的经济会出现波动，贸易保护就会随着波动变化。从长远看，经济发展一定是波动上升的，因此，相应的贸易保护也会呈现出波动上升的趋势。

价值链面临重组，各经济体的相互依赖程度稍有下降，这种下降反而会带来贸易保护措施的增加。2008 年金融危机后，多重挑战使得价值链扩张停滞，全球出现广泛性的产能过剩，价值链投资扩张缺乏动能，现有全球价值链回流。机器人和人工智能在制造生产中的广泛运用，以及新冠肺炎疫情对全球价值链的扰乱等使得全世界都意识到产业链之间过度依赖的"缺点"。若国家之间的依赖程度降低，则贸易保护的实施就更加容易，对本国的伤害也会降低。

（二）贸易保护的形式

全球价值链面临重组和收缩，区域贸易保护或将成为贸易保护的关键形式之一，贸易规则会成为贸易保护的重要方式。

2008 年的金融危机以及 2020 年的全球新冠肺炎疫情的暴发使得价值链分工无论是在宏观地区层面，还是在中观产业层面，乃至微观企业层面，都受到了全面冲击，资金、技术和劳动力等生产要素不能跨国自由流动，使得全球价值链分工体系不能正常运转。各国在疫情防控上面的先后性也使得全球产业生产在时间上有时滞性，各国产业已经出现了"你中有我，我中有你"的局面。但是正因为这些无法预估的灾难的冲击，各国意识到重构全球价值链的必要性。此外，新一轮信息科技革命使得全球产业结构升级，但是也产生了一系列问题，比如技术更迭加快，部分国家领先，部分国家难以跟进，技术在全球价值链上无法全面扩散，这也导致了发达国家推出制造业回流计划，各国贸易保护频发。

然而，区域贸易协定在近年来却不断出现，区域贸易保护也开始成为贸易保护的关键形式。如图 12.3 所示，据 WTO 统计，1948—2021 年全球目前有效的区域贸易协定议题累计数量为 568 个，其中有关货物的议题在 21 世纪之前一直是主要的。自从进入21 世纪后，有关服务的议题逐渐增加，可见现阶段货物贸易和服务贸易都很重要。从折线图可以看出，区域贸易协定呈现出"J"形增长趋势，可见区域贸易协定数量增长之快。从各地区生效的区域贸易协定数量（见图 12.4）来看，欧盟数量最多，有 154 个，其次是东亚，有 101 个，再者是南美洲（70 个）和北美洲（50 个）。从这些地区生效的区域贸易协定数量可知，区域贸易协定的制定也集中在发达国家和新兴经济体。其他发展中国家也有达成区域贸易协定的趋势，且这个趋势会不断上升。区域贸易协定主要是指成员国之间自由贸易，但是对于非成员国则是成员国制定共同的对外贸易保护政策。区域贸易协定数量上升就意味着区域贸易保护加强。

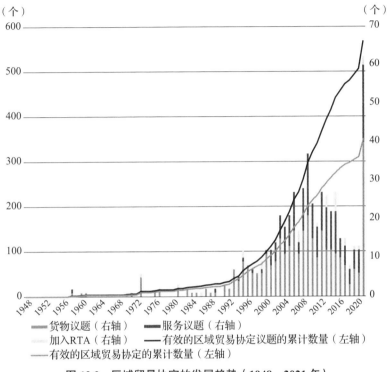

图 12.3　区域贸易协定的发展趋势（1948—2021 年）

资料来源：WTO 区域贸易协定数据库。

　　与此同时，全球自由贸易区的数量不断上升，高水平自贸区的出现推动了"规则贸易"的蓬勃发展。一些发达国家在逐渐推动"规则贸易"保护方式的发展，比如欧盟针对"市场扭曲"概念和"替代国"概念修改过规则。2021 年 6 月，拜登于布鲁塞尔会见欧洲领导人时就表明美国应该重新主导并制定贸易规则，并且要将中国排除在外。发达国家主导贸易规则的心态是迫切的，有强烈的意愿重新主导贸易规则，让自己再次拥有贸易主导权，因此可知"规则贸易"以后会成为贸易保护的重要方式。

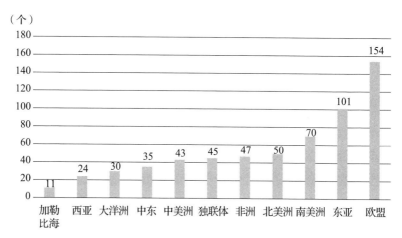

(个)

图 12.4　各地区生效的区域贸易协定数量（1948—2021 年）

资料来源：WTO 区域贸易协定数据库。

（三）贸易保护的领域

1. 国家安全和高端制造业

就贸易保护行业和产品而言，贸易保护多集中于国家安全和制造业相关领域。

从行业看，如表 12.3 所示，钢铁制品行业作为制造业不可或缺的行业，在 2009 年至 2021 年 8 月被实施贸易干预有害措施 2 298 件，占比为 2.29%，位居第一。位居第二的行业则是汽车、挂车及半挂车行业。近年来，与汽车相关的领域比如汽车整车、新能源汽车在全球范围内如火如荼地发展，汽车行业在国内极为关键。再者，其他金属制品行业所生产的金属是各国制造业的主要原料，尤其是稀有金属作为关键战略材料更是在国防等领域有重要作用。医药产品行业从本次疫情的暴发可以看出其重要性。疫情后公共卫生、医疗药品需求大增。美国在 2020 年 3 月提出旨在帮助美国摆脱对外制造业依赖的相关措施，可见美国对医疗制造业安全性的重视。剩余的行业也都集中在中高端制造业。制造业被实施贸易保护措施较多说明了各国对制造业的重视程度，也响应了发达国家出台的各种使制造业回流的政策。

表 12.3　2009 年至 2021 年 8 月贸易干预最为频繁的行业前 20 名

行业	贸易干预有害措施数量（件）	占比（%）
钢铁制品	2 298	2.29
汽车、挂车及半挂车；部件及附件	2 109	2.10
其他金属制品	1 872	1.87
医药产品	1 472	1.47
化工产品	1 412	1.41
其他专用机械及其零配件	1 388	1.38
电动机、发电机、变压器及其零件	1 332	1.33
其他通用机械及其零件	1 328	1.32
计算机及其零配件	1 307	1.30
其他电气设备及其零部件	1 273	1.27
电能	1 236	1.23
基本有机原料	1 218	1.21
泵、压缩机、液压和气动动力发动机及其阀门和零件	1 212	1.21
基本无机化学品	1 180	1.18
航空器和航天器及其部件	1 140	1.14
配电、控制装置及其零件	1 126	1.12
机动车辆的车身（客车）；拖车和半拖车；部件及附件	1 125	1.12
其他乳制品	1 099	1.10
碱性钢铁	1 073	1.07
机床及其零部件和附件	1 060	1.06

资料来源：GTA 数据库。

从产品看，如表 12.4 所示，铁制或钢制管或管件，税目 87.01～87.05 的汽车零部件，其他铁、钢制品，电话机等电子通信产品和其他合金钢线材被实施贸易保护措施较多，贸易保护主要集中在制造业以及电子通信等行业。

表 12.4　2009 年至 2021 年 8 月贸易干预最为频繁的产品前 10 名

产品	贸易干预有害措施数量（件）	占比（%）
铁制或钢制管或管件（例如，接头、弯头、套管）	1 298	0.55
税目 87.01 ～ 87.05 的汽车零部件	1 243	0.53
其他铁、钢制品	1 174	0.50
电话机，包括蜂窝网络或其他无线网络的电话；用于传输或接收声音、图像或其他数据的其他设备，包括用于有线或无线网络通信的设备	1 150	0.49
其他合金钢线材	1 145	0.48
电能	1 051	0.44
其他部分未说明或未包括的具有单独功能的机器和机械装置	1 044	0.44
药物（不包括税目 30.02、30.05 或 30.06 的货物），由用于治疗或预防用途的混合或未混合产品组成，以测量剂量（包括透皮给药系统形式）或以包装形式提供	1 011	0.43
铁或非合金钢扁轧制品，宽度 600 毫米或以上，包层、电镀或涂层	984	0.42
变压器、静态变换器（例如整流器）和电感器	978	0.41

资料来源：GTA 数据库。

这些行业均是判断一个国家是否强盛的决定性行业，未来在这些行业上的贸易保护措施会只增不减，尤其是现阶段是后疫情时代，各国为了恢复经济生产，会加剧对这些行业的贸易保护。

2. 投资领域

投资领域也将成为贸易保护的重点领域。

从表 12.5 可以看出，除了较为熟悉的贸易保护措施以外，《与贸易有关的投资措施协定》、外商直接投资的措施等的数量在 2017—2020 年均有不同程度的增加，可见投资领域在贸易保护中出现得更为频繁。许多国家想通过对他国进行投资逃避贸易保护措施的制裁，而现阶段有关投资领域的贸易干预措施的不断出台和增加也证实了各国对于投资领域安全的关注和重视。如欧盟出台《外资审查法律框架草案》，根据该草案出台了诸多有关外资安全的审查行业清单。该草案于 2019 年 4 月正式生效，生效 18 个月后开始实施。疫情后各国开始大规模召回跨国企业，这些行为都在强调保护投资领域的重要性。

表 12.5　2017—2020 年贸易干预有害措施

2017—2018 年		2018—2019 年		2019—2020 年	
贸易干预有害措施	数量（件）	贸易干预有害措施	数量（件）	贸易干预有害措施	数量（件）
补贴（不包括出口补贴）	2 892	补贴（不包括出口补贴）	2 917	补贴（不包括出口补贴）	4 333
出口相关措施（包括出口补贴）	834	出口相关措施（包括出口补贴）	718	出口相关措施（包括出口补贴）	879
关税措施	520	关税措施	489	关税措施	388
或有贸易保护措施	344	或有贸易保护措施	345	《与贸易有关的投资措施协定》	272
《与贸易有关的投资措施协定》	183	《与贸易有关的投资措施协定》	237	或有贸易保护措施	270
政府采购限制	166	政府采购限制	225	政府采购限制	185
非自动许可、配额等	109	非自动许可、配额等	103	非自动许可、配额等	140
外国直接投资的措施	57	外国直接投资的措施	52	外国直接投资的措施	87
措施（未明晰）	46	措施（未明晰）	37	价格控制措施，包括附加税费	32
移民措施	25	资本控制措施	22	措施（未明晰）	14
价格控制措施，包括附加税费	17	移民措施	17	资本控制措施	14
资本控制措施	15	价格控制措施，包括附加税费	16	移民措施	13
知识产权保护	2	知识产权保护	2		
技术性贸易壁垒	1	财政措施	1		
财政措施	1				

资料来源：GTA 数据库。

3. 数字和知识产权相关领域

数字经济在全球各国蓬勃发展，数字贸易逐渐成为贸易的核心。

数字产业不像传统产业具有清晰的竞争力，但却具有很强的颠覆性。数字产业可以突破时空限制与各种产业进行融合从而促进经济发展，数字在其中也充当了生产要素的作用。数字贸易作为一种新型的贸易形式，使得中间产品中数字产品的占比越来越大，通过中间产品和数字的融合融入全球价值链，而工业互联网主导的新型数字产品也使得全球贸易利益分配体系改变。数字贸易的发展也推动了相关的贸易规则出台，数字贸易保护在规则的外衣下也若隐若现。

在全球方面，2017 年 WTO 第 11 届部长级会议发表了《电子商务联合声明》，2019 年中国、俄罗斯、美国和欧盟等 76 个 WTO 成员方签署了《关于电子商务的联合声明》。在区域方面，WTO 累计通过 89 个与电子商务相关的区域贸易协定。有关全球和区域的数字贸易保护规则正在逐渐形成。在数字经济和数字贸易如火如荼地发展的同时，部分发达国家已经开始着手制定和推行数字服务税。2018 年欧委会发布立法提案，目的是调整大型互联网企业的征税规则。法国力推数字服务税的征收，并于 2019 年通过数字服务税立法。至 2020 年 6 月，欧盟已有 14 个成员国对数字服务税发表支持态度。此外，欧盟拟对美国部分大型互联网企业征收数字服务税，而美国对欧盟以及征收数字服务税的新兴经济体发起"301调查"，以美欧为主的数字规则博弈也正式开展。随着诸多亚洲国家逐渐参与和支持数字服务税，全球性的有关数字的贸易保护可能会扩散开来。

美国"301 调查"和"337 调查"似乎是美国遏制他国高新技术产业和新兴战略产业崛起的常用手段。这两个调查都是针对知识产权方面所做的调查，也就是以贸易保护调查为借口对后起国家的技术进行限制封锁。"301 调查"是美国政府根据美国《1974 年贸易改革法》第 301 条对指定贸易伙伴进行的调查，而"337 调查"是根据美国《1930 年关税法》第 337 条及相关修正案进行的调查。

"337 调查"的例子有 2012 年美国对多国烧结稀土磁体发起的调查、2018 年对中国深圳市大疆无人机提起的调查等。"301 调查"的例子有美国在 1991 年 10 月、1994 年 6 月、1996 年 4 月对华知识产权发起的三次特别调查。此外美国对欧盟发起过 27 次"301调查",加拿大 16 次,日本 14 次,巴西 8 次,印度 5 次,中国包括特别调查 3 次共有 6 次。美国这种对于大多数国家开展调查的行为极易使各国产生警惕性,也就增大了贸易保护的可能性。

从以上分析可知,数字领域和知识产权领域是发达国家非常关心的领域,发达国家想要在这些领域制定规则,就得掌握主动权和优势,对这两个领域的贸易保护将只增不减。

4. 环境领域

近年来,各国逐渐开始重视环境,主要国家也都宣布了碳中和的目标,比如中国要在 2030 年前实现碳达峰,在 2060 年前实现碳中和;美国预计 2035 年通过可再生能源实现无碳发电,2050 年实现碳中和;德国到 2038 年将不再使用火电,到 2050 年将实现温室气体零排放;等等。

发达国家逐渐搬出自我保护机制,比如美国在《美国清洁能源与安全法案》中提出,若在 2012 年后进口产品产地行业温室气体排放量高于美国同行业,则有权对这些产品征收"碳关税";欧洲2021 年推出绿色新政,预计 2023 年推出"碳边境调节机制",若进口产品不能达到欧洲制定的碳排放标准,则也会被征税。发达国家在环境方面再次占领了主导权,虽然借口是出于全球环境方面的考虑而制定环境规则,但本质上这种行为是披着规则外衣的贸易保护,这种保护逐渐出现在各国的贸易中。

随着各国对环境的重视以及对碳中和及碳达峰目标的推进,与环境相关的贸易也会更加频繁,环境类的贸易保护措施的实施数量也将增长。

第三节　逆全球化与贸易保护的互动

一、逆全球化对贸易保护的影响

（一）逆全球化为何会影响贸易保护?

逆全球化是全球性贸易发展到一定阶段的特殊现象，也可以理解为不同程度和不同范围的全球市场的再分割形式，抑或理解为全球开放性贸易退回到有条件开放甚至封闭的状态。当前阶段普遍认为 2016 年是逆全球化元年，这与英国脱欧这一举动有着密切关联。当前阶段逆全球化主要表现为贸易保护政策的强化、民族主义的抬头以及极端政治的产生等。从国际贸易视角探究，逆全球化对全球经济主要会产生消极影响，如对经济增长、社会福利及就业等方面的影响。

英国脱欧事件不仅是逆全球化的导火索，还促使了美国前总统特朗普采取贸易保护政策，可以说正是英国脱欧开启了本轮逆全球化和贸易保护的浪潮。为了恢复 2007 年经济危机对英国经济的冲击，英国民众选择脱离欧盟，以保护本国市场。从中可以看出，逆全球化之所以产生，与全球范围内利益格局不合理有关，英国也正是出于谋求本国利益最大化的目的而选择退出欧盟，因而更应当注重贸易自由化所带来的福利再分配。对于贸易保护主义，可以理解为正是在逆全球化下所出现的各种反全球化的经济手段和非经济手段，主要用于维护本国的经济利益及非经济利益。一国选择贸易保护或者贸易自由主要取决于二者各自对本国经济增长的影响。总的来说，逆全球化与贸易保护都是当前阶段世界范围内经济发展的不确定因素，且二者之间存在着相互影响与作用机制。

（二）逆全球化如何影响贸易保护?

逆全球化的形成机制与世界经济利益分配不均、贫富差距越来越大明显相关。随着西方社会资本主义步入金融资本阶段，逆全球化在西方欧美国家发展愈演愈烈，这也进一步激化了生产关系和生产力之间的矛盾。伴随着逆全球化的快速蔓延，西方欧美国家为了切实维护自身的合理利益，采取一系列经济手段及非经济手段对本国进行贸易保护。发达资本主义国家主要运用贸易保护政策来维护本国企业的贸易利益，但也有个别国家利用贸易保护主义来维持资本主义的霸权地位，如美国主张的贸易保护政策。综上所述，逆全球化与贸易保护二者密切相关，可以说逆全球化是迈向经济全球化的一个必然阶段。

（三）逆全球化对贸易保护的具体影响

1. 贸易保护是逆全球化的表现形式之一

现阶段在逆全球化思潮中出现的是新贸易保护主义，体现在限制进口方面，主要采取关税和非关税壁垒两种措施。前者主要指对进口产品征收高额关税，后者则主要采取进口许可证制、进口配额制、反倾销、技术性贸易壁垒、绿色贸易壁垒等一系列限制措施来限制进口。贸易保护主义就是相对于贸易自由主义而言的，贸易自由主义能够促进产品和要素在全球范围内的流动，从而推动全球化的进行，但是贸易保护主义旨在限制产品和要素的流动，因此反而会推动逆全球化的进行。同时逆全球化也体现出了贸易自由主义的短板，经济与政治并未脱钩，只要政府可以伸出"看得见的手"，贸易保护就会继续存在。

2. 逆全球化加剧了贸易保护

逆全球化的思潮使得世界贸易的政策氛围发生了巨大转变。2016 年英国脱欧，贸易保护主义情绪在世界范围内涌现，全球治理困难重重。美国作为曾经的全球化的推动者，自 2016 年特朗普上台后，却成为逆全球化的代言人，贸易保护主义开始盛行，多数国家纷纷效仿。2017 年美国对中国发起"301 调查"，中美贸易

战风险上升。另外，美国限制移民，与多国开展贸易战，退出了
TPP，否决了原有的《北美自由贸易协定》，提高了与多国的税收
等，意图用贸易保护政策推动美国制造业重新发展，使美国劳工重
新进入制造业，改善社会结构。德国受美国影响开始强调收紧外商
投资审查新规，这是逆全球化推动贸易保护的表现。法国自 2019
年对美国等科技巨头征收数字服务税，英国首相也承诺要引进数字
服务税。可见逆全球化成了推动贸易保护的利器。

3. 逆全球化导致贸易保护措施极端化

美国等发达国家对逆全球化产生了迫切的情绪，这种情绪易导
致贸易保护措施逐渐极端化。贸易保护政策可能会与一国对外军事
政策和外交政策挂钩，军事武力可能会作为后备保障以弥补国家在
贸易中的不利，使得贸易保护措施更具有攻击性和威胁性。尤其是
针对军事实力突出的国家，在推行贸易保护主义和单边主义时，武
力可能会作为一种保护贸易的选择，从而导致贸易保护措施更加极
端化。此外，以美国为代表的发达国家都在尽力使跨国公司的海外
投资重回国内，那么发达国家必然会在贸易领域下功夫。未来发达
国家可能会使规则化的贸易壁垒占据贸易保护措施的大多数，比如
碳关税、劳工标准、社会责任等等与自然社会因素挂钩的贸易壁垒
使得贸易保护措施更加极端。

二、贸易保护对逆全球化的影响

贸易保护对全球化来说并不友好，贸易保护的诸多措施比如关
税、贸易救济措施、技术性贸易壁垒等都不利于全球贸易的发展，
即贸易保护与经济全球化可以说是背道而驰的，反而推动了逆全球
化运动，并对其产生多种影响。

（一）贸易保护引发逆全球化运动

全球贸易情况总体上有略微上升趋势，但趋势并不明显。尤其

是在 2008 年，受金融危机影响，全球性贸易保护导致商品出口量和出口单位价值固定基数指数都产生了大幅下降的情况，经过国家之间的调整，后来有所回升（见图 12.5）。但是 2015 年后，全球贸易情况进入了"停滞期"，商品出口单位价值固定基数指数 2016 年较 2015 年有所下降，2016 年后属于波动并趋于平稳的状态。商品出口量固定基数指数自 2015 年后略有上升，至 2019 年后又有小幅下降。通过前后对比可知，2015 年后全球贸易情况并不如 2015 年之前更加活跃和有劲头，这与贸易保护有密切的关系。贸易保护的盛行对全球贸易产生了负面影响，这是逆全球化最直接的表现之一。

现阶段，贸易保护出现了反建制的特征（不同于正常的建制），逆全球化运动风生水起，很大程度上阻碍了全球贸易的发展，尤其是对于发展中国家来说。比如"美国优先"和英国脱欧等都印证了贸易保护会引发逆全球化。

（二）贸易保护从多领域阻碍全球化

现阶段的贸易保护不再是单纯地针对商品贸易即商品跨国流动，还针对有关投资、技术和劳动力等可以全球流动的生产要素方面的内容以及碳排放、移民、难民等社会层面的内容。针对内容的多样性引发了贸易保护措施的多样性。

传统贸易保护主义与新贸易保护主义有前提的区别，即传统贸易保护主义认为生产要素是不可以跨国流动的，但是随着国际分工的开展，资本、技术和劳动力开始跨区域流动，而相应的贸易保护措施也随之改变。比如针对投资，若一国对东道国进行投资，东道国仍然实施传统贸易保护措施，则对本国企业进行保护实则保护了外国资本生产者，反而导致国内福利下降。因此，贸易保护措施也随着全球化的内容增加而相应增加。东道国了解并掌握了外资，逐渐拥有主动性，对外资进行专门的调查和限制并对其进行规范，则

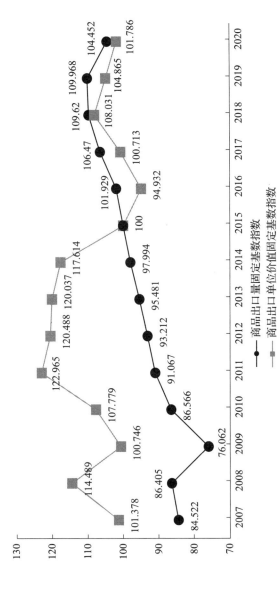

图 12.5　商品出口量和出口单位价值固定基数指数（2015 年 =100）

资料来源：WTO.

更有利于对本国企业的保护。如印度等发展中国家设立专门机构引导和规范投资，从而进行保护。就技术和劳动力生产要素而言，发达国家的知识产权保护措施以及强制的劳工标准等都可以印证贸易保护阻碍了全球化，并延伸出一系列有针对性的贸易保护措施。此外，针对全球性的环境问题和难民移民问题也有相关的贸易保护措施出台，比如碳关税、绿色贸易壁垒、移民措施等等。新投资贸易保护主义、新市场贸易保护主义、新技术贸易保护主义、新劳动力贸易保护主义不断出现。

（三）贸易保护主义具有更多反全球化的理由

全球化不仅有经济全球化，还有政治、文化和社会等因素的全球化。针对反经济全球化的贸易保护措施都较为传统，也更为局限，同时易被甄别。但是以其他理由反全球化的贸易保护措施则更加隐蔽，理由也更具迷惑性。

以国家安全为由实施贸易保护主义。美国等发达国家近年来总是以国家安全为由对中国实施贸易保护措施，目的是限制中国产品和要素进入它们的市场，从而遏制中国先进技术的发展。例如，2013 年美国签署一项政府支出法案，以限制联邦政府购买中国信息技术产品或者设备，保护美国信息技术安全；同年，美国监管机构在审批日本软银公司收购美国斯普林特公司交易时，要求收购完成后，不得使用中国华为公司的产品；等等。

从文化角度出发，民粹主义和贸易保护主义相互掺杂着影响逆全球化。民粹主义更加强调平民和大众化的重要性，反对精英化和贵族掌权等。2008 年金融危机对资本主义形成较大的冲击，欧美国家民粹主义情绪爆发，而部分政客利用这种情绪鼓吹并大肆实施贸易保护主义，称贸易保护主义可以保护本国产业免受影响，增加工人就业，减少失业率，以此获得公众的选票。比如美国面临自身社会结构问题严重、贫富差距较大、移民问题较大等问题，产生这些问题的原因实际上是多方面的，但是美国将问题的矛头直指自由贸易和全球化，利用贸易保护推动逆全球化，实际上是用民粹主义情绪煽风点火，目的是维护少数阶层的利益。

从政治利益和利益集团的利益出发实施贸易保护措施影响逆全球化。政治利益往往与利益集团的利益相挂钩，政治集团为了赢得支持率或者得到利益集团的大量捐资，需要满足利益集团的利益，比如为了维护利益集团所在的市场、资本和产业利益等而实施贸易保护措施，从而刺激逆全球化的扩散。

第四节　贸易战与贸易谈判的未来走势

一、总趋势

随着国际分工的不断深化与世界市场的逐步发展，国际贸易对各国经济发展的重要性日益凸显。公平与双赢是国际贸易中双方进行贸易的基础，但由于各国和各地区政治制度、经济发展水平等存在差异，长期以来，国际贸易中地位、利益不平等问题逐渐凸显。为解决贸易中存在的不均衡问题，多种策略随之产生。一种是利用贸易摩擦甚至贸易战打压对自身贸易地位或利益具有威胁或潜在威胁的贸易对象，另一种是通过双方的贸易谈判进行相关问题的沟通与调节。作为贸易保护主义的一种表现形式，贸易战会对正常的贸易活动带来深远的负面影响，不利于资源的有效配置，是对市场规律的违背行为。

但是，贸易战总会重复上演，例如 20 世纪后半叶的美日贸易摩擦，又如近几年发生的中美贸易战。一些国家的部分行业利益集团为保护自身在国际贸易中的利益，会通过游说政府，将经济叠加政治，对其他国家展开贸易战。

　　贸易谈判既是解决因贸易引起的不平衡现象的好方法，同样也是处理贸易战的有效措施。在 20 世纪美日贸易摩擦中，贸易谈判便发挥了较好的作用。在贸易谈判中，为减少各行业的损失，日本从多方面进行相关产业政策的调整，减少贸易战对国家经济发展带来的威胁，这也是理性应对他国挑起贸易战的有效方式。

　　毫无疑问，贸易战中无赢者，但部分国家希望借助贸易战对自身进行贸易保护，因此贸易战仍会频繁发生，只是参与主体会随着世界各国经济发展实力的变化而变化，所涉对象会在不同行业间进行转换。并且，因为贸易战本身的低效，从理性角度看，贸易战只会在部分地区之间出现，并不会扩展为全球性贸易战，也不会在相同的对象间长久持续进行。而贸易谈判一直充当国际贸易的润滑剂，是当今国际贸易发展中最重要的手段之一。国际贸易格局会在贸易谈判中通过各方的博弈在均衡趋势附近波动。

二、政策工具

（一）多边贸易体制

　　从发达国家与发展中国家未来贸易谈判的走向预测，利用多边贸易体制解决争端将成为重要一环。一方面，发达国家内部已经出现资本凌驾于国家机器之上的现象。面对贸易争端，政府企图通过内部改革来解决问题的方式是碰壁的，而国家的竞争力取决于国家改革的能力，政府在资本压制下更倾向于寻求超脱国内资本影响的多边贸易体制的帮助。另一方面，多边贸易体制成为发达国家试图促进争端解决的手段。出于战略考量，美国等发达国家力图以多边贸易体制为桥梁使具有非平等性质的"磋商"合理化。在历史上，与美国存在贸易争端的日本等国家往往为避免危机而接受磋商结果，而着眼于未来，随着发展中国家在多边贸易体制中体量的增大及地位的提高，多边贸易体制的天平将更为平衡，发达国家的资本势力将进一步被削弱。

（二）国内条款

考虑到上述多边贸易体制的效率问题，各国为寻求对外谈判及获取国外市场的有利地位，很可能通过国内法的形式采取单边贸易举措。发达国家为在经济领域向目标发展中国家施压，试图牺牲产业内贸易额度以割裂双方的产业链体系，但考虑到发展中国家的低成本优势，短期来看发达国家此举将会对本国产生较为恶劣的影响，因此从发达国家的角度，通过国内法以自行决定是否就外国政府"不合理""不公正"的贸易举措进行制裁，成为保护贸易利益的重要举措。同时，由于国内条款具有单边主义的特点，选择国内条款可以最大限度地绕开多边贸易规则，胜诉概率更大。比如，美国热衷于发起"301调查"，在1975—1997年期间共发起116起"301调查"，国内条款的运用让美国更具有主动性。同时，随着发展中国家国际贸易地位的提高，以国内法的形式保护本国贸易利益也相应成为应对发达国家制裁的有效对策。

（三）WTO 争端解决机制

受制于国际贸易市场规模，各方受益不均状况的存在使得各方利益诉求不断博弈调整，多边贸易体制下磋商的解决程序因不具有强制性而实施效果有限，因此 WTO 争端解决机制应运而生。各成员方发生贸易摩擦是在所难免的，而解决贸易摩擦的途径通常有两条：第一条是涉事方磋商，但是当发展中经济体遇上发达经济体时，这一策略往往对发展中经济体不利。第二条则是通过 WTO 争端解决机制解决。WTO 采取专家组反向一致的决策方式，设立了常设上诉机构，授权受侵害方采取报复措施，能够更加快速、有效地处理成员方之间的贸易纠纷，督促成员方更好地履行各项协议的义务及其所做出的承诺。

（四）"两反一保"等贸易保护措施

反倾销、反补贴、保障措施等传统贸易救济方式将会继续得到使用，其原因在于，贸易战本身的目的并不在于全方位制裁，各国仍是理性的博弈者。所谓的贸易战只会在局部短期展开，发达国家的部分目的在于打压发展中国家的高新技术并进一步打开其国内市场，而发展中国家因并不具备主导优势，往往只能采取强硬态度以争取改革及应对的时间。如此一来，双方均具有保持合作对话的空间与机会，除采取必要的反制措施外，双方在均衡局势的前提下仍会采取如"两反一保"等较为保守的传统贸易保护措施。

三、针对领域的走势

（一）科技方向

科技力量在大国崛起中扮演着重要角色。现阶段的贸易战以及延伸的贸易谈判在一定程度上是"科技战"的映射。

1. 半导体

在 2020 年新冠肺炎疫情的冲击下，半导体产业仍然呈现出正向的发展态势。随着 5G 等技术的不断发展，半导体需求量较大，是国际贸易中各国都较为重视的对象。半导体产业对国家信息安全的重要性不言而喻。美国作为半导体产业的出口大国，对半导体产业尤为重视。在 20 世纪的美日贸易摩擦中，半导体产业就是美日贸易争端较为激烈的产业之一。美国这一半导体出口大国面对新发展起来的半导体强国日本采取防堵的方法，以削弱日本在半导体产业的发展优势。在该贸易摩擦中，美国如愿减少了日本半导体产业的出口，但是在该竞争中，在美日进行有关半导体产业转移的同时，其他经济体尤其是亚洲部分被转移经济体的半导体产业不断发展壮大。2017 年，美国对中兴实行"禁售令"，中兴事件敲响了中国半导体产业的警钟。此时，半导体产业博弈的主角从美日变成了中美。为打压中国科技的发展，美国从中国发展较为薄弱的半导体产业入手，以遏制中国相关领域进入全球前列。由于半导体产业战略意义的特殊性，其经常成为一些国家贸易保护的对象。半导体产业的贸易战在未来较长一段时间应该都会持续出现，但参与贸易战博弈的对象会随着各方经济实力的变化而相应转变，具体贸易摩擦方式有所不同。

2. 芯片

随着 5G 等基础通信设施的发展，手机、汽车等产品的产量大增，芯片需求端的数量与质量要求都呈现上升趋势，但芯片供应不足，供求缺口较大，并且芯片技术也在一定程度上代表一个国家或地区的科技发展实力。因此，芯片与半导体产业相似，也成为一些国家打压另一些国家的对象之一。以华为为例，美国为维护其科技垄断地位，削弱华为的研发实力，阻止其在 5G 方面的引领，颁布新规定限制台积电等企业向华为出售芯片，导致华为公司无"芯"可用。这一行为打压的对象不仅是华为公司，更是其背后迅速发展的中国。尽管该行为在短期内对华为公司的发展造成了一定冲击，但在长期激发了中国在芯片等科技领域研发创造的潜力。芯片与半导体产业紧密相连，也较为相似，其也是现存大国面对后发国家追赶而主动引发贸易战所涉及的关键产业之一。贸易战是逆市场规律的行为，其不会改变市场发展的大势。但由于各行业利益集团的存在，贸易战在短期内也不会消失。因此，芯片产业的贸易战或谈判也会随着各国科技等实力的变化而产生贸易战或贸易谈判双方或多方主体的改变，但仍长期不定时发生。

3. 知识产权

知识产权不仅在世界知识产权组织还有部分国家的法律体系中是一种私权，而且已逐渐成为一种重要且必要的生产要素。得到知识产权保护的技术才是真正被认可的创新和贡献，才是真正意义上对社会的创新。欧美等发达国家都在关注新时代知识产权对经济发展的影响，并企图以知识产权为媒介，引领全球科技革命。

由《2018 年世界五大知识产权局统计报告》可知，2018 年，欧洲专利申请量增长约 5%，授权量增长约 21%；韩国收到 465 015 件专利申请，其中 PCT（专利合作条约）申请为 16 991 件；中国的专利申请量较 2017 年增长了 11.6%，发明专利增长了 2.9%；美国专利总体授权率上涨到 74.5%，较 2017 年的 71.9% 上涨约 2.6%；日本近年来 PCT 申请所做的国际检索报告数量已经达到 47 934 件。各经济体都致力于知识产权数量的提升，知识产权的重要性不言而喻。

就 2019 年而言，根据 WIPO 数据库档案处总数可知全球共有 14 901 029 件有效专利，全球有效专利数排名前五的经济体分别是欧盟，3 520 782 件，占比 23.63%；美国，3 131 427 件，占比 21.01%；中国，2 670 784 件，占比 17.92%；日本，2 053 879 件，占比 13.78%；韩国，1 048 079 件，占比 7.03%（见图 12.6）。排在前五的经济体中发达经济体占多数，可见发达经济体对知识产权和专利具有很高的重视程度。

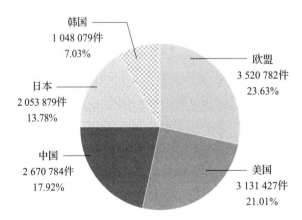

图 12.6　2019 年全球有效专利数排名前五的经济体及其占比

资料来源：WIPO 数据库。

通过对 2019 年全球有效专利数排在前 30 名的经济体进行筛选，可知共有 6 个发展中经济体位于前 30 名，其中，中国 2 670 784 件，占比 17.92%；俄罗斯 263 688 件，占比 1.77%；墨西哥 113 449 件，占比 0.76%；南非 76 936 件，占比 0.52%；印度 76 556 件，占比 0.51%；伊朗 53 565 件，占比 0.36%（见表 12.6）。全球有效专利数排在前 30 名的发展中经济体多为新兴经济体，崛起势头明显。

表 12.6　2019 年全球有效专利数排在前 30 名的发展中经济体

经济体	有效专利数（件）	占比（%）
中国	2 670 784	17.92
俄罗斯	263 688	1.77
墨西哥	113 449	0.76
南非	76 936	0.52
印度	76 556	0.51
伊朗	53 565	0.36

资料来源：WIPO 数据库。

4. 数字贸易

随着互联网、区块链等技术的不断发展，数字经济兴起。数字贸易作为数字经济的重要内容之一，已经成为国际贸易的重要组成部分。面对新兴且潜力巨大的数字贸易，各国也逐渐开始构建数字贸易产业链。为争夺在该产业链构建中的主导权，各国在数字领域的贸易战悄然开始。以日本为例，日本为争夺数字贸易领域的规则与标准的制定权，试图拉拢美国，同意美方关于数字贸易谈判的相关提议。同时，日本在近几年签署的贸易协定中都纳入了数字贸易的相关内容，可见日本对数字贸易领域的关注程度之深。除日本外还有许多国家，尤其是发达国家，对数字贸易也格外关注。由于数字贸易的发展与各国经济的发展基础密不可分，因此，当前是发达国家和少数发展较快的发展中国家在争相实施数字贸易战略，该领域的贸易战与贸易谈判也大多在这些国家中进行。随着发展中国家经济水平不断提升，它们未来一定会加速融入数字贸易领域，届时会呈现先发国家与后发国家间的贸易战与贸易谈判。无论是贸易战还是贸易谈判，都是各方利益博弈的手段，在数字贸易领域，各方也会通过这两种手段在博弈中寻得利益的动态均衡。

（二）环境议题

1. 影响力不断扩大

1992 年《里约宣言》中关于环境保护与贸易关系的阐述为环境与贸易的后续问题在国际上的讨论奠定了基础。自 1994 年乌拉圭回合谈判中第一次明确将可持续发展列入谈判的基本原则和宗旨后，环境议题的受关注度逐渐提升，并且在多边贸易谈判和区域贸易谈判中均有所提升。环境无国界，其重要性也被越来越多国家认可。环境议题逐渐成为一些国家与区域贸易协定的内容之一，如 TPP 就明确将环境议题纳入其中，使得各国在谈判中不得不讨论贸易与环境的兼容问题，也使相关贸易理念逐步深入生产与消费的各个环境。此外，美国、欧盟等在贸易协定中纳入环保相关内容，也有越来越多的发展中国家将环保内容引入贸易协定，这表明环境议题已经切实成为各国贸易合作的重要议题之一。

2. 内容与形式日益丰富

2014 年 1 月《环境产品协定》谈判启动，在亚太经合组织环境产品清单基础上，部分成员方开始削减环境产品关税。在多哈回合谈判中，环境产品与服务的自由化是核心内容之一。随着环境议题讨论的不断深入，环境议题的主要对象——环境产品与服务形式越来越多样化与多元化；环境议题的相关谈判体系不断发展，与环境有关的条款、协定内容数量增加，质量提升；环境议题所涵盖的类型日益丰富，包括气候变化、生物多样性、野生动物贸易等不同方面。

3. 逐渐成为国际谈判的核心议题

在多哈回合谈判中，"贸易与环境"成为唯一的新议题。一方面，南北国家关于环境议题的分歧是今后贸易谈判的重点内容之一。环境议题的倡导者往往是更注重环境产品和服务自由化的发达国家，它们倾向于建立更为严格的环保标准；而在环境议题方面处于被动的部分发展中国家认为，它们应以发展为第一要义，严格的环保标准不利于其部分产业的快速发展，况且其环保基础较为薄弱，很难实行与发达国家同等的环保标准。另一方面，部分环境议题在多边谈判下面临较大分歧，因而一些环境议题需要从多边向区域或双边谈判转换，以寻求相关环境问题谈判的突破。

第五节　应对贸易保护的中国方案

一、贸易保护对中国的影响

（一）宏观层面

1. 中国所遭遇的贸易保护措施激增

2008—2020 年，在世界范围内共有 786 项对中国生效的非关税壁垒措施，其中反倾销占所有措施的 78.37%，反补贴占 15.14%，卫生与植物检疫占 6.23%；在 1 072 项对中国启动的非关税壁垒措施中，反倾销占 73.32%，反补贴占 14.55%，卫生与植物检疫占 11.94%。不难看出，反倾销已经成为中国所遭受的最为频繁、数量最多的贸易保护措施。

根据 WTO 非关税壁垒数据库（见表 12.7），2008—2020 年，在生效的非关税壁垒中，就反倾销而言，对中国实施反倾销最多的经济体分别为：印度，共 102 件，占比 16.56%；美国，共 89 件，占比 14.45%；阿根廷、巴西和欧盟，它们对中国实施的反倾销数量较为接近，分别为 55 件、52 件、48 件。对中国实施反补贴最多的经济体分别是：美国 69 件，占比 57.98%；加拿大 19 件，占比 15.97%；澳大利亚 11 件，占比 9.24%；欧盟 8 件，占比 6.72%；

印度 6 件，占比 5.04%。对中国实施卫生与植物检疫最多的经济体分别为：欧盟 11 件，占比 22.45%；秘鲁 10 件，占比 20.41%；厄瓜多尔、阿尔巴尼亚、菲律宾分别为 7 件、4 件、4 件。从生效的非关税壁垒可以看出，对中国实施贸易保护的经济体集中在传统发达经济体和部分新兴经济体；新兴经济体更倾向于对中国实施反倾销措施，发达经济体比如美国更倾向于对中国实施反补贴措施，而欧盟则倾向于在规则和技术上对中国实施贸易保护，比如卫生与植物检疫。

在启动的非关税壁垒中，就反倾销而言，对中国实施数量排名依旧是印度、美国、阿根廷、巴西和欧盟。启动的反补贴与生效的反补贴同序。而卫生与植物检疫却发生了排名的变化，虽然欧盟和秘鲁依旧是前 2 名，但是第 3 名变成美国，共 10 件，占比 7.81%，菲律宾 9 件，泰国 8 件，占比分别为 7.03% 和 6.25%。由此可以看出，美国对中国出口产品的技术关注度在不断上升。

通过对生效和启动的贸易保护措施的分析可知，中国遭受的贸易保护措施数量在扩大当中，贸易保护有扩散效应，从发达国家扩散到发展中国家，发达国家更倾向于技术性贸易壁垒，发展中国家更倾向于贸易救济措施。

表 12.7　2008—2020 年中国所遭受的非关税壁垒基于经济体的排名（生效和启动）

反倾销（生效）				
经济体	印度	美国	阿根廷	巴西	欧盟
数量（件）	102	89	55	52	48
占比（%）	16.56	14.45	8.93	8.44	7.79
反补贴（生效）				
经济体	美国	加拿大	澳大利亚	欧盟	印度
数量（件）	69	19	11	8	6
占比（%）	57.98	15.97	9.24	6.72	5.04

续表

卫生与植物检疫（生效）				
经济体	欧盟	秘鲁	厄瓜多尔	阿尔巴尼亚	菲律宾
数量（件）	11	10	7	4	4
占比（%）	22.45	20.41	14.29	8.16	8.16

反倾销（启动）				
经济体	印度	美国	阿根廷	巴西	欧盟
数量（件）	127	95	76	71	61
占比（%）	16.16	12.09	9.67	9.03	7.76

反补贴（启动）				
经济体	美国	加拿大	澳大利亚	欧盟	印度
数量（件）	81	21	17	14	8
占比（%）	51.92	13.46	10.90	8.97	5.13

卫生与植物检疫（启动）				
经济体	欧盟	秘鲁	美国	菲律宾	泰国
数量（件）	21	17	10	9	8
占比（%）	16.41	13.28	7.81	7.03	6.25

资料来源：WTO 非关税壁垒数据库。

2. 贸易保护抑制中国的出口

自乌拉圭回合谈判以来，关税和非关税壁垒对中国出口的冲击在逐渐下降，但是各国开始通过立法或者出台相应标准和规则来阻碍中国出口。中国企业的出口成本也受贸易保护措施的影响而增加，这是由于一项产品出口需要经过生产、加工、储藏、运输、销售等等环节，若对相应环节采用更为详细的标准，如环境检测等，则必然导致出口附加费增加，出口成本上升，最终反映到产品之上就是产品价格上升，中国产品国际竞争力下降，出口增速放缓。

此外，我国主要出口的都是一些中间产品和劳动密集型产品，比如纺织品、钢材等，他国对我国实施贸易保护措施会导致这些产品的原材料价格上升，或者导致原材料价格大幅度波动，并且这些产品上下产业链联系紧密，对上游原材料的影响会扩散到产业链下游，进而对相关产业链的培育产生不利影响。

3. 贸易保护影响中国贸易环境的安全与稳定

就贸易环境而言，贸易保护不利于中国和他国开展国际经济合作。例如，中国因为劳动力资源相对丰沛，劳动力价格较发达国家低，在国际市场上具有竞争力，因此众多加工产品都是在中国加工后出口的。然而，发达国家的工资水平相对较高，且近年来失业率居高不下。部分发达国家将矛头指向中国劳工工资，要求中国采用与之一致的劳工标准。这种忽略各国异质性的"一刀切"的做法严重阻碍了中国和他国的正常经贸合作。此外，贸易保护不利于中国和他国的技术创新合作，例如相关的技术封锁。

就决策环境和安全而言，贸易保护使得中国经济活动偶尔较为被动。例如，对于汇率问题，2005 年欧盟、美国和日本等主要发达经济体要求中国进行汇率改革，迫使人民币升值。在人民币升值后，它们依旧猛烈针对中国的货币政策，指责中国操纵汇率。美国同时也对汇率做文章，意图通过汇率操纵指责中国进行出口贸易补贴，并借此对中国实施贸易保护措施。

（二）微观企业层面

1. 企业出口受限

企业在出口时遭受他国的贸易保护措施所导致的负面影响通常表现为企业的出口成本上升、出口市场份额降低。

用碳关税对我国企业出口的影响举例，以碳关税 10 美元/吨计价，中国八大高碳产业（电力、钢铁、有色、化工、建材、石化、轻工和防治）所需缴纳的税款为 108.51 亿美元，即中国高碳产业的出口成本增加 5%。产品成本的提高最终会导致出口产品价格上升，企业在国际市场上竞争力下降。碳关税的征收不利于企业出口，出口量的下降必然导致企业出口市场份额下降。

2. 危害就业

出口成本的增加会导致国内生产成本增加，一些中小企业为了维持正常经营就会减少生产。同时，市场份额的减少不利于国内企业实现规模经济，或者说使原有的规模经济优势丧失。中国大量的劳动力带来巨大的出口优势，主要出口劳动密集型产品，劳动力价格相对于国际上的劳动力价格具有优势。然而各国对中国实施贸易保护措施逐渐削弱了中国劳动密集型产业的优势，造成出口量下降，必然导致大批生产工人失业。

3. 薄利多销策略受到冲击

中国出口企业在管理水平、技术水平上与发达国家有一定距离，但却能在国际市场上占据较大份额，主要是凭借薄利多销的营销策略，依靠劳动力成本竞争优势。但是各国贸易保护措施的实施，尤其是反倾销，可能会对薄利多销策略进行严格的控制和打击。

二、中国的应对方案

（一）政府层面

1. 合理运用并完善 WTO 规则框架

首先，WTO 规则是国际范围内公认的标准和规则，我国在遭遇他国贸易保护措施的时候应合理运用 WTO 规则，尤其是 WTO 争端解决机制，在公认的标准下解决我国遭受的贸易摩擦问题。

其次，需要积极推动完善 WTO 规则。WTO 规则仍存在明显不足，例如关于技术性贸易壁垒的灰色地带的表述不明，发达国家易利用这种规则上的漏洞制造贸易保护和贸易摩擦。这种在 WTO 规则"保护"下的贸易保护措施更难应对。同时，WTO 应该推动《政府采购协议》签署范围的扩大，明确采购标准和采购时的注意因素。此外，应该完善国内立法使之与 WTO 规则相协调。比如我国的技术法规、标准和合格评定与 WTO《技术性贸易壁垒协定》仍然有出入，必须加紧完善。

最后，我国应该联合广大发展中国家，利用广大发展中国家所面临问题的共性，在贸易的各方面争取达成相对有利的 WTO 条款。

2. 加大海外投资及推动市场多元化

首先，我国应该加大对海外优质企业的收购力度，尤其是具有高新技术和完善的营销渠道的国际企业，通过投资收购学习其先进技术，完善国内产品营销手段，增强国内企业的国际市场竞争力。其次，应该加大对贸易保护措施实施国的投资，比如欧美等发达经济体和部分新兴经济体，在其境内投资设厂，这有利于该经济体就业水平提升，改善双方经贸关系。最后，可以通过积极引入新兴经济体投资，并扩展我国的出口市场，减少对美国和欧盟等发达经济体市场的依赖。

3. 加强"一带一路"和自由贸易区建设

"一带一路"倡议是削减贸易壁垒的有效方式。"一带一路"建设可以使中亚等国经济融合发展，弥补这些国家在上一轮全球化中因为内陆地域原因而发展相对滞后和发展不平衡的问题，切实为其带来经济效益。"一带一路"建设为相关国家基础设施的完善带来了契机，贸易流通和经济融合则使各国交往加深，贸易、投资协同促进，信息流和物流更加频繁，进而削减贸易壁垒，解决相关贸易争端。

自由贸易区的建设能够较好地抵消贸易保护带来的多种负面效应。例如，自由贸易区内的各国贸易量的增加可以一定程度上抵消贸易保护所减少的贸易量；自由贸易区有产业集聚效应，有利于提高区域内企业的资源利用效率并且降低生产成本，抵消贸易保护所带来的出口成本上升问题；自由贸易区内的各国处于自由贸易状态，原本存在于国家之间的贸易保护措施被取消，有利于区域内市场融合和贸易扩散；同时，自由贸易区的建设有利于稳定我国贸易情况，降低我国因为他国贸易保护措施所带来的不稳定性，从而降低贸易保护措施的冲击和风险。值得一提的是，自由贸易区的建设可以使区域内企业互相学习和提高技术水平，有利于区域内企业技术创新以及达到规模经济效应，更有利于提高企业出口产品质量。因此，积极与他国签订自由贸易协定有利于我国抵抗单边贸易保护主义。

4. 升级产业链

除世界经济周期性波动所导致的必然结果外，中国产业结构不能满足广大国外市场需求的多样性也是中国频频经历贸易摩擦的诱因之一。对于第一点，可以通过扩展出口市场或者与其他国家签订自贸协定、加深经贸合作等方式来解决，但是对于第二点，则需要中国提高自身产业水平，优化产业结构，以适合国际市场的多样需求。

首先，应实现技术创新促进产业结构升级。在技术创新的协同作用下，市场力量会优化生产要素配置，提高资源利用率，改善资源错配情况。例如，近年来中国积极推进通信技术、新能源汽车以及航天航空行业的发展。发达国家也正是针对我国的高新技术产业进行打击，挑起贸易争端，所以我国更应该加大研发力度，提高技术创新能力和研发能力。同时，在进行技术创新和发展时必须考虑到环境问题。近年来绿色贸易壁垒频发，发达国家已经开始制定并深化相关环境规制措施，例如碳关税等等。只有通过积极推动绿色技术、绿色产业发展以应对这些标准，才能更好地规避贸易保护措施。

其次，制造业是我国经济实力强盛的关键，应该大力推动制造业的转型升级。在过去较长时间内，我国主要从事加工贸易，但仅进行简单加工将导致附加值较高的上下游产业都在国外。对此，我国更应该进行制造业升级，向制造业产业链上下游靠近，提高我国出口产品的附加值。

最后，我国应该正视产业链升级的重要性。我国多数产业仍处于产业链下游，受上游各种不确定因素的干扰。例如在芯片领域，韩国等地长期垄断芯片代工问题，我国应积极学习相关经验，大力培养芯片研发人才，辅以扩大的财政投入和政府支持，实现产业链的升级。

（二）企业层面

1. 合理运用国际规则

中国企业应该熟悉经常对其发起调查程序的国家的规则，做好最充分的准备以应对突发的调查。例如了解美国等发达国家对于产品知识产权确权方面的规定，通过商会、行会等组织，建立有效的预警机制。与此同时，中国企业还需要了解 WTO 争端解决机制的规则，引进专业法律人才，加强企业有关应诉知识的普及，充分了解多项规则，及时有效地做出判断和行动。此外，中国企业还需积极应诉，否则会助长他国贸易保护风气，不利于企业未来成长和发展。

2. 加快调整产品结构并加大科研投入

劳动密集型企业在我国出口企业中占据相当大的比重，生产的产品多是简单加工产品，具有生产成本相对较低、附加值也相对较低的特点。对此我国的企业应该优化原有的产品结构，通过加大科研投入，平衡出口量与产品附加值，改变低端锁定的困境，向"微笑曲线"两端（生产设计和销售服务）延伸，提高企业的竞争力和利润率，减少贸易摩擦，实现企业长远发展。

3. 加强企业之间的合作

单独一个企业通常难以有效应对一个国家的贸易保护调查，但是有条件的企业和企业之间可以进行合作，将企业之间的资源和核心竞争力进行整合，改变个体企业基础薄弱、影响力较小的局面，共同应对他国的贸易摩擦。例如，2013 年美国贸委会以知识产权为由，对我国中兴和华为两个科技巨头发动"337 调查"。中兴和华为两大企业通力联合，积极配合调查，有效维护了自身权益。大企业之间尚需合作，中小企业则更应该注重合作。企业之间应该抱团取暖，实现优势互补，共同应对他国的贸易保护措施。

此外，企业之间应该通过企业集群提高集体竞争力。在集群内的企业可以节约运输成本，共同利用相关资源，提高资源利用率，促进集群内劳动力、技术和资本等要素流动，利用集群内技术溢出效应降低创新风险，最终提高所有企业的竞争力和抵御风险的能力。例如江浙地区以及珠三角地区，有众多中小企业通过集群推动了当地经贸发展，通过合作共同应对贸易摩擦。

4. 培育自主品牌意识

缺乏自主品牌将使我国企业尤其是中小企业在国际竞争中处于劣势。通过贴牌生产赚取利润在我国众多出口中小企业经营中占据相当大的比重，尽管某些企业已经具备创立自主品牌的能力，生产质量也达到品牌要求，但是仍然没有树立自主品牌意识，对短期利润较为看重，缺乏长远眼光，认为市场比品牌重要，产生了路径依赖与锁定，这对中小企业的长期发展是极其不利的。此外，中小企业对发展自主品牌缺乏信心，认为自身的规模与大企业无法比较。对于部分中小企业而言，受经营能力所限，创立品牌并提高品牌影响力的确较为困难。因此，企业必须对自身有明确并且清晰的定位，正视自身的能力并为自身的长远发展进行合理规划。中小企业需要积极引进相关人才，从代加工中积极学习，积累资金和技术。中小企业需要制定品牌战略，积极调整营销方式，增加产品和品牌在公众社会中的曝光度，通过掌握自主品牌、知识产权与核心竞争力提高长效利润，掌握一定的市场主动性，而不是获取短暂的利益，这样才能更好地应对贸易保护。

5. 利用已有平台积极拓宽市场

企业面对单一市场在贸易环境较为稳定时确实能获得稳定利润，但在贸易环境较为不稳定的条件下，单一市场会使企业损失惨重。比如中美贸易战的爆发对我国部分中小企业的打击非常严重，订单数量骤降，客户大量流失。中小企业由于主动性较差，生产行为更易受到顾客需求影响，转型或者开拓其他市场并非易事，需要时间和精力。据杭州海关统计，2018 年前半年浙江省进出口总量同比下降 9.3%，可见贸易摩擦对这些企业的影响是明显的。因此，企业应该合理和积极运用我国已有的平台和政府提供的政策，开发客户，主动寻找贸易对象和机会，减少对欧美等国家的贸易依赖，积极开拓非洲、中东、南美等新兴发展中经济体的贸易市场，从而减少欧美等经济体贸易保护的影响。

（三）行业组织层面

1. 充分发挥自身职能

受多方面因素影响，中美之间的贸易摩擦将长期存在，在例如知识产权等方面，美方对于中国的调查会进一步强化。对此，行业协会可以支持并鼓励和协助企业应对美国等国对其发起的有关知识产权保护的诉讼，并在诉讼中了解他国的关注点和细节流程，总结相关经验。此外，行业协会可以帮助企业利用 WTO 争端解决机制获得公正待遇，增强企业利用公共规则的灵度和能力。

近年来，中国对反垄断也更为关注，行业协会可以利用《中华人民共和国反垄断法》向政府寻求帮助，对美在华垄断的企业或者恶意滥用市场力量的企业进行监管，提高我国企业的主动权。

2. 不断发展和完善"四体联动"应对机制

"四体联动"即商务部、地方商务主管部门、行业协会与涉案企业之间合作共同应对"两反一保"等贸易保护措施。当企业面对他国的贸易调查时，行业协会应该主动提供帮助并与政府沟通，及时跟进调查进度，给出应诉指导。例如，四川德恩精工科技被诉案件就是一个典型的"四体联动"的案例。2015 年 10 月，该企业遭受美国商务部"双反"调查，随后美国对其实施了反补贴和反倾销初裁，税率分别为 33.94% 和 2.17%。在应诉时，商务部和四川省商务厅以及相关行业协会积极提供了应诉指导，企业也积极雇用相关领域的律师，最终胜诉。由此可见"四体联动"对于应诉的重要性，各主体应该充分协调，共同提高企业的胜诉率，摆脱恶意贸易制裁措施。

　　3. 成立贸易保护应诉基金

　　考虑到应对有关贸易保护的调查会花费企业较多的时间和精力，而中小企业往往所获利润有限，若全力应诉，则无疑会造成相应的经济负担，从而一些中小企业的应诉态度转为消极，导致更为长期、严重的伤害，因此，行业协会应该联动企业和政府设立有关贸易保护应诉基金，由行业组织进行后续的有效管理，政府和企业则进行监督。应诉基金的支持将在一定程度上减少企业的后顾之忧与其所面临的压力，有利于提高企业的应诉信心和动力。

参考文献

［1］埃里克·埃克.俾斯麦与德意志帝国.上海：上海社会科学出版社，2015.

［2］安德烈亚斯·维尔申.二十世纪德国史.上海：上海三联书店，2018.

［3］B.R.米切尔.帕尔格雷夫世界历史统计：欧洲卷（1750—1993）.4版.北京：经济科学出版社，2002.

［4］保建云.贸易保护主义的国际政治经济学分析：理论模型、实证检验和政策选择.北京：经济科学出版社，2010.

［5］保建云.如何应对逆全球化与新兴保护主义：对当前世界经济不确定性风险的分析研判.人民论坛·学术前沿，2017（7）：12-19.

［6］鲍晓华.反倾销措施的贸易救济效果评估.经济研究，2007（2）：71-84.

［7］彼得·罗布森.国际一体化经济学.上海：上海译文出版社，2001.

［8］彼得·马赛厄斯，悉尼·波拉德.剑桥欧洲经济史：第8卷.北京：经济科学出版社，2004.

［9］曹吉云.发展中国家的贸易政策选择.北京：中国人民大学出版社，2017.

［10］曹建明，贺小勇.世界贸易组织.北京：法律出版社，2004.

［11］查尔斯·达维南特.论英国的公共收入与贸易.北京：商务印书馆，1995.

［12］柴明华.中非贸易摩擦问题研究.沈阳：东北大学，2007.

［13］车文娇.中国欧盟经贸关系发展研究.大连：东北财经大学，2009.

［14］陈才兴.比较优势、技术模仿：巴西"进口替代"工业化发展之路.汉江大学学报（社会科学版），2008（3）：23-32.

［15］陈嘉.美国对华新能源产业实施"双反"措施的研究.天津：河北工业大学，2017.

［16］陈江生，郭四军.拉美化陷阱：巴西的经济改革及其启示.中共石家庄市委党校学报，2005（7）：40-43.

［17］陈树志.美国贸易保护政策促进经济发展的经验与启示.价格月刊，2019（9）：80-86.

［18］陈伟光，郭晴.逆全球化机理分析与新型全球化及其治理重塑.南开学报（哲学社会科学版），2017（5）：58-70.

［19］陈曦，程慧.欧盟—中国贸易救济发展趋势及应对策略研究.国际贸易，2019（6）：18-26.

［20］陈勇.商品经济与荷兰近代化.武汉：武汉大学出版社，1990.

［21］陈志敏，古斯塔夫·盖拉茨.欧洲联盟对外政策一体化：不可能的使命？.北京：时事出版社，2003.

［22］程大为，赵忠，王孝松.美国发起对华贸易战的思想源起及影响前瞻.中国大学生就业，2019（9）：34-37.

［23］仇莉娜.美日贸易战历史回溯与经验教训.北京：中国社会科学院研究生院，2018.

［24］崔庆波.新一轮贸易保护主义与中国区域贸易自由化策略.上海对外经贸大学学报，2021（4）：76-90.

［25］代中强.美国知识产权调查引致的贸易壁垒：特征事实、影响及中国应对.国际经济评论，2020（3）：107-122.

［26］戴斯勒.美国贸易政治.北京：中国市场出版社，2006.

［27］戴维·古尔德，丁浩金.发达国家贸易保护主义的上升.国际经济评论，1992（10）：77-79.

［28］戴翔.制度型开放：中国新一轮高水平开放的理论逻辑与实现路径.国际贸易，2019（3）：4-12.

［29］道格拉斯·欧文.贸易的冲突：美国贸易政策200年.北京：中信出版集团，2019.

［30］迪特尔·格罗塞尔，乌韦·安德森，霍尔斯特·巴罗，托马斯·朗格.德意志联邦共和国经济政策与实践.上海：上海翻译出版公司，1992.

［31］刁大明."用人困境"：白宫"内斗"何时休.同舟共进，2018（6）：32-34.

［32］刁大明.特朗普政府对外政策的逻辑、成因与影响.现代国际关系，2019（6）：19-27.

［33］丁纯.特朗普时期的美欧经贸冲突：特征、原因与前景.欧洲研究，2019，37（3）：1-37.

［34］丁纯.中欧关系70年：成就、挑战与展望.世界经济与政治论坛，2019（6）：134-153.

［35］东艳.贸易保护主义：美国长期的政策倾向.人民论坛，2018（24）：15-17.

［36］董莹.后奥巴马时代美国贸易政策的演变.长春：吉林大学，2018.

［37］段国蕊.国外反倾销研究最新发展及特点分析.国际贸易问题，2009（2）：113-120.

［38］多恩布什，赫尔默斯.如何开放经济.北京：经济科学出版社，1999.

［39］多米尼克·萨尔瓦多.国际经济学.4版.北京：中国人民大学出版社，2008.

［40］厄斯纳.经济危机：第1卷.北京：人民出版社，1956.

［41］樊亢，宋则行.外国经济史：近代现代：第1册.北京：人民出版社，1980.

［42］樊晓云.中国紧固件反倾销在WTO胜诉欧盟第一案的案例分析.对外经贸实务，2017（11）：4.

［43］弗里德里希·李斯特.政治经济学的自然体系.北京：商务印书馆，1997.

［44］甘道尔夫.国际经济学：第1卷.2版.北京：中国经济出版社，1999.

［45］高柏，杨龙.为什么全球化会发生逆转：逆全球化现象的因果机制分析.政治经济学季刊，2020（3）：18-40.

［46］高德步，王珏.世界经济史.4版.北京：中国人民大学出版社，2018.

［47］高君成.评拉美发展主义的经济理论及其实践.拉丁美洲研究，1985（2）：41-49.

［48］管传靖.全球价值链与美国贸易政策的调适逻辑.世界经济与政治，2018（11）：118-155.

［49］郭强.逆全球化：资本主义最新动向研究.当代世界与社会主义，2013（4）16-21.

［50］郭锐，郭志莹.2019—2020年韩日关系：回顾与展望.当代韩国，2020（1）：23-35.

［51］韩瑞霞，胡波."英国脱欧"与欧洲区域经济秩序重塑对全球格局和中国经济的挑战.国际经济合作，2016（12）：10-15.

［52］汉斯·乌尔里希·韦勒.德意志帝国.西宁：青海人民出版社，2009.

［53］郝洁.美国从倡导自由贸易转向贸易保护主义的内在逻辑：上世纪美日贸易摩擦对我国的启示.中国发展观察，2018（10）：58-61.

［54］何秋.论环境贸易措施的合目的性审查：以巴西翻新轮胎案、欧盟海豹制品案为视角.学术论坛，2015（10）：134-138.

［55］何世华.试析俾斯麦政府实行贸易保护政策的原因.长春师范学院学报，2001，20（2）：47-50.

［56］贺平.贸易与国际关系.上海：上海人民出版社，2018.

［57］洪宇.简明俄国史.上海：上海外语教育出版社，1987.

［58］侯铁建.新贸易保护主义的制度解析：发展中国家的视角.财经问题研究，2010（1）：120-123.

［59］胡佳佳.中国与其他发展中国家的贸易摩擦问题研究.安徽财经大学，2014.

［60］胡建雄.本轮逆全球化和贸易保护主义兴起的经济逻辑研究.经济体制改革，2017（6）：19-26.

［61］胡莹.美国新型保护主义的动力机制.南京：南京大学，2012.

［62］胡昭玲.韩国半导体行业应用进口保护促进出口政策的经验分析.世界经济，

2001（9）：21-30.

[63] 胡昭玲.战略性贸易政策应用于中国轿车业量化效果的再考察：政策工具与外国政府行为对政策实施的影响.当代经济科学，2001（6）：45-50.

[64] 黄继炜.美国贸易保护主义的传统与复苏：读迈克尔·赫德森《保护主义：美国经济崛起的秘诀》.学术评论，2020（2）：81-89.

[65] 黄李焰，陈少平.发展中国家发展贸易与保护环境的冲突与解决.世界经济与政治论坛，2005（3）：17-21.

[66] 黄增强.拿破仑的"大陆封锁政策"及其影响.云南社会科学，1998（1）：9.

[67] 季娜，邹怡.中美贸易摩擦对中国金融市场的影响.合作经济与科技，2019（12）：84-85.

[68] 贾根良，黄阳华.评发展中国家贸易保护还是自由贸易的新争论.经济社会体制比较，2008（5）：47-53.

[69] 姜德昌.德国史文献和资料译丛（近代部分）.长春：东北师范大学出版社，1989.

[70] 姜守明.世界地理大发现.大自然探索，2004（12）：10-17.

[71] 姜文卿.经济全球化背景下的新贸易保护主义思考.当代经济，2013（15）：4-6.

[72] 蒋小红.欧共体反倾销法与中欧贸易.北京：社会科学文献出版社，2004.

[73] 揭筱纹，罗建，赵力宾.发展中国家对外贸易政策与措施研究.成都：四川大学出版社，1997.

[74] 卡尔·哈达赫.二十世纪德国经济史.北京：商务印书馆，1984.

[75] 阚大学，吕连菊.中国与发达国家、发展中国家贸易摩擦的比较研究.河北科技大学学报（社会科学版），2010（10）：22-26.

[76] 康恺.法国对欧盟贸易决策机制的影响分析.上海：华东师范大学，2019.

[77] 考特.简明英国经济史：1750年至1939年.北京：商务印书馆，1992.

[78] 库钦斯基.资本主义世界经济史研究.北京：生活·读书·新知三联书店，1955.

[79] 拉尔夫·戈莫里，威廉·鲍莫尔.全球贸易和国家利益冲突.北京：中信出版社，2003.

[80] 雷小苗，高国伦，李正风.日美贸易摩擦期间日本高科技产业兴衰启示.亚太经济，2020（3）：65-73.

[81] 冷传明.浅析地理大发现在国际贸易形成中的作用.泰山学院学报，2001（6）：87-88.

[82] 李兵，杨秀清，林桂军.当前欧盟对华贸易保护主义根源的经济与政治分析.国际贸易，2009（2）：40-48.

[83] 李春顶，林欣.美国贸易政策的制定与决策机制及其影响.当代美国评论，

2020（4）：88-104.

［84］李盾.中印贸易摩擦：争端的特点、原因、解决机制及发展趋势.国际贸易，2006（2）：12-15.

［85］李工真.德意志道路：现代化进程研究.武汉：武汉大学出版社，2005.

［86］李和，裘浩楼.拉丁美洲同第三世界其他地区的经济合作.拉丁美洲丛刊，1985（2）：6-11.

［87］李计广.欧盟贸易政策体系研究.北京：对外经济贸易大学，2009.

［88］李坤望，陈维涛，王永进.对外贸易、劳动力市场分割与中国人力资本投资.世界经济，2014（3）：56-79.

［89］李坤望，王孝松.美国对华贸易政策的决策和形成因素：以 PNTR 议案投票结果为例的政治经济分析.经济学（季刊），2009（1）：22.

［90］李坤望，王孝松.申诉者政治势力与美国对华反倾销的歧视性：美国对华反倾销裁定影响因素的经验分析.世界经济，2008（6）：3-16.

［91］李连祺.中美贸易谈判的权力结构与中国的策略选择.东北亚论坛，2018（5）：96-108.

［92］李淑俊.美国贸易保护主义的政治经济学分析.北京：时事出版社，2016.

［93］李帅.中国应对新型贸易保护主义措施研究.沈阳：沈阳工业大学，2020.

［94］李杨，孙俊成.特朗普政府的贸易保护主义政策：基于政党政治的研究视角.美国研究，2019（3）：43-59.

［95］李宜婧.日美贸易摩擦与中美贸易摩擦比较研究.北京：北京外国语大学，2020.

［96］理查德·R.纳尔森.经济增长的源泉.北京：中国经济出版社，2001.

［97］联合国工发组织.变化中的世界工业，1983.

［98］梁碧波，周怀峰，廖东声.新贸易保护主义的演变趋势及其影响因素.改革与战略，2008（4）：1-6.

［99］梁俊伟，代中强.发展中国家对华反倾销动因：基于宏微观的视角.世界经济，2015（11）：90-116.

［100］林承节.印度近二十年的发展历程：从拉吉夫·甘地执政到曼莫汉·辛格政府的建立.北京：北京大学出版社，2012.

［101］林斐婷，张伟.全球价值链视角下中美制造业贸易失衡与美国贸易保护主义.现代经济探讨，2017（8）：49-58.

［102］林毅夫，李永军.比较优势、竞争优势与发展中国家的经济发展.管理世界，2003（7）：21-28.

［103］刘海波，古谷真帆，张亚峰.日美贸易摩擦中知识产权的作用及其对我国的启示.中国科学院院刊，2019（8）：903-909.

［104］刘厚俊.国际贸易新发展：理论、政策、实践.北京：科学出版社，2003.

［105］刘嘉.欧盟对华经贸制约：表现、原因和对策.北京：外交学院，2011.

［106］刘江炜.美国发起贸易战的诉求和影响：重点分析对人民币兑美元汇率的影响.统计与管理，2020（8）：21-26.

［107］刘津津.美国对华反补贴案件中中方补贴项目的类型与结构研究.天津：天津财经大学，2016.

［108］刘凯.加征关税如何影响美国贸易逆差及全球福利：基于美元本位下两国动态一般均衡框架的分析.金融研究，2020（12）：56-74.

［109］刘凯.美国宏观政策评价.经济研究参考，2019（6）：37-51.

［110］刘力.当前中国面临的国际经济摩擦与对策.管理世界，2004（9）：73-80.

［111］刘明礼.西方国家"反全球化"现象透析.现代国际关系，2017（1）：32-37.

［112］刘鹏.基于制度演变视角的中拉贸易摩擦问题与对策研究.拉丁美洲研究，2018（3）：72-88.

［113］刘胜，顾乃华，陈秀英.全球价值链嵌入、要素禀赋结构与劳动收入占比：基于跨国数据的实证研究.经济学家，2016（3）：96-104.

［114］刘薇.301调查对中国战略性新兴产业发展的影响及应对机制.求索，2019（6）：65-73.

［115］刘维林.劳动要素的全球价值链分工地位变迁：基于报酬份额与嵌入深度的考察.中国工业经济，2021（1）：76-94.

［116］刘伟，蔡志洲，苏剑.贸易保护主义抬头的原因、后果及我国的应对措施.金融研究，2009（6）：23-30.

［117］刘文秀，埃米尔·J.科什纳，等.欧洲联盟政策及政策过程研究.北京：法律出版社，2003.

［118］刘星红.欧共体对外贸易法律制度.北京：中国法制出版社，1996.

［119］刘瑶.从中美贸易争端看WTO争端解决机制.科技与创新，2020（5）：79-80.

［120］刘英.中美贸易摩擦的地缘政治经济学分析.理论学刊，2020（1）：66-77.

［121］卢海燕.东扩对欧盟经济政策影响研究.沈阳：辽宁大学，2011.

［122］卢中原.世界产业结构变动趋势和我国的战略抉择.北京：人民出版社，2009.

［123］吕海彬.贸易自由化进程中发展中国家如何实行贸易保护.当代经济，2005（2）：47-48.

［124］陆燕.国际贸易新规则：重构的关键期.国际经济合作，2014（8）：4-8.

［125］罗胜强，鲍晓华.反倾销影响了在位企业还是新企业：以美国对华反倾销为例.世界经济，2019（3）：120-144.

［126］马克·T.胡克.荷兰史.上海：东方出版中心，2009.

［127］马克思.资本论：第3卷.2版.北京：人民出版社，2004.

［128］马克思，恩格斯.马克思恩格斯选集：第 3 卷 . 3 版 . 北京：人民出版社，2012.

［129］马颖，李建波.从进口替代到出口导向：大陆与台湾贸易发展战略的路径比较.亚太经济，2007（3）：78-82.

［130］迈克尔·托达罗.第三世界的经济发展（上）.北京：中国人民大学出版社，1988.

［131］迈克尔·托达罗.经济发展与第三世界.北京：中国经济出版社，1992.

［132］麦迪森.世界经济二百年回顾.北京：改革出版社，1997.

［133］麦迪森.世界经济千年史.北京：北京大学出版社，2003.

［134］毛其淋，许家云.贸易政策不确定性与企业储蓄行为：基于中国加入 WTO 的准自然实验.管理世界，2018（5）：10-27.

［135］梅俊杰.自由贸易的神话：英美富强之道考辨.上海：上海三联书店，2008.

［136］尼尔·福克纳.世界简史：从人类起源到 21 世纪.北京：新华出版社，2014.

［137］倪峰，侯海丽.美国高关税及贸易保护主义的历史基因.世界社会主义研究，2019（1）：48-57.

［138］倪世雄，李淑俊.从公众 – 国会 – 政府的互动关系看美国贸易保护主义：以中美贸易摩擦为例.美国研究，2007（4）：81-94.

［139］宁红玲.后疫情时代全球贸易治理的困境与路径：基于 WHO 和 WTO 的考察.河南财经政法大学学报，2021（1）：60-67.

［140］欧共体官方出版局.欧共体基础法.北京：国际文化出版公司，1992.

［141］欧共体官方出版局.欧洲共同体条约集.上海：复旦大学出版社，1993.

［142］培伦.印度通史.哈尔滨：黑龙江人民出版社，1990.

［143］裴桂芬，李珊珊.美国"301 条款"在日本的运用、影响及启示.日本学刊，2018（4）：85-106.

［144］彭剑波，覃亦欣.墨西哥频繁对华反倾销的深层次原因及中国的应对策略.对外经贸实务，2021（5）：47-51.

［145］彭姝祎，列国志：卢森堡.北京：社会科学文献出版社，2005.

［146］祁峰，杨宏.日本对幼稚产业的保护及启示.经济纵横，2001（12）：48-51.

［147］钱乘旦.英国通史：第 4 卷.南京：江苏人民出版社，2016.

［148］乔伊斯·阿普尔比.无情的革命：资本主义的历史.北京：社会科学文献出版社，2014.

［149］琼图洛夫.苏联经济史.长春：吉林大学出版社，1988.

［150］让·东特.比利时史.南京：江苏人民出版社，1973.

［151］任成业.美国新贸易保护主义的国内政治因素探析.沈阳：辽宁大学，2013.

［152］任勤.贸易自由与贸易保护的相互博弈、制衡与兼容.福建论坛（人文社会

科学版），2005（3）：32-35.

［153］任仕琪 . 中国遭受的贸易救济调查及应对策略研究 . 北京：商务部国际贸易经济合作研究院，2021.

［154］任晓聪，和军 . 当代逆全球化现象探析：基于马克思恩格斯经济全球化理论 . 上海经济研究，2019（4）：110-118.

［155］萨奇，陈默 . 紧缩型非洲经济结构调整方案及其滞胀效应 . 西亚非洲，1989（5）：18-26.

［156］桑百川，郑伟，徐紫光 . 破解中国与其他金砖国家贸易摩擦难题 . 国际贸易，2012（4）：8-11.

［157］邵景春 . 欧洲联盟的法律与制度 . 北京：人民法院出版社，1999.

［158］沈汉 . 英国土地制度史 . 上海：学林出版社，2005.

［159］沈骥如 . 欧洲共同体与世界 . 北京：人民出版社，1994.

［160］沈伟 . 历史维度中的日美贸易摩擦：背景、走势和启示——兼谈中美贸易战之困的特质 . 广西财经学院学报，2019（5）：27-46.

［161］盛斌 . 世界贸易体系变革中的风险与发展中国家面临的挑战 . 世界经济，2004（3）：45-48.

［162］史蒂夫·贝莱尔 . 奥地利史 . 北京：中国大百科全书出版社，2009.

［163］世界银行 . 2001 年世界发展报告：与贫困作斗争 . 北京：中国财政经济出版社，2001.

［164］宋利芳 . WTO 成立以来阿根廷的反倾销实践及其对中国的启示 . 国际商务研究，2010（6）：37-43.

［165］宋则行，樊亢 . 世界经济史：上卷 . 北京：经济科学出版社，1995.

［166］宋志勇 . 试析中非贸易摩擦 . 西亚非洲，2006（8）：40-45.

［167］苏庆义 . 中美在中国履行入世承诺上的分歧及其根源 . 世界知识，2018（14）：64-66.

［168］隋伟，杨明光 . 欧洲联盟法律制度简论 . 天津：南开大学出版社，1998.

［169］唐宜红 . 当前全球贸易保护主义的特点及发展趋势 . 人民论坛·学术前沿，2017（17）：82-89.

［170］唐宜红，张鹏杨 . 后疫情时代全球贸易保护主义发展趋势及中国应对策略 . 国际贸易，2020（11）：4-10.

［171］唐宇 . 反倾销保护引发的四种经济效应分析 . 财贸经济，2004（11）：65-69.

［172］田丽娜 . 美国对外贸易政策的演变及对中国的启示 . 长春：吉林财经大学，2019.

［173］田文庄 . 戴高乐政府的财政经济政策 . 国际问题研究，1963（2）：44-49.

［174］田野 . 贸易自由化、国内否决者与国际贸易体系的法律化：美国贸易政治的国际逻辑 . 世界经济与政治，2013（6）：47-76.

［175］田正.日韩贸易摩擦对日韩两国经济影响分析.东北亚学刊，2021（1）：72-84.

［176］佟家栋.贸易自由化、贸易保护与经济利益.北京：经济科学出版社，2002.

［177］托马斯·孟.英国得自对外贸易的财富.北京：商务印书馆，1959.

［178］瓦莱里奥·卡斯特罗诺沃.意大利经济史：从统一到今天.北京：商务印书馆，2000.

［179］万广华，M. S. Qureshi，伏润民.中国和印度的贸易扩张：威胁还是机遇.经济研究，2008（4）：66-77.

［180］汪进，金廷镐.韩国半导体产业发展的经验与启示.中国工业经济，1996（7）：71-74.

［181］王厚双.各国贸易政策比较.北京：经济日报出版社，2002.

［182］王乐琪.中美贸易战的危与机探讨：基于美日贸易战.现代商贸工业，2019（10）：40-42.

［183］王立成.中国应对欧盟反倾销法律问题研究.南昌：江西财经大学，2014.

［184］王莉.中国应对新贸易保护主义的策略研究.云南财经大学学报，2014（2）：140-145.

［185］王绍媛，冯之晴.日韩贸易摩擦的原因、影响及趋势分析.现代日本经济，2021（2）：52-64.

［186］王孝松.美国对华贸易政策的决策机制和形成因素.天津：南开大学，2010.

［187］王孝松，谢申祥.发展中大国间贸易摩擦的微观形成机制：以印度对华反倾销为例.中国社会科学，2013（9）：86-107.

［188］王孝松，谢申祥.中国出口退税政策的决策和形成机制：基于产品层面的政治经济学分析.经济研究，2010（10）：101-114.

［189］王孝松，谢申祥.中国究竟为何遭遇反倾销：基于跨国跨行业数据的经验分析.管理世界，2009（12）：27-38.

［190］王扬.李斯特保护关税思想刍议.华中师范大学学报（人文社会科学版），2000（3）：132-136.

［191］王迎.新贸易保护主义对转轨国家经济影响研究.大连：东北财经大学，2015.

［192］王韵.特朗普政府关税政策能否吸引制造业回归美国.华北金融，2020（4）：29-37.

［193］王展鹏，夏添.欧盟在全球化中的角色："管理全球化"与欧盟贸易政策的演变.欧洲研究，2018（1）：77-97.

［194］魏浩.发展中国家与中国的贸易摩擦不容忽视.WTO经济导刊，2005（9）：72-73.

［195］魏浩，毛日昇，张二震.中国制成品出口比较优势及贸易结构分析.世界经

济，2005（2）：21-33.

［196］温盖尔·马加什，萨博尔奇·奥托.匈牙利史.哈尔滨：黑龙江人民出版社，1982.

［197］文富德.印度经济全球化研究.成都：四川出版集团巴蜀书社，2008.

［198］沃尔特·G. 莫斯.俄国史（1855—1996）.海口：海南出版社，2008.

［199］巫宁耕.战后发展中国家经济（概论）.北京：北京大学出版社，1986.

［200］吴必康.变革与稳定：英国经济政策的四次重大变革.江海学刊，2014（1）：168-175.

［201］吴龙章.从《SCM 协定》看中国风能产业补贴措施的合规性.苏州：苏州大学，2013.

［202］吴伟.贸易保护主义的演变之路.对外经贸实务，2010（12）：40-43.

［203］吴伟，汪梅丽.新一轮贸易保护主义的突出表现及发展趋势.江苏科技大学学报（社会科学版），2015（2）：71-75.

［204］吴友法，黄正柏.德国资本主义发展史.武汉：武汉大学出版社，2000.

［205］吴跃武.选举政治与美国国会贸易保护主义倾向的制度性根源.上海：复旦大学，2012.

［206］伍山林.美国贸易保护主义的根源：以美国重商主义形态演变为线索.财经研究，2018（12）：18-30.

［207］伍贻康，等.欧洲经济共同体.北京：人民出版社，1983.

［208］夏尔·贝特兰.纳粹德国经济史.北京：商务印书馆，1990.

［209］夏敏.美国贸易政策制定中的观念、偏好与策略选择.国际经济评论，2018（6）：98-116.

［210］谢静怡.国家利益与保护主义：金融危机以来中美贸易摩擦的扩大及其根源.上海：复旦大学，2013.

［211］谢岚.《实施卫生与动植物检疫措施协定》及其相关争端解决案例浅析.山西农业大学学报（社会科学版），2017（3）：315-317.

［212］邢来顺.德国工业化经济－社会史.武汉：湖北人民出版社，2003.

［213］邢来顺.工业化冲击下的德意志帝国对外贸易及其政策.史学月刊，2003（4）：77-81.

［214］熊偲皓，王东阳.中美贸易战对美国农业经济的影响及前景展望.农业展望，2019（12）：134-138.

［215］熊光清.贸易保护主义盛行及发展的根源.人民论坛，2020（3）：34-37.

［216］徐春祥，林萌.论欧盟保护性贸易政策的特征.有色矿冶，2004（1）：68-70.

［217］徐敦鹏，郭毅.技术变革与要素所有者地位变迁.特区经济，2005（6）：164-165.

［218］徐世澄.墨西哥政治经济改革及模式转换.北京：世界知识出版社，2003.

［219］徐元康.战略性贸易政策的政治经济学评析：以美国为例.现代经济探讨，2014（6）：64-68.

［220］薛荣久.国际贸易.6版.北京：对外经济贸易大学出版社，2016.

［221］薛荣久，杨凤鸣.全球金融危机下贸易保护主义的特点、危害与应对.国际经贸探索，2009（11）：4-7.

［222］亚当·斯密.国富论.北京：中华书局，2012.

［223］亚历克斯·E.费尔南德斯·希尔贝尔托，安德烈·莫门.发展中国家的自由化.北京：经济科学出版社，2000.

［224］杨丹辉，渠慎宁.百年未有之大变局下全球价值链重构及国际生产体系调整方向.经济纵横，2021（3）：61-71.

［225］杨栋.日韩：不对等的贸易战争.金融博览（财富），2019（11）：70-72.

［226］杨豫.欧洲原工业化的起源与转型.南京：江苏人民出版社，2004.

［227］姚春花.欧盟技术性贸易壁垒对中国的影响及对策研究.青岛：中国海洋大学，2006.

［228］姚欢庆，郝学功.中美知识产权保护的冲突和解决办法的探讨.知识产权，1998（5）：10-13.

［229］姚开建.经济学说史.北京：中国人民大学出版社，2003.

［230］伊馨，蔡秀玲.日本应对美日贸易摩擦的做法及其启示.亚太经济，2019（2）：87-93.

［231］尹璐.20世纪以来贸易保护政策在美国的演进及对中美贸易的影响.昆明：云南财经大学，2012.

［232］应品广.中美贸易战法及未来走势.WTO经济导刊，2018（4）：55-56.

［233］尤宏兵.中国与发展中国家贸易摩擦再透视.经济问题探索，2010（3）：138-142.

［234］于春海，刘成豪.对美国贸易政策调整性质的思考.国际贸易，2018（1）：37-40.

［235］余淼杰，蓝锦海.国际贸易视角下逆全球化研究.长安大学学报（社会科学版），2020（4）：23-32.

［236］岳云霞，武小琦.拉美国家对华贸易摩擦现状及应对：以巴西、阿根廷为例.中国经贸，2013（3）：26-27.

［237］曾令良.欧洲共同体与现代国际法.武汉：武汉大学出版社，1992.

［238］曾炜.论GATT第20条必要性检验中的管制目标与替代性措施：以巴西翻新轮胎案为例.南昌大学学报（人文社会科学版），2014（45）：84-90.

［239］詹政，冯宗宪.贸易政策对企业国际竞争力及境外资源利用的影响.国际经贸探索，2011（3）：25-29.

［240］张宝仁，等.现代韩国经济.长春：吉林大学出版社，2000.

［241］张季风，房汉国.日本遭受美国反倾销的影响因素及其应对策略分析.日本学刊，2014（3）：89-105.

［242］张建新.美国贸易政治.上海：上海人民出版社，2014.

［243］张结斌.美国何以逆全球化而动.上海：华东政法大学，2019.

［244］张景全.贸易保护主义新态势与中国的策略选择.人民论坛，2019（35）：22-25.

［245］张立.印度经济民族主义的缘起、影响及中国的对策.南亚研究季刊，2007（3）：10-14.

［246］张立.中印贸易摩擦的现状、原因及对策建议.南亚研究季刊，2008（3）：61-69.

［247］张丽娟.美国贸易政策的逻辑.美国研究，2016（2）：18-34.

［248］张茉楠.贸易战对全球价值链、产业链、供应链的冲击破坏及中国对策.国际商务财会，2019（6）：3-5.

［249］张文阁，陈芸芝，等.墨西哥经济.北京：社会科学文献出版社，1986.

［250］张晓云，李成威，高丰，等.美国在全球化中的角色：过去、现在与未来.财政研究，2019（12）：110-119.

［251］张玉娇.韩国半导体产业发展研究.长春：吉林大学，2020.

［252］赵淳.韩国的经济发展.北京：中国发展出版社，1997.

［253］赵迪.美国对华贸易保护主义问题研究.对外经贸，2020（5）：16-20.

［254］赵放，冯晓玲.从中美知识产权冲突看中国知识产权战略.财经问题研究，2006（10）：81-85.

［255］赵建军.印度对中国反倾销及对中印贸易的影响.亚太经济，2003（1）：32-34.

［256］赵晓霞.保护贸易的经济效应分析及在我国的实践意义.太原：山西财经大学，2003.

［257］赵志浩，卢进勇.国际技术溢出：获取路径与对策探讨——基于贸易保护主义抬头背景下的思考.国际经济合作，2020（1）：78-90.

［258］郑建明，杨策，王万军.我国在全球价值链重构中面临的挑战和机遇：基于中美贸易摩擦视角.国际贸易，2020（9）：31-37.

［259］郑雪飞.贸易政策的国内政治分析：以1879年德国贸易政策转变为例.世界经济与政治，2009（11）：71.

［260］郑宇.21世纪多边主义的危机与转型.世界经济与政治，2020（8）：126-153.

［261］仲舒甲.欧盟共同外贸政策的制度分析.北京：外交学院，2006.

［262］仲鑫，金靖宸.中国入世后美国贸易保护政策的演变及对策.国际贸易，2019（2）：24-31.

［263］朱博雅.发展中国家对华反倾销的新特点及我外贸企业的应对措施.国际

商务财会，2016（2）：19-23.

［264］朱婷．浅析拉美国家对华反倾销的现状及对策．对外经贸实务，2019（2）：40-43.

［265］Abelshauser, W. *Deutsche Wirtschaftsgeschichte*. Munchen: Beck, 2004.

［266］Allen, R.C. "Why the Industrial Revolution Was British: Commerce, Induced Invention, and the Scientific Revolution," *The Economic History Review*, 2011(64): 357-384.

［267］Anderson, J. E., J. P. Neary. "The Mercantilist Index of Trade Policy," *International Economic Review*, 2003(44): 627-649.

［268］Baer, W. *The Brazilian Economy*: *Growth and Development*. 6th ed. Boulder, Colorado: Lynne Rienner, 2008.

［269］Baggs, J., J. A. Brander. "Trade Liberalization, Profitability, and Financial Leverage," *Journal of International Business Studies*, 2006, 37(2): 196-211.

［270］Baker, S.R., N. Bloom, S. J. Davis. Measuring Economic Policy Uncertainty. NBER Working Paper No. 21633, 2015.

［271］Baldwin, R. J., Lopez Gonzalez. "Supply–chain Trade: A Portrait of Global Patterns and Several Testable Hypotheses," *World Economy*, 2015, 38(11): 1682-1721.

［272］Barth, E., A. Schröter. *Entwicklungslinien der deutschen Maschinenbauindustrie von 1870 bis 1914*. Boston: De Gruyter, 1973.

［273］Bernard, A., B. Jensen. "Exporters, Jobs and Wages in U.S. Manufacturing, 1976-1987," *Brookings Papers on Economic Activity: Microeconomics*, 1995: 67-119.

［274］Besedes, T., T. Prusa. Antidumping and the Death of Trade. NBER Working Paper No. 19555, 2013.

［275］Bhagwati, J. N. US Trade Policy: The Infatuation with FTAs, 1995.

［276］Bhagwati, J. N. *Foreign Trade Regimes and Economic Development: Anatomy and Consequences of Exchange Control Regimes*. Cambridge, MA: Ballinger Publishing Company, 1978.

［277］Blonigen, B. A., K. S. Tomlin, W. W. Wilson. Tariff-jumping FDI and Domestic Firms' Profits. NBER Working Paper, 2002.

［278］Born, K. E. *Wirtschafts-und Sozialgeschichte des Deutschen Kaiserreichs (1867/71—1914)*. Wiesbaden: F. Steiner Verlag, 1985.

［279］Bown, C. P. How Trump's Export Curbs on Semiconductors and Equipment Hurt the US Technology Sector. Peterson Institute for International Economics, 2020.

［280］Bown, C. P., M. A. Crowley. "Trade Deflection and Trade Depression," *Journal of International Economics*, 2007, 72(1): 176-201.

［281］Bown, C. P., E. Zhang. First Tariffs, Then Subsidies: Soybeans Illustrate Trump's Wrongfooted Approach on Trade. Peterson Institute for International Economics, 2018.

［282］Bown, C. P., M. Kolb. Trump's Trade War Timeline: An Up-to-Date Guide. Peterson Institute for International Economics, 2021.

［283］Bown, C. P., R. McCulloch. U.S. Trade Policy and the Adjustment Process. IMF Conference in Honor of Michael Mussa, 2005.

［284］Boyd, C. *Mr. Chamberlain's Speeches*. London: Constable and Company Ltd., 1914.

［285］Bretherton, C., J. Vogler. *The European Union as a Global Actor*. London: Routledge, 1999.

［286］Brulhart, M., A. Murphy, E. Strobl. Intra-Industry Trade and Job Turnover. GEP Research Paper, 1998.

［287］Bustos, P. " Trade Liberalization, Exports, and Technology Upgrading: Evidence on the Impact of MERCOSUR on Argentinian Firms, " *American Economic Review*, 2011, 101(1): 304-340.

［288］Clemens, M. A., J. G. Williamson. A Tariff-Growth Paradox? Protection's Impact the World Around 1875-1977. NBER Working Paper No. 8459, 2001.

［289］Daniel, M. S. " Product Standards, Trade Disputes, and Protectionism, " *The Canadian Journal of Economics*, 2006, 39(2): 564-581.

［290］Dawson, W. H. " The Genesis of the German Tariff, " *The Economic Journal*, 1904, 14(53): 11-23.

［291］Dawson, W. H. " The New German Tariff, " *The Economic Journal*, 1903, 13(49): 107-112.

［292］Dawson, W. H. *Protection in Germany: A History of German Fiscal Policy During the Nineteenth Century*. London: P. S. King and Son, Ltd., 1904.

［293］Deane, P., W. A. Cole. *British Economic Growth 1688-1959: Trends and Structure*. Cambridge: Cambridge University Press, 1969.

［294］DG López Rosado. *Problemas Económicos de México*. Universidad Nacional Autónoma de México, 1966.

［295］Dutt R. C. " Economic History of India under Early British Rule: From the Rise of the British Power in 1757 to the Accession of Queen Victoria in 1837, " *History of Economic Thought Books*, 1902.

［296］Dutt R. C. *The Economic History of India in the Victorian Age*. London: Routledge, 2001.

［297］Eichner, T., R. Pethig. " International Carbon Emissions Trading and Strategic Incentives to Subsidize Green Energy, " *Resource and Energy Economics*, 2014, 36(2): 469-486.

［298］Esteban, C.J. " The Rising Share of British Industrial Exports in Industrial Output, 1700-1851, " *Journal of Economic History*, 1997(57): 879-906.

［299］Feenstra, R. C., G. H. Hanson. Global Production Sharing and Rising Inequality: A Survey of Trade and Wages. NBER Working Paper No. 8372, 2001.

［300］Felbermayr, G., B. Jung. Unilateral Trade Liberalization in the Melitz Model: A Note. University of Tübingen Working Paper in Economics and Finance, 2012.

［301］Fernandes, A. " Trade Policy, Trade Volumes, and Plant-level Productivity in Colombian Manufacturing Industries, " *Journal of International Economics*, 2007, 71(1): 52-71.

［302］Frankel, J. A. *Regional Trading Blocs in the World Economic System.* Washington DC: Institute for International Economics, 1997.

［303］Gilbert, S. *The English Peasantry and the Enclosure of the Common Fields.* London: A. Constable, 1907.

［304］Ginsberg, R. H. Foreign Policy Actions of the European Community: The Politics of Scale. Boulder, Colorado: Lynne Rienner, 1989.

［305］Gleichmann, P. R. , G. Roth. " Hans-Ulrich Wehler, Deutsche Gesellschaftsgeschic hte, " *Soziologische Revue*, 1989, 12(1): 2-14.

［306］Hamilton, E. J. " The Role of Monopoly in the Over-sea Expansion and Colonial Trade of Europe before 1800," *American Economic Review*, 1948, 38(2): 33-53.

［307］Hansotte, G. "Feldenkirchen. Die Eisen-und Stahlindustrie des Ruhrgebiets, 1879-1914," *Revue Belge de Philologie Et D'Histoire*, 1986, 64(2): 439-440.

［308］Hardach, K. *The Political Economy of Germany in the Twentieth Century.* Berkeley: University of California Press, 1980.

［309］Harrison, A. E., M. M. Millan. " Dispelling Some Myths about Offshoring, " *Academy of Management Perspectives*, 2016, 20(4): 6.

［310］Harrison, A. E. Has Globalization Eroded Labor's Share? Some Cross-Country Evidence. UC-Berkeley and NBER Working Paper, 2002.

［311］Henderson, W. O. The Rise of German Industrial Power 1834-1914. Berkeley: University of California Press, 1975.

［312］Hillmann, H. C. " Das Wachstum der Deutschen Wirtschaft seit der Mitte des 19. Jahrhunderts," *Journal of the Royal Statistical Society*, 1996, 129(4): 598-599.

［313］Hooijmaaijers, B. *Unpacking EU Policy-Making towards China.* London: Palgrave Macmillan, 2021.

［314］Iliasu, A. A. " The Cobden-Chevalier Commercial Treaty of 1860, " *The Historical Journal*, 1971, 14(1): 67-98.

［315］Irwin, D. " Free Trade and Protection in Nineteenth-Century Britain and France Revisited: A Comment on Nye," *Journal of Economic History*, 1993(53): 46-152.

［316］Irwin, D. A. *Clashing over Commerce.* Chicago: University of Chicago Press,

2017.

[317] Ismi, A. Impoverishing a Cotinent: The World Bank and the IMF in Africa. Halifax Initiative Coalition Report, 2004.

[318] Jones, E. I. *Agriculture and Industrial Revolution*. Oxford: Basil Blackwell, 1974.

[319] Kennedy, P. *The Rise and Fall of the British Nava Mastery*. London: Macmillan Press, 1983.

[320] Kerry, A. C. "Imperial Protection and Strategic Trade Policy in the Interwar Period," *Review of International Political Economy*, 2004, 11(1): 177-203.

[321] Kindleberger, C. P. "The Rise of Free Trade in Western Europe 1820-1875," *Journal of Economic History*, 1975, 35(1): 20-55.

[322] Konings, J., H. Vandenbussche. "Antidumping Protection and Markups of Domestic Firms," *Journal of International Economics*, 2005, 65(1): 151-165.

[323] Krueger, A. O. , H. B. Lary, T. Monson, N. Akrasanee. *Trade and Employment in Developing Countries Vol. 1: Individual Studies*. Chicago: University of Chicago Press, 1981: 135-179.

[324] Krueger, A. O. *Trade and Developing Countries: Synthesis and Conclusions*. Chicago: University of Chicago Press, 1983.

[325] Lall, S., J. Weiss, J. Zhang. "The Sophistication of Exports: A New Trade Measure," *World Development*, 2006, 34(2): 222-237.

[326] Lapan, H. E., S. Sikdar. "Strategic Environmental Policy under Free Trade with Transboundary Pollution," *Review of Development Economics*, 2011, 15(1): 1-18.

[327] Lechuga, J., F. Chavez. (Coords.). Estancamiento Economico Y Crisis Social En Mexico 1983-1988. Mexico: Uam-Azcapotzalco, 2 Tomos, 1989.

[328] Leung, C. T. T., Li Xiaoyang. "Understanding the China–US Trade War: Causes, Economic Impact, and the Worst-Case Scenario," *Economic and Political Studies*, 2019, 7(2): 185-202.

[329] Little, I., T. Scitovsky, M. Scott. *Industry and Trade in Some Developing Countries*. London: Oxford University Press, 1970.

[330] Maggi, G., A. Rodriguez-Clare. "The Value of Trade Agreements in the Presence of Political Pressures," *Journal of Political Economic*, 1998(106): 574-601.

[331] Mario, T. *The European Union and Global Governance*. London: Routledge, 2009.

[332] Mathias, Peter, J. A. Davis. *The First Industrial Revolution*. Oxford: Basil Blackwell, 1989.

[333] McKenzie, F. "The GATT-EEC Collision: The Challenge of Regional Trade Blocs to the General Agreement on Tariffs and Trade, 1950-67," *The International History Review*,

2010, 32(2): 229-252.

［334］Mendels, F. "Proto-industrialization: The First Phase of the Industrialization Process," *Journal of Economic History*, 1972(32): 241.

［335］Meunier, S., K. Nicolaïdis. "The European Union as a Conflicted Trade Power," *Journal of European Public Policy*, 2006, 13(6): 906-925.

［336］Michael, M. S. "Why Free Trade May Hurt Developing Countries," *Review of International Economics*, 1997(50): 179-187.

［337］Mitchell, B.R., P. Deane. *Abstracts of British Historical Statistics*. Cambridge: Cambridge University Press, 1962.

［338］Niek, K. *Failure of Agrarian Capitalism: Agrarian Politics in the UK, Germany, the Netherlands and USA 1846-1919*. New York: Routledge, 1994.

［339］Ossa, R. "Trade Wars and Trade Talks with Data," *American Economic Review*, 2004, 104(12): 4104-4146.

［340］Overton, M. *Agricultural Revolution in England: The Transformation of the Agrarian Economy 1500-1850*. Cambridge: Cambridge University Press, 1979.

［341］Percy, A. *Modern Tariff History: Germany, United States, France*. London: J. Murray, 1910.

［342］Pierce, J. R., P. K. Schott. "The Surprisingly Swift Decline of US Manufacturing Employment," *American Economic Review*, 2016, 106(7): 1632-1662.

［343］Piketty, S. "Income Inequality in the United States, 1913-1998 with Thomas Piketty," *Quarterly Journal of Economics*, 2003, 118(1): 1-39.

［344］Pillsbury, M. The Hundred-Year Marathon: China's Secret Strategy to Replace America as the Global Superpower. New York: Henry Holt and Co., 2015.

［345］Poder, E. F. *Plan Nacional de Desarrollo 1989-1994*, 1989.

［346］Ralph, D. *English Foreign Trade, 1700-1774*. London: Cox&Wyman, 1973.

［347］Reid, T. R. *The United States of Europe: The New Superpower and the End of American Supremacy*. New York: Penguin Press, 1919.

［348］Rifkin, J. *The European Dream: How Europe's Vision of the Future Is Quietly Eclipsing the American Dream*. New York: Jeremy P. Tarcher/Penguin, 2013.

［349］Robert, A. P. *Congress and the Politics of US Foreign Economic Policy, 1929-1976*. Berkeley: University of California Press, 1980.

［350］Robert, D., A. L. Katchova. Slight Increase in Farm Bankruptcies through Second Quarter of 2019. Farm Income Enhancement Program, 2019.

［351］Rodriguez, F., D. Rodrik. Trade Policy and Economic Growth: A Skeptic Guide to the Cross-National Evidence. NBER Working Paper No. 7081, 1999.

［352］Rodriguez, F., D. Rodrik. Trade Policy and Economic Growth: A Skeptic's

Guide to the Cross-National Evidence. In Ben S. Bernanke and Kenneth Rogoff. *NBER Macroeconomics Annual 2000, Volume 15*. Cambridge, MA: The MIT Press.

［353］Sidney, R. *The Tariff in American History*. New York: Divan Nostrand Company, 1972.

［354］Staiger, R.W., F. A. Wolak. "Measuring Industry Specific Protection: Antidumping in the United States," *Brookings Papers on Economic Activity: Microeconomics*, 1994(1).

［355］Takeshi, A. " The ' Japan Problem ': The Trade Conflict Between the European Countries and Japan in the Last Quarter of The 20th Century, " *Entreprises et histoire*, 2015, 3(80): 12-35.

［356］Tello, C. *La Politica Economica en Mexico, 1970-1976*. Mexico: Siglo XXI, 1978.

［357］Thompson, A. S. " Tariff Reform: An Imperial Strategy, 1903-1913, " *The Historical Journal*, 1997(40): 1033-1054.

［358］Tooze, A. *The Wages of Destruction: The Making and Breaking of the Nazi Economy*. New York: Penguin Press, 2008.

［359］Trefler, D. " The Long and Short of the Canada-U.S. Free Trade Agreement, " *American Economic Review*, 2004, 94(4): 870-895.

［360］Yanikkaya, H. " Trade Openness and Economic Growth: A Cross-Country Empirical Investigation," *Journal of Development Economics*, 2003(72): 57-89.